LOS DOCUMENTOS LITÚRGICOS:
UN RECURSO PASTORAL

LOS DOCUMENTOS LITÚRGICOS:
UN RECURSO PASTORAL

LITURGY
TRAINING
PUBLICATIONS

RECONOCIMIENTOS

La traducción al español del documento *La Liturgia Romana y la Inculturación* ©, se imprimió con la autorización de la Congregación para el Culto Divino y la Disciplina de los Sacramentos, Librería Editrice Vaticana. Ciudad del Vaticano. Todos los derechos reservados.

La traducción al español de la Constitución Dogmática sobre la Sagrada Liturgia *Sacrosanctum Concilium* ©, se imprimió con la autorización de Editorial Regina, S.A. Barcelona, España. Todos los derechos reservados.

La versión en español de los documentos: *Instrucción General para el uso del Misal Romano, Directorio para Misas con Niños, Normas para el Año y el Calendario Litúrgico* y *La Palabra de Dios en la Celebración de la Misa* ©, ha sido impresa con permiso explícito de Obra Nacional de la Buena Prensa, A.C. México, D.F. Todos los derechos reservados.

Extractos de los Documentos de *Medellín, Puebla y Santo Domingo* ©; han sido tomados del libro: "*Episcopado Latinoamericano, Conferencias Generales: Río de Janeiro, Medellín, Puebla, Santo Domingo*". Publicada por San Pablo Ediciones, Agosto de 1993. Santiago de Chile. Todos los derechos reservados.

Extractos de la *Presencia Hispana* y el *Plan Pastoral Nacional para el Ministerio Hispano*, Derechos Reservados © 1983, 1987 por la Conferencia Episcopal de los Estados Unidos, Washington, DC 20017-1194 se han impreso con permiso del propietario de los derechos de autor. Derechos reservados.

La traducción al español de los Documentos promulgados por los Obispos de los Estados Unidos de Norteamérica, acerca de *La Música en el Culto Católico* y *La Ambientación y el Arte en el Culto Católico* ©, se imprimieron con la autorización del Instituto de Liturgia Hispana, Washington, DC Todos los derechos reservados.

Copyright © 1997, Arquidiócesis de Chicago. Liturgy Training Publications, 1800 North Hermitage Avenue, Chicago IL 60622-1101; 1-800-933-1800; fax 1-800-983-7094; e-mail orders@ltp.org. Todos los derechos reservados.

Impreso en los Estados Unidos de Norteamérica.

La elaboración de este libro fue coordinada por Arturo Pérez-Rodríguez y Mark Francis, CSV. Consultante editorial, Martin Connell. Editor, Miguel Arias. Asistencia editorial, John Lanier, Audrey Novak Riley, Lorraine Schmidt, Rosa María Icaza, CCVI. Indice temático, Miguel Arias y John Lanier. Composición tipográfica, Mark Hollopeter. Diseño original, Ana Aguilar-Islas. Diseño de portada, Barb Rohm. Fotografía de portada por: Michael O'Shaughnessy. *A Kingdom of Saints: Early Bultos of New Mexico*. Red Crane Books, Santa Fe NM. © 1993. Todos los derechos reservados.

Library of Congress Catalog Card Number 97-71106

ISBN 1-56854-089-2

SLITDC

02 01 00 99 98 97   10 9 8 7 6 5 4 3 2 1

INDICE

ABREVIATURAS

AACC   *La Ambientación y el Arte en el Culto Católico*

AAS   *Acta Apostilicae Sedes*

AG   *Decreto Ad Gentes*, Vaticano II, sobre la Actividad Misionera de la Iglesia

AP   *Actio Pastoralis*, Instrucción Pastoral, Congregación para el Culto Divino

BCL   Comité Episcopal de Liturgia, (Bishops' Committee on the Liturgy)

CELAM   Conferencia del Episcopado Latinoamericano

CCI   *Código de Derecho Canónico*

CDW   Congregación para el Culto Divino

CR   Congregación de Ritos

CSL   *Constitución sobre la Sagrada Liturgia, Sacrosanctum Concilium*, Concilio Vaticano II

CT   Exhortación Apostólica, *Catechesi Tradendae*, Juan Pablo II

DMC   *Directorio para Misas con Niños*

DV   *Dei Verbum, Constitución Dogmática sobre la Sagrada Revelación*, Concilio Vaticano II

EFM   *Ritual de la Sagrada Comunión y del Culto a la Eucaristía fuera de la Misa*

EM   Congregación de Ritos

FDLC   Federación de Comisiones Diocesanas de Liturgia, (Federation of Diocesan Liturgical Comissions)

IC   *La Iniciación Cristiana*

IGMR   *Instrucción General para el Uso del Misal Romano*

IGMRIn   *Instrucción General para el Uso del Misal Romano, Introducción*

LG   *Lumen Gentium, Constitución Pastoral sobre la Iglesia en el Mundo Actual*, Concilio Vaticano II

LM   *Leccionario para la Misa*

LMIn   *Leccionario para la Misa, Introducción*

LRI   *La Liturgia Romana y la Inculturación: Instrucción para aplicar debidamente la Constitución Sacrosanctum Concilium*, de la Congregación para el Culto Divino y la Disciplina de los Sacramentos, 1994.

MCC   *La Música en el Culto Católico*, (Music in Catholic Worship)

MED.   Documentos de la II Conferencia General del Episcopado Latinoamericano celebrada en Medellín, Colombia, 1968.

MLH   *La Música Litúrgica Hoy*, (Liturgical Music Today)

MS   *Musica Sacra (Musicam Sacram)*

NUACL   *Normas Universales para el Año y el Calendario Litúrgico*

OGMR   *Ordenación General de las Lecturas de la Misa*

PH   *La Presencia Hispana*

PL   *Patrología Latina*

PNMH   *Plan Pastoral Nacional para el Ministerio Hispano.*

PUE.   Documento de la III Conferencia General del Episcopado Latinoamericano, celebrada en Puebla de los Angeles, México, 1979

PO   *Presbiterorum Ordinis*, Decreto sobre el ministerio y vida de los presbíteros, Concilio Vaticano II

PR	*Pontifical Romano*
RICA	*Rito de Iniciación Cristiana de Adultos*
RR	*Ritual Romano*
SC	*Sacrosanctum Concilium, Constitución sobre la Sagrada Liturgia,* Concilio Vaticano II
SD	Documentos de la IV Conferencia General del Episcopado Latinoamericano, celebrada en Santo Domingo, República Dominicana, 1992
USCC	Conferencia Católica de los Estados Unidos de Norteamérica (United States Catholic Conference)

DOCUMENTOS LITÚRGICOS: INTRODUCCION GENERAL

Arturo Pérez Rodríguez

El propósito de este volumen de la edición en español de *The Liturgy Documents: A Parish Resource* es parecido al de su equivalente en inglés. La Introducción a la versión en inglés declara una meta común:

El propósito de este volumen *es al mismo tiempo modesto y ambicioso*. Su fin modesto es proveer una colección accesible de los documentos litúrgicos básicos para los pastoralistas, los estudiantes y los fieles en general. Su fin más ambicioso, de mayor duración, es promover buenas celebraciones litúrgicas. Las dos metas están relacionadas.

El poner los documentos litúrgicos en manos del pueblo es una invitación a que haga suya la liturgia que celebra. El saber lo que dicen los documentos es un gran paso para llevar la liturgia tanto al corazón como al hogar de cada persona. *Nuestras metas son modestas pero también ambiciosas.* Lo menos que se puede decir es que estos documentos requieren una traducción al idioma español. El trabajo del pueblo es traducirlos a una realidad religiosa dentro de la comunidad hispana. Este es un desafío más grande.

El que los documentos sean accesibles es de gran importancia para la promoción de celebraciones litúrgicas que reflejen la fe de los hispanos. Esto es por varias razones. Primero, y ante todo, la experiencia del Concilio Vaticano II continúa su eco a través de estas páginas para los que están atentos al llamado del clarín hacia la reforma no sólo de los ritos de la Iglesia sino también de la renovación íntima del corazón. En segundo lugar, los documentos forman parte de las enseñanzas de la Iglesia. Se nos pide a nosotros, como una comunidad particular, que participemos con la comunidad más grande de la Iglesia en una oración común. La liturgia es la fuente y la cumbre de nuestra unidad. En tercer lugar, los documentos sirven como una fuente para nuestra reflexión teológica.

Muchos dentro de la comunidad hispana están familiarizados con el proceso *ver, juzgar, actuar* para la reflexión. Al ver la realidad de nuestra vida, llegamos a valorar nuestra experiencia. Nombramos, identificamos y afirmamos lo que somos. Al juzgar, reflexionamos sobre esta experiencia de vida desde la perspectiva del Evangelio. Este modelo evangélico de vida es lo que hace de la vida una fuente de revelación. En el actuar, decidimos lo que hay que hacer tanto personalmente como en la comunidad. ¿Cómo está el llamado de nuestro providente Creador vivo en el centro de nuestro ser y ejemplificado en la persona de Jesús, que nos mueve a responder? El Espíritu impulsa el llamado y provee la inspiración para dar un paso más en la transformación evangélica de nuestra comunidad y en la conversión profunda de nuestra vida. En términos litúrgicos, los documentos nos ayudan a reconocer las experiencias de fe de nuestra Iglesia local por medio de los lentes de la liturgia como un "ensayo" del Reino. Vivimos con la esperanza de encontrar el Reino en el momento presente y de vivirlo algún día en toda su plenitud. En una auténtica celebración de la liturgia, tomamos conciencia de nuestra necesidad de seguir dando pasos para vivir el

Misterio Pascual para el bien de todos los pueblos. En la liturgia encontramos valor, esperanza y deseo de ser comunión unos para los otros. Finalmente, los documentos nos ofrecen la posibilidad de "sentirnos en casa", de afirmar nuestros dones culturales con la esperanza de compartir esas mismas bendiciones con todas las personas de buena voluntad.

Al mismo tiempo que reconocemos estas razones para tener los documentos más a la mano, la Comunidad Hispana los necesita especialmente porque, como dice nuestro dicho popular: *"Del dicho al hecho, hay mucho trecho"*. Este dicho sugiere muy bien que hay una gran diferencia entre lo que se dice y lo que se hace. Desafortunadamente este ha sido el caso en la Comunidad Hispana con respecto a la reforma de la liturgia en general y de los documentos litúrgicos en particular. Un estudio preparado para una comunidad local en 1982, *Hispanics in New York: Who Are We? (Los hispanos en Nueva York: ¿Quiénes somos?)*, presenta un cuadro realista de la realidad hispana en general: "Los hispanos no están muy conscientes de desarrollo en la Iglesia desde el Vaticano II. Sólo tres de cada cinco personas han oído hablar del Vaticano II. . . .".

Hay una gran diferencia entre lo que se ha escrito y se ha dicho sobre la liturgia desde que se inició su reforma, y lo que realmente se ha conocido y celebrado dentro de la comunidad hispana. Gracias a Dios, esto ha empezado a cambiar debido a los múltiples esfuerzos de oficinas de liturgia locales y nacionales, de centros de formación y del Instituto de Liturgia Hispana; todos han promovido un liderazgo más grande por medio del estudio y la reflexión de los documentos del Vaticano II. A pesar de dichos esfuerzos, todavía existe una falta de familiaridad con los documentos litúrgicos.

La Comunidad Hispana sigue la tradición oral en sus modelos de fe. Nuestra sabiduría, nuestra mentalidad indígena, se encuentra en mitos, dichos, música, poesía, como también en nuestros símbolos, prácticas religiosas y oraciones populares. Esta es una tradición viva de la fe que se particulariza según el genio de cada grupo étnico hispano. Se habla, se reza, se comparte y se practica diariamente en un nivel popular por medio de devociones, celebraciones de fiestas y costumbres caseras. Los ancianos de nuestra comunidad, como documentos vivos, transmiten esta herencia de oración de una generación a otra. Se presupone que los documentos litúrgicos también expresan la sabiduría y la tradición que nos ayudarán a llevar a su plenitud este proyecto de oración y fe. La "participación plena, activa y consciente" en la celebración litúrgica del Misterio Pascual está encarnada en la participación plena, activa y consciente en las experiencias diarias de la vida cristiana. Esta dinámica de sabiduría continúa animando y formando una experiencia más profunda de la presencia de Jesús como compañero en nuestras luchas y gozos. La práctica popular de la oración diaria y de la liturgia no son exclusivas una de la otra sino se incluyen mutuamente.

La relación entre estas dos fuentes de sabiduría: la tradición popular y los documentos litúrgicos, sólo puede fortalecer nuestra fe. Esta relación también pone en práctica el antiguo proverbio latino: *"lex orandi, lex credendi"*, la ley de la oración forma la ley de la fe o, más popularmente dicho, la práctica de la oración expresa la práctica de la fe. Esta ley se resalta si se le añade la *"lex vivendi"*, esto es, la práctica tanto de la oración como de la fe modela la vida de la persona. La reforma de los ritos de la Iglesia tiene como fin el lograr la renovación del cristiano. La renovación en todos los niveles exige espíritu de oración, estudio y reflexión.

Hasta la fecha, los documentos litúrgicos en español se han publicado en libros especiales, como el *Misal Romano* o el *Leccionario*, o como panfletos, tales como el de la nueva *Instrucción: La Liturgia Romana y la Inculturación* (1994). Están escritos para personas de las cuales se asume que tienen conocimiento de la historia de la Iglesia, están familiarizados con el vocabulario eclesial y tienen experiencia con la tradición litúrgica de la Iglesia. El lenguaje puede verse como incomprensible. Esta es una percepción desafortunada. Aunque algunas veces la manera de expresarse en los documentos puede ser formidable, contienen una gran riqueza de experiencia. Por esta razón, los preámbulos de esta edición han sido preparados especialmente por personas que están familiarizadas pastoralmente con las necesidades litúrgicas de la Comunidad Hispana.

Han escrito sus comentarios para que sirvan de compañeros a través de la selva de ideas. Los preámbulos, escritos desde la perspectiva de la Comunidad Hispana, tratan de ser un puente de comprensión entre las prácticas de oración del pueblo y la liturgia oficial de la Iglesia.

Se han escogido los documentos contenidos en esta edición debido a su importancia para formar la conciencia litúrgica renovada en el espíritu del Vaticano II y por su conexión particular con la Comunidad Hispana. Los documentos litúrgicos fundamentales publicados para la Iglesia universal, tales como la *Constitución sobre la Sagrada Liturgia*, la *Instrucción General para el Uso del Misal Romano*, *Ordenación de las Lecturas de la Misa*, las *Normas Universales para el Año y el Calendario Litúrgicos* y el *Directorio para Misas con Niños*, nos ayudan a conectar nuestro culto con lo mejor de la tradición litúrgica y católica más amplia. También nos vemos como parte de la vida litúrgica de la Iglesia Católica en los Estados Unidos de Norteamérica por medio de *La Música en el Culto Católico, la Música Litúrgica Hoy*, y *La Ambientación y el Arte en el Culto Católico*.

Finalmente, puesto que uno de los más grandes desafíos de hoy está en la compleja área de la inculturación, analizamos primero la cuestión de una manera general por medio de la Instrucción: *La Liturgia Romana y la Inculturación*. Luego, nos identificamos con las raíces culturales que compartimos con otros Latinoamericanos al ver parte de los documentos de los obispos de Latinoamérica, como son los de Medellín, Puebla y Santo Domingo. Esta sesión concluye con párrafos que tratan de temas litúrgicos tomados de dos publicaciones que directamente tratan de nuestra experiencia como hispanos católicos en los Estados Unidos de Norteamérica, ambas impresas por USCC (Conferencia Católica de los Estados Unidos de Norteamérica)—: *La Presencia Hispana* y el *Plan Pastoral Nacional para el Ministerio Hispano*.

¿Cuál debe ser nuestra actitud al leer estos documentos litúrgicos? ¿Debemos entender cada detalle? ¿Tiene todo la misma importancia? Ciertamente, la respuesta a estas preguntas es diferente para cada lector. Nuestra actitud depende de la razón por la cual hemos decidido consultar este libro y qué necesitamos buscar allí. Para el estudiante de liturgia, una lectura cuidadosa le ofrecerá el panorama y los detalles de diferentes acontecimientos litúrgicos. Para los miembros del equipo de liturgia en una parroquia, los documentos les servirán como un gran recurso una vez que se familiaricen con el contenido. Sin embargo, esto tiende a limitar, a neutralizar la importancia de la sabiduría que los documentos litúrgicos contienen. Leer los documentos litúrgicos es leer buscando encontrarse con el espíritu detrás de las palabras. ¿Dónde se encuentra el Misterio de Cristo herido y resucitado? ¿Cómo puede este documento profundizar nuestra experiencia de fe del mismo Señor en medio de nosotros? ¿Se fomenta aquí la imagen de la apertura de la Iglesia a todos los pueblos? ¿Cuáles son los principios litúrgicos que guiarán a nuestra comunidad para ser testigos más fieles? Procuremos estudiar, leer, reflexionar, a fin de vivir el Misterio Pascual.

La publicación de la edición en el idioma español de los documentos litúrgicos es un puente más para mezclar la riqueza de la vida diaria en las experiencias de nuestra oración con la invaluable liturgia de la Iglesia Católica. Es un modo modesto y a la vez ambicioso de estrechar el vacío entre lo que se ha dicho litúrgicamente y lo se hace litúrgicamente. *¡Gracias a Dios!*

CONSTITUCION
SOBRE LA SAGRADA LITURGIA

(SACROSANCTUM CONCILIUM)

CONSTITUCION SOBRE LA SAGRADA LITURGICA

Mark R. Francis, CSV

PREAMBULO

El 4 de diciembre de 1963, en la presencia del Papa Pablo VI, el Concilio Vaticano II promulgó la *Constitución sobre la Sagrada Liturgia*. Este primer documento del Concilio es muy conocido por las dos palabras que inician el texto en latín, *Sacrosanctum Concilium*, "Este Sagrado Concilio" (generalmente abreviadas SC). Hoy, más de treinta años después de su casi unánime aprobación por los padres conciliares, sería difícil nombrar otro documento que haya alterado tan radicalmente el rostro de la Iglesia Católica en el siglo XX. Quizás más que ningún otro pronunciamiento del Concilio, SC llevó más directamente las enseñanzas del Vaticano II a la vida de la mayoría de los católicos. Al restaurar la antigua práctica del culto como una acción llevada a cabo por la asamblea y no meramente por el sacerdote, la *Constitución sobre la Sagrada Liturgia* cambió profundamente no sólo lo externo de la liturgia, sino que propuso una perspectiva que es a la vez radicalmente nueva y muy tradicional sobre la naturaleza e identidad de la Iglesia. Al promover la participación plena, consciente y activa de los fieles en la celebración litúrgica, SC declara que la Iglesia no se debe considerar correctamente como limitada al Papa, los obispos y los sacerdotes, sino que se entiende más apropiadamente como incluyendo a todos los bautizados—tanto laicos como clérigos—al Pueblo de Dios. Este regreso de la acción litúrgica a la asamblea tiene profundas implicaciones para toda la Iglesia—particularmente para la comunidad hispana—puesto que el idioma y el estilo de culto de la Iglesia local deben reflejar a las personas que se han reunido allí. Este documento, como lo vamos a ver más adelante, abre la puerta para una verdadera "hispanización" de la liturgia.

No fue por casualidad que el primer tema principal tratado por el Vaticano II fuera La Liturgia. Aunque algunos obispos querían empezar dialogando temas más teóricos, como la naturaleza de la Iglesia o la revelación divina, la decisión de empezar las deliberaciones del Concilio con La Liturgia reflejaba el ardiente deseo del Papa Juan XXIII de dar más importancia a la naturaleza pastoral de este concilio ecuménico. De hecho, este diálogo fue una clase de preludio para toda la agenda del Concilio, puesto que muchos de los temas más importantes que se trataron en la renovación litúrgica: cruzando el vacío entre la doctrina y la práctica pastoral, el entender la fe en el mundo moderno y el papel de los laicos en la edificación de la Iglesia. En una palabra, la meta del Concilio al dialogar sobre la liturgia y los otros temas que se le presentaron fue el *"aggiornamento"*—el ponerla al día y renovarla para ser un testigo más efectivo del Evangelio en el mundo moderno—.

La mayoría de los padres conciliares pudieron estar de acuerdo en que la liturgia debía renovarse, puesto que el movimiento litúrgico ya había dado grandes pasos durante la primera parte del siglo XX. El movimiento litúrgico fue apoyado por eruditos y pastores de todo el mundo, quienes prepararon el camino por medio de investigación histórica, reflexión teológica y experimentos pastorales. En lo que se refiere a la liturgia, al verla como algo más que pertenece a los bautizados y no sólo a los clérigos, trataron de regresar el culto de la Iglesia a todos los bautizados por el uso de las lenguas vernáculas resaltando la función de toda la asamblea en la celebración del culto. Este movimiento fue apoyado también por varios Papas durante el siglo xx. El Papa San Pío x pidió una renovación en el canto gregoriano a principios del siglo con el fin de aumentar la participación de los fieles en el culto. El Papa Pío xII preparó la base para la reforma y la renovación litúrgica al describir el culto de la Iglesia como la acción de toda la Iglesia— del cuerpo místico de Cristo—. La primera reforma de las liturgias de la Semana Santa durante los años de 1950, también tuvo lugar durante su pontificado. La Conferencia Litúrgica de Asís de 1956, reflejó la preocupación de la base por un *aggiornamento* litúrgico que se llevaría a cabo más tarde en el Concilio. El camino que llevó a la reforma litúrgica del Concilio Vaticano II, por lo tanto, fue preparado por mucho tiempo y con meticulosidad.

Desafortunadamente, el movimiento litúrgico, de tanta influencia en la renovación litúrgica del Vaticano II, nunca fue muy fuerte en América Latina. En muchos lugares, las reformas ocasionaron malas interpretaciones y crisis puesto que algunos de los cambios parecían asimilar al culto de la Iglesia el de los "protestantes". A otros les parecía que la renovación litúrgica "desacralizaba" la liturgia, quitándole su poder misterioso e imponente. Una mirada más de cerca a la renovación, como fue esbozada en la constitución SC y en otros documentos litúrgicos de este tomo, revelaría que de ninguna manera era esta la intención de estos documentos. Al contrario, el espíritu de la liturgia renovada expresado en la SC es profundamente católico y altamente evocativo de la presencia de Dios, que se mueve en el mundo y en la vida humana.

VALORES Y DEBILIDADES DEL DOCUMENTO

Como el documento inicial del Vaticano II, *Sacrosanctum Concilium* marca el tono para el siguiente trabajo del Concilio, el modo como se trató la teología de la liturgia tuvo especial influencia en las reflexiones posteriores del Concilio sobre la naturaleza de la Iglesia, el papel de los laicos, el ministerio de las conferencias nacionales de obispos y la necesidad de mantener unidad en la diversidad dentro de una Iglesia internacional compuesta de muchas culturas. Es también evidente, sin embargo, que debido a que la SC fue el primer esfuerzo del Concilio, a algunas partes del documento les falta el pensamiento maduro que se constata en documentos sucesivos. Como con todos los textos de este tipo, es un documento de un acuerdo que parece a veces brincar de declaraciones muy amplias sobre ciertos principios a detalles anacrónicos. A pesar de estas limitaciones, las orientaciones teologales y pastorales enunciadas en la SC permanecen tan válidas hoy como lo fueron en 1963. Esta visión de la reforma contenida en este documento es todavía muy importante hoy, especialmente entre la comunidad hispana, que está tratando de ser más fiel en su culto a Dios en Cristo y de evangelizar más efectivamente al mundo incorporando su propio estilo, su propio genio cultural en las celebraciones litúrgicas.

No es sorprendente que la SC esté estructurada de una manera muy sencilla, la cual refleja el alcance pastoral que se proponía el Concilio. El primer capítulo trata de los principios teológicos en general que se dialogan bajo la luz de la renovación de la liturgia (1–20). Luego, la segunda parte de esta primera sección establece las normas que han de gobernar la reforma litúrgica (21–40) y los pasos prácticos y necesarios para la renovación litúrgica en el nivel local y diocesano (41–46). Los siguientes seis capítulos se centran en reformas litúrgicas específicas dentro de la celebración de la Eucaristía (47–58), de los otros sacramentos y sacramentales (59–81), del Oficio Divino o Liturgia de las Horas (82–101), del Año Litúrgico (102–111), de la Música Sagrada (112–121), y del Arte y los Objetos Sagrados (122–130).

A fin de estudiar la SC como el "plan detallado" de la reforma litúrgica del Concilio Vaticano II, esta introducción tratará primero de los principios teologales en los que se basa la renovación. Después de estas consideraciones se dará una descripción de los pasos prácticos mandados por la SC para la reforma del culto católico y de los sacramentos. Como conclusión se ofrecerán algunas reflexiones tanto sobre el trabajo de renovación que ya se ha llevado a cabo como sobre la influencia que la SC tiene en pronunciamientos oficiales posteriores que tratan con la tarea continua de la renovación litúrgica.

PRINCIPIOS TEOLOGALES

El centro de la liturgia es el Misterio Pascual de Jesucristo (Art. 5, 6, 7)

La Constitución sobre la Liturgia resalta la verdad sencilla y poderosa de que el centro de nuestra liturgia —lo que hace posible el adorar a Dios en espíritu y verdad— es el sufrimiento, la muerte y la resurrección de Jesucristo. Es por su Misterio Pascual que la humanidad ha sido redimida. Es por medio de su Paso que la Iglesia nació. Por lo tanto, la liturgia es simplemente la celebración de la asamblea cristiana del mismo Misterio Pascual desde diferentes ángulos. En el bautismo, somos "insertados en el Misterio Pascual de Cristo" y cada vez que participamos en la cena del Señor, "proclamamos su muerte hasta que vuelva" (6).

Al fijarse especialmente en una tradición antigua que se había oscurecido desde la Edad Media, la SC describe cómo Cristo está presente en nuestras celebraciones litúrgicas. En el sacrificio de la Misa, El está presente de una manera especial bajo las especies eucarísticas y en la persona del ministro, pero también cuando se proclama la Sagrada Escritura y cuando la Iglesia se reúne para orar y cantar, porque "Pues donde hay dos o tres reunidos en mi Nombre, allí estoy yo en medio de ellos" (Mt. 18:20) (7). El está presente en todas las otras celebraciones de los sacramentos puesto que todas las celebraciones litúrgicas son acciones de Cristo Sacerdote y su cuerpo que es la Iglesia (7).

Finalmente, el modo del culto católico es sacramental, encarnacional. Recordamos el misterio pascual en nuestra humanidad, al usar todos nuestros sentidos junto con nuestra mente. En la liturgia, "los signos sensibles significan y, cada uno a su manera, realizan la santificación del ser humano" (7). La presentación y celebración litúrgicas del misterio pascual por medio de una atención más cuidadosa a los signos sacramentales, por lo tanto, es algo fundamental que hemos recobrado mediante la SC. Esto es de mucha importancia para la comunidad hispana y puede servir de eslabón con las tradiciones del pueblo. Esta predisposición cultural de encontrar a Dios por medio del tacto, el olfato, la vista y el oído se expresa en la piedad popular y en las devociones de casi todos los grupos hispanos y refleja el fuerte fundamento sacramental de la mística hispana.

Participación plena, consciente y activa (14)

Por el bautismo todos los fieles nos hacemos "una raza elegida, un reino de sacerdotes, una nación consagrada, un pueblo que Dios eligió para que fuera suyo y proclamara sus maravillas. [Estábamos] en las tinieblas y [nos] llamó Dios a su luz admirable" (1 Pe. 2:9). Por lo tanto, estamos todos llamados a la "participación plena, consciente y activa en las celebraciones litúrgicas" (14). Esta participación es al mismo tiempo un derecho y un deber de los bautizados y, por lo tanto, no está exclusivamente reservada a los clérigos. La asamblea, reunida en el nombre de Cristo es, pues, el principal ministro litúrgico. Todos los otros ministros están ordenados para ayudar a aquellos que Cristo convoca para alabar a Dios y, en las palabras de Pío X citadas en la SC, "[para] beber el espíritu verdaderamente cristiano" de la liturgia (14). Ya no es la Misa algo que le pertenece sólo al "Padrecito". Al contrario, es el derecho y el deber de toda la comunidad, de toda la familia de Dios reunida en el nombre de Cristo para ejercer su propia función litúrgica.

La Liturgia es la cumbre y la fuente de la vida eclesial (10)

La Liturgia, especialmente la Liturgia Eucarística es el centro que une toda la actividad de la Iglesia y el ímpetu para la acción de la Iglesia en el mundo. La liturgia es "la cumbre a la cual tiende la actividad de la Iglesia y, al mismo tiempo, la fuente de donde emana toda su fuerza" (10). Todas las secciones de la SC insisten en que la liturgia debe ser entendida, seguida y compartida por la comunidad para que el cuerpo de Cristo, convocado por El mismo, pueda ofrecer de todo corazón su alabanza y gratitud a Dios. Entre más completamente se comparte entre todos este culto, más capacita Dios al cuerpo de Cristo — la Iglesia — para continuar la obra de Cristo proclamando la Buena Nueva del amor de Dios que sana y reconcilia.

Manifestación de la Iglesia (26, 27, 28, 41)

La celebración litúrgica de los bautizados es el signo que ofrece la más verdadera y completa imagen de lo que es la Iglesia: una comunidad que ofrece culto reunida alrededor de un solo altar, y cada uno sirviendo según su oficio (2, 26, 28, 41). De ahí que ya no se puede dejar a los fieles que sean espectadores pasivos, mirando al clero "hacer" la liturgia que se ve como monopolio de ellos. La liturgia debe reflejar a todos los fieles, que deben involucrarse integralmente en la acción litúrgica. La liturgia no es, pues, "un oficio privado" sino una epifanía de la Iglesia misma. Debe celebrarse elocuentemente cuando la comunidad se reúne y todos participan en la acción sagrada (27). Se convoca a la asamblea litúrgica del pueblo de Dios, a todos juntos: a los ancianos, los enfermos, los jóvenes y los adultos, los ricos y los pobres por igual, a que vengan a la presencia de Dios para este propósito.

Unidad substancial no uniformidad rígida (23, 37–40)

La SC fue el primer documento del Concilio que reconoció el hecho de que la unidad en la fe no significa uniformidad en la práctica — especialmente en una Iglesia compuesta de personas de casi todas las razas y naciones — . "La Iglesia no pretende imponer una rígida uniformidad en aquello que no afecta a la fe o al bien de toda la comunidad, ni siquiera en la liturgia; por el contrario respeta y promueve el genio y las cualidades peculiares de las distintas razas y pueblos" (37). Esta sección del documento abrió la puerta a la inculturación del culto: un proyecto continuo que es decisivo para entender la liturgia y para proclamar la Buena Nueva — no sólo en áreas donde el Evangelio se ha predicado recientemente — sino también en países con tradiciones cristianas establecidas. Los cambios en la liturgia, por supuesto, no se deben hacer de una manera arbitraria, sino que requieren estudios teológicos, históricos y de muchas disciplinas. Las nuevas formas litúrgicas necesitan crecer "orgánicamente, a partir de las ya existentes" (23). Otro documento que aparece más tarde en este tomo, *La Liturgia Romana y la Inculturación*, hablará sobre los artículos 37–40 con más detalle. Sin embargo, se debe notar ahora que estos artículos abren una nueva visión para el culto de la Iglesia, que responde respetuosamente a la cultura y al idioma locales. Por esta razón, esta sección de la SC abrió la puerta a una verdadera sensibilidad para la mística hispana como elemento importante en la preparación de celebraciones litúrgicas, para que puedan ser al mismo tiempo verdaderamente católicas y verdaderamente hispanas.

PASOS PRACTICOS HACIA LA REFORMA

¿Cómo previó la SC la implementación de estos grandes principios teologales/ litúrgicos? La mayoría de los Padres conciliares estaban muy conscientes de que para llevar a cabo esta renovación, era necesario delinear ciertos pasos prácticos para que las Iglesias locales pudieran abrazar e implementar la renovación litúrgica.

Admisión de la lengua vernácula (36)

La liturgia renovada que incluye a toda la asamblea en los actos de alabanza y acción de gracias, hubiera sido imposible sin el uso de los idiomas nacionales. A pesar del apego sentimental al latín, según lo expresaron algunos Padres conciliares, la mayoría se daba cuenta de que mientras la liturgia se tuviera en un idioma que era ininteligible para el pueblo, nunca invitaría a una participación consciente y activa. Así como las Iglesias orientales habían traducido desde hace mucho tiempo su liturgia a la lengua del pueblo, el rito romano adoptó esta necesidad pastoral para facilitar la "participación plena, consciente y activa" de los bautizados en el acto de culto. Esto requería, por lo tanto, la traducción de los libros litúrgicos a las lenguas vernáculas — el primer paso hacia la inculturación — .

La importancia de la Sagrada Escritura (24, 35, 51)

Debido a las circunstancias históricas, el Misal Tridentino contenía un número muy reducido de lecturas para la Misa. En la celebración de muchos de los sacramentos también era común que no se leyeran las Sagradas Escrituras. La SC estuvo muy consciente que "para procurar la reforma, el progreso y la adaptación de la sagrada liturgia, hay que fomentar aquel amor suave y vivo hacia la Sagrada Escritura que atestigua la venerable tradición de los ritos, tanto orientales como occidentales" (24). Por esta razón, el libro de las lecturas bíblicas, o el Leccionario, debía de revisarse para que los "tesoros de la Biblia" se abrieran con mayor amplitud (51). Este paso práctico ha contribuido mucho para que el pueblo de Dios escuche, semana tras semana, de un mayor número de pasajes bíblicos, tanto del Antiguo como del Nuevo Testamento. El Concilio estaba convencido como lo estuvo San Jerónimo, que "el ignorar las Sagradas Escrituras es ignorar a Cristo". Debido a la importancia capital de la Biblia, y bajo la luz de la tendencia pre-conciliar de ver la homilía como una parte opcional de la liturgia, el Concilio afirmó enfáticamente: "cúmplase con la mayor fidelidad y exactitud el ministerio de la predicación" (35).

La importancia de la catequesis litúrgica (14–20)

El Concilio se dio cuenta de que todas sus esperanzas de un culto renovado serían frustradas si no se instruía y formaba tanto al clero como a los fieles en la liturgia. Antes del Vaticano II, los que estudiaban para el sacerdocio recibían formación sobre los requisitos legales en la ceremonia para celebrar válidamente los ritos de la Iglesia; se daba muy poca atención a la liturgia como una materia de estudio. Esto llevó a una cierta tendencia entre el clero y los fieles a considerar el culto como un conjunto de ritos contenidos en un libro que no tenía conexión real con la vida diaria. Al pedir la catequesis litúrgica tanto para el clero como para los laicos, la SC pide un verdadero cambio en nuestra actitud. El culto como materia de estudio y práctica pastoral necesita estar relacionado con otras disciplinas teológicas (Espiritualidad, Sagrada Escritura, Teología sistemática) y, aún más, con la vida diaria de cada persona. La integración de la instrucción litúrgica con otros cursos de estudio en los programas de educación religiosa y en los seminarios todavía necesita mucha más atención en muchas partes del mundo. Lo mismo se puede decir en cuanto al establecimiento de centros litúrgicos y de comisiones diocesanas litúrgicas, como lo pidió la SC. Es en estos grupos y centros donde personas que han estudiado liturgia, arte, música, la cultura local se puede reunir para implementar la reforma inicial y fomentar continuamente la renovación litúrgica. Desafortunadamente, todavía hay diócesis en los Estados Unidos de Norteamérica y alrededor del mundo sin esos centros ni esas comisiones.

Restauración de la forma clásica de la liturgia romana (21, 34)

Los Padres conciliares, siguiendo la dirección de los eruditos y de los sacerdotes en el movimiento litúrgico, vieron que el primer paso en la renovación litúrgica debía ser la simplificación de los ritos de la Iglesia. A través de los siglos, la celebración de la Eucaristía y de los otros sacramentos se había hecho tan compleja que algunas veces se oscurecía su significado. Por esa razón, el Concilio pide una reforma *tradicional* de los ritos como la forma para empezar el proceso de la renovación. El rito romano clásico practicado del siglo cuarto al octavo en la ciudad de Roma, se volvió el modelo para esta liturgia renovada. Sus características están muy bien descritas en el mandato para la reforma que se contiene en el artículo 34: "Los ritos deben resplandecer con una noble sencillez; deben ser breves, claros, evitando las repeticiones inútiles; adaptados a la capacidad de los fieles y, en general, no deben tener necesidad de muchas explicaciones". Se esperaba que al proponer un modelo sencillo, tradicional para el culto, la liturgia podría luego adaptarse más fácilmente a los contextos de las diferentes culturas en las cuales vive y se mueve la Iglesia. Todavía estamos en el proceso de interpretar esta sección de la SC para los muchos grupos culturales que forman la Iglesia. La comunidad hispana, por ejemplo, se siente a gusto con la comunicación simbólica y con ciertas formas de comunicación verbal; por lo tanto, no debería interpretarse este artículo de una manera fundamentalista. Una celebración reducida a sus elementos más básicos no tendría sentido en la cultura hispana, naturalmente inclinada a celebraciones más elaboradas y afectivas.

OTRAS REFORMAS CONCRETAS

Como hemos estado viviendo ahora con las reformas del Concilio por más de tres décadas, es difícil quizás apreciar lo mucho que abarcaron los cambios que la SC ordenó. Además del cambio del latín a la lengua vernácula y al nuevo Leccionario, la Constitución pide la restauración del proceso del catecumenado para la iniciación de adultos convertidos; recobrar el sacramento de la unción para aquellos que están enfermos; el desarrollo de dos nuevos ritos de reconciliación; recobrar la centralidad del domingo y de las principales fiestas en el calendario eclesiástico; y la simplificación de la Liturgia de las Horas. Específicamente en la celebración de la Eucaristía, la SC pide que los laicos participen en varios ministerios litúrgicos, la restauración de la homilía y de las oraciones de los fieles, la comunión bajo las dos especies y la posibilidad de la concelebración sacerdotal.

LA SACROSANCTUM CONCILIUM Y LA RENOVACION LITURGICA CONTINUA

Sería un error, sin embargo, el creer que la renovación de la liturgia deseada por la SC ya se ha llevado a cabo. Es verdad que ahora tenemos traducciones de todos los libros litúrgicos; sin embargo, también es verdad que Iglesias locales y ministros todavía están luchando con los detalles y con el espíritu expresado en estos libros — especialmente en su material de introducción, que es muy poco leído —. Todavía hay una necesidad urgente para la catequesis tanto del clero como de los laicos en asuntos litúrgicos, a fin de promover la participación plena, consciente y activa de la cual habla la Constitución. Todavía se necesita ayudar a hacer la conexión entre cómo oramos juntos y nuestro compromiso con la justicia y la paz dentro y fuera de la Iglesia. En la mayoría de las comunidades hispanas de este país, la liturgia debería reflejar algo de la realidad de un pueblo frecuentemente marginado y discriminado, a fin de poder ofrecer una visión cristiana de una sociedad y un mundo dedicados a las exigencias divinas para un reino de justicia y paz — el reino predicado por Jesús —.

La Constitución no es un documento que puede considerarse totalmente aislado. La SC también necesita leerse y entenderse bajo la luz de los siguientes documentos del Concilio, de los Papas Pablo VI y Juan Pablo II, de la Congregación Romana para el Culto y de varias conferencias nacionales de obispos. Muchos de estos documentos se encuentran en este tomo. Por ejemplo, como hemos indicado antes, para apreciar lo que se dice sobre la adaptación cultural de la liturgia (37–40), ahora más correctamente llamada "inculturación", es importante ver no sólo el documento publicado por la Congregación para el Culto sobre la *Inculturación y la Liturgia Romana* (1994), sino también la *Gaudium et spes (La Constitución Pastoral de la Iglesia en el Mundo Moderno)* del Concilio (1965), las diferentes encíclicas papales que tratan de cuestiones de fe y cultura, y los documentos latinoamericanos publicados por La Conferencia del Episcopado Latinoamericano: Medellín, Puebla y Santo Domingo. Además de estos documentos, las variaciones en el Rito Romano propuestas por otras Iglesias locales pueden ser de mucha utilidad, como el Rito de la Misa aprobado para las diócesis de Zaire, Africa y los experimentos que se están llevando a cabo en India y en las Filipinas.

Todo esto quiere decir que la renovación litúrgica puesta en movimiento por la SC está muy lejos de terminarse. De hecho, se debe reconocer que la renovación y los cambios que de vez en cuando ésta ocasionará nunca deben considerarse como terminados para siempre, porque la liturgia se compone de "elementos inmutables, por ser de institución divina, y de otros sujetos a cambio, que en el decurso del tiempo pueden y aun deben variar" (21). Paradójicamente, a fin de ser verdaderamente fieles al meollo inmutable de la fe, la liturgia misma debe continuar cambiando y así continuar hablando del amor de Dios por nosotros en Jesucristo, para todos los seres humanos que viven en circunstancias que cambian constantemente. La *Constitución sobre la Sagrada Liturgia* abre el camino para esta fidelidad.

ESQUEMA

CONSTITUCION "SACROSANCTUM CONCILIUM"

INTRODUCCION

1.   Este sacrosanto Concilio se propone acrecentar de día en día entre los fieles la vida cristiana, adaptar mejor a las necesidades de nuestro tiempo las instituciones que están sujetas a cambio, promover todo aquello que pueda contribuir a la unión de cuantos creen en Jesucristo y fortalecer lo que sirve para invitar a todos los hombres al seno de la Iglesia. Por eso, cree que le corresponde de un modo particular proveer a la reforma y al fomento de la liturgia.

2.   En efecto, la liturgia, por cuyo medio "se ejerce la obra de nuestra Redención",[1] sobre todo en el divino sacrificio de la Eucaristía, contribuye en sumo grado a que los fieles expresen en su vida, y manifiesten a los demás, el misterio de Cristo y la naturaleza auténtica de la verdadera Iglesia. Es característico de la Iglesia ser, a la vez, humana y divina, visible y dotada de elementos invisibles, entregada a la acción y dada a la contemplación, presente en el mundo y, sin embargo, peregrina; y todo esto de suerte que en ella lo humano esté ordenado y subordinado a lo divino, lo visible a lo invisible, la acción a la contemplación y lo presente a la ciudad futura que buscamos.[2] Por eso, al edificar día a día a los que están dentro para ser templo santo en el Señor y morada de Dios en el Espíritu,[3] hasta llegar a la medida de la plenitud de la edad de Cristo,[4] la liturgia robustece también admirablemente sus fuerzas para predicar a Cristo y presenta así la Iglesia, a los que están fuera, como signo levantado en medio de las naciones[5] para que debajo de él se congreguen en la unidad los hijos de Dios que están dispersos[6], hasta que haya un solo rebaño y un solo pastor.[7]

3.   Por lo cual, el sacrosanto Concilio estima que han de tenerse en cuenta los principios siguientes, y que se deben establecer algunas normas prácticas en orden al fomento y reforma de la liturgia.

        Entre estos principios y normas hay algunos que pueden y deben aplicarse lo mismo al rito romano que a los demás ritos. Sin embargo, se ha de entender que las normas prácticas que siguen se refieren sólo al rito romano, cuando no se trata de cosas que, por su misma naturaleza, afectan también a los demás ritos.

4.   Por último, el sacrosanto Concilio, ateniéndose fielmente a la Tradición, declara que la santa Madre Iglesia atribuye igual derecho y honor a todos los ritos legítimamente reconocidos y quiere que en el futuro se conserven y fomenten por todos los medios. Desea, además, que, si fuere necesario, sean íntegramente revisados con prudencia, de acuerdo con la sana tradición, y reciban nuevo vigor, teniendo en cuenta las circunstancias y necesidades de hoy.

CAPITULO I
PRINCIPIOS GENERALES PARA LA REFORMA Y FOMENTO DE LA SAGRADA LITURGIA

I. NATURALEZA DE LA SAGRADA LITURGIA Y SU IMPORTANCIA EN LA VIDA DE LA IGLESIA

5.   Dios, que "quiere que todos los hombres se salven y lleguen al conocimiento de la verdad",[8] "habiendo hablado antiguamente en distintas ocasiones y de muchas maneras a nuestros padres por los profetas",[9] cuando llegó la plenitud de los tiempos envió a su Hijo, el Verbo hecho carne, ungido por el Espíritu Santo, para evangelizar a los pobres y curar a los contritos de corazón[10], como "médico corporal y espiritual",[11] Mediador entre Dios y los hombres.[12] En efecto, su humanidad, unida a la persona del Verbo, fue instrumento de nuestra salvación. Por esto, en Cristo "se realizó plenamente nuestra reconciliación y se nos dio la plenitud del culto divino".[13]

Esta obra de la redención humana y de la perfecta glorificación de Dios, preparada por las maravillas que Dios obró en el pueblo de la Antigua Alianza, Cristo la realizó principalmente por el misterio pascual de su bienaventurada Pasión, Resurrección de entre los muertos y gloriosa Ascensión. Por este misterio, "muriendo destruyó nuestra muerte, y resucitando restauró la vida".[14] Pues del costado de Cristo dormido en la cruz nació "el sacramento admirable de la Iglesia entera".[15]

6.   Por esta razón, así como Cristo fue enviado por el Padre, él a su vez envió a los Apóstoles, llenos del Espíritu Santo. No sólo los envió a predicar el Evangelio a toda criatura[16] y a anunciar que el Hijo de Dios, con su muerte y resurrección, nos libró del poder de Satanás[17] y de la muerte, y nos condujo al reino del Padre, sino también a realizar la obra de salvación que proclamaban, mediante el sacrificio y los sacramentos, en torno a los cuales gira toda la vida litúrgica. Y así, por el bautismo los hombres son injertados en el misterio pascual de Jesucristo: mueren con él, son sepultados con él y resucitan con él;[18] reciben el espíritu de adopción de hijos "que nos hace gritar: '¡Abba!' (Padre)",[19] y se convierten así en los verdaderos adoradores que busca el Padre.[20] Asimismo, cuantas veces comen la Cena del Señor proclaman su muerte hasta que vuelva.[21] Por eso, el día mismo de Pentecostés en que la Iglesia se manifestó al mundo, "los que aceptaron las palabras" de Pedro "se bautizaron". Y "eran constantes en escuchar la enseñanza de los Apóstoles, en la vida común, en la fracción del pan y en las oraciones . . . , alabando a Dios con alegría y de todo corazón; eran bien vistos de todo el pueblo".[22] Desde entonces, la Iglesia nunca ha dejado de reunirse para celebrar el misterio pascual: leyendo "lo que se refiere a él en toda la Escritura",[23] celebrando la Eucaristía, en la cual "se hace de nuevo presente la victoria y el triunfo de su muerte"[24] y dando gracias al mismo tiempo "a Dios por el don inexpresable"[25] en Cristo Jesús, "para alabar su gloria",[26] por la fuerza del Espíritu Santo.

7.   Para realizar una obra tan grande, Cristo está siempre presente a su Iglesia, sobre todo en la acción litúrgica. Está presente en el sacrificio de la misa, sea en

la persona del ministro, "ofreciéndose ahora por ministerio de los sacerdotes el mismo que entonces se ofreció en la cruz",[27] sea, sobre todo, bajo las especies eucarísticas. Está presente con su fuerza en los sacramentos, de modo que, cuando alguien bautiza, es Cristo quien bautiza.[28] Está presente en su palabra, pues cuando se lee en la Iglesia la Sagrada Escritura es él quien habla. Está presente, por último, cuando la Iglesia suplica y canta salmos, el mismo que prometió: "Donde dos o tres están reunidos en mi nombre, allí estoy yo en medio de ellos".[29]

Realmente, en esta obra tan grande por la que Dios es perfectamente glorificado y los hombres santificados, Cristo asocia siempre consigo a su amadísima Esposa la Iglesia, que invoca a su Señor y por él tributa culto al Padre eterno.

Con razón, entonces, se considera la liturgia como ejercicio del sacerdocio de Jesucristo. En ella, los signos sensibles significan y, cada uno a su manera, realizan la santificación del hombre; y así el Cuerpo místico de Jesucristo, es decir, la Cabeza y sus miembros, ejerce el culto público íntegro.

En consecuencia, toda celebración litúrgica, por ser obra de Cristo sacerdote y de su Cuerpo, que es la Iglesia, es acción sagrada por excelencia, cuya eficacia, con el mismo título y en el mismo grado, no la iguala ninguna otra acción de la Iglesia.

8. En la liturgia terrenal pregustamos y tomamos parte en aquella liturgia celestial, que se celebra en la santa ciudad de Jerusalén, hacia la cual nos dirigimos como peregrinos, y donde Cristo está sentado a la diestra de Dios como ministro del santuario y del tabernáculo verdadero;[30] cantamos al Señor el himno de gloria con todo el ejército celestial; venerando la memoria de los santos, esperamos tener parte con ellos y gozar de su compañía; aguardamos al Salvador, nuestro Señor Jesucristo, hasta que se manifieste él, nuestra vida, y nosotros nos manifestemos también gloriosos con él.[31]

9. La sagrada liturgia no agota toda la actividad de la Iglesia; pues para que los hombres puedan llegar a la liturgia, es necesario que antes sean llamados a la fe y a la conversión: "¿Cómo van a invocarlo, si no creen en él?; ¿cómo van a creer, si no oyen hablar de él?; y ¿cómo van a oír sin alguien que proclame?; y ¿cómo van a proclamar, si no los envían?"[32]

Por eso, a los no creyentes la Iglesia proclama el mensaje de salvación para que todos los hombres conozcan al único Dios verdadero y a su enviado Jesucristo, y se conviertan de sus caminos haciendo penitencia.[33] Y a los creyentes les debe predicar continuamente la fe y la penitencia, y debe prepararlos además para los sacramentos, enseñarles a cumplir todo cuanto mandó Cristo[34] y estimularlos a toda clase de obras de caridad, piedad y apostolado, para que se ponga de manifiesto que los fieles, sin ser de este mundo, son la luz del mundo y dan gloria al Padre delante de los hombres.

10. No obstante, la liturgia es la cumbre a la cual tiende la actividad de la Iglesia y al mismo tiempo la fuente de donde mana toda su fuerza. Pues los trabajos apostólicos se ordenan a que, una vez hechos hijos de Dios por la fe y el

bautismo, todos se reúnan, alaben a Dios en medio de la Iglesia, participen en el sacrificio y coman la Cena del Señor.

Por su parte, la liturgia misma impulsa a los fieles a que, saciados con "un mismo sacramento pascual", "vivan siempre unidos" en el amor de Dios;[35] ruega a Dios que "vivan siempre de acuerdo con la fe que profesaron";[36] y la renovación de la Alianza del Señor con los hombres en la Eucaristía enciende y arrastra a los fieles a la apremiante caridad de Cristo. Por tanto, de la liturgia, sobre todo de la Eucaristía, mana hacia nosotros la gracia como de su fuente, y se obtiene con la máxima eficacia aquella santificación de los hombres en Cristo y aquella glorificación de Dios, a la cual las demás obras de la Iglesia tienden como a su fin.

11. Mas, para asegurar esta plena eficacia, es necesario que los fieles se acerquen a la sagrada liturgia con recta disposición de ánimo, pongan su alma en consonancia con su voz, y colaboren con la gracia divina, para no recibirla en vano.[37] Por esta razón, los pastores de almas deben vigilar para que en la acción litúrgica no sólo se observen las leyes relativas a la celebración válida y lícita, sino también para que los fieles participen en ella consciente, activa y fructuosamente.

12. Con todo, la participación en la sagrada liturgia no abarca toda la vida espiritual. En efecto, el cristiano, llamado a orar en común, debe, no obstante, entrar también en su cuarto para orar al Padre en secreto;[38] más aún, debe orar sin tregua, según enseña el Apóstol.[39] Y el mismo Apóstol nos exhorta a llevar siempre la mortificación de Jesús en nuestro cuerpo, para que también su vida se manifieste en nuestra carne mortal.[40] Por esta causa, pedimos al Señor en el sacrificio de la misa que, aceptada "la ofrenda del sacrificio espiritual", nos transforme a nosotros "en oblación perenne".[41]

13. Se recomiendan encarecidamente los ejercicios piadosos del pueblo cristiano, con tal que sean conformes a las leyes y a las normas de la Iglesia, en particular si se hacen por mandato de la Sede Apostólica.

Gozan también de una dignidad especial las prácticas religiosas de las Iglesias particulares que se celebran por mandato de los Obispos, a tenor de las costumbres o de los libros legítimamente aprobados.

Ahora bien, es preciso que estos mismos ejercicios se organicen teniendo en cuenta los tiempos litúrgicos, de modo que vayan de acuerdo con la sagrada liturgia, en cierto modo deriven de ella y a ella conduzcan al pueblo, ya que la liturgia por su naturaleza está muy por encima de ellos.

II. NECESIDAD DE PROMOVER LA EDUCACION LITURGICA Y LA PARTICIPACION ACTIVA

14. La santa Madre Iglesia desea ardientemente que se lleve a todos los fieles a aquella participación plena, consciente y activa en las celebraciones litúrgicas, que exige la naturaleza de la liturgia misma y a la cual tiene derecho y obligación, en virtud del bautismo, el pueblo cristiano, "raza elegida, sacerdocio real, nación consagrada, pueblo adquirido".[42]

Al reformar y fomentar la sagrada liturgia, hay que tener muy en cuenta esta plena y activa participación de todo el pueblo, porque es la fuente primaria y necesaria de donde han de beber los fieles el espíritu verdaderamente cristiano; y por lo mismo los pastores de almas deben aspirar a ella con diligencia en toda su actuación pastoral, por medio de una educación adecuada.

Y como no se puede esperar que esto ocurra, si antes los mismos pastores de almas no se impregnan totalmente del espíritu y de la fuerza de la liturgia y llegan a ser maestros de la misma, es indispensable que se provea antes que nada a la educación litúrgica del clero. Por lo tanto, el sacrosanto Concilio ha decretado establecer lo que sigue:

15. Los profesores que se elijan para enseñar la asignatura de Sagrada Liturgia en los seminarios, casas de estudios de los religiosos y Facultades teológicas, deben formarse a conciencia para su misión en institutos destinados especialmente a ello.

16. La asignatura de Sagrada Liturgia se debe considerar entre las materias necesarias y más importantes en los seminarios y casas de estudios de los religiosos, y entre las asignaturas principales en las Facultades teológicas. Se explicará tanto bajo el aspecto teológico e histórico, como bajo el aspecto espiritual, pastoral y jurídico. Además, los profesores de las otras asignaturas, sobre todo de Teología dogmática, Sagrada Escritura, Teología espiritual y pastoral, procurarán exponer el misterio de Cristo y la historia de la salvación partiendo de las exigencias intrínsecas del objeto propio de cada asignatura, de modo que quede bien clara su conexión con la liturgia y la unidad de la formación sacerdotal.

17. En los seminarios y casas religiosas, los clérigos deben adquirir una formación litúrgica de la vida espiritual, por medio de una adecuada iniciación que les permita comprender los sagrados ritos y participar en ellos con toda el alma, sea celebrando los sagrados misterios, sea con otros ejercicios de piedad penetrados del espíritu de la sagrada liturgia; aprendan al mismo tiempo a observar las leyes litúrgicas, de modo que en los seminarios e Institutos religiosos la vida esté totalmente informada de espíritu litúrgico.

18. A los sacerdotes, tanto seculares como religiosos, que ya trabajan en la viña del Señor, se les ha de ayudar con todos los medios apropiados a comprender cada vez más plenamente lo que realizan en las funciones sagradas, a vivir la vida litúrgica y comunicarla a los fieles a ellos encomendados.

19. Los pastores de almas fomenten con diligencia y paciencia la educación litúrgica y la participación activa de los fieles, interna y externa, conforme a su edad, condición, género de vida y grado de cultura religiosa, cumpliendo así una de las funciones principales del fiel dispensador de los misterios de Dios; y en este punto guíen a su rebaño, no sólo de palabra, sino también con el ejemplo.

20. Las transmisiones radiofónicas y televisivas de acciones sagradas, sobre todo si se trata de la celebración de la misa, se harán discreta y decorosamente, bajo la dirección y responsabilidad de una persona idónea, a quien los Obispos hayan destinado a este menester.

III. REFORMA DE LA SAGRADA LITURGIA

21. Para que en la sagrada liturgia el pueblo cristiano obtenga con mayor seguridad gracias abundantes, la santa Madre Iglesia desea proveer con solicitud a una reforma general de la misma liturgia. Porque la liturgia consta de una parte que es inmutable, por ser de institución divina, y de otras partes sujetas a cambio, que en el decurso del tiempo pueden y aun deben variar, si es que en ellas se han introducido elementos que no responden tan bien a la naturaleza íntima de la misma liturgia o han llegado a ser menos apropiados.

En esta reforma, los textos y los ritos se han de ordenar de manera que expresen con mayor claridad las cosas santas que significan y, en lo posible, el pueblo cristiano pueda comprenderlas fácilmente y participar en ellas por medio de una celebración plena, activa y comunitaria.

Por esta razón, el sacrosanto Concilio ha establecido estas normas generales:

a) Normas generales

22. § 1. La reglamentación de la sagrada liturgia es de la competencia exclusiva de la autoridad eclesiástica; ésta reside en la Sede Apostólica y, en la medida que determine la ley, en el Obispo.

§ 2. En virtud del poder concedido por el derecho, la reglamentación de las cuestiones litúrgicas corresponde también, dentro de los límites establecidos, a las competentes Asambleas territoriales de Obispos de distintas clases, legítimamente constituidos.

§ 3. Por lo mismo, que nadie, aunque sea sacerdote, añada, quite o cambie cosa alguna por iniciativa propia en la liturgia.

23. Para conservar la sana tradición y abrir, con todo, el camino a un progreso legítimo, debe proceder siempre una concienzuda investigación teológica, histórica y pastoral acerca de cada una de las partes que se han de revisar. Téngase en cuenta, además, no sólo las leyes generales de la estructura y mentalidad litúrgica, sino también la experiencia adquirida con la reforma litúrgica reciente y de los indultos concedidos en diversos lugares. Por último, no se introduzcan innovaciones, si no lo exige una utilidad verdadera y cierta de la Iglesia, y sólo después de haber tenido la precaución de que las nuevas formas se desarrollen, por decirlo así, orgánicamente, a partir de las ya existentes.

En cuanto sea posible, evítense también las diferencias notables de ritos entre territorios contiguos.

24.   En la celebración litúrgica la importancia de la Sagrada Escritura es sumamente grande. Pues de ella se toman las lecturas que luego se explican en la
homilía, y los salmos que se cantan, las preces, oraciones e himnos litúrgicos
están penetrados de su espíritu y de ella reciben su significado las acciones y
los signos.

Por tanto, para procurar la reforma, el progreso y la adaptación de la sagrada
liturgia, hay que fomentar aquel amor suave y vivo hacia la Sagrada Escritura que
atestigua la venerable tradición de los ritos, tanto orientales como occidentales.

25.   Revísense cuanto antes los libros litúrgicos, valiéndose de peritos y consul-
tando a Obispos de diversas regiones del mundo.

b) Normas derivadas de la índole de la liturgia como acción jerárquica y comunitaria

26.   Las acciones litúrgicas no son acciones privadas, sino celebraciones de la
Iglesia, que es "sacramento de unidad", es decir, pueblo santo congregado y ordenado bajo la dirección de los Obispos.[43]

Por eso, pertenecen a todo el cuerpo de la Iglesia, influyen en él y lo manifiestan; pero atañen a cada uno de los miembros de este cuerpo, según la diversidad de órdenes, funciones y participación actual.

27.   Siempre que los ritos, cada cual según su naturaleza propia, admitan una
celebración comunitaria, con asistencia y participación activa de los fieles, incúlquese que hay que preferirla, en cuanto sea posible, a una celebración individual
y casi privada.

Esto vale sobre todo para la celebración de la misa, quedando siempre a
salvo la naturaleza pública y social de toda misa, y para la administración de
los sacramentos.

28.   En las celebraciones litúrgicas, cada cual, ministro o simple fiel, al desempeñar su oficio, hará todo y sólo aquello que le corresponde por la naturaleza de
la acción y las normas litúrgicas.

29.   Los acólitos, lectores, comentadores y cuantos pertenecen a la *schola can-*
torum desempeñan un auténtico ministerio litúrgico. Ejerzan, por tanto, su oficio
con la sincera piedad y el orden que convienen a tan gran ministerio y les exige
con razón el pueblo de Dios.

Con ese fin, es preciso que cada uno a su manera esté profundamente penetrado del espíritu de la liturgia y que sea instruido para cumplir su función debida
y ordenadamente.

30.   Para promover la participación activa, se fomentarán las aclamaciones del
pueblo, las respuestas, la salmodia, las antífonas, los cantos y también las acciones o gestos y posturas corporales. Guárdese, además, a su debido tiempo, un
silencio sagrado.

31.   En la revisión de los libros litúrgicos, téngase muy en cuenta que en las rúbricas esté prevista también la participación de los fieles.

32.   Fuera de la distinción que deriva de la función litúrgica y del orden sagrado, y exceptuados los honores debidos a las autoridades civiles a tenor de las leyes litúrgicas, no se hará acepción alguna de personas o de clases sociales, ni en las ceremonias ni en el ornato externo.

c) Normas derivadas del carácter didáctico y pastoral de la liturgia

33.   Aunque la sagrada liturgia sea principalmente culto de la divina Majestad, contiene también una gran instrucción para el pueblo fiel.[44] En efecto, en la liturgia Dios habla a su pueblo; Cristo sigue anunciando el Evangelio. Y el pueblo responde a Dios con el canto y la oración.

Más aún, las oraciones que dirige a Dios el sacerdote — que preside la asamblea representando a Cristo — se dicen en nombre de todo el pueblo santo y de todos los circunstantes. Los mismos signos visibles que usa la sagrada liturgia han sido escogidos por Cristo o por la Iglesia para significar realidades divinas invisibles. Por tanto, no sólo cuando se lee "lo que se escribió para enseñanza nuestra",[45] sino también cuando la Iglesia ora, canta o actúa, la fe de los asistentes se alimenta y sus almas se elevan hacia Dios, a fin de tributarle un culto racional y recibir su gracia con mayor abundancia.

Por eso, al realizar la reforma, hay que observar las normas generales siguientes:

34.   Los ritos deben resplandecer con una noble sencillez; deben ser breves, claros, evitando las repeticiones inútiles; adaptados a la capacidad de los fieles y, en general, no deben tener necesidad de muchas explicaciones.

35.   Para que aparezca con claridad la íntima conexión entre la palabra y el rito en la liturgia:

1) En las celebraciones sagradas debe haber lecturas de la Sagrada Escritura más abundantes, más variadas y más apropiadas.

2) Por ser el sermón parte de la acción litúrgica, se indicará también en las rúbricas el lugar más apto, en cuanto lo permite la naturaleza del rito; cúmplase con la mayor fidelidad y exactitud el ministerio de la predicación. Las fuentes principales de la predicación serán la Sagrada Escritura y la liturgia, ya que es una proclamación de las maravillas obradas por Dios en la historia de la salvación o misterio de Cristo, que está siempre presente y obra en nosotros, particularmente en la celebración de la liturgia.

3) Incúlquese también por todos los medios la catequesis más directamente litúrgica, y, si es preciso, ténganse previstas en los ritos mismos breves moniciones que dirá el sacerdote u otro ministro competente, pero sólo en los momentos más oportunos, con las palabras prescritas u otras semejantes.

4) Foméntense las celebraciones sagradas de la Palabra de Dios en las vísperas de las fiestas más solemnes, en algunas ferias de Adviento y Cuaresma y los domingos y días festivos, sobre todo, en los lugares donde no haya sacerdote; en cuyo caso, debe dirigir la celebración un diácono u otro delegado por el Obispo.

36.   § 1. Se conservará el uso de la lengua latina en los ritos latinos, salvo derecho particular.

§ 2. Sin embargo, como el uso de la lengua vernácula es muy útil para el pueblo en no pocas ocasiones, tanto en la misa como en la administración de los sacramentos y en otras partes de la liturgia, se le podrá dar mayor cabida, ante todo, en las lecturas y moniciones, en algunas oraciones y cantos, conforme a las normas que acerca de esta materia se establecen para cada caso en los capítulos siguientes.

§ 3. Supuesto el cumplimiento de estas normas, será de la incumbencia de la competente autoridad eclesiástica territorial, de la que se habla en el número 22, § 2, determinar si ha de usarse la lengua vernácula y en qué extensión; estas decisiones tienen que ser aceptadas, es decir, confirmadas por la Sede Apostólica. Si hiciera falta, se consultará a los Obispos de las regiones limítrofes de la misma lengua.

§ 4. La traducción del texto latino a la lengua vernácula, que ha de usarse en la liturgia, debe ser aprobada por la competente autoridad eclesiástica territorial antes mencionada.

d) Normas para adaptar la liturgia a la mentalidad y tradiciones de los pueblos

37.   La Iglesia no pretende imponer una rígida uniformidad en aquello que no afecta a la fe o al bien de toda la comunidad, ni siquiera en la liturgia; por el contrario, respeta y promueve el genio y las cualidades peculiares de las distintas razas y pueblos. Estudia con simpatía y, si puede, conserva íntegro lo que en las costumbres de los pueblos encuentra que no esté indisolublemente vinculado a supersticiones y errores, y aun a veces lo acepta en la misma liturgia, con tal que se pueda armonizar con su verdadero y auténtico espíritu.

38.   Al revisar los libros litúrgicos, salvada la unidad sustancial del rito romano, se admitirán variaciones y adaptaciones legítimas a los diversos grupos, regiones, pueblos, especialmente en las misiones; y se tendrá esto en cuenta oportunamente al establecer la estructura de los ritos y las rúbricas.

39.   Corresponderá a la competente autoridad eclesiástica territorial, de la que se habla en el número 22, § 2, determinar estas adaptaciones dentro de los límites establecidos en las ediciones típicas de los libros litúrgicos, sobre todo en lo tocante a la administración de los sacramentos, a los sacramentales, procesiones, lengua litúrgica, música y arte sagrados, siempre de conformidad con las normas fundamentales contenidas en esta Constitución.

40.   Sin embargo, en ciertos lugares y circunstancias urge una adaptación más profunda de la liturgia, lo cual implica mayores dificultades. Por tanto:

1) La competente autoridad eclesiástica territorial, de que se habla en el número 22, § 2, considerará con solicitud y prudencia los elementos que se pueden tomar de las tradiciones y genio de cada pueblo, para incorporarlos al culto divino. Las adaptaciones que se consideren útiles o necesarias se propondrán a la Sede Apostólica, para introducirlas con su consentimiento.

2) Para que la adaptación se realice con la cautela necesaria, si es preciso, la Sede Apostólica concederá a la misma autoridad eclesiástica territorial, la facultad de permitir y dirigir las experiencias previas necesarias en algunos grupos preparados para ello y por un tiempo determinado.

3) Como las leyes litúrgicas suelen presentar dificultades especiales en cuanto a la adaptación, sobre todo en las misiones, al elaborarlas se empleará la colaboración de hombres peritos en la cuestión de que se trata.

IV. FOMENTO DE LA VIDA LITURGICA EN LA DIOCESIS Y EN LA PARROQUIA

41.   El Obispo debe ser considerado como el gran sacerdote de su grey, de quien deriva y depende en cierto modo la vida en Cristo de sus fieles.

Por eso, conviene que todos tengan en gran aprecio la vida litúrgica de la diócesis en torno al Obispo, sobre todo en la iglesia catedral, persuadidos de que la principal manifestación de la Iglesia se realiza en la participación plena y activa de todo el pueblo santo de Dios en las mismas celebraciones litúrgicas, particularmente en la misma Eucaristía, en una misma oración, junto al único altar donde preside el Obispo, rodeado de su presbiterio y ministros.[46]

42.   Como no le es posible al Obispo, siempre y en todas partes, presidir personalmente en su Iglesia a toda la grey, debe por necesidad erigir diversas comunidades de fieles. Entre ellas sobresalen las parroquias, distribuidas localmente bajo un pastor que hace las veces del Obispo: ya que de alguna manera representan a la Iglesia visible establecida por todo el orbe de la tierra.

De aquí la necesidad de fomentar teórica y prácticamente entre los fieles y el clero la vida litúrgica parroquial y su relación con el Obispo. Hay que trabajar para que florezca el sentido comunitario parroquial, sobre todo en la celebración común de la misa dominical.

V. FOMENTO DE LA ACCION PASTORAL LITURGICA

43.   El celo por promover y reformar la sagrada liturgia se considera con razón como un signo de las disposiciones providenciales de Dios sobre nuestro tiempo, como el paso del Espíritu Santo por su Iglesia; y da un sello característico a su vida, e incluso a todo el pensamiento y la acción religiosa de nuestra época.

En consecuencia, para fomentar todavía más esta acción pastoral litúrgica en la Iglesia, el sacrosanto Concilio decreta:

44. Conviene que la competente autoridad eclesiástica territorial de que se habla en el número 22, § 2, instituya una Comisión litúrgica, con la que colaborarán especialistas en la ciencia litúrgica, música, arte sagrado y pastoral. A esta Comisión ayudará en lo posible un Instituto de liturgia pastoral, compuesto de miembros eminentes en estas materias, sin excluir los seglares, según las circunstancias. La Comisión tendrá como tarea encauzar dentro de su territorio la acción pastoral litúrgica bajo la dirección de la autoridad territorial eclesiástica arriba mencionada, y promover los estudios y experiencias necesarias cuando se trate de adaptaciones que deben proponerse a la Sede Apostólica.

45. Asimismo, cada diócesis contará con una Comisión de liturgia sagrada para promover la acción litúrgica bajo la autoridad del Obispo.

A veces puede resultar conveniente que varias diócesis formen una sola Comisión, la cual, aunando esfuerzos, promueva el apostolado litúrgico.

46. Además de la Comisión de sagrada liturgia, se establecerán también en cada diócesis, dentro de lo posible, Comisiones de música y de arte sacro.

Es necesario que estas tres Comisiones trabajen en estrecha colaboración; y aun muchas veces convendrá que se fundan en una sola.

CAPITULO II
EL SACROSANTO MISTERIO DE LA EUCARISTIA

47. Nuestro Salvador, en la última Cena, la noche en que iba a ser entregado, instituyó el sacrificio eucarístico de su Cuerpo y Sangre, con el cual iba a perpetuar por los siglos, hasta su vuelta, el sacrificio de la cruz y a confiar así a su Esposa, la Iglesia, el memorial de la muerte y resurrección: sacramento de piedad, signo de unidad, vínculo de caridad,[47] banquete pascual, en el cual "Cristo es nuestra comida, el alma se llena de gracia y se nos da la prenda de la gloria futura".[48]

48. Por tanto, la Iglesia, con solícito cuidado, procura que los cristianos no asistan a este misterio de fe como extraños y mudos espectadores, sino que, comprendiéndolo bien a través de los ritos y oraciones, participen consciente, piadosa y activamente en la acción sagrada, sean instruidos con la palabra de Dios, se fortalezcan en la mesa del Señor, den gracias a Dios, aprendan a ofrecerse a sí mismos al ofrecer la hostia inmaculada no sólo por manos del sacerdote, sino juntamente con él, se perfeccionen día a día por Cristo Mediador[49] en la unión con Dios y entre sí, para que, finalmente, Dios sea todo en todos.

49. Por consiguiente, para que el sacrificio de la misa, aun por la forma de los ritos, alcance plena eficacia pastoral, el sacrosanto Concilio, teniendo en cuenta las misas que se celebran con asistencia del pueblo, especialmente los domingos y fiestas de precepto, decreta lo siguiente:

50. Revísese el Ordinario de la misa, de modo que se manifieste con mayor claridad el sentido propio de cada una de las partes y su mutua conexión y se haga más fácil la piadosa y activa participación de los fieles.

En consecuencia, simplifíquense los ritos, conservando con cuidado la sustancia; suprímanse aquellas cosas menos útiles que, al correr del tiempo, se han duplicado o añadido; restablézcanse, en cambio, de acuerdo con la primitiva norma de los santos Padres, algunas cosas que han desaparecido a causa del tiempo, según se estime conveniente o necesario.

51.   A fin de que la mesa de la palabra de Dios se prepare con más abundancia para los fieles, ábranse con mayor amplitud los tesoros de la Biblia, de modo que, en un período determinado de años, se lean al pueblo las partes más significativas de la Sagrada Escritura.

52.   Se recomienda encarecidamente, como parte de la misma liturgia, la homilía, en la cual se exponen durante el ciclo del año litúrgico, a partir de los textos sagrados, los misterios de la fe y las normas de la vida cristiana. Más aún, en las misas que se celebran dos domingos y fiestas de precepto con asistencia del pueblo, nunca se omita, si no es por causa grave.

53.   Restablézcase la "oración común" o "de los fieles" después del Evangelio y la homilía, principalmente los domingos y fiestas de precepto, para que, con la participación del pueblo, se hagan súplicas por la santa Iglesia, por los gobernantes, por los que sufren cualquier necesidad, por todos los hombres y por la salvación del mundo entero.[50]

54.   En las misas celebradas con asistencia del pueblo, puede darse el lugar debido a la lengua vernácula, principalmente en las lecturas y en la "oración común" y, según las circunstancias del lugar, también en las partes que corresponden al pueblo, a tenor de la norma del número 36 de esta Constitución.

Procúrese, sin embargo, que los fieles sean capaces también de recitar o cantar juntos en latín las partes del Ordinario de la misa que les corresponde.

Si en algún sitio parece oportuno un uso más amplio de la lengua vernácula, cúmplase lo prescrito en el número 40 de esta Constitución.

55.   Se recomienda especialmente la participación más perfecta en la misa, la cual consiste en que los fieles, después de la comunión del sacerdote, reciban del mismo sacrificio el Cuerpo del Señor.

Manteniendo firmes los principios dogmáticos declarados por el Concilio de Trento,[51] la comunión bajo ambas especies puede concederse en los casos que la Sede Apostólica determine, tanto a los clérigos y religiosos como a los laicos, a juicio de los Obispos, como por ejemplo a los ordenados en la misa de su sagrada ordenación, a los profesos en la misa de su profesión religiosa, a los neófitos en la misa que sigue al bautismo.

56.   Las dos partes de que consta la misa, a saber, la liturgia de la palabra y la liturgia eucarística, están tan íntimamente unidas que constituyen un solo acto de culto. Por esto, el sagrado Sínodo exhorta vehementemente a los pastores de almas para que, en la catequesis, instruyan cuidadosamente a los fieles acerca de la participación en toda la misa, sobre todo los domingos y fiestas de precepto.

57. § 1. La concelebración, en la cual se manifiesta apropiadamente la unidad del sacerdocio, se ha practicado hasta ahora en la Iglesia, tanto en Oriente como en Occidente. En consecuencia, el Concilio decidió ampliar la facultad de concelebrar a los casos siguientes:

1.º a) el Jueves Santo, tanto en la Misa crismal como en la Misa vespertina;

b) en las misas de los Concilios, Conferencias Episcopales y Sínodos;

c) en la misa de la bendición de un abad.

2.º Además, con permiso del Ordinario, al cual pertenece juzgar de la oportunidad de la concelebración:

a) en la misa conventual y en la misa principal de las iglesias, cuando la utilidad de los fieles no exija que todos los sacerdotes presentes celebren por separado;

b) en las misas celebradas con ocasión de cualquier clase de reuniones de sacerdotes, lo mismo seculares que religiosos.

§ 2. 1.º Con todo, corresponde al Obispo reglamentar la disciplina de la concelebración en la diócesis.

2.º Sin embargo, quede siempre a salvo para cada sacerdote la facultad de celebrar la misa individualmente, pero no al mismo tiempo ni en la misma iglesia, ni el Jueves de la Cena del Señor.

58. Elabórese el nuevo rito de la concelebración, e inclúyase el Pontifical y el Misal Romano.

CAPITULO III
LOS DEMAS SACRAMENTOS Y LOS SACRAMENTALES

59. Los sacramentos están ordenados a la santificación de los hombres, a la edificación del Cuerpo de Cristo y, en definitiva, a dar culto a Dios; pero, en cuanto signos, también tienen un fin pedagógico. No sólo suponen la fe, sino que, a la vez, la alimentan, la robustecen y la expresan por medio de palabras y cosas; por esto se llaman sacramentos de la fe. Confieren ciertamente la gracia, pero también su celebración prepara perfectamente a los fieles para recibir fructuosamente la misma gracia, rendir el culto a Dios y practicar la caridad.

Por consiguiente, es de suma importancia que los fieles comprendan fácilmente los signos sacramentales y reciban con la mayor frecuencia posible aquellos sacramentos que han sido instituidos para alimentar la vida cristiana.

60. La santa Madre Iglesia instituyó, además, los sacramentales. Estos son signos sagrados creados según el modelo de los sacramentos, por medio de los cuales se expresan efectos, sobre todo, de carácter espiritual obtenidos por la intercesión de la Iglesia. Por ellos, los hombres se disponen a recibir el efecto principal de los sacramentos y se santifican las diversas circunstancias de la vida.

61.   Por tanto, la liturgia de los sacramentos y de los sacramentales hace que, en los fieles bien dispuestos, casi todos los actos de la vida sean santificados por la gracia divina que emana del misterio pascual de la Pasión, Muerte y Resurrección de Cristo, del cual todos los sacramentos y sacramentales reciben su poder; y hace también que el uso honesto de las cosas materiales pueda ordenarse a la santificación del hombre y a la alabanza de Dios.

62.   Habiéndose introducido en los ritos de los sacramentos y sacramentales, con el correr del tiempo, ciertas cosas que actualmente oscurecen de alguna manera su naturaleza y su fin, y siendo necesario acomodar otras a las necesidades presentes, el sacrosanto Concilio determina lo siguiente para su revisión:

63.   Como ciertamente el uso de la lengua vernácula puede ser muy útil para el pueblo en la administración de los sacramentos y de los sacramentales, debe dársele mayor cabida, conforme a las normas siguientes:

   a) En la administración de los sacramentos y sacramentales, se puede usar la lengua vernácula a tenor del número 36.

   b) Las competentes autoridades eclesiásticas territoriales, de que se habla en el número 22, §2, de esta Constitución, preparen cuanto antes, de acuerdo con la nueva edición del Ritual Romano, Rituales particulares acomodados a las necesidades de cada región, también en cuanto a la lengua y una vez aceptados por la Sede Apostólica, empléense en las correspondientes regiones. En la redacción de estos Rituales o particulares colecciones de ritos, no se omitan las instrucciones que, en el Ritual Romano, preceden a cada rito, tanto las pastorales y de rúbrica, como las que encierran una especial importancia comunitaria.

64.   Restáurese el catecumenado de adultos, dividido en distintas etapas, cuya práctica dependerá del juicio del Ordinario del lugar; de esa manera, el tiempo del catecumenado, establecido para la conveniente instrucción, podrá ser santificado con los sagrados ritos que se celebrarán en tiempos sucesivos.

65.   En las misiones, además de los elementos de iniciación contenidos en la tradición cristiana, pueden admitirse también aquellos que se encuentran en uso en cada pueblo, en cuanto puedan acomodarse al rito cristiano, según la norma de los números 37–40 de esta Constitución.

66.   Revísense ambos ritos del bautismo de adultos, tanto el simple como el solemne, teniendo en cuenta la restauración del catecumenado; e insértese en el Misal Romano la misa propia *In collatione Baptismi*.

67.   Revísese el rito del bautismo de niños y adáptese realmente a su condición; y póngase más de manifiesto en el mismo rito la participación y las obligaciones de los padres y padrinos.

68.   Para los casos de bautismos numerosos, en el rito bautismal deben figurar las adaptaciones necesarias, que se emplearán a juicio del Ordinario del lugar. Redáctese también un rito más breve que pueda ser usado, principalmente en

las misiones, por los catequistas y, en general, en peligro de muerte, por los fieles, cuando falta un sacerdote o un diácono.

69.   En lugar del rito llamado *Ordo supplendi omissa super infantem baptizatum*, prepárese otro nuevo, en el cual se ponga de manifiesto con mayor claridad y precisión que el niño, bautizado con el rito breve, ya ha sido recibido en la Iglesia.

Además, para los que bautizados ya válidamente, se convierten a la religión católica, prepárese un rito nuevo, en el que se manifieste que son admitidos en la comunión de la Iglesia.

70.   Fuera del tiempo pascual, el agua bautismal puede ser bendecida dentro del mismo rito del bautismo, usando una fórmula más breve, que haya sido aprobada.

71.   Revísese también el rito de la confirmación, para que aparezca más claramente la íntima relación de este sacramento con toda la iniciación cristiana; por lo tanto, conviene que la renovación de las promesas del bautismo preceda a la celebración del sacramento.

La confirmación puede ser administrada, según las circunstancias, dentro de la misa. Para el rito fuera de la misa, prepárese una fórmula que será usada a manera de introducción.

72.   Revísense el rito y las fórmulas de la penitencia, de manera que expresen más claramente la naturaleza y el efecto del sacramento.

73.   La "extrema unción", que también, y mejor, puede llamarse "unción de enfermos", no es sólo el sacramento de quienes se encuentran en los últimos momentos de su vida. Por tanto, el tiempo oportuno para recibirlo comienza cuando el cristiano ya empieza a estar en peligro de muerte por enfermedad o vejez.

74.   Además de los ritos separados de la unción de enfermos y del viático, redáctese un rito continuado, según el cual la unción sea administrada al enfermo después de la confesión y antes de recibir el viático.

75.   Adáptese, según las circunstancias, el número de las unciones y revísense las oraciones correspondientes al rito de la unción, de manera que respondan a las diversas situaciones de los enfermos que reciben el sacramento.

76.   Revísense los ritos de las ordenaciones, tanto en lo referente a las ceremonias como a los textos. Las alocuciones del Obispo, al comienzo de cada ordenación o consagración, pueden hacerse en lengua vernácula.

En la consagración episcopal, todos los Obispos presentes pueden imponer las manos.

77.   Revísese y enriquézcase el rito de la celebración del matrimonio que se encuentra en el Ritual Romano, de modo que se exprese la gracia del sacramento y se inculquen los deberes de los esposos con mayor claridad.

"Si en alguna parte están en uso otras laudables costumbres y ceremonias en la celebración del sacramento del matrimonio, el santo Sínodo desea ardientemente que se conserven".[52]

Además, la competente autoridad eclesiástica territorial, de que se habla en el número 22, §2, de esta Constitución, tiene la facultad, según la norma del número 36, de elaborar un rito propio adaptado a las costumbres de los diversos lugares y pueblos, quedando en pie la ley de que el sacerdote asistente pida y reciba el consentimiento de los contrayentes.

78. Celébrese habitualmente el matrimonio dentro de la misa, después de la lectura del Evangelio y de la homilía, antes de la "oración de los fieles". La oración por la esposa, oportunamente revisada de modo que inculque la igualdad de ambos esposos en la obligación de mutua fidelidad, puede recitarse en la lengua vernácula.

Si el sacramento del matrimonio se celebra sin misa, léanse al principio del rito la epístola y el evangelio de la misa por los esposos e impártase siempre la bendición nupcial.

79. Revísense los sacramentales, teniendo en cuenta la norma fundamental de la participación consciente, activa y fácil de los fieles, y atendiendo a las necesidades de nuestros tiempos. En la revisión de los Rituales, a tenor del número 63, se pueden añadir también nuevos sacramentales, según lo pida la necesidad.

Sean muy pocas las bendiciones reservadas y sólo en favor de los Obispos u Ordinarios.

Provéase para que ciertos sacramentales, al menos en circunstancias particulares y a juicio del Ordinario, puedan ser administrados por laicos, que tengan las cualidades convenientes.

80. Revísese el rito de la consagración de vírgenes, que forma parte del Pontifical Romano.

Redáctese, además, un rito de profesión religiosa y de renovación de votos, que contribuya a una mayor unidad, sobriedad y dignidad, con obligación de ser adoptado por aquellos que realizan la profesión o renovación de votos dentro de la misa, salvo derecho particular.

Es laudable que se haga la profesión religiosa dentro de la misa.

81. El rito de las exequias debe expresar más claramente el sentido pascual de la muerte cristiana y responder mejor a las circunstancias y tradiciones de cada país, aun en lo referente al color litúrgico.

82. Revísese el rito de la sepultura de niños, dotándolo de una misa propia.

CAPITULO IV
EL OFICIO DIVINO

83.   El Sumo Sacerdote de la Nueva y eterna Alianza, Cristo Jesús, al tomar la naturaleza humana, introdujo en este exilio terrestre aquel himno que se canta perpetuamente en las moradas celestiales. El mismo une a sí la comunidad entera de los hombres y la asocia al canto de este divino himno de alabanza.

Porque esta función sacerdotal se prolonga a través de su Iglesia, que sin cesar alaba al Señor e intercede por la salvación de todo el mundo, no sólo celebrando la Eucaristía, sino también de otras maneras, principalmente recitando el Oficio divino.

84.   Por una tradición cristiana antigua, el Oficio divino está estructurado de tal manera que la alabanza de Dios consagra el curso entero del día y de la noche, y cuando los sacerdotes y todos aquellos que han sido destinados a esta función por institución de la Iglesia cumplen debidamente ese admirable cántico de alabanza, o cuando los fieles oran junto con el sacerdote en la forma establecida, entonces es en verdad la voz de la misma Esposa que habla al Esposo; más aún, es la oración de Cristo, en su Cuerpo, al Padre.

85.   Por tanto, todos aquellos que ejercen esta función, por una parte, cumplen la obligación de la Iglesia y, por otra, participan del altísimo honor de la Esposa de Cristo, ya que, mientras alaban a Dios, están ante su trono en nombre de la Madre Iglesia.

86.   Los sacerdotes dedicados al sagrado ministerio pastoral rezarán con tanto mayor fervor las alabanzas de las Horas, cuanto más vivamente estén convencidos de que deben observar la amonestación de san Pablo: "Sed constantes en orar";[53] pues sólo el Señor puede dar eficacia y crecimiento a la obra en que trabajan, según dijo: "Sin mí no podéis hacer nada";[54] por esta razón, los Apóstoles, al constituir diáconos, dijeron: "Nosotros nos dedicaremos a la oración y al ministerio de la palabra".[55]

87.   Pero, a fin de que los sacerdotes y demás miembros de la Iglesia puedan rezar mejor y más perfectamente el Oficio divino en las circunstancias actuales, el sacrosanto Concilio, prosiguiendo la reforma felizmente iniciada por la Santa Sede, ha determinado establecer lo siguiente, en relación con el Oficio según el rito romano:

88.   Siendo el fin del Oficio la santificación del día, restablézcase el curso tradicional de las Horas, de modo que, dentro de lo posible, éstas correspondan de nuevo a su tiempo natural, y a la vez se tengan en cuenta las circunstancias de la vida moderna en que se hallan especialmente aquellos que se dedican al trabajo apostólico.

89. Por lo tanto, en la reforma del Oficio, guárdense estas normas:

a) Las Laudes, como oración matutina, y las Vísperas, como oración vespertina, que, según la venerable tradición de toda la Iglesia, son el doble quicio sobre el que gira el Oficio cotidiano, se deben considerar y celebrar como las Horas principales.

b) Las Completas tengan una forma que responda al final del día.

c) La Hora llamada Maitines, aunque en el coro conserve el carácter de alabanza nocturna, compóngase de manera que pueda rezarse a cualquier hora del día y tenga menos salmos y lecturas más largas.

d) Suprímase la Hora de Prima.

e) En el coro, consérvense las Horas menores, Tercia, Sexta y Nona. Fuera del coro, se puede decir una de las tres, la que más se acomode al momento del día.

90. El Oficio divino, en cuanto oración pública de la Iglesia, es además fuente de piedad y alimento de la oración personal. Por eso, se exhorta en el Señor a los sacerdotes y a cuantos participan en dicho Oficio, que, al rezarlo, la mente concuerda con la voz, y para conseguirlo mejor adquieran una instrucción litúrgica y bíblica más rica, principalmente acerca de los salmos.

Al realizar la reforma, adáptese el tesoro venerable del Oficio Romano de manera que puedan disfrutar de él con mayor amplitud y facilidad todos aquellos a quienes se les confía.

91. Para que pueda realmente observarse el curso de las Horas, propuesto en el número 89, distribúyanse los salmos, no en una semana, sino en un período de tiempo más largo.

El trabajo de revisión del Salterio, felizmente emprendido, llévese a término cuanto antes, teniendo en cuenta el latín cristiano, el uso litúrgico, incluido el canto, y toda la tradición de la Iglesia latina.

92. En cuanto a las lecturas, obsérvese lo siguiente:

a) Ordénense las lecturas de la Sagrada Escritura de modo que los tesoros de la palabra divina sean accesibles con mayor facilidad y plenitud.

b) Estén mejor seleccionadas las lecturas tomadas de los Padres, Doctores y Escritores eclesiásticos.

c) Devuélvase su verdad histórica a las pasiones o vidas de los santos.

93. Restitúyase a los himnos, en cuanto sea conveniente, la forma primitiva, quitando o cambiando lo que tiene sabor mitológico o es menos conforme a la piedad cristiana. Según la conveniencia, introdúzcanse también otros que se encuentran en el rico repertorio himnológico.

94. Ayuda mucho, tanto para santificar realmente el día, como para recitar con fruto espiritual las Horas, que en su recitación se observe el tiempo más aproximado al verdadero tiempo natural de cada Hora canónica.

95. Las comunidades obligadas al coro, además de la misa conventual, están obligadas a celebrar cada día el Oficio divino en el coro, en esta forma:

a) Todo el Oficio, las Ordenes de canónigos, de monjes y monjas, y de otros regulares obligados al coro por derecho o Constituciones.

b) Los cabildos catedrales o colegiales, las partes del Oficio a que están obligados por derecho común o particular.

c) Todos los miembros de dichas comunidades que, o tengan órdenes mayores o hayan hecho la profesión solemne, exceptuados los conversos, deben recitar en particular las Horas canónicas que no hubieran rezado en el coro.

96. Los clérigos no obligados a coro, si tienen órdenes mayores, están obligados a rezar diariamente, en privado o en común, todo el Oficio, a tenor del número 89.

97. Determinen las rúbricas las oportunas conmutaciones del Oficio divino con una acción litúrgica.

En casos particulares y por causa justa, los Ordinarios pueden dispensar a sus súbditos de la obligación de rezar el Oficio, en todo o en parte, o bien permutarlo.

98. Los miembros de cualquier Instituto de estado de perfección que, en virtud de las Constituciones, rezan alguna parte del Oficio divino, hacen oración pública de la Iglesia.

Asimismo hacen oración pública de la Iglesia si rezan, en virtud de las Constituciones, algún Oficio parvo, con tal que esté estructurado a la manera del Oficio divino y debidamente aprobado.

99. Siendo el Oficio divino la voz de la Iglesia, o sea, de todo el Cuerpo místico, que alaba públicamente a Dios, se recomienda que los clérigos no obligados a coro, y principalmente los sacerdotes que viven en comunidad o se hallan reunidos, recen en común al menos una parte del Oficio divino.

Todos cuantos rezan el Oficio, ya en coro ya en común, cumplan la función que se les ha confiado con la máxima perfección, tanto por la devoción interna como por la manera externa de proceder.

Conviene, además, que, según las ocasiones, se cante el Oficio en el coro y en común.

100. Procuren los pastores de almas que las Horas principales, especialmente las Vísperas, se celebren comunitariamente en la iglesia los domingos y fiestas más solemnes. Se recomienda asimismo que los laicos recen el Oficio divino, o con los sacerdotes o reunidos entre sí, e incluso en particular.

101. § 1. De acuerdo con la tradición secular del rito latino, en el Oficio divino se ha de conservar para los clérigos la lengua latina. Sin embargo, para aquellos clérigos a quienes el uso del latín significa un grave obstáculo en el rezo digno del Oficio, el Ordinario puede conceder en cada caso particular el uso de una traducción vernácula según la norma del número 36.

§ 2. El Superior competente puede conceder a las monjas y también a los miembros, varones no clérigos o mujeres, de los Institutos de estado de perfección, el uso de la lengua vernácula en el Oficio divino, aun para la recitación coral, con tal que la versión esté aprobada.

§ 3. Cualquier clérigo que, obligado al Oficio divino, lo celebra en lengua vernácula con un grupo de fieles o con aquellos a quienes se refiere el § 2, satisface su obligación, siempre que la traducción esté aprobada.

CAPITULO V
EL AÑO LITURGICO

102. La santa Madre Iglesia considera deber suyo celebrar con un sagrado recuerdo, en días determinados a través del año, la obra salvífica de su divino Esposo. Cada semana, en el día que llamó "del Señor", conmemora su resurrección que una vez al año celebra también junto con su santa Pasión, en la máxima solemnidad de la Pascua.

Además, en el círculo del año, desarrolla todo el misterio de Cristo, desde la Encarnación y la Navidad hasta la Ascensión, Pentecostés y la expectativa de la dichosa esperanza y venida del Señor.

Conmemorando así los misterios de la Redención, abre las riquezas del poder santificador y de los méritos de su Señor, de tal manera que, en cierto modo, se hacen presentes en todo tiempo para que puedan los fieles ponerse en contacto con ellos y llenarse de la gracia de la salvación.

103. En la celebración de este círculo anual de los misterios de Cristo, la santa Iglesia venera con amor especial a la bienaventurada Madre de Dios, la Virgen María, unida con lazo indisoluble a la obra salvífica de su Hijo; en ella, la Iglesia admira y ensalza el fruto más espléndido de la Redención, y la contempla gozosamente como una purísima imagen de lo que ella misma, toda entera, ansía y espera ser.

104. Además, la Iglesia introdujo en el círculo anual el recuerdo de los mártires y de los demás santos, que, llegados a la perfección por la multiforme gracia de Dios y habiendo ya alcanzado la salvación eterna, cantan la perfecta alabanza de Dios en el cielo e interceden por nosotros. Porque, al celebrar el tránsito de los santos de este mundo al cielo, la Iglesia proclama el misterio pascual cumplido en ellos, que sufrieron y fueron glorificados con Cristo, propone a los fieles sus ejemplos, los cuales atraen a todos por Cristo al Padre, y por los méritos de los mismos implora los beneficios divinos.

105. Por último, en diversos tiempos del año, de acuerdo a las instituciones tradicionales, la Iglesia completa la formación de los fieles por medio de ejercicios de piedad espirituales y corporales, de la instrucción, de la plegaria y las obras de penitencia y misericordia.

En consecuencia, el sacrosanto Concilio decidió establecer lo siguiente:

106. La Iglesia, por una tradición apostólica que trae su origen del mismo día de la Resurrección de Cristo, celebra el misterio pascual cada ocho días, en el día que es llamado con razón "día del Señor" o domingo. En este día, los fieles deben reunirse a fin de que, escuchando la palabra de Dios y participando en la Eucaristía, recuerden la Pasión, la Resurrección y la gloria del Señor Jesús, y den gracias a Dios que, "por la resurrección de Jesucristo de entre los muertos, los ha hecho nacer de nuevo para una esperanza viva".[56] Por esto, el domingo es la fiesta primordial, que debe presentarse e inculcarse a la piedad de los fieles, de modo que sea también día de alegría y de liberación del trabajo. No se le antepongan otras celebraciones, a no ser que sean, de veras, de suma importancia, puesto que el domingo es el fundamento y el núcleo de todo el año litúrgico.

107. Revísese el año litúrgico de manera que, conservadas o restablecidas las costumbres e instituciones tradicionales de los tiempos sagrados de acuerdo con las circunstancias de nuestra época, se mantenga su índole primitiva para que alimente debidamente la piedad de los fieles en la celebración de los misterios de la Redención cristiana, muy especialmente del misterio pascual. Las adaptaciones de acuerdo con las circunstancias de lugar, si son necesarias, háganse de acuerdo con los números 39 y 40.

108. Oriéntese el espíritu de los fieles, sobre todo a las fiestas del Señor, en las cuales se celebran los misterios de salvación durante el curso del año. Por tanto, el ciclo temporal tenga su debido lugar por encima de las fiestas de los santos, de modo que se conmemore convenientemente el ciclo entero del misterio salvífico.

109. Puesto que el tiempo cuaresmal prepara a los fieles, entregados más intensamente a oír la palabra de Dios y a la oración, para que celebren el misterio pascual, sobre todo mediante el recuerdo o la preparación del bautismo y mediante la penitencia, dése particular relieve en la liturgia y en la catequesis litúrgica al doble carácter de dicho tiempo. Por consiguiente:

a) Usense con mayor abundancia los elementos bautismales propios de la liturgia cuaresmal; y, según las circunstancias, restáurense ciertos elementos de la tradición anterior.

b) Dígase lo mismo de los elementos penitenciales. Y en cuanto a la catequesis, incúlquese a los fieles, junto con las consecuencias sociales del pecado, la naturaleza propia de la penitencia, que lo detesta en cuanto es ofensa a Dios; no se olvide tampoco la participación de la Iglesia en la acción penitencial e insístase en la oración por los pecadores.

110. La penitencia del tiempo cuaresmal no debe ser sólo interna e individual, sino también externa y social. Foméntese la práctica penitencial de acuerdo con las posibilidades de nuestro tiempo y de los diversos países y condiciones de los fieles, y recomiéndese por parte de las autoridades de que se habla en el número 22.

Sin embargo, téngase como sagrado el ayuno pascual; ha de celebrarse en todas partes el Viernes de la Pasión y Muerte del Señor y aun extenderse, según las circunstancias, al Sábado Santo, para que de este modo se llegue al gozo del domingo de Resurrección con ánimo elevado y abierto.

111. De acuerdo con la tradición, la Iglesia rinde culto a los santos y venera sus imágenes y sus reliquias auténticas. Las fiestas de los santos proclaman las maravillas de Cristo en sus servidores y proponen ejemplos oportunos a la imitación de los fieles.

Para que las fiestas de los santos no prevalezcan sobre las que celebran los misterios de la salvación, déjese la celebración de muchas de ellas a las Iglesias particulares, naciones o familias religiosas, extendiendo a toda la Iglesia sólo aquellas que recuerdan a santos de importancia realmente universal.

CAPITULO VI
LA MUSICA SAGRADA

112. La tradición musical de la Iglesia universal constituye un tesoro de valor inestimable, que sobresale entre las demás expresiones artísticas, principalmente porque el canto sagrado, unido a las palabras, constituye una parte necesaria o integral de la liturgia solemne.

En efecto, el canto sagrado ha sido ensalzado, tanto por la Sagrada Escritura,[57] como por los santos Padres, los Romanos Pontífices, los cuales, en los últimos tiempos, empezando por san Pío X, han expuesto con mayor precisión la función ministerial de la música sacra en el servicio divino.

La música sacra, por consiguiente, será tanto más santa cuanto más íntimamente esté unida a la acción litúrgica, ya sea expresando con mayor delicadeza la oración o fomentando la unanimidad, ya sea enriqueciendo de mayor solemnidad los ritos sagrados. Además, la Iglesia aprueba y admite en el culto divino todas las formas de arte auténtico, que estén adornadas de las debidas cualidades.

Por tanto, el sacrosanto Concilio, manteniendo las normas y preceptos de la tradición y disciplina eclesiástica, y atendiendo a la finalidad de la música sacra, que es la gloria de Dios y la santificación de los fieles, establece lo siguiente:

113. La acción litúrgica reviste una forma más noble cuando los oficios divinos se celebran solemnemente con canto y en ellos intervienen ministros sagrados y el pueblo participa activamente.

En cuanto a la lengua que debe usarse, cúmplase lo dispuesto en el número 36; en cuanto a la misa, el número 54; en cuanto a los sacramentos, el número 63; en cuanto al Oficio divino, el número 101.

114. Consérvese y cultívese con sumo cuidado el tesoro de la música sacra. Foméntense diligentemente las *scholae cantorum*, sobre todo en las iglesias catedrales. Los Obispos y demás pastores de almas procuren cuidadosamente que, en cualquier acción sagrada con canto, toda la comunidad de los fieles pueda aportar la participación activa que le corresponde, a tenor de los números 28 y 30.

115. Dése mucha importancia a la enseñanza y a la práctica musical en los seminarios, en los noviciados de religiosos de ambos sexos y en las casas de estudios, así como también en los demás institutos y escuelas católicas; para que se pueda impartir esta enseñanza, fórmense con esmero profesores encargados de la música sacra.

Se recomienda, además, que según las circunstancias se erijan Institutos superiores de Música sacra.

Dése también una genuina educación litúrgica a los compositores y cantores, en particular a los niños.

116. La Iglesia reconoce el canto gregoriano como el propio de la liturgia romana; en igualdad de circunstancias, por tanto, hay que darle el primer lugar en las acciones litúrgicas.

Los demás géneros de música sacra, y en particular la polifonía, de ninguna manera han de excluirse en la celebración de los oficios divinos, con tal que respondan al espíritu de la acción litúrgica a tenor del número 30.

117. Complétese la edición típica de los libros de canto gregoriano; más aún, prepárese una edición más crítica de los libros ya editados después de la reforma de san Pío X.

También conviene que se prepare una edición que contenga modos más sencillos, para uso de las iglesias menores.

118. Foméntese con empeño el canto religioso popular, de modo que, en los ejercicios piadosos y sagrados y en las mismas acciones litúrgicas, de acuerdo con las normas y prescripciones de las rúbricas, resuenen las voces de los fieles.

119. Como en ciertas regiones, principalmente en las misiones, hay pueblos con tradición musical propia que tiene mucha importancia en su vida religiosa y social, dése a esta música la debida estima y el lugar correspondiente, no sólo al fomentar su sentido religioso, sino también al acomodar el culto a su idiosincrasia, a tenor de los números 39 y 40.

Por esta razón, en la formación musical de los misioneros, procúrese cuidadosamente que, dentro de lo posible, puedan promover la música tradicional de aquellos pueblos, tanto en las escuelas como en las acciones sagradas.

120. Téngase en gran estima en la Iglesia latina el órgano de tubos, como instrumento tradicional, cuyo sonido puede aportar un esplendor notable a las ceremonias eclesiásticas, y levantar poderosamente las almas hacia Dios y hacia las realidades celestiales.

En el culto divino se pueden admitir otros instrumentos, a juicio y con el consentimiento de la autoridad eclesiástica territorial competente, a tenor de los números 22, § 2, 37 y 40, siempre que sean aptos o puedan adaptarse al uso sagrado, convengan a la dignidad del templo y contribuyan realmente a la edificación de los fieles.

121. Los compositores verdaderamente cristianos deben sentirse llamados a cultivar la música sacra y a acrecentar su tesoro.

Compongan obras que presenten las características de verdadera música sacra y que no sólo puedan ser cantadas por las mayores *scholae cantorum*, sino que también estén al alcance de los coros más modestos y fomenten la participación activa de toda la asamblea de los fieles.

Los textos destinados al canto sagrado deben estar de acuerdo con la doctrina católica, más aún, deben tomarse principalmente de la Sagrada Escritura y de las fuentes litúrgicas.

CAPITULO VII
EL ARTE Y LOS OBJETOS SAGRADOS

122. Entre las actividades más nobles del ingenio humano se cuentan, con razón, las bellas artes, principalmente el arte religioso y su cumbre, que es el arte sacro.

Estas, por su naturaleza, están relacionadas con la infinita belleza de Dios, que intentan expresar de alguna manera por medio de obras humanas. Y tanto más pueden dedicarse a Dios y contribuir a su alabanza y a su gloria, cuanto más lejos están de todo propósito que no sea colaborar lo más posible con sus obras para orientar santamente los hombres hacia Dios.

Por esta razón, la santa Madre Iglesia fue siempre amiga de las bellas artes, buscó constantemente su noble servicio, principalmente para que las cosas destinadas al culto sagrado fueran en verdad dignas, decorosas y bellas, signos y símbolos de las realidades celestiales. Más aún, la Iglesia se consideró siempre, con razón, como árbitro de las mismas, discerniendo entre las obras de los artistas aquellas que estaban de acuerdo con la fe, la piedad y las leyes religiosas tradicionales y que eran consideradas aptas para el uso sagrado.

La Iglesia procuró con especial interés que los objetos sagrados sirvieran al esplendor del culto con dignidad y belleza, aceptando los cambios de materia, forma y ornato, que el progreso de la técnica introdujo con el correr del tiempo.

En consecuencia, los Padres decidieron determinar acerca de este punto lo siguiente:

123. La Iglesia nunca consideró como propio ningún estilo artístico, sino que, acomodándose al carácter y a las condiciones de los pueblos y a las necesidades de los diversos ritos, aceptó las formas de cada tiempo, creando en el curso de los siglos un tesoro artístico digno de ser conservado cuidadosamente. También el arte de nuestro tiempo y el de todos los pueblos y regiones ha de ejercerse libremente en la Iglesia, con tal que sirva a los edificios y ritos sagrados con el debido honor y reverencia; para que pueda juntar su voz a aquel admirable concierto que los grandes hombres entonaron a la fe católica en los siglos pasados.

124. Los Ordinarios, al promover y favorecer un arte auténticamente sacro, busquen más una noble belleza que la mera suntuosidad. Esto se ha de aplicar también a las vestiduras y ornamentación sagrada.

Procuren cuidadosamente los Obispos que sean excluidos de la casa de Dios y demás lugares sagrados aquellas obras artísticas que repugnen a la fe, a las costumbres y a la piedad cristiana y ofendan el sentido auténticamente religioso, ya sea por la depravación de las formas, ya sea por la insuficiencia, la mediocridad o la falsedad del arte.

Al edificar los lugares sagrados, procúrese con diligencia que sean aptos para la celebración de las acciones litúrgicas y para conseguir la participación activa de los fieles.

125. Manténgase firmemente la práctica de exponer imágenes sagradas a la veneración de los fieles; con todo, que sean pocas en número y guarden entre ellas el debido orden, a fin de que no causen extrañeza al pueblo cristiano ni favorezcan una devoción menos recta.

126. Al juzgar las obras de arte, los Ordinarios de lugar oigan a la Comisión diocesana de Arte sagrado y, si el caso lo requiere, a otras personas muy entendidas, como también a las Comisiones de que se habla en los números 44, 45 y 46.

Vigilen con cuidado los Ordinarios para que los objetos sagrados y obras preciosas, dado que son ornato de la casa de Dios, no se vendan ni se dispersen.

127. Los Obispos, sea por sí mismos, sea por medio de sacerdotes competentes dotados de conocimientos artísticos y aprecio por el arte, interésense por los artistas, a fin de imbuirlos del espíritu del arte sacro y de la sagrada liturgia.

Se recomienda, además, que, en aquellas regiones donde parezca oportuno, se establezcan escuelas o academias de arte sagrado para la formación de artistas.

Los artistas que, llevados por su ingenio, desean glorificar a Dios en la santa Iglesia, recuerden siempre que su trabajo es una cierta imitación sagrada de Dios Creador, y que sus obras están destinadas al culto católico, a la edificación de los fieles y a su instrucción religiosa.

128. Revísense cuanto antes, junto con los libros litúrgicos, de acuerdo con el número 25, los cánones y prescripciones eclesiásticas que se refieren a la disposición de las cosas externas del culto sagrado, sobre todo en lo referente a la apta y digna edificación de los edificios sagrados, a la forma y construcción de

los altares, a la nobleza, colocación y seguridad del sagrario, así como también a la funcionalidad y dignidad del bautisterio, al orden conveniente de las imágenes sagradas, de la decoración y del ornato. Corríjase o suprímase lo que parezca ser menos conforme con la liturgia reformada y consérvese o introdúzcase lo que la favorezca.

En este punto, sobre todo en cuanto a la materia y a la forma de los objetos y vestiduras sagradas, se da facultad a las Asambleas territoriales de Obispos para adaptarlos a las costumbres y necesidades locales, de acuerdo con el número 22 de esta Constitución.

129. Los clérigos, mientras estudian filosofía y teología, deben ser instruidos también sobre la historia y evolución del arte sacro y sobre los sanos principios en que deben fundarse sus obras, de modo que sepan apreciar y conservar los venerables monumentos de la Iglesia, y puedan orientar a los artistas en la ejecución de sus obras.

130. Conviene que el uso de insignias pontificales se reserve a aquellas personas eclesiásticas que tienen, o bien el carácter episcopal, o bien alguna jurisdicción particular.

APENDICE
DECLARACION DEL SACROSANTO CONCILIO ECUMENICO VATICANO II SOBRE LA REVISION DEL CALENDARIO

El sacrosanto Concilio ecuménico Vaticano II, reconociendo la importancia de los deseos de muchos con respecto a la fijación de la fiesta de Pascua en un domingo determinado y a la estabilización del calendario, después de examinar cuidadosamente las consecuencias que podrían seguirse de la introducción del nuevo calendario, declara lo siguiente:

1. El sacrosanto Concilio no se opone a que la fiesta de Pascua se fije en un domingo determinado dentro del Calendario gregoriano, con tal que den su asentimiento todos los que están interesados, especialmente los hermanos separados de la comunión con la Sede Apostólica.

2. Además, el sacrosanto Concilio declara que no se opone a las gestiones ordenadas a introducir un calendario perpetuo en la sociedad civil.

La Iglesia no se opone a los diversos proyectos que se están elaborando para establecer el calendario perpetuo e introducirlo en la sociedad civil, con tal que conserven y garanticen la semana de siete días con el domingo, sin añadir ningún día que quede al margen de la semana, de modo que la sucesión de las semanas se mantenga intacta, a no ser que se presenten razones gravísimas, de las que juzgará la Sede Apostólica.

En nombre de la santísima e individua Trinidad, Padre e Hijo y Espíritu Santo. Los decretos que acaban de ser leídos en este sagrado Concilio Vaticano II, legítimamente reunido, han obtenido el beneplácito de los Padres.

Y Nos, con la apostólica potestad que hemos recibido de Cristo, en unión con los venerables Padres, los aprobamos en el Espíritu Santo, decretamos y establecemos y disponemos que lo así decidido conciliarmente sea promulgado para la gloria de Dios.

CITAS

1 *Missale Romanum*, Oración sobre las ofrendas del domingo IX después de Pentecostés (en el actual Misal, oración sobre las ofrendas del Jueves Santo, Misa vespertina de la Cena del Señor, y del domingo II del tiempo ordinario).

2 Cf. Hb 13, 14.

3 Cf. Ef 2, 21-22.

4 Cf. Ef 4, 13.

5 Cf. Is 11, 12.

6 Cf. Jn 11, 52.

7 Cf. Jn 10, 16.

8 1 Tm 2, 4.

9 Hb 1, 1.

10 Cf. Is 61, 1; Lc 4, 48.

11 S. IGNACIO DE ANTIOQUÍA, *Ad Ephesios*, 7, 2: edic. F.X. Funk, *Patres Apostolici*, I, Tubinga 1901, p. 218.

12 Cf. 1 Tm 2, 5.

13 *Sacramentarium Veronense* (Leonianum): edic. C. Mohlberg, Roma 1956, núm. 1265, p. 162.

14 *Missale Romanum*, Prefacio pascual (en el actual Misal, prefacio pascual, I).

15 Cf. S. AGUSTÍN, *Enarrationes in psalmos* 138, 2: *Corpus Christianorum* 40, Turnhout 1956, p. 1991; y *Missale Romanum*, Oración después de la segunda lectura del Sábado Santo, antes de la reforma de la Semana Santa (en el actual Misal, oración después de la séptima lectura de la Vigilia pascual).

16 Cf. Mt 16, 15.

17 Cf. Hch 26, 18.

18 Cf. Rm 6, 4; Ef 2, 6; Col 3, 1; 2 Tm 2, 11.

19 Rm 8, 15.

20 Cf. Jn 4, 23.

21 Cf. 1 Co 11, 26.

22 Hch 2, 41-42, 47.

23 Lc 24, 27.

24 Concilio Tridentino, Sesión XIII, de 11 de octubre de 1551, *Decretum de SS. Eucharistia*, cap. 5: *Concilium Tridentinum, Diariorum, Actorum, Epistolarum, Tractatuum nova collectio*, edic. Soc. Goerresianae, t. VII. *Actorum* pars IV, Friburgo de Brisgovia 1916, p. 202.

25 2 Co 9, 15.

26 Ef. 1, 12.

27 Concilio Tridentino, Sesión XXII, de 17 de septiembre de 1562, *Doctrina de SS. Missae sacrificio*, cap. 2: *Concilium Tridentinum, edic. cit.*, t. VIII. *Actorum* pars V, Friburgo de Brisgovia 1919, p. 960.

28 Cf. S. AGUSTÍN, *In Ioannis Evangelium*, trat. VI, cap. 1, núm. 7: PL 35, 1428.

29 Mt 18, 20.

30 Cf. Ap 21, 2; Col 3, 1; Hb 8, 2.

31 Cf. Flp 3, 20; Col 3, 4.

32 Rm 10, 14-15.

33 Cf. Jn 17, 3; Lc 24, 47; Hch 2, 38.

34 Cf. Mt 28, 20.

35 *Missale Romanum*, Oración después de la comunión de la Vigilia pascual y del domingo de Resurrección (en el actual Misal, oración después de la comunión de la Vigilia pascual).

36 *Ibid.*, Oración colecta del martes de la Octava de Pascua (en el actual Misal, oración colecta del lunes de la Octava de Pascua).

37 Cf. 2 Co 6, 1.

38 Cf. Mt 6, 6.

39 Cf. 1 Ts 5, 17.

40 Cf. 2 Co 4, 10-11.

41 *Missale Romanum*, Oración sobre las ofrendas del lunes de la Octava de Pentecostés (en el actual Misal, oración sobre las ofrendas de los sábados de las semanas II, IV y VI, de los viernes de las semanas III y V, y del jueves de la semana VII del tiempo pascual).

42 1 P 2, 9; cf. 2, 4-5.

43 S. Cipriano, *De catholicae Ecclesiae unitate*, 7: edic. G. Hartel, CSEL, t. III, 1, Viena 1868, pp. 215–216; cf. *Epistola 66*, núm. 8, 3: *edic. cit.*, t. III, 2, Viena 1871, pp. 732–733.

44 Cf. Concilio Tridentino, Sesión XXII, de 17 de septiembre de 1562, *Doctrina de SS. Missae sacrificio*, cap. 8: *Concilium Tridentinum*, edic. cit., t. VIII, p. 961.

45 Rm 15, 4.

46 Cf. S. Ignacio de Antioquía, *Ad Magnesios*, 7; *Ad Philadelphenses*, 4; *Ad Smyrnaeos*, 8: F.X. Funk, *op. cit.*, I, pp. 236, 266 y 281.

47 Cf. S. Agustín, *In Ioannis Evangelium*, trat. XXVI, cap. 6, núm. 13: PL 35, 1613.

48 *Breviarium Romanum* (*Liturgia Horarum*, edic. 1971, vol. III, p. 502), Antífona del *Magníficat* de las II Vísperas de la solemnidad del Santísimo Cuerpo y Sangre de Cristo.

49 S. Cirilo de Alejandría, *Commentarium in Ioannis Evangelium*, lib. XI, caps. 11–12: PG 74, 557–565, especialmente 564–565.

50 Cf. 1 Tm 2, 1–2.

51 Cf. Concilio Tridentino, Sesión XXI, de 16 de julio de 1562, *Doctrina de Communione sub utraque specie et parvulorum*, caps. 1–3, cáns. 1–3: *Concilium Tridentinum, Diariorum, Actorum, Epistolarum, Tractatuum nova collectio*, edic. Soc. Goerresianae, t. VIII. *Actorum* pars V, Friburgo de Brisgovia 1919, pp. 698–699.

52 Concilio Tridentino, Sesión XXIV, de 11 de noviembre de 1563, *Decretum de reformatione*, cap. 1: *Concilium Tridentinum, Diariorum, Actorum, Epistolarum, Tractatuum nova collectio*, edic. Soc. Goerresianae, t. IX. *Actorum* pars VI, Friburgo de Brisgovia 1924, p. 969; cf. *Rituale Romanum*, tit. VIII, cap. 2, núm. 6.

53 1 Ts 5, 17.

54 Jn 15, 5.

55 Hch 6,4

56 1 P 1, 3.

57 Cf. Ef 5, 19; Col 3, 16.

INSTRUCCION GENERAL
PARA EL USO DEL
MISAL ROMANO

INSTRUCCION GENERAL PARA EL USO DEL MISAL ROMANO

Raúl Gómez, SDS

PREAMBULO

"Quien no se aventura no cruza la mar". Este dicho nos recuerda la necesidad de seguir nuevas rutas para descubrir bienes jamás soñados. Es decir, siempre hay un mundo nuevo qué descubrir pero muchas veces el sondearlo nos exige un esfuerzo tremendo. Sin embargo, vale la pena porque sabemos que hay algo más amplio, más allá del horizonte. Esto puede aplicarse al estudio de la Eucaristía.

Desde las reformas iniciadas por el Concilio Vaticano II, el interés por saber más acerca de la Liturgia Eucarística ha crecido grandemente. La mayoría de los católicos han visto la renovación litúrgica muy positivamente, aunque a veces los cambios han sido difíciles de comprender o mal entendidos. No obstante, parece que en gran parte, los cambios han abierto los ojos de muchos a la riqueza de la liturgia como expresión de su fe. Consecuentemente, la experiencia de los pasados treinta años ha movido a muchos católicos a profundizar su comprensión de la liturgia. Como resultado, ha habido un aumento en el número de personas que se inscriben en programas de liturgia a través de los cuales se preparan para los ministerios de lector, ministros extraordinarios de la comunión u otras clases de ministerio litúrgico.

Así mismo, ha habido un interés creciente de parte de los fieles en general por saber más acerca de la celebración eucarística, pero las guías litúrgicas han sido escasas. Asi que el estudio de la liturgia puede parecer como un mar inmenso al cual hay que aventurarse para cruzar y llegar a un mejor conocimiento de qué se celebra en ella. Sin tener esas ayudas y guías nos es difícil encontrar la ruta que llevará al bien percibido. Por ese motivo, la Iglesia misma nos provee una guía básica para ayudarnos a iniciar el estudio de la Liturgia Eucarística y a entender mejor su celebración. Esta guía es la *Instrucción General para el Uso del Misal Romano*.

PROFUNDIZAR NUESTRA COMPRENSION

La *Instrucción General*, como documento litúrgico oficial de la Iglesia, nos ayuda a acrecentar nuestra comprensión de la celebración Eucarística. Este documento ofrece una orientación básica e indispensable para la persona que desee servir a su comunidad desempeñando algún ministerio durante la Liturgia Eucarística. En el documento se encuentra una descripción sencilla de la estructura de la celebración y el "por qué y cómo" de la Eucaristía. Al explicar los principios doctrinales que se encuentran en la liturgia, se indica cómo estos criterios dan forma al rito actual de la Misa. Previamente, el prólogo al Misal antiguo sólo hacía hincapié en las rúbricas de cómo celebrar la Misa. En contraste, la *Instrucción General* del nuevo Misal provee el por qué teológico y pastoral muy necesarios para una mayor comprensión del culto eucarístico de la Iglesia Católica.

Junto con la *Constitución sobre la Sagrada Liturgia (Sacrosanctum Concilium)*, esta *Instrucción General* ha tenido gran influencia en la reforma litúrgica promovida por el Concilio Vaticano II. Además, es una ayuda imprescindible para interpretar el Sacramentario en el cual se encuentra. Este documento es el fruto de más de una década de erudición y de experiencia pastoral internacional de parte de varios expertos. Se comisionaron a equipos compuestos de doctores en liturgia y teología, tanto como pastoralistas y otros eruditos, con el fin de reformar el culto de la Iglesia siguiendo los criterios presentados en los artículos 47 al 58, de la *Constitución sobre la Sagrada Liturgia*. Este trabajo culminó en la promulgación en 1969 del *Nuevo Ordinario de la Misa* en latín y la publicación subsiguiente del nuevo *Missale Romanum* en 1970.

UTILIDAD DEL DOCUMENTO

A veces parece que los que desempeñan un ministerio litúrgico no han utilizado bien la *Instrucción General* como un recurso. Tal vez esto sea porque se encuentra en el "libro del sacerdote", no parece tener mucho qué ver con el ministerio del lector o del animador de música. O puede ser que el arreglo del documento por su complejidad sea abrumador para quienes lo hojean rápidamente. Esto se comprende si uno no está familiarizado con la estructura global de la *Instrucción General* y cómo presenta los diferentes aspectos del rito de la Misa; es fácil perderse en los detalles rituales y no captar el espíritu de la reforma que anima el nuevo rito. Es como lanzarse al mar sin saber leer las estrellas.

También hay que saber que se han revisado algunas de las secciones de la *Instrucción General* a la luz de los cambios subsiguientes que han tenido lugar tanto en los Estados Unidos como en toda la Iglesia. Se ha esforzado por tener el documento al tanto de los cambios, y por esta razón se ha revisado varias veces desde su promulgación inicial. Sin embargo, siempre hay que leer el documento a la luz de los reglamentos para la liturgia en español pertinentes a los Estados Unidos y publicados por los órganos oficiales de los Obispos de este país, el Comité Episcopal de Liturgia (BCL) y el Subcomité para la Liturgia Hispana. Algunos de estos reglamentos se encuentran en la publicación oficial de los Obispos, el *BCL Newsletter*, en el *Apéndice del Misal para las Diócesis de los Estados Unidos* y en otros documentos importantes, tal como los *Prenotados al Leccionario para la Misa*, el *Directorio para Misas con Niños*, y la *Introducción al Rito de la Iniciación Cristiana de Adultos*, que complementan y extienden lo que se ha presentado en la *Instrucción General*.

ORIENTACION

La *Instrucción General* empieza con un proemio, es decir, prólogo, que no formaba parte de la primera versión del documento que apareció con la publicación del Ordinario de la Misa en 1969. El Papa Pablo VI pidió que se añadiera como respuesta a algunas críticas que se habían hecho contra el nuevo rito de la Misa de parte de aquellos que entendían mal las reformas y, como resultado, las veían como ilícitas y poco ortodoxas. Es por esta razón que los artículos 1 a 15 subrayan la continuidad histórica y teológica del nuevo rito de la Misa con el rito previo del Misal Tridentino de Pío V, promulgado en 1570.

El proemio describe claramente los fundamentos históricos y teológicos generales que motivan la Liturgia Eucarística reformada. En particular, trata de dos prácticas prohibidas por el Concilio de Trento: el uso de las lenguas vernáculas y la comunión bajo las dos especies. Al presentar la tradición litúrgica del Rito Romano como tesoro de la Iglesia, el proemio afirma que para ser fiel a lo esencial de esa tradición, es preciso acomodar frecuentemente las prácticas litúrgicas fundadas en esa tradición a las situaciones históricas y culturales cuando esto sea oportuno (Núms. 12–15).

ORGANIZACION Y CONTENIDO

A primera vista, el arreglo de la *Instrucción General* podría inquietar. El documento está dividido en ocho capítulos, pero estos no son iguales en extensión ni tampoco parecen seguir el mismo argumento al comentar sobre la liturgia. Es que cada capítulo examina la Liturgia Eucarística de un aspecto peculiar con un fin particular. Los primeros capítulos empiezan con un examen general de los principios teológicos, mientras que los capítulos sucesivos se enfocan en aspectos distintos de la Eucaristía, tal como la celebración de Misas en ocasiones específicas.

El primer capítulo nos habla brevemente del rito de la Misa y su base en los documentos del Concilio Vaticano II. El segundo capítulo desdobla estos comentarios para explicar cómo la teología del Vaticano II se expresa en la estructura general de la Misa y en sus partes constituyentes. El tercer capítulo habla de los diferentes oficios y ministerios necesarios para la celebración. El principal de estos es el ministerio de la asamblea: Esto indica que la liturgia no es un espectáculo que hay que observar sino un acto desempeñado por todos los fieles congregados, y no sólo por el clero que preside la celebración. El cuarto capítulo pasa a comentar sobre las formas principales de la celebración eucarística, empezando con la forma normativa de esta celebración, que es la Misa con el Pueblo (Núms. 77–152). Los demás capítulos tratan de aspectos específicos de la celebración, tal como la disposición del templo y sus muebles, las cosas básicas que se necesitan para celebrar la Eucaristía, los criterios pastorales que guían la elección de alternativas previstas en el Misal, y las líneas directrices para la celebración de la Eucaristía en ocasiones diversas además de las Misas de difuntos.

USOS ESPECIFICOS

Consta que para celebrar bien la Eucaristía, es preciso tener una comprensión básica de lo que se celebra y el por qué. Cabe repetir que la *Instrucción General* es imprescindible en cuanto a estos aspectos. Pero también sirve de guía a la cual se debe recurrir con frecuencia si uno forma parte de la comisión litúrgica parroquial o está encargado de la preparación de alguna liturgia distinta. En particular, el considerar los artículos 7 y 8 del capítulo II dará una buena orientación a la Liturgia Eucarística. Hay que recordar que la Eucaristía es un encuentro con el Señor que nos une con El para rendirle el culto perfecto a su Padre Celestial en el poder del Espíritu Santo. Así es que el número 7 nos habla de la presencia de Cristo que se encuentra a través de la liturgia, es decir en la asamblea, en el que preside, en la Palabra, y en los elementos eucarísticos. El número 8 pasa a describir las dos partes básicas de la celebración que facilitan este encuentro.

Es bueno también repasar las explicaciones de las diversas partes de la Misa y la forma típica de una celebración (Núms. 24 a 57 y 82 a 126), y compararlas con las opciones que se presentan a través del Misal. Es más, las normas para la Misa con el Pueblo (Núms. 77 a 81) son útiles para asegurar que todo lo necesario para la celebración se ha tomado en cuenta. Esto incluye la integración apropiada de los oficios del diácono, de los acólitos y de los lectores (Núms. 127 a 152).

LIMITACIONES

Otra cosa que hay que considerar es que la *Instrucción General* es un documento escrito para la Iglesia universal y destinado para dar las pautas y las normas más amplias, ya que hay muchas alternativas legítimas para la celebración Eucarística que se emplean en todo el mundo. Por esta razón, algunas de las prácticas descritas nos parecerán curiosas, tales como las normas para la comunión bajo las dos especies utilizando una cucharita o una caña (Núms. 248 a 252). Es más, las normas para algunos aspectos de la liturgia que se presentan en los capítulos cinco a ocho, tales como arte y ambientación, música litúrgica y celebración de exequias, han sido complementadas por otros documentos subsiguientes. Algunos de ellos se encontrarán en este libro.

CELEBRACION EN ESPAÑOL

En cuanto a la comunidad de habla hispana, por decreto de la Sagrada Congregación para el Culto Divino, el uso del "texto único" del Ordinario de la Misa propio del Misal Romano se hizo obligatorio en 1990 para toda Misa celebrada en la lengua española en todo el mundo, incluso en los Estados Unidos de Norteamérica. Es que las instrucciones de *Sacrosanctum Concilium* y otros documentos resultantes del Vaticano II prescribían que las Iglesias que hablaran el mismo idioma se agrupasen para elaborar traducciones idóneas del Ordinario de la Misa y de la Plegaria Eucarística. Como resultado, en el transcurso de la última sesión del Concilio en 1965, los Obispos latinoamericanos y españoles acordaron nombrar una comisión mixta tanto para preparar estas traducciones como las de otros textos litúrgicos.

Así es que la traducción del *Missale Romanum* al castellano se inició con mucho entusiasmo al clausurarse el Concilio. Dicha comisión tuvo un éxito inicial al traducir el Canon Romano (Plegaria Eucarística I) y algunas otras partes del Misal. Sin embargo, solamente una parte de esta obra recibió la aprobación de los obispos indicados. Lamentablemente, por causa de conflictos y falta de acuerdo en cuanto al uso del idioma, en particular el uso de *ustedes* o *vosotros* y sus formas correspondientes, la comisión mixta fue suprimida en 1971. Por consecuencia, las conferencias episcopales que gozaban de expertos y de recursos económicos recibieron la licencia para proseguir con la traducción del Misal. Esto resultó en la aprobación por parte de la Santa Sede de cinco versiones en español del Misal Romano, publicadas por distintas comisiones litúrgicas de Latinoamérica y de España entre 1971 y 1983.

Para complicar la situación aún más, el uso del idioma español como lengua litúrgica en los Estados Unidos fue aprobado por la Conferencia Nacional de Obispos Católicos (NCCB) en septiembre de 1984 y confirmado por la Santa Sede en enero de 1985. A causa de la falta de publicaciones litúrgicas propias en castellano, los Obispos estadounidenses admitieron el empleo de cualquier misal aprobado para la Misa en español. Como resultado, las cinco versiones ya aprobadas anteriormente fueron importadas a los Estados Unidos y empleadas para la celebración Eucarística. Pero había problemas porque algunas de las traducciones no eran de la misma calidad, y hasta había grandes diferencias en las oraciones que pertenecen a la asamblea, tal como el Padre Nuestro. Frente a esta situación, los Obispos estadounidenses optaron por preparar su propia versión, dándole esta tarea al Subcomité para la Liturgia Hispana.

Mientras tanto, la Sagrada Congregación para el culto divino tomó la iniciativa en 1986 para constituir de nuevo la comisión mixta latinoamericana y española con el fin de realizar un texto unificado de las partes principales del Misal. Entonces, quince años después de la supresión de la comisión, fueron convocados a Roma todos los Presidentes y Secretarios de las Comisiones nacionales de liturgia de los países de habla hispana, incluso de los Estados Unidos de Norteamérica, para editar un solo texto según las normas conciliares y postconciliares. Hay que tomar en cuenta que los países de habla inglesa, francesa y alemana ya han estado preparando conjuntamente sus textos litúrgicos desde la clausura del Concilio. A esta reunión de 1986 asistieron representantes de 19 comisiones nacionales, faltando solamente las de Costa Rica y Cuba. Aunque al principio los representantes de los Estados Unidos de Norteamérica asistían únicamente como observadores, al transcurrir el intercambio se decidió unánimemente integrarlos como participantes con voz y voto, ya que el español se había establecido como lengua litúrgica oficial considerando el gran número de católicos hispanos en el país.

USO DEL TEXTO UNICO

Dicha reunión pudo lograr la eventual elaboración definitiva de un texto unificado del Ordinario de la Misa, las Plegarias Eucarísticas I a IV, las dos Plegarias Eucarísticas sobre la Reconciliación, las tres Plegarias Eucarísticas para Misas con niños y la Plegaria Eucarística V del sínodo suizo con sus cuatro variantes. Sin embargo, le quedaba a cada conferencia episcopal publicar su propia edición del Misal. El decreto de la Santa Sede que promulgaba el uso del texto único estableció el 8 de marzo de 1990, el primer domingo de Cuaresma, como la fecha clave para su aplicación universal. Es así como la Conferencia Episcopal de los Estados Unidos de Norteamérica afirmó su uso en noviembre de 1986 pero fijó como fecha clave el primer Domingo de Adviento de 1989 para ponerlo en práctica.

En los Estados Unidos de Norteamérica ha sido particularmente necesario tener un texto único, no solamente a causa de la confusión creada por el uso de distintas versiones del Misal sino también por la cantidad de personas que hablan español y que se han establecido aquí. Es por esta razón que se le ha entregado al Subcomité para la Liturgia Hispana la tarea de incorporar el texto unificado a una edición estadounidense del Misal Romano. Ha salido una edición parcial, pero aún siguen los esfuerzos por completar el Sacramentario. Este no sólo incorporará lo que ya se ha publicado sino también todos los "formularios" de cada día, según la *editio typica* latina en que se basan todas las versiones de lengua vernácula. Llevará también un apéndice con todas las principales fiestas litúrgicas patronales de cada país latinoamericano, en reconocimiento de la diversidad del pueblo hispano.

Así es que con la promulgación del uso del texto único, toda Misa celebrada en el idioma español en los Estados Unidos de Norteamérica debe utilizar esta versión del Ordinario de la Misa como la única vigente a partir de 1989. Hay que señalar que el uso de la Plegaria Eucarística V es permitido solamente en Tiempo Ordinario. En otras palabras, es preciso tomar en cuenta el calendario litúrgico y el propósito de las plegarias destinadas a ciertas ocasiones. Es más, se notará que en cuanto a la cuestión del uso del *vosotros* o *ustedes* y sus formas respectivas, se decidió conservar el uso del *vosotros* en el texto aprobado. No obstante, se indicó que los países interesados podían obtener el permiso de la Santa Sede para cambiar oralmente la forma de *vosotros* donde fuese pastoralmente más apropiado. Tomando en cuenta la necesidad pastoral, la Conferencia Episcopal Estadounidense recibió este permiso en 1989. A pesar de esto, el permiso es limitado: en los Estados Unidos de Norteamérica, la forma del *vosotros* escrita se puede cambiar a la de *ustedes* en todo lugar donde ocurra, con excepción de la Narración de la Institución, que debe pronunciarse tal como está escrita.

CAMBIOS IMPORTANTES

Es notable que en algunas de las comunidades católicas de habla hispana, existe una confusión en cuanto a los cambios de las oraciones y respuestas que le pertenecen a la asamblea. Estos cambios son pocos pero es importante que los que preparan las liturgias los tomen en cuenta y ayuden a los que forman la asamblea a participar mejor en la oración. Los cambios son los siguientes:

1. En el Gloria se dice " . . . que ama el Señor. Por tu inmensa gloria te alabamos . . . " en lugar de " . . . de buena voluntad. Te alabamos . . . por tu inmensa gloria" . . . etc.

2. La respuesta después del Evangelio es "Gloria a ti Señor Jesús" en lugar de "Te alabamos, Señor".

3. En el Credo se dice "Creo" en lugar de "Creemos".

4. En el Padre Nuestro, rezamos "venga a nosotros tu reino" en lugar de "venga tu reino", y "caer en la tentación" en lugar de "caer en tentación".

5. A la aclamación después del Cordero, se responde " . . . no soy digno(a) de que entres en mi casa . . . " en lugar de " . . . yo no soy digno(a) de que vengas a mí . . . ".

Ya que los libros litúrgicos tienen un aspecto doctrinal y teológico, es razonable esperar que los textos pertinentes fuesen unificados para así asegurar su calidad y evitar equivocaciones de traducción. A la vez, la liturgia pide el uso de un lenguaje digno, sencillo y comprensible que ayude a la formación litúrgica del pueblo y que lo afiance en el respeto y amor hacia la Palabra de Dios. Además, el texto único puede servir de testimonio a los lazos de fe y cultura que unen a los diversos pueblos hispanos y a la comunión de la Iglesia universal. Por esta razón se han desarrollado criterios y pautas para la realización de textos litúrgicos desde la clausura del Concilio. La *Instrucción General* es primordial entre esas guías.

Debido a que el Nuevo Misal Romano para los hispanohablantes que radican en los Estados Unidos de Norteamérica no ha sido publicado, la versión del texto unificado del Sacramentario estadounidense no estuvo disponible a tiempo para ser incluida en este volumen. Sin embargo, los agentes de pastoral que esperan la publicación del Sacramentario, deben utilizar las versiones del texto unificado ya disponibles.

CONCLUSION

Aunque la *Instrucción General para el Uso del Misal Romano* sirve de introducción al libro tradicionalmente usado por el que preside la Eucaristía, es un documento que pertenece a todo el pueblo de Dios, especialmente a todos los que desempeñan algún ministerio litúrgico en servicio de la asamblea. El utilizar esta guía y el meditar en sus lineamentos mejorará la comprensión y la celebración de la Eucaristía para que el encuentro con el Señor sea más pleno.

ESQUEMA

INSTRUCCION GENERAL PARA EL USO DEL MISAL ROMANO

PROEMIO

1. El Señor, cuando iba a celebrar la cena pascual en la que instituyó el sacrificio de su Cuerpo y de su Sangre, mandó preparar un cenáculo grande, una sala (Lucas 22:12). La Iglesia se ha considerado siempre comprometida en este mandato, al ir estableciendo normas para la celebración de la Eucaristía relativas a la disposición de las personas, de los lugares, de los ritos y de los textos. Tanto las normas actuales que han sido promulgadas basándose en la autoridad del Concilio, como el nuevo Misal que en adelante empleará la Iglesia Latina para la celebración de la Misa, constituyen una nueva demostración de este interés de la Iglesia, de su fe y de su amor inalterable al sublime misterio eucarístico, y testifican su tradición continua y homogénea, si bien han sido introducidas ciertas novedades.

TESTIMONIO DE FE INALTERADA

2. El Concilio Vaticano II ha vuelto a afirmar la naturaleza sacrificial de la Misa, solemnemente proclamada por el Concilio de Trento en consonancia con toda la tradición de la Iglesia;[1] suyas son estas significativas palabras acerca de la Misa: "Nuestro Salvador, en la última Cena, instituyó el sacrificio eucarístico de su Cuerpo y de su Sangre, con el cual iba a perpetuar por los siglos, hasta su vuelta, el sacrificio de la cruz y a confiar así a su esposa, la Iglesia, el memorial de su muerte y resurrección".[2]

En las fórmulas de la Misa se expresa de manera condensada esta doctrina del Concilio. Así lo que ponen de relieve las palabras del Sacramentario Leoniano "cuantas veces se celebra el memorial de este sacrificio, se realiza la obra de nuestra redención",[3] se ve expresado acertada y exactamente en las Plegarias Eucarísticas; en éstas, el sacerdote, al hacer la "anámnesis" se dirige a Dios en nombre también de todo el pueblo, le da gracias y ofrece el sacrificio vivo y santo, es decir, la ofrenda de la Iglesia y la hostia, por cuya inmolación el mismo Dios quiso devolvernos su amistad;[4] y pide que el Cuerpo y Sangre de Cristo sean sacrificio agradable al Padre y salvación para el mundo entero.[5]

De este modo, en el nuevo Misal, la *lex orandi* de la Iglesia responde a su perenne *lex credendi*, que nos recuerda que, excepción hecha del modo diverso de ofrecer, constituyen una misma y única realidad: el sacrificio de la cruz y su renovación sacramental en la misa, instituida por el Señor en la última Cena con el mandato conferido a los Apóstoles de celebrarla en conmemoración de él; y que, consiguientemente, la Misa es al mismo tiempo sacrificio de alabanza, de acción de gracias, propiciatorio y satisfactorio.

3.   El misterio admirable de la presencia real de Cristo bajo las especies eucarísticas, reafirmado por el Concilio Vaticano II[6] y otros documentos de la Iglesia[7] en el mismo sentido y con la misma autoridad con que el Concilio de Trento lo declaró materia de fe,[8] se ve expresado también en la celebración de la misa por las palabras de la consagración que hacen presente a Cristo, por transubstanciación, y además, por los signos de suma reverencia y adoración que tienen lugar en la liturgia eucarística. Tal es el motivo de impulsar al pueblo cristiano a que ofrezca especial tributo de adoración a este admirable Sacramento en el día de Jueves Santo y en la Solemnidad del Cuerpo y Sangre del Señor.

4.   La naturaleza del sacerdocio ministerial del presbítero que como representante de Cristo ofrece el sacrificio y preside la asamblea del pueblo santo, se echa de ver en la disposición del mismo rito por la preeminencia del lugar reservado al sacerdote y por la función que desempeña. El contenido de esta función se ve expresado con particular lucidez y amplitud en el Prefacio de la Misa crismal del Jueves Santo, día en que se conmemora la institución del sacerdocio. En dicho Prefacio se declara la transmisión de la potestad sacerdotal por la imposición de las manos, enumerándose cada uno de los cometidos de esta potestad que es continuación de la de Cristo, Sumo Pontífice del Nuevo Testamento.

5.   El conocimiento de la esencia del sacerdocio ministerial ayuda también a comprender y valorar altamente el sacerdocio real de los fieles, cuya ofrenda espiritual es consumada en la unión con el sacrificio de Cristo, único Mediador, por el ejercicio ministerial de los presbíteros.[9] La celebración eucarística es acción de la Iglesia universal, y en ella habrá de realizar cada uno todo y sólo lo que de hecho le compete conforme al plano en que se encuentra situado dentro del pueblo de Dios. De aquí la necesidad de prestar una particular atención a determinados aspectos de la celebración que, en el decurso de los siglos no han sido tenidos muy en cuenta.

Se trata nada menos que del pueblo de Dios, que Cristo adquirió con su sangre, congregado por el Señor, que lo alimenta con su Palabra; pueblo que ha recibido el llamamiento de encauzar hasta Dios todas las peticiones de la familia humana; pueblo que, en Cristo, da gracias por el misterio de la salvación en el ofrecimiento de su sacrificio; pueblo que por la comunión de su Cuerpo y Sangre se consolida en la unidad. Y este pueblo, santo ya originariamente, crece de continuo en santidad por la participación consciente, activa y fructuosa en el misterio eucarístico".[10]

UNA TRADICION ININTERRUMPIDA

6.   Al establecer las normas a seguir en la revisión del *Ordo Missae*, el Concilio Vaticano II determinó, entre otras cosas, que algunos ritos "fueran restablecidos conforme a la primitiva norma de los Santos Padres",[11] haciendo uso de las mismas palabras empleadas por San Pío V en la Constitución Apostólica *Quo Primum*, al promulgar en 1570 el Misal Tridentino. El que ambos misales

romanos convengan en las mismas palabras, puede ayudar a comprender cómo, pese a mediar entre ellos una distancia de cuatro siglos, ambos recogen una misma tradición. Y si se analiza el contenido interior de esta tradición, se ve también hasta qué punto el nuevo Misal completa al anterior.

7.   En aquellos momentos difíciles, en que se ponía en crisis la fe católica acerca de la naturaleza sacrificial de la misa, del sacerdocio ministerial y de la presencia real y permanente bajo las especies eucarísticas, lo que San Pío v se propuso en primer término fue salvaguardar los últimos pasos de una tradición atacada sin verdadera razón y, por este motivo, sólo se introdujeron pequeñísimos cambios en el rito sagrado. En realidad, el Misal promulgado en 1570 apenas se diferencia del primer misal que apareció impreso en 1474, el cual, a su vez, reproduce fielmente el misal de la época de Inocencio iii. Se dio el caso, además de que los Códices de la Biblioteca Vaticana sirvieron para corregir algunas expresiones, pero fueron causa de que la investigación de "antiguos y probados autores" se redujese a los comentarios litúrgicos de la Edad Media.

8.   Hoy, en cambio, la "norma de los Santos Padres" que trataron de seguir lo que aportaron las enmiendas del Misal de San Pío v, se ha visto enriquecida con numerosísimos trabajos de investigación. Al Sacramentario Gregoriano, editado por primera vez en 1571, han seguido los antiguos Sacramentarios Romanos y Ambrosianos, repetidas veces editados con sentido crítico, así como los antiguos libros litúrgicos de España y de las Galias, que han aportado muchísimas oraciones de gran belleza espiritual ignoradas anteriormente.

Hoy, tras el hallazgo de tantos documentos litúrgicos, incluso se conocen mejor las tradiciones de los primitivos siglos, anteriores a la constitución de los Ritos de Oriente y de Occidente.

Además, con los progresivos estudios de la Patrología, la teología del misterio eucarístico ha recibido nuevos esclarecimientos provenientes de la doctrina de los más ilustres Padres de la antigüedad cristiana, como San Ireneo, San Ambrosio, San Cirilo de Jerusalén, San Juan Crisóstomo.

9.   Hoy, por tanto, la "norma de los Santos Padres" pide algo más que la conservación del legado transmitido por los que nos precedieron; exige abarcar y estudiar a fondo todo el pasado de la Iglesia y todas las formas de expresión que la fe única ha tenido en contextos humanos y culturales tan diferentes entre sí, como pueden ser los correspondientes a las regiones semíticas, griegas y latinas. Con esta perspectiva más amplia, hoy podemos ver cómo el Espíritu Santo suscita en el pueblo de Dios una fidelidad admirable en conservar inmutable el depósito de la fe en medio de tanta variedad de ritos y oraciones.

ACOMODACION AL NUEVO ESTADO DE COSAS

10.   El nuevo Misal, que testifica la *lex orandi* de la Iglesia Romana y conserva el depósito de la fe transmitido en los últimos Concilios, supone al mismo tiempo un paso importantísimo en la tradición litúrgica.

Es verdad que los Padres del Concilio Vaticano II reiteraron las definiciones dogmáticas del Concilio de Trento; pero les correspondió hablar en un momento histórico muy distinto, y por ello hubieron de aportar planes y orientaciones pastorales totalmente imprevisibles hace cuatro siglos.

11. El Concilio de Trento ya había caído en la cuenta de la utilidad del gran caudal catequético de la Misa; pero no le fue posible descender a todas las consecuencias vitales que se derivaban en la práctica. De hecho, muchos deseaban ya entonces que se permitiera emplear la lengua del pueblo en la celebración eucarística. Pero el Concilio, teniendo en cuenta las circunstancias que concurrían en aquellos momentos, se creyó en la obligación de volver a inculcar la doctrina tradicional de la Iglesia, según la cual el Sacrificio eucarístico es, ante todo, acción de Cristo mismo, y por tanto, su eficacia intrínseca no se ve afectada por el modo de participar seguido por los fieles. En consecuencia, se expresó de modo firme y moderado con estas palabras: "Aunque la Misa contiene mucha materia de instrucción para el pueblo, sin embargo, no pareció conveniente a los Padres que en todas partes sea celebrada en lengua vulgar".[12] Condenó, además, al que juzgase "ser reprobable el rito de la Iglesia Romana por el que la parte correspondiente al canon y las palabras de la consagración son pronunciadas en voz baja; o que la Misa exija ser celebrada solamente en lengua vulgar".[13] Y, no obstante, si por un motivo prohibía el uso de la lengua vernácula en la Misa, por otro, en cambio, mandaba que los pastores de almas procurasen suplir con la oportuna catequesis: "A fin de que las ovejas de Cristo no padezcan hambre . . . manda el santo Sínodo a los pastores y a cuantos tienen cura de almas, que frecuentemente en la celebración de la Misa, bien por sí mismos, bien por medio de otros, hagan una exposición sobre algo de lo que en la Misa se lee, y, además, declaren alguno de los misterios de este santísimo sacrificio, principalmente en los domingos y días festivos".[14]

12. Congregado precisamente para la adaptación de la Iglesia a las necesidades que su cometido apostólico encuentra en estos tiempos, el Concilio Vaticano II, lo mismo que el de Trento, prestó fundamental atención al carácter didáctico y pastoral de la Sagrada Liturgia.[15] No hay ahora católicos que nieguen la legitimidad y eficacia del sagrado rito celebrado en latín, y por ello, se encontró en condiciones de reconocer que "frecuentemente el empleo de la lengua vernácula puede ser de gran utilidad para el pueblo", autorizando dicho empleo.[16] El interés con que en todas partes se acogió esta determinación fue muy grande, y así, bajo la dirección de los obispos y de la misma Sede Apostólica, ha podido llegarse a que se tengan en lengua vernácula todas las celebraciones litúrgicas en las que el pueblo participa, con el consiguiente conocimiento mayor del misterio celebrado.

13. Aunque de suma importancia, el uso de la lengua vernácula en la Liturgia no es el único instrumento para expresar más abiertamente la catequesis del misterio contenido en la celebración, y por esta razón, el Concilio Vaticano II advirtió también que debían ponerse en ejecución algunas prescripciones del Tridentino, no en todas partes acatadas, como la homilía en los domingos y días festivos[17] y la facultad de intercalar moniciones entre los mismos ritos sagrados.[18]

Con mayor interés aún, el Concilio Vaticano II, consecuente con presentar como "el modo más perfecto de participación aquel en que los fieles, después de la comunión del sacerdote, reciben el Cuerpo del Señor consagrado en la misma Misa",[19] exhorta a llevar a la práctica otro deseo ya formulado por los Padres del Tridentino: que para participar de un modo más pleno en la misa no se contenten los fieles con comulgar espiritualmente, sino que reciban sacramentalmente la comunión eucarística.[20]

14. Movido por el mismo espíritu y del mismo interés pastoral del Tridentino, el Concilio Vaticano II pudo abordar desde un punto de vista distinto lo establecido por aquél acerca de la comunión bajo las dos especies. Al no haber hoy quién ponga en duda los principios doctrinales del valor pleno de la comunión eucarística recibida bajo la sola especie de pan, permitió la comunión bajo ambas especies, siempre que por esta más clara manifestación del signo sacramental los fieles tengan ocasión de captar mejor el misterio en el que participan.[21]

15. La Iglesia, que conservando lo antiguo, es decir, el depósito de la tradición, permanece fiel a su misión de ser maestra de la verdad, cumple también con su deber de examinar y emplear prudentemente "lo nuevo" (cfr. Mateo 13:52).

Así, cierta parte del Misal presenta unas oraciones de la Iglesia más abiertamente orientadas a las necesidades actuales; tales son, principalmente, las Misas rituales y las Misas para diversas necesidades, en las que oportunamente se combinan lo tradicional y lo nuevo. Mientras que algunas expresiones, provenientes de la más antigua tradición de la Iglesia, han permanecido intactas, como puede verse por el mismo Misal Romano, reeditado tantas veces, otras muchas han sido acomodadas a las actuales necesidades y circunstancias; y otras, como las oraciones por la Iglesia, por los seglares, por la santificación del trabajo humano, por la comunidad de naciones, por algunas necesidades peculiares de nuestro tiempo, han sido elaboradas íntegramente, tomando las ideas y muchas veces aun las expresiones de los documentos conciliares recientes.

Al hacer uso de los textos de una tradición antiquísima, con la mira puesta en la nueva situación del mundo, según hoy se presenta, se han podido cambiar ciertas expresiones, sin que aparezca como injuria a tan venerable tesoro, con el fin de acomodarlas al lenguaje teológico actual y a la presente disciplina de la Iglesia; por ejemplo: algunas de las relativas al uso de los bienes terrenos u otras que se refieren a formas de penitencia corporal, propias de otros tiempos.

Se ve, pues, cómo las normas litúrgicas del Concilio de Trento han sido en gran parte completadas y perfeccionadas por las del Vaticano II, que condujo a término los esfuerzos por acercar a los fieles más a la Liturgia realizados a lo largo de cuatro siglos, y sobre todo en los últimos tiempos, debido principalmente al interés que por la Liturgia suscitaron San Pío X y sus sucesores.

CAPITULO I
IMPORTANCIA Y DIGNIDAD DE LA CELEBRACION EUCARISTICA

1.   La celebración de la Misa, como acción de Cristo y del pueblo de Dios, ordenado jerárquicamente, es el centro de toda la vida cristiana para la Iglesia universal y local, y para todos los fieles individualmente,[1] ya que en ella se culmina la acción con que Dios santifica en Cristo al mundo, y el culto que los seres humanos tributan al Padre, adorándolo por medio de Cristo, Hijo de Dios.[2] Además, se recuerdan de tal modo en ella, a lo largo del año, los misterios de la Redención que, en cierto modo, estos se nos hacen presentes.[3] Todas las demás acciones sagradas y cualesquiera obras de la vida cristiana, se relacionan con ésta, proceden de ella y a ella se ordenan.[4]

2.   Es, por consiguiente, de sumo interés que de tal modo se ordene la celebración de la Misa o Cena del Señor, que ministros y fieles, participando cada uno a su manera, saquen de ella con más plenitud los frutos[5] para cuya consecución instituyó Cristo Nuestro Señor el sacrificio eucarístico de su Cuerpo y Sangre y confió este sacrificio, como un memorial de su Pasión y Resurrección, a la Iglesia, su amada Esposa.[6]

3.   Todo esto se podrá conseguir si, mirando a la naturaleza y demás circunstancias de cada asamblea, toda la celebración se dispone de modo que favorezca la consciente, activa y total participación de los fieles, es decir, esa participación de cuerpo y alma, ferviente de fe, esperanza y caridad, que es la que la Iglesia desea de ella, la que reclama la naturaleza misma de la celebración, y a la que tiene derecho y deber, por fuerza de su bautismo, el pueblo cristiano.[7]

4.   Aunque en algunas ocasiones no es posible la presencia y la activa participación de los fieles, cosas ambas que manifiestan mejor que ninguna otra la naturaleza eclesial de la acción litúrgica,[8] sin embargo la celebración eucarística no pierde por ello su eficacia y dignidad, ya que es un acto de Cristo y de la Iglesia,[9] en la que el sacerdote obra siempre por la salvación del pueblo.

5.   Y puesto que la celebración eucarística, como toda la Liturgia, se realiza por signos sensibles, con los que la fe se alimenta, se robustece y se expresa,[10] se debe poner todo el esmero posible para que sean seleccionadas y ordenadas las formas y elementos que la Iglesia propone, que, según las circunstancias de personas y lugares, favorezcan más directamente la activa y plena participación de los fieles, y respondan mejor a su aprovechamiento espiritual.

6.   De ahí que esta Instrucción General procura, por una parte, exponer las directrices generales, según las cuales quede bien ordenada la celebración de la Eucaristía; y, por otra parte, propone las normas a las que habrá de acomodarse cada una de las formas de celebración.[11] Toca a las Conferencias Episcopales, según la Constitución de la Sagrada Liturgia, establecer para su territorio las normas que mejor tengan en cuenta las tradiciones y el modo de ser de los pueblos, regiones y comunidades diversas.[12]

CAPITULO II
ESTRUCTURA DE LA MISA, SUS ELEMENTOS Y PARTES
I. ESTRUCTURA GENERAL DE LA MISA

7.   En la Misa o Cena del Señor, el pueblo de Dios es convocado bajo la presidencia del sacerdote, que representa a la persona de Cristo, para celebrar el memorial del Señor o sacrificio eucarístico.[13] De ahí que sea eminentemente válida para esta asamblea local de la santa Iglesia, aquella promesa de Cristo: "Donde están reunidos dos o tres en mi nombre, allí estoy yo en medio de ellos" (Mateo 18:20). Pues en la celebración de la Misa, en la cual se continúa el sacrificio de la cruz,[14] Cristo está realmente presente en la misma asamblea congregada en su nombre, en la persona del ministro, en su palabra y, con toda verdad, sustancial y continuamente, bajo las especies eucarísticas.[15]

8.   La Misa consta en cierto sentido de dos partes: la Liturgia de la Palabra y la Liturgia Eucarística, tan estrechamente unidas entre sí, que constituyen un solo acto de culto,[16] ya que en la Misa se dispone la mesa, tanto de la Palabra de Dios como del Cuerpo de Cristo en la que los fieles encuentran el mensaje y el alimento cristiano.[17] Otros ritos pertenecen a la apertura y conclusión de la celebración.

II. DIVERSOS ELEMENTOS DE LA MISA

LECTURA DE LA PALABRA DE DIOS Y SU EXPLICACION

9.   Cuando se leen en la Iglesia las Sagradas Escrituras es Dios mismo quien habla a su pueblo, y Cristo, presente en su Palabra, quien anuncia la Buena nueva.

   Por eso las lecturas de la Palabra de Dios que proporcionan a la Liturgia un elemento de grandísima importancia, deben ser escuchadas por todos con veneración. Y aunque la palabra divina, en las lecturas de la Sagrada Escritura, va dirigida a todas las personas de todos los tiempos y está al alcance de su entendimiento, sin embargo, su eficacia aumenta con una explanación viva, es decir, con la homilía, que viene así a ser parte de la acción litúrgica.[18]

ORACIONES Y OTRAS PARTES QUE CORRESPONDEN AL SACERDOTE

10.   Entre las atribuciones del sacerdote ocupa el primer lugar la Plegaria Eucarística, que es el culmen de toda la celebración. Se añaden a ésta otras oraciones, es decir, la Oración colecta, la Oración sobre las ofrendas y la Oración después de la comunión. Estas oraciones las dirige a Dios el sacerdote—que preside la asamblea representando a Cristo—en nombre de todo el pueblo santo y de todos los circunstantes.[19] Con razón, pues, se denominan "oraciones presidenciales".

11.   Igualmente toca al sacerdote que ejercita el cargo de presidente de la asamblea reunida, hacer algunas moniciones y fórmulas de introducción y conclusión, previstas en el mismo rito. La naturaleza misma de estas moniciones y

fórmulas no requiere que se reciten exactamente en la forma redactada en el Misal; convendrá, pues, por lo menos en algunos casos, adaptarlas a las condiciones reales de la comunidad.[20] Toca asimismo al sacerdote que preside explicar la Palabra de Dios y dar la bendición final. También a él le está permitido hacer una brevísima introducción para preparar a los fieles antes de la celebración, para la Misa del día; antes de las lecturas, para la Liturgia de la Palabra; antes del Prefacio, para la Plegaria Eucarística y, finalmente, dar por concluida la celebración litúrgica, antes de la fórmula de despedida.

12.   La naturaleza de las intervenciones "presidenciales" exige que se pronuncien claramente y en voz alta, y que todos las escuchen atentamente.[21] Por consiguiente, mientras interviene el sacerdote, no se cante ni se rece otra cosa, y estén igualmente callados el órgano y cualquier otro instrumento musical.

13.   El sacerdote no sólo pronuncia oraciones como presidente en nombre de toda la comunidad, sino que también algunas veces lo hace a título personal, para poder cumplir con su ministerio con mayor atención y piedad. Estas oraciones se dicen en secreto.

OTRAS FORMULAS QUE SE USAN EN LA CELEBRACION

14.   Puesto que la celebración de la Misa, por su propia naturaleza tiene carácter "comunitario",[22] merecen especial relieve los diálogos entre el celebrante y la asamblea de los fieles, y asimismo las aclamaciones.[23] Ya que no son solamente señales exteriores de una celebración común, sino que fomentan y realizan la unión (común-unión) entre el sacerdote y el pueblo.

15.   Las aclamaciones y respuestas de los fieles a los saludos del sacerdote y a sus oraciones constituyen precisamente ese nivel de participación activa que se pide en cualquier forma de Misa a los fieles reunidos, para que quede así expresada y fomentada la acción común de toda la comunidad.[24]

16.   Otras partes que son muy útiles para manifestar y favorecer la activa participación de los fieles y que se encomiendan a toda la asamblea, son, sobre todo, el acto penitencial, la profesión de fe, la oración de los fieles y el Padrenuestro.

17.   Otras fórmulas:

a) algunas tienen por sí mismas el valor de rito o de acto; por ejemplo, el *Gloria*, el salmo responsorial, el *Aleluya* y el verso anterior al Evangelio, el *Santo*, la aclamación de la anámnesis y el canto después de la comunión;

b) otras, en cambio, simplemente acompañan a un rito; por ejemplo, los cantos de entrada, del ofertorio, de la fracción *(Cordero de Dios)* y de la comunión.

MODOS DE PRESENTAR DIVERSOS TEXTOS

18.   En los textos que el sacerdote o sus ayudantes o todos han de pronunciar claramente y en voz alta, ésta responda a la índole del respectivo texto, según se trate de lectura, oración, advertencia, aclamación o canto; téngase igualmente

en cuenta la diversidad de celebración, y circunstancias de la asamblea; aparte, naturalmente, de la índole de las diversas lenguas y caracteres de los pueblos.

En las rúbricas y normas que siguen, los vocablos "pronunciar" o "decir" deben entenderse lo mismo del canto que de los recitados, según los principios que acaban de enunciarse.

IMPORTANCIA DEL CANTO

19. Amonesta el apóstol a los fieles que se reúnen esperando la venida de su Señor que canten todos juntos con salmos, himnos y cantos espirituales (cfr. Colosenses 3:16). El canto es una señal del gozo del corazón (cfr. Hechos 2:46). De ahí que San Agustín diga con razón: "El cantar es propio del enamorado";[25] y viene de tiempos muy antiguos el famoso proverbio: "Quien bien canta, dos veces ora".

Téngase por consiguiente, en gran estima el uso del canto en las celebraciones, siempre según el carácter de cada pueblo y las posibilidades de cada asamblea: con todo, no por eso se considere necesario usar el canto para todos los textos que de suyo se destinan a ser cantados.

Al hacer la selección de los que de hecho se van a cantar, se dará la preferencia a las partes que tienen mayor importancia, sobre todo a aquellas que deben cantar el sacerdote y sus ministros, con respuesta del pueblo, o el sacerdote y el pueblo al mismo tiempo.[26]

Y ya que es cada día más frecuente el encuentro de fieles de diversas nacionalidades, conviene que esos mismos fieles sepan cantar todos a una en latín algunas de las partes del Ordinario de la Misa, sobre todo el símbolo de la fe y la oración dominical en sus melodías más fáciles.[27]

POSTURAS CORPORALES

20. La postura uniforme, seguida por todos los que toman parte en la celebración, es un signo de comunidad y unidad de la asamblea, ya que expresa y fomenta al mismo tiempo la unanimidad de todos los participantes.[28]

21. Para conseguir esta uniformidad en posturas corporales, obedezcan los fieles a las moniciones que el diácono o el sacerdote u otro ministro haga durante la celebración. Aparte de eso, en todas las Misas, a no ser que se diga lo contrario, queden de pie: desde el principio del Canto de entrada, mientras el sacerdote se acerca al altar, hasta el final de la colecta; al canto del *Aleluya* que precede al Evangelio; durante la proclamación del mismo Evangelio; también durante la profesión de fe y la oración de los fieles; y desde que empieza la oración sobre las ofrendas hasta el fin de la Misa, excepto en los momentos que luego se enumeran. En cambio, estarán sentados durante las lecturas que preceden al Evangelio, con su salmo responsorial; durante la homilía, y mientras se hace la preparación de los dones en el ofertorio; también, según la oportunidad, a lo largo del sagrado silencio que se observa después de la comunión; en cambio estarán de rodillas, a no ser que lo impida la estrechez del lugar o la aglomeración de la concurrencia o cualquier otra causa razonable, durante la consagración.

Con todo, pertenece a la Conferencia Episcopal adaptar las posturas corporales descritas para la celebración de la Misa romana, según la índole de cada pueblo.[29] Pero siempre se habrá de procurar que haya una correspondencia adecuada con el sentido e índole de cada parte de la celebración.

22. Bajo el vocablo "posturas corporales" se comprenden también algunas acciones; por ejemplo, cuando el sacerdote se acerca al altar, cuando se ofrecen los dones, cuando los fieles se acercan a la comunión. Conviene que todo esto se haga en forma decorosa, mientras se cantan los textos correspondientes según las normas establecidas en cada caso.

EL SILENCIO

23. También como parte de la celebración ha de guardarse en su tiempo silencio sagrado.[30] La naturaleza de este silencio depende del momento en que se observa durante la Misa; por ejemplo, en el acto penitencial y después de una invitación a orar, los presentes se concentran en sí mismos: al terminarse la lectura o la homilía, reflexionan brevemente sobre lo que han oído; después de la comunión alaban a Dios en su corazón y oran.

III. LAS DIVERSAS PARTES DE LA MISA

A) Ritos iniciales

24. Todo lo que precede a la liturgia de la Palabra, es decir, el Canto de entrada, el saludo, el acto penitencial, el *Kyrie* con el *Gloria* y la colecta, tienen el carácter de exordio, introducción y preparación.

La finalidad de estos ritos es hacer que los fieles reunidos constituyan una comunidad y se dispongan a oír como conviene la Palabra de Dios y a celebrar dignamente la Eucaristía.

CANTO DE ENTRADA

25. Reunido el pueblo, mientras entra el sacerdote con sus ministros, se da comienzo al canto de entrada. El fin de este canto es abrir la celebración, fomentar la unión de quienes se han reunido, elevar sus pensamientos a la contemplación del misterio litúrgico o de la fiesta, y acompañar la procesión de sacerdotes y ministros.

26. Se canta alternativamente por el coro y el pueblo, o por el cantor y el pueblo, o todo por el pueblo, o solamente por el coro. Puede emplearse para este canto o la antífona con su salmo, como se encuentran en el Gradual Romano o en el Gradual simple, o en su lugar otro canto acomodado a la acción sagrada o a la índole del día o del tiempo, con un texto aprobado por la Conferencia Episcopal.

Si no se canta a la entrada, los fieles o algunos de ellos o un lector recitará la antífona que aparece en el misal. Si esto no es posible, la recitará al menos el mismo sacerdote después del saludo.

27. El sacerdote y los ministros, cuando llegan al presbiterio, veneran el altar; para manifestar esta veneración, el sacerdote y el diácono besan el altar. El sacerdote, si lo cree oportuno, podrá también incensarlo.

28. Terminado el canto de entrada, el sacerdote y toda la asamblea, hacen la señal de la cruz. A continuación el sacerdote, por medio de un saludo, manifiesta a la asamblea reunida la presencia del Señor. Con este saludo y con la respuesta del pueblo queda de manifiesto el misterio de la Iglesia congregada.

ACTO PENITENCIAL

29. Terminado el saludo, el sacerdote u otro ministro idóneo puede hacer a los fieles una brevísima introducción sobre la Misa del día. Después el sacerdote invita a un acto penitencial, que se realiza cuando toda la comunidad hace su confesión general y se termina con la absolución del sacerdote.

SEÑOR, TEN PIEDAD

30. Después del acto penitencial se empieza el *Señor, ten piedad*, a no ser que éste haya formado ya parte del mismo acto penitencial. Siendo un canto con el que los fieles aclaman al Señor y piden su misericordia, regularmente habrán de hacerlo todos, es decir, tomarán parte en él el pueblo y los cantores.

Cada una de estas aclamaciones se repite, según la costumbre, dos veces, sin excluir, según el modo de ser de cada lengua o las exigencias del arte o de las circunstancias, una más prolija repetición o la intercalación de algún brevísimo "tropo". Si no se canta el *Señor, ten piedad*, al menos se recita.

GLORIA

31. El *Gloria* es un antiquísimo y venerable himno con que la Iglesia congregada en el Espíritu Santo glorifica a Dios Padre y al Cordero y le presenta sus súplicas. Lo canta o la asamblea de los fieles, o el pueblo alternando con los cantores, o los cantores solos. Si no se canta, al menos lo han de recitar todos, o juntos o alternativamente.

Se canta o se recita los domingos, fuera del tiempo de Adviento y Cuaresma, las solemnidades y fiestas y en algunas peculiares celebraciones.

ORACION COLECTA

32. A continuación el sacerdote invita al pueblo a orar y todos, a una con el sacerdote, permanecen un rato en silencio para hacerse conscientes de estar en la presencia de Dios y formular interiormente sus súplicas. Entonces el sacerdote lee la oración que se suele denominar "colecta". Con ella se expresa generalmente la índole de la celebración, y con las palabras del sacerdote se dirige la súplica a Dios Padre por Cristo en el Espíritu Santo.

El pueblo, para unirse a esta súplica y dar su asentimiento, hace suya la oración pronunciando la aclamación: *Amén.*

En la Misa se dice una sola Oración Colecta, y esto vale también a propósito de la Oración sobre las ofrendas y de la Oración después de la comunión.

La colecta se concluye con la forma larga, es decir:

Si se dirige al Padre: *Por nuestro Señor Jesucristo, tu Hijo, que vive y reina contigo en la unidad del Espíritu Santo y es Dios por los siglos de los siglos.*

Si se dirige al Padre, pero al fin de esa oración se menciona al Hijo: *El, que vive y reina contigo en la unidad del Espíritu Santo y es Dios, por los siglos de los siglos.*

Si se dirige al Hijo: *Tú que vives y reinas con el Padre en la unidad del Espíritu Santo y eres Dios por los siglos de los siglos.*

Las oraciones sobre las ofrendas y después de la comunión se concluyen en la forma breve, es decir:

Si se dirigen al Padre: *Por Jesucristo, nuestro Señor.*

Si se dirigen al Padre, pero al fin de esas oraciones se menciona al Hijo: *El, que vive y reina por los siglos de los siglos.*

Si se dirigen al Hijo: *Tú, que vives y reinas por los siglos de los siglos.*

B) Liturgia de la Palabra

33.   Las lecturas tomadas de la Sagrada Escritura, con los cantos que se intercalan, constituyen la parte principal de la liturgia de la Palabra; la homilía, la profesión de fe y la oración universal u oración de los fieles, la desarrollan y concluyen. En las lecturas, que luego desarrolla la homilía, Dios habla a su pueblo,[31] le descubre el misterio de la Redención y Salvación, y le ofrece el alimento espiritual; y el mismo Cristo, por su Palabra, se hace presente en medio de los fieles.[32] Esta Palabra divina la hace suya el pueblo con sus cantos y mostrando su adhesión a ella con la profesión de fe; y una vez nutrido con ella, en la oración universal, hace súplicas por las necesidades de la Iglesia entera y por la salvación de todo el mundo.

LECTURAS BIBLICAS

34.   En las lecturas se dispone la mesa de la Palabra de Dios a los fieles y se les abren los tesoros bíblicos.[33] Como, según la tradición, el leer estos textos no es un oficio presidencial, sino ministerial, conviene que habitualmente lea el Evangelio el diácono o, faltando éste, otro sacerdote; un lector hará las otras lecturas y cuando falte el diácono u otro sacerdote, el mismo sacerdote celebrante leerá el Evangelio.[34]

35. Que se haya de tributar suma veneración a la lectura del Evangelio lo enseña la misma liturgia cuando la distingue por encima de las otras lecturas con especiales muestras de honor, sea por parte del ministro encargado de anunciarlo y por la bendición y oración con que se dispone a hacerlo, sea por parte de los fieles, que con sus aclamaciones reconocen y profesan la presencia de Cristo que

les habla y escuchan la lectura puestos en pie; sea finalmente por las mismas muestras de veneración que se tributan al libro de los Evangelios.

36.   Después de la primera lectura sigue un salmo responsorial o Gradual, que es parte integrante de la liturgia de la Palabra. El salmo se toma habitualmente del Leccionario, ya que cada uno de estos textos está directamente ligado a cada una de las lecturas: la elección del salmo depende, según eso, de la elección de las lecturas. Sin embargo, para que el pueblo pueda más fácilmente intervenir en la respuesta salmódica, han sido seleccionados algunos textos de responsorios y salmos, según los diversos tiempos del año o las diversas categorías de santos. Estos textos podrán emplearse en vez del texto correspondiente a la lectura todas las veces que el salmo se canta.

El salmista o cantor del salmo, desde el ambón o desde otro sitio oportuno, proclama los versos del salmo, mientras toda la asamblea escucha sentada o, mejor, participa con su respuesta, a no ser que el salmo se pronuncie todo él seguido, es decir, sin intervención de respuestas.

Si se canta, se puede escoger, además del salmo asignado por el leccionario, el gradual del Gradual Romano o el salmo responsorial o el aleluyático del Gradual simple, según la descripción que se hace en estos mismos libros.

37.   A la segunda lectura sigue el *Aleluya* u otro canto, según las exigencias del período litúrgico:

a) El *Aleluya* se canta en todos los tiempos fuera de la Cuaresma. Lo comienza todo el pueblo o los cantores o un solo cantor, y si el caso lo pide, se repite. Los versos se toman del Leccionario o del Gradual.

b) El otro canto consiste en un verso antes del Evangelio o en otro salmo o tracto, como aparecen en el Leccionario o en el Gradual.

38.   Cuando se tiene una sola lectura antes del Evangelio:

a) En el tiempo en que se dice *Aleluya* se puede tomar o el salmo aleluyático o el salmo y el *Aleluya* con su propio verso, o solamente el salmo o el *Aleluya*.

b) En el tiempo en que no se ha de decir *Aleluya*, se puede tomar o el salmo o el verso que precede al Evangelio.

39.   El salmo que hay después de la lectura, si no se canta, se recita. En cambio, el *Aleluya* o el verso que precede al Evangelio, si no se canta, puede omitirse.

40.   Las "Secuencias", fuera de los días de Pascua y Pentecostés, son opcionales.

41.   La homilía es parte de la liturgia, muy recomendada,[35] pues es necesaria para alimentar la vida cristiana. Conviene que sea una explicación, o de algún aspecto particular de las lecturas de la Sagrada Escritura, o de otro texto del Ordinario,

o de la Misa del día, teniendo siempre presente, ya el misterio que se celebra, ya las particulares necesidades de los oyentes.[36]

42. Los domingos y fiestas de precepto téngase la homilía en todas las Misas que se celebren con asistencia del pueblo; fuera de eso se recomienda sobre todo en los días feriales de Adviento, Cuaresma y tiempo pascual, y también en otras fiestas y ocasiones en que suele haber numerosa concurrencia de fieles.[37]

La homilía la tendrá ordinariamente el mismo sacerdote celebrante.

PROFESION DE FE

43. El símbolo o profesión de fe, dentro de la Misa, tiende a que el pueblo dé su asentimiento y su respuesta a la Palabra de Dios oída en las lecturas y en la homilía, y traiga a su memoria, antes de empezar la celebración eucarística, la regla de su fe.

44. El símbolo que el sacerdote dice siempre junto con el pueblo, debe recitarse en todos los domingos y solemnidades: pero puede recitarse también en celebraciones de peculiar importancia.

Si se canta, hágase como de costumbre, por todos o alternativamente.

ORACION DE LOS FIELES

45. En la oración universal u oración de los fieles el pueblo, ejercitando su oficio sacerdotal, ruega por todos los seres humanos.

Conviene que esta oración se haga normalmente en las Misas a las que asiste el pueblo, de modo que se eleven súplicas por la santa Iglesia, por los gobernantes, por todos los necesitados y por todo el género humano y la salvación de todo el mundo.[38]

46. El orden de estas intenciones será generalmente:

a) Por las necesidades de la Iglesia.

b) Por los que gobiernan el Estado y por la salvación del mundo.

c) Por los oprimidos bajo determinadas dificultades.

d) Por la comunidad local.

Sin embargo, en alguna celebración particular, como en la Confirmación, Matrimonio o Funerales, el orden de las intenciones puede amoldarse mejor a la ocasión.

47. Toca al sacerdote celebrante dirigir estas súplicas, invitar a los fieles a la oración con una breve monición y concluir las preces. Conviene que sea un diácono, un cantor u otra persona, quien lea las otras intenciones.[39] La asamblea entera expresa sus súplicas o con una invocación común, que se pronuncia después de cada intención, o con la oración en silencio.

C) Liturgia eucarística

48. En la última Cena, Cristo instituyó el sacrificio y banquete pascual, por el que se hace continuamente presente en la Iglesia el sacrificio de la cruz, cuando el sacerdote, que representa a Cristo el Señor, lleva a cabo lo que el Señor mismo realizó y confió a sus discípulos para que lo hicieran en memoria suya.[40]

Cristo tomó en sus manos el pan y el cáliz, dio gracias, lo partió, lo dio a sus discípulos, y dijo: "Tomad, comed, bebed: esto es mi cuerpo: éste es el cáliz de mi sangre. Haced esto en conmemoración mía". De ahí que la Iglesia haya ordenado toda la celebración de la liturgia eucarística según estas mismas partes, con las palabras y acciones de Cristo. Ya que:

1) En la preparación de las ofrendas se presentan en el altar el pan y el vino con agua; es decir, los mismos elementos que Cristo tomó en sus manos.

2) En la Plegaria Eucarística se da gracias a Dios por toda la obra de la salvación, y las ofrendas se convierten en el Cuerpo y la Sangre de Cristo.

3) Por la fracción del mismo pan se manifiesta la unidad de los fieles, y por la comunión ellos reciben el Cuerpo y la Sangre del Señor, del mismo modo que los Apóstoles lo recibieron de manos del mismo Cristo.

PREPARACION DE LOS DONES

49. Al comienzo de la Liturgia Eucarística se llevan al altar los dones que se convertirán en el Cuerpo y la Sangre de Cristo.

En primer lugar se prepara el altar o la mesa del Señor, que es el centro de toda la Liturgia Eucarística,[41] y sobre él se colocan el corporal, el purificador, el Misal y el cáliz, que puede también dejarse dispuesto en la credencia.

Se traen a continuación las ofrendas: es de alabar que el pan y el vino lo presenten los mismos fieles. Un sacerdote o el diácono saldrá a recibirlos a un sitio oportuno y lo dispondrá todo sobre el altar mientras pronuncia las fórmulas establecidas. Aunque los fieles no traigan pan y vino con suyo como se hacía antiguamente, con este destino litúrgico, el rito de presentarlos conserva igualmente todo su sentido y significado espiritual.

El dinero y otros dones que los fieles aportan para los pobres o para la Iglesia, se consideran también como ofrendas; por eso se colocan en un lugar apropiado, cerca del altar.

50. Acompaña a este cortejo de presentación de las ofrendas el canto del ofertorio, que se alarga por lo menos hasta que los dones han sido depositados sobre el altar. Las normas sobre el modo de hacer este canto son las mismas dadas para el canto de entrada (n. 26). La antífona del ofertorio, se omite, si no se canta.

51. Las ofrendas colocadas en el altar y el altar mismo pueden ser incensados, para significar de este modo que la oblación de la Iglesia y su oración suben

ante el trono de Dios como el incienso. También el sacerdote y el pueblo pueden ser incensados por el diácono o por otro ministro, después de la incensación de los dones y del altar.

52.   A continuación el sacerdote se lava las manos. Con este rito se expresa el deseo de interior purificación.

53.   Terminada la colocación de las ofrendas y concluidos los ritos que la acompañan se concluye la preparación de los dones, con una invitación a orar juntamente con el sacerdote, y con la fórmula llamada "oración sobre las ofrendas". Así queda preparada la Plegaria Eucarística.

PLEGARIA EUCARISTICA

54.   Comienza ahora la Plegaria Eucarística, que es el punto central y el momento culminante de toda la celebración; es una plegaria de acción de gracias y de santificación. El sacerdote invita a los fieles a levantar el corazón hacia Dios y a darle gracias a través de la oración que él, en nombre de toda la comunidad, va a dirigir al Padre por medio de Jesucristo. El sentido de esta oración es que toda la congregación de los fieles se una con Cristo en el reconocimiento de las grandezas de Dios y en la oblación del sacrificio.

55.   Los principales elementos de que consta la Plegaria Eucarística pueden distinguirse de esta manera:

a) Acción de gracias (que se expresa sobre todo en el prefacio) en la que el sacerdote, en nombre de todo el pueblo santo, glorifica a Dios Padre y le da las gracias por toda la obra de salvación o por alguno de sus aspectos particulares, según las variantes del día, fiesta o tiempo.

b) Aclamación: con la que toda la asamblea, uniéndose a las potestades celestiales, canta o recita el *Santo*. Esta aclamación, que constituye una parte de la Plegaria Eucarística, la pronuncia todo el pueblo con el sacerdote.

c) Epíclesis: con la que la Iglesia, por medio de determinadas invocaciones, implora el poder divino para que los dones que han ofrecido los seres humanos, queden consagrados, es decir, se conviertan en el Cuerpo y la Sangre de Cristo, y para que la hostia inmaculada que se va a recibir en la comunión sea para salvación de quienes la reciban.

d) Narración de la institución y consagración: mediante las palabras y acciones de Cristo se lleva a cabo el sacrificio que Cristo mismo instituyó en la última Cena, cuando ofreció su Cuerpo y su Sangre bajo las especies de pan y vino, los dio a los Apóstoles en forma de alimento y bebida, y les dejó el mandato de perpetuar este mismo misterio.

e) Anamnesis: con la que, al realizar este encargo que a través de los Apóstoles, la Iglesia recibió de Cristo Señor, realiza el memorial del mismo Cristo, recordando principalmente su bienaventurada Pasión, su gloriosa Resurrección y la Ascensión al Cielo.

f) Oblación: por la que la Iglesia, en este memorial, sobre todo la Iglesia aquí y ahora reunida, ofrece al Padre en el Espíritu Santo, la hostia inmaculada. La Iglesia pretende que los fieles no sólo ofrezcan la hostia inmaculada, sino que aprendan a ofrecerse a sí mismos, y que de día en día perfeccionen con la mediación de Cristo, la unidad con Dios y entre sí, de modo que sea Dios todo en todos.[42]

g) Intercesiones: con ellas se da a entender que la Eucaristía se celebra en comunión con toda la Iglesia celeste y terrena, y que la oblación se hace por ella y por todos sus miembros vivos y difuntos, miembros que han sido todos llamados a la participación de la salvación y redención adquirida por el Cuerpo y la Sangre de Cristo.

h) Doxología final: en la que se expresa la glorificación de Dios, y que se concluye y confirma con la aclamación del pueblo.

La Plegaria Eucarística exige que todos la escuchen con reverencia y en silencio, y que tomen parte en ella por medio de las aclamaciones previstas en el mismo rito.

RITO DE COMUNION

56. Ya que la celebración eucarística es un convite pascual, conviene que, según el encargo del Señor, su Cuerpo y su Sangre sean recibidos como alimento espiritual por los fieles debidamente preparados.[43] A esto tienden la fracción y otros ritos preparatorios, con los que se va llevando a los fieles hasta el momento de la comunión.

a) El Padrenuestro: en él se pide el pan cotidiano, que es también para los cristianos como una figura del pan eucarístico, y se implora la purificación de los pecados, de modo que, en realidad "se den a los santos las cosas santas". El sacerdote invita a orar, y los fieles dicen, todos a una con el sacerdote, la oración. El sacerdote sólo añade el embolismo, y el pueblo se une a él para terminarlo con la doxología. El embolismo, que desarrolla la última petición de la oración domini-nical, pide para toda la comunidad de los fieles la liberación del poder del mal.

La invitación, la oración misma, el embolismo y la doxología con que el pueblo cierra esta parte, se cantan o se dicen con voz clara.

b) Sigue a continuación el rito de la paz, con el que los fieles imploran la paz y la unidad para la Iglesia y toda la familia humana y se expresan mutuamente la caridad, antes de participar de un mismo pan.

Por lo que toca al mismo rito de darse la paz, establezcan las Conferencias Episcopales el modo más conveniente, según las costumbres y el carácter de cada pueblo.

c) El acto de la fracción del pan, realizado por Cristo en la última Cena, en los tiempos apostólicos fue el que sirvió para denominar a la íntegra acción eucarística. Este rito no sólo tiene una finalidad práctica, sino que significa además que nosotros, que somos muchos, en la comunión de un solo pan de vida, que es Cristo, nos hacemos un solo cuerpo (1 Corintios 10:17).

d) Inmixtión o mezcla: el sacerdote celebrante deja caer una parte de la hostia en el cáliz.

e) *Cordero de Dios:* mientras se hace la fracción del pan y la mezcla, los cantores o un cantor, cantan el *Cordero de Dios,* según la costumbre, con la respuesta del pueblo: o lo dicen al menos en alta voz. Esta invocación puede repetirse cuantas veces sea necesario para acompañar la fracción del pan. La última vez se concluirá con las palabras: *Danos la paz.*

f) Preparación privada del sacerdote: el sacerdote se prepara con una oración privada, para recibir con fruto el Cuerpo y la Sangre de Cristo: los fieles hacen lo mismo, orando en silencio.

g) Luego el sacerdote muestra a los fieles el pan eucarístico que recibirán en la comunión, y los invita al banquete de Cristo; y juntamente con los fieles formula, usando palabras evangélicas, un acto de humildad.

h) Es muy de desear que los fieles participen del Cuerpo del Señor con hostias consagradas en esa misma Misa y, en los casos previstos, participen del cáliz, de modo que aparezca mejor, por signos exteriores, que la comunión es una participación en el sacrificio que en ese momento se celebra.[44]

i) Mientras sacerdote y fieles reciben el sacramento, se tiene el canto de la comunión; canto que debe también expresar, por la unión de voces, la unión espiritual de quienes están comulgando, demostrar al mismo tiempo la alegría del corazón y hacer más fraternal la procesión de los que van avanzando para recibir el Cuerpo de Cristo. El canto se comienza cuando comulga el sacerdote, y se prolonga mientras comulgan los fieles, hasta el momento que parezca oportuno. En el caso de que se cante un himno después de la comunión, ese canto termínese a tiempo.

Se puede emplear o la antífona del Gradual Romano, con salmo o sin él, o la antífona del Gradual simple, o algún otro canto conveniente, aprobado por la Conferencia Episcopal. Lo cantan los cantores solos o también uno o varios de ellos con el pueblo.

Si no hay canto, la antífona propuesta por el misal, se reza por los fieles, o por algunos de ellos, o por un lector. En caso contrario, la recitará el mismo sacerdote después de haber comulgado y antes de distribuir la comunión a los fieles.

j) Cuando se ha terminado de distribuir la comunión, el sacerdote y los fieles, según lo permita el tiempo, pueden orar un rato recogidos. Si se prefiere, puede también cantar toda la asamblea, un himno, un salmo o algún otro canto de alabanza.

k) En la Oración después de la comunión, el sacerdote ruega porque se obtengan los frutos del misterio celebrado. El pueblo hace suya esta oración con la aclamación: *Amén.*

D) Rito de conclusión

57.   El rito de conclusión consta de:

a) Saludo y bendición sacerdotal, que en algunos días y ocasiones se enriquece y se amplía con la oración "sobre el pueblo" o con otra fórmula más solemne.

b) Despedida, con la que se disuelve a la asamblea, para que cada uno vuelva a sus quehaceres, alabando y bendiciendo al Señor.

CAPITULO III
OFICIOS Y MINISTERIOS EN LA MISA

58.   En la asamblea que se congrega para la Misa, cada uno de los presentes tiene el derecho y el deber de aportar su participación, en modo diverso, según la diversidad de orden y de oficio.[45] Por consiguiente todos, sacerdotes y fieles, cumpliendo cada uno con su oficio, hagan todo y sólo aquello que pertenece a cada uno;[46] de ese modo y por el mismo orden de la celebración, aparecerá la Iglesia constituida en su diversidad de órdenes y de ministerios.

I. OFICIOS Y MINISTERIOS DEL ORDEN SAGRADO

59.   Toda celebración eucarística legítima es dirigida por el Obispo, ya sea personalmente, ya por los presbíteros sus colaboradores.[47]

Cuando el Obispo está presente en una Misa para la que se ha reunido al pueblo, conviene que sea él quien presida la asamblea, y que asocie a su persona a los presbíteros en la celebración, concelebrando cuando fuere posible.

Esto se hace no para aumentar la solemnidad exterior del rito, sino para significar de una manera más evidente el misterio de la Iglesia, que es sacramento de unidad.[48]

Pero si el Obispo no celebra la Eucaristía, sino que delega a otro para esto, entonces es oportuno que sea él quien dirija la Liturgia de la Palabra y dé la bendición al fin de la Misa.

60.   El presbítero, que en la comunidad de los fieles posee, por el sacramento del Orden, la sagrada potestad de ofrecer el sacrificio, haciendo las veces de Cristo,[49] preside, por esta razón, la asamblea congregada, dirige sus oraciones, le anuncia el mensaje de la salvación, asocia a sí mismo al pueblo al ofrecer el sacrificio por Cristo en el Espíritu Santo a Dios Padre, da a sus hermanos y hermanas el pan de la vida eterna y participa de él juntamente con ellos. Por consiguiente, cuando celebra la Eucaristía, debe servir a Dios y al pueblo con dignidad y humildad, y manifestar a los fieles, en el mismo modo de comportarse y de anunciar las divinas palabras, la presencia viva de Cristo.

61.   Entre los ministros, ocupa el primer lugar el diácono, uno de los grados del orden, que ya desde los comienzos de la Iglesia fue tenido en gran respeto. En la

Misa el diácono tiene su parte propia: en el anuncio del Evangelio y a veces en la predicación de la palabra de Dios; en dirigir a los fieles en la oración universal; en ayudar al sacerdote; en distribuir a los fieles la Eucaristía, sobre todo bajo la especie de vino, y en las moniciones sobre posturas y acciones de toda la asamblea.

II. OFICIO Y ACTUACION DEL PUEBLO DE DIOS

62.   En la celebración de la Misa, los fieles constituyen la nación consagrada, el pueblo que Dios adquirió para sí y el sacerdocio real, que da gracias a Dios, ofrece, no sólo por manos del sacerdote, sino juntamente con él, la hostia inmaculada y aprende a ofrecerse con ella.[50] Procuren pues manifestar eso por el profundo sentido religioso y por la caridad hacia los hermanos y las hermanas que toman parte en la misma celebración.

Eviten por consiguiente toda apariencia de singularidad o de división, teniendo ante los ojos que es uno el Padre común que tenemos en el cielo, y que todos por consiguiente somos hermanos y hermanas.

Actúen, pues, como un solo cuerpo, tanto al escuchar la palabra de Dios, como al tomar parte en las oraciones y en los cantos y, en especial, al ofrecer comunitariamente el sacrificio y al participar todos juntos en la mesa del Señor. Esta unidad se manifiesta claramente en la uniformidad de gestos y posturas de los fieles.

No rehúsen, por tanto, los fieles servir al pueblo de Dios con gozo cuando se les pide que desempeñen en la celebración algún determinado ministerio.

63.   Entre los fieles, la schola cantorum o coro ejerce su propio oficio litúrgico, pues le corresponde ocuparse de las partes reservadas a ella, según los diversos géneros del canto, y favorecer la activa participación de los fieles en el mismo.[51] Y lo que se dice de la schola cantorum, vale también, salvada la debida proporción, para los otros músicos, sobre todo para el organista.

64.   Es conveniente que haya un cantor o un director de coro, que se encargue de dirigir el canto del pueblo, más aún, cuando falta el coro, corresponderá a un cantor dirigir los diversos cantos, mientras el pueblo sea capaz de hacer su parte.[52]

III. ALGUNOS MINISTERIOS PARTICULARES

65.   El acólito ha sido instituido para el servicio del altar y para ayudar en él al sacerdote y al diácono. Compete al acólito, de manera especial, preparar el altar y los vasos sagrados y distribuir la Eucaristía, de la cual es ministro extraordinario.

66.   El lector ha sido instituido para hacer las lecturas de la Sagrada Escritura, excepto el Evangelio. Puede también proponer las intenciones de la oración universal y, cuando falta el salmista, decir el salmo entre las lecturas. En la celebración eucarística el lector tiene un puesto propio, reservado a él, aunque haya otro ministro de grado superior.

Para que los fieles lleguen a adquirir una estima viva de la Sagrada Escritura,[53] por la audición de las lecturas divinas, es necesario que los lectores que desempeñen este ministerio, aunque no hayan sido oficialmente constituidos en él, sean de veras aptos y estén diligentemente preparados.

67. Al salmista toca la parte del salmo o de algún otro canto bíblico que se encuentre entre las lecturas. Para cumplir bien con este oficio, es preciso que el salmista sea dueño del arte del canto y tenga claridad en la pronunciación.

68. De los demás ministros, unos desempeñan su oficio en el presbiterio, otros fuera del presbiterio. Se cuentan entre los primeros aquellos que son elegidos para repartir la comunión en calidad de ministros extraordinarios[54] y los encargados de llevar el Misal, la cruz, los ciriales, el pan, el vino, el agua y el incensario.

Respecto a los que ejercen su oficio fuera del presbiterio:

a) El comentarista hace la explicación y da avisos a los fieles para que se preparen a la celebración y la comprendan mejor. Conviene que lleve bien preparados sus comentarios, con una sobriedad que los haga asimilables. En el cumplimiento de su oficio el comentarista ocupa un lugar adecuado ante los fieles, pero no es muy conveniente que suba al ambón.

b) En algunas regiones existe el encargado de recibir a los fieles en la puerta del templo, acomodarlos en los sitios que les corresponda y de ordenar las procesiones.

c) Los que hacen las colectas en el templo.

69. Conviene, y esto sobre todo en las iglesias y comunidades de mayor importancia, que haya alguien designado para la preparación adecuada de las acciones sagradas, y para ensayar a los oficiantes, de modo que todo salga con decoro, orden y edificación.

70. Todos los servicios que caen por debajo del que pertenece al diácono, pueden confiarse a seglares, aunque no estén oficialmente constituidos en ellos. Y los ministerios que se ejecutan fuera del presbiterio, siempre según el prudente juicio del rector de la iglesia, pueden confiarse también a mujeres.

La Conferencia Episcopal puede permitir que una mujer idónea haga las lecturas que preceden al Evangelio y presente las intenciones de la oración de los fieles; y puede determinar con precisión el sitio adecuado desde donde la mujer anuncie la palabra de Dios ante la asamblea litúrgica.[55]

71. Si están presentes muchos que pueden ejercitar un mismo ministerio, nada impide el que se distribuyan entre sí las diversas partes del mismo; por ejemplo, se puede invitar a uno como diácono para las partes cantadas y a otro para el ministerio del altar; si hay varias lecturas, pueden éstas distribuirse entre diversos lectores; y así en lo demás.

72. Si para la Misa con el pueblo no existe más que un solo ayudante, éste puede ejercitar los diversos oficios.

73.   La efectiva preparación de todas las formas de celebración litúrgica hágase con ánimo concorde entre todos aquellos a quienes la cosa interesa, sea por lo que toca al rito o al aspecto pastoral o a la música, a juicio del rector del templo y oído también el parecer de los fieles en las cosas que a ellos directamente les pertenecen.

CAPITULO IV
DIVERSAS FORMAS DE CELEBRAR LA MISA

74.   En una Iglesia local, corresponde evidentemente el primer puesto, por su significado, a la Misa presidida por el Obispo, rodeado de todo su presbiterio y de sus ayudantes,[56] y en la que el pueblo santo de Dios participa plena y activamente, ya que en esta Misa es donde se realiza la principal manifestación de la Iglesia.

75.   Téngase también en mucho la Misa que se celebra con una determinada comunidad, sobre todo con la comunidad parroquial, puesto que representa a la Iglesia universal establecida en el tiempo y lugar, sobre todo en la celebración comunitaria del domingo.[57]

76.   Entre las Misas celebradas por determinadas comunidades, ocupa un puesto singular la Misa conventual, que es una parte del Oficio cotidiano, así como también la Misa llamada "de comunidad". Y aunque estas Misas no exigen ninguna forma especial de celebración, es, sin embargo, muy conveniente que se hagan con cantos, sobre todo con la plena participación de todos los miembros de la comunidad, religiosos o canónigos. Por consiguiente, en estas Misas ejerza cada uno su propio oficio, según el Orden o ministerio recibido. Conviene, pues, en estos casos, que todos los sacerdotes que no estén obligados a celebrar en forma individual por alguna utilidad pastoral de los fieles, concelebren, de ser posible, en estas Misas. Más aún, todos los sacerdotes pertenecientes a una comunidad, que tengan la obligación de celebrar en forma individual por el bien pastoral de los fieles, pueden concelebrar el mismo día en la Misa conventual o "de comunidad".[58]

I. LA MISA CON EL PUEBLO

77.   Por "misa con el pueblo" se entiende la que se celebra con participación de los fieles. Conviene que, mientras sea posible, sobre todo los domingos y fiestas de precepto, se tenga esta celebración con canto y con el número adecuado de ministros;[59] sin embargo, puede también tenerse sin canto y con un solo ministro.

78.   Conviene que acompañen normalmente al sacerdote celebrante un acólito, un lector y un cantor: a esta forma la denominaremos, en esta sección, "forma típica". Sin embargo, el rito que más abajo se describirá prevé también la disponibilidad de un mayor número de ministros.

En cualquier forma de celebración puede estar presente un diácono, desempeñando su propio oficio.

79.   Cúbrase el altar al menos con un mantel. Sobre él, o al menos a su alrededor, colóquese un mínimo de dos candeleros con sus velas encendidas o incluso cuatro o seis y, si celebra el Obispo de la diócesis, siete. También sobre el altar o junto a él, esté visible la cruz. Candeleros y cruz pueden llevarse en la procesión de entrada. Sobre el altar puede ponerse, a no ser que se lleve durante la procesión de entrada, el libro de los Evangelios, diverso del libro de las restantes lecturas.

80.   Prepárese también:

a) Junto a la sede del sacerdote: el misal y, según convenga, el libro de los cantos.

b) En el ambón: el libro de las lecturas.

c) En la credencia: el cáliz, el corporal, el purificador, la palia, si se usa, la patena y los copones, si son necesarios, con las hostias para la comunión del sacerdote, de los ayudantes y del pueblo; las vinajeras con el vino y el agua, a no ser que todo esto lo vayan a ofrecer los fieles al momento del ofertorio; la patena, para la comunión de los fieles, y lo necesario para la ablución de las manos. Cúbrase el cáliz con un velo, que podrá ser siempre de color blanco.

81.   En la sacristía, según las diversas formas de celebración, prepárense los ornamentos del sacerdote y de sus ministros:

a) Para el sacerdote: el alba, la estola y la casulla.

b) Para el diácono: el alba, la estola y la dalmática. Esta última, por necesidad o por grado inferior de solemnidad, puede omitirse.

c) Para los demás ministros: albas u otras vestiduras legítimamente aprobadas.

Todos los que usen el alba, empleen el cíngulo y el amito, a no ser que se provea de otra manera.

A) FORMA TIPICA

RITOS INICIALES

82.   Reunido el pueblo, el sacerdote y los ministros, revestidos cada uno con sus ornamentos avanzan hacia el altar por este orden:

a) Un ayudante con el incensario humeante, si se emplea el incienso.

b) De acuerdo a las circunstancias: los ayudantes que llevan los ciriales, y entre ellos, si lo pide el caso, uno lleva la cruz; los acólitos y otros ministros.

c) El lector, que puede llevar el libro de los Evangelios.

d) El sacerdote que va a oficiar en la Misa.

Si se emplea el incienso, el sacerdote lo pone en el incensario antes que el cortejo se ponga en marcha.

83. Mientras se hace la procesión hacia el altar, se tiene el canto de entrada (cfr. nn. 25–26).

84. Cuando han llegado al altar, el sacerdote y los ayudantes hacen la debida reverencia, es decir, inclinación profunda o, si es que está allí el sagrario con el Santísimo Sacramento, genuflexión.

La cruz, si es que se ha llevado en la procesión, se coloca junto al altar o en algún otro sitio conveniente; los candeleros que han llevado los ayudantes, se colocan o junto al altar o en la credencia; el libro de los Evangelios se pone sobre el altar.

85. El sacerdote sube al altar y le hace reverencia con el beso. Luego, según la oportunidad, inciensa el altar rodeándolo completamente.

86. Terminada esta ceremonia, el sacerdote va a su sede. Una vez concluido el canto de entrada, todos, sacerdote y fieles, de pie, hacen la señal de la cruz. El sacerdote empieza: *En el nombre del Padre, y del Hijo y del Espíritu Santo*. El pueblo responde: *Amén*. Luego, vuelto el sacerdote al pueblo y extendiendo las manos, saluda a la asamblea usando una de las formas disponibles. Puede también, o él u otro de los ministros, hacer una breve introducción a los fieles sobre la Misa del día.

87. Después del acto penitencial, se dicen el *Señor, ten piedad* y el *Gloria*, según las rúbricas (nn. 30–31). El *Gloria* lo puede entonar o el sacerdote o los cantores o también todos a una.

88. Luego el sacerdote invita al pueblo a orar, juntando las manos y diciendo *Oremos*. Todos, juntamente con el sacerdote, oran en silencio durante breve tiempo. Entonces el sacerdote, extendiendo las manos, dice la Oración Colecta, y cuando ésta termina, el pueblo aclama con el *Amén*.

LITURGIA DE LA PALABRA

89. Terminada la Oración Colecta, el lector avanza hacia el ambón y recita la primera lectura, que todos escuchan sentados; y cuando la lectura acaba, todos pronuncian la aclamación.

90. Terminada la lectura, el salmista o un cantor o el mismo lector, recita el salmo, dejando tiempo para las respuestas del pueblo (cfr. n. 36).

91. Luego, si se ha de tener una segunda lectura antes del Evangelio, el lector la hace desde el ambón, como se ha dicho antes, permaneciendo todos sentados mientras escuchan y aclaman al final.

92. Sigue el *Aleluya* u otro canto según las exigencias del tiempo litúrgico (cfr. nn. 37–39).

93. Mientras se canta el *Aleluya* u otro canto, el sacerdote, si se emplea el incienso, lo pone en el incensario. Luego, con las manos juntas e inclinándose ante el altar, dice en secreto el *Purifica mi corazón.*

94. Después toma el libro de los Evangelios, si éste está en el altar; y precedido por los ayudantes, que pueden llevar el incienso y los candeleros, se acerca al ambón.

95. Llegado al ambón, el sacerdote abre el libro y dice: *El Señor esté con ustedes,* y en seguida: *Lectura del santo Evangelio,* haciendo la cruz sobre el libro con el pulgar, y luego sobre su propia frente, boca y pecho. Luego, si el caso lo pide, inciensa el libro, y después de la aclamación del pueblo, proclama el Evangelio, y, una vez terminada la lectura, besa el libro diciendo en secreto: *Las palabras del Evangelio borren nuestros pecados.* Después de la lectura del Evangelio se hace la aclamación del pueblo, según la costumbre de cada región.

96. Si no hay lector, el mismo sacerdote hará todas las lecturas y, según la necesidad, proclamará también él los cantos que vienen después, estando en pie en el ambón. Allí mismo, si se emplea el incienso, lo pone en el incensario, y dice inclinado el *Purifica mi corazón.*

97. La homilía se tiene, o desde la sede o desde el ambón.

98. El Credo lo dice el sacerdote juntamente con el pueblo (cfr. n. 44). A las palabras *y por obra del Espíritu Santo, etc.,* todos se inclinan; pero en las solemnidades de la Anunciación y de la Natividad del Señor, se arrodillan.

99. Después, tomando el pueblo la parte que le corresponde, se tiene la oración universal u oración de los fieles, que el sacerdote dirige desde la sede o desde el ambón (cfr. nn. 45–47).

LITURGIA EUCARISTICA

100. Terminada la oración universal, comienza el canto del Ofertorio (cfr. n. 50). Los ministros colocan en el altar los corporales, el purificador, el cáliz y el misal.

101. Es conveniente que la participación de los fieles se manifieste en la oblación del pan y del vino para la celebración de la Eucaristía o de dones con los que se ayude a las necesidades de la Iglesia o de los pobres.

Las ofrendas de los fieles las reciben en lugar adecuado el sacerdote con sus ayudantes y las colocan en sitio conveniente; el pan y el vino que sirven para la Eucaristía se llevan al altar.

102. El sacerdote en el altar recibe de su ayudante la patena con el pan, y con ambas manos la eleva un poco sobre el altar mientras dice la fórmula correspondiente. Luego coloca la patena y pan sobre el corporal.

103. A continuación, estando al lado del altar, vierte el vino y un poco de agua en el cáliz, diciendo en secreto la fórmula prescrita, mientras el ayudante le ofrece las vinajeras. Vuelto al centro del altar, toma con ambas manos el cáliz, lo eleva un poco y dice la fórmula establecida. A continuación deja el cáliz sobre el corporal y lo cubre si conviene, con la palia.

104. Dejado ya el cáliz en el altar, el sacerdote se inclina y dice en secreto: *Acepta, Señor, nuestro corazón contrito.*

105. Luego, según las circunstancias, inciensa las ofrendas y el altar, y el ministro a su vez inciensa al sacerdote y al pueblo.

106. Después de la oración *Acepta, Señor, nuestro corazón contrito* y de la incensación, el sacerdote, en pie al lado del altar, se lava las manos, diciendo en secreto la fórmula establecida, mientras le sirve el agua el ayudante.

107. Vuelto al centro del altar y estando de cara al pueblo, extiende y junta las manos e invita al pueblo a orar, diciéndole: *Oren, hermanos*, etc. Una vez oída la respuesta del pueblo, extendiendo ambas manos, dice la oración sobre las ofrendas, y al final el pueblo aclama: *Amén.*

108. Entonces empieza el sacerdote la Plegaria Eucarística. Extiende las manos y dice: *El Señor esté con ustedes*, y cuando dice: *Levantemos el corazón*, levanta las manos y extendiéndolas añade: *Demos gracias al Señor, nuestro Dios.* Y cuando el pueblo ha respondido: *Es justo y necesario*, el sacerdote sigue con el Prefacio; una vez terminado éste, junta las manos y canta con los ministros y el pueblo, o dice con voz clara, el *Santo* y el *Bendito* (cfr. n. 55b).

109. El sacerdote prosigue la Plegaria Eucarística según las rúbricas que corresponden a las diversas Plegarias Eucarísticas.

Si el celebrante es un Obispo, después de las palabras *con tu servidor el Papa N.*, añade *conmigo, indigno siervo tuyo.*

El Ordinario del lugar debe mencionarse en la siguiente forma: *con tu servidor el Papa N. y con nuestro Obispo* (o bien: *Vicario, Prelado, Prefecto, Abad*) *N.* En la Plegaria Eucarística se puede mencionar a los Obispos coadjutores y auxiliares. Si son muchos los que se han de mencionar, se utiliza la forma general: *con nuestro Obispo N. y sus Obispos auxiliares.*[60] En cada Plegaria Eucarística hay que adaptar dichas menciones a las reglas gramaticales.

Un poco antes de la consagración, el ayudante, si se cree conveniente, advierte a los fieles mediante un toque de campanilla. Puede también, de acuerdo con la costumbre de cada lugar, tocar la campanilla cuando el sacerdote muestra la hostia y el cáliz a los fieles.

110. Terminada la doxología con que concluye la Plegaria Eucarística, el sacerdote, con las manos juntas, hace la monición preliminar a la oración dominical, y luego recita ésta juntamente con el pueblo, extendiendo las manos.

111. Concluida la oración dominical, el sacerdote, con las manos extendidas, dice él solo el embolismo: *Líbranos de todos los males;* hasta que, al terminarlo, el pueblo aclama: *Tuyo es el reino.*

112. A continuación el sacerdote, con voz clara dice la oración: *Señor Jesucristo, que dijiste;* al terminarla, se vuelve hacia los fieles y, extendiendo y juntando las manos, les da la paz con estas palabras: *La paz del Señor esté siempre con ustedes.* El pueblo responde: *Y con tu espíritu.* Luego, si el caso lo pide, el sacerdote añade: *Dense fraternalmente la paz;* y todos, según la costumbre de cada lugar, se manifiestan mutuamente la paz y la caridad. El sacerdote puede dar la paz a sus ayudantes.

113. A continuación el sacerdote toma la hostia, la parte sobre la patena, y deja caer una partícula en el cáliz diciendo en secreto: *El Cuerpo y la Sangre,* etc. Mientras tanto el coro y el pueblo cantan o recitan el Cordero de Dios (cfr. n. 56e).

114. Entonces el sacerdote dice en secreto la oración: *Señor Jesucristo, Hijo de Dios vivo,* o: *Señor Jesucristo, la comunión de tu Cuerpo.*

115. Terminada la oración, el sacerdote hace la genuflexión, toma el pan consagrado y, teniéndolo un poco elevado sobre la patena, vuelto al pueblo, dice: *Este es el Cordero de Dios,* y, a una con el pueblo, añade una sola vez: *Señor, no soy digno.*

116. Luego, vuelto hacia el altar, el sacerdote continúa en secreto: *El Cuerpo de Cristo me guarde para la vida eterna,* y con reverencia sume el Cuerpo del Señor. Después toma el cáliz y dice: *La Sangre de Cristo me guarde para la vida eterna,* y con reverencia toma la Sangre de Cristo.

117. Toma después la patena o el copón y se acerca a los que van a comulgar, si la comunión se va a efectuar sólo bajo la especie de pan, y teniendo la hostia un poco elevada, se la muestra a cada uno diciéndole: *El Cuerpo de Cristo.* El que comulga responde: *Amén* y, teniendo la patena bajo la barba, recibe el sacramento.

118. Para la comunión bajo las dos especies obsérvese el rito descrito en su lugar (cfr. nn. 240 – 252).

119. Mientras el sacerdote toma el sacramento, se empieza el canto de la comunión (cfr. n. 56i).

120. Terminada la distribución de la comunión, el sacerdote, vuelto al altar, recoge las partículas, si las hay; luego, en pie al lado del altar o junto a la credencia, purifica la patena o el copón sobre el cáliz, purifica también el mismo cáliz, diciendo en secreto: *Haz, Señor, que recibamos,* etc., y lo seca con el purificador. Si los vasos fueron purificados en el altar, son llevados a la credencia por un ayudante. Está, sin embargo, permitido dejar los vasos que se han de purificar, sobre todo si son muchos, en el altar o en la credencia, cubiertos y sobre un corporal, para luego purificarlos después de la Misa, cuando ya se haya despedido al pueblo.

121. Terminadas las purificaciones, el sacerdote puede regresar a su sede. Se puede observar un rato de silencio mientras todos permanecen sentados, o también entonar un cántico de alabanza o un salmo (cfr. n. 56j).

122. Luego, de pie junto a la sede o ante el altar, el sacerdote, vuelto al pueblo, dice: *Oremos*, y con las manos extendidas recita la Oración después de la comunión, a la que puede preceder también un breve silencio, a no ser que ya se haya hecho eso después de la comunión. Al final de la oración, el pueblo aclama: *Amén*.

RITO DE CONCLUSION

123. Terminada la oración después de la comunión, háganse, si se han de hacer, breves avisos al pueblo.

124. Luego el sacerdote, extendiendo las manos, saluda al pueblo diciéndole: *El Señor esté con ustedes*, a lo que el pueblo responde: *Y con tu espíritu*. Y en seguida el sacerdote añade: *La bendición de Dios todopoderoso*, —hace aquí la señal de bendición y prosigue— *Padre, Hijo y Espíritu Santo, descienda sobre ustedes*; todos responden: *Amén*. En ciertos días y ocasiones, a esta fórmula de bendición puede preceder, según las rúbricas, otra fórmula más solemne o la oración sobre el pueblo.

En seguida el sacerdote, con las manos juntas, añade: *Pueden ir en paz* y todos responden: *Demos gracias a Dios*.

125. Entonces el sacerdote venera el altar con el beso, como de costumbre, y hecha la debida reverencia juntamente con todos los ministros, se retira.

126. Si a la Misa sigue alguna otra acción litúrgica, el rito de despedida (es decir, el saludo, bendición y despedida) se omite.

B) OFICIOS DEL DIACONO

127. Cuando hay un diácono que puede desempeñar su oficio propio, se observan las normas descritas en el capítulo anterior, excepto lo que sigue.

En general el diácono:

a) Asiste al sacerdote y está siempre a su lado.

b) En el altar lo ayuda a cubrir y descubrir el cáliz, o a volver las páginas del misal.

c) Si no hay ningún otro ayudante, él si es necesario, cumple los oficios de los demás.

RITOS INICIALES

128. Vestido con los ornamentos, el diácono, si lleva el libro de los Evangelios, precede al sacerdote en su camino hacia el altar. De otro modo, irá a su lado.

129. Hecha la debida reverencia al altar junto con el sacerdote, el diácono sube también con él al altar, y poniendo allí el libro de los Evangelios, si lo lleva, besa el altar, juntamente con el sacerdote.

Luego, si se emplea el incienso, ayuda al sacerdote a poner el incienso y a incensar el altar.

130. Terminada la incensación del altar, se dirige a su asiento acompañando al sacerdote, y allí permanece a su lado y le ayuda cuando se necesita.

LITURGIA DE LA PALABRA

131. Mientras se dice el *Aleluya* u otro canto, si se ha de usar el incienso, ayuda al sacerdote a ponerlo en el incensario; luego, inclinado ante él, le pide su bendición, y en voz baja dice: *Padre, dame tu bendición.* El sacerdote le da la bendición diciendo: *El Señor esté en tu corazón.* El diácono responde: *Amén.* Luego toma el libro de los Evangelios, si está en el altar, y se dirige al ambón precedido por los ayudantes, si los hay, con candeleros y con incienso, si se ha de usar. Allí saluda al pueblo, inciensa el libro y proclama el Evangelio. Terminado esto, besa con reverencia el libro diciendo al mismo tiempo en secreto: *Las palabras del Evangelio,* etc., y vuelve hacia el sacerdote celebrante. Si no hay homilía ni se dice el *Credo,* el diácono puede permanecer en el ambón para la oración de los fieles y los ministros se retiran de ahí.

132. Las intenciones de la oración de los fieles, una vez que ha pronunciado el sacerdote la introducción que le corresponde, las recita el diácono, o desde el ambón o desde algún otro sitio conveniente.

LITURGIA EUCARISTICA

133. Para el ofertorio, permaneciendo el sacerdote en su sede, el diácono prepara el altar, ayudándole los otros ministros; a él toca en particular tener cuidado de los sagrados vasos. Asiste también al sacerdote cuando recibe los dones del pueblo. Luego pasa al sacerdote la patena con el pan que se va a consagrar; vierte el vino y unas gotas de agua en el cáliz, diciendo en secreto: *El agua unida al vino,* etc., y le presenta el cáliz al sacerdote. La preparación del cáliz y la infusión del vino y del agua pueden también hacerse en la credencia. Si se emplea el incienso, el diácono ayuda al sacerdote en la incensación de las ofrendas y del altar, y luego él u otro ministro inciensa al sacerdote y al pueblo.

134. Durante la Plegaria Eucarística, el diácono está en pie junto al sacerdote, un poco retirado respecto de él para intervenir cuando hace falta cubrir y descubrir el cáliz o disponerle el misal.

135. Para la doxología final de la Plegaria Eucarística, de pie al lado del sacerdote, tiene el cáliz elevado, mientras aquél eleva la patena con la hostia hasta el momento en que el pueblo haya aclamado *Amén.*

136. Una vez que el sacerdote ha dicho la oración de la paz y *La paz del Señor sea siempre con ustedes*, y el pueblo haya respondido: *Y con tu espíritu*, el diácono, si se practica este rito, hace la invitación a la paz diciendo: *Dense fraternalmente la paz*. El la recibe directamente del sacerdote y puede ofrecerla a los ministros más cercanos.

137. Terminada la comunión del sacerdote, él la toma bajo las dos especies, y luego ayuda al sacerdote a distribuir la comunión al pueblo. Si la comunión se da bajo las dos especies, él ofrece el cáliz a los que van comulgando, y sume el cáliz en último lugar.

138. Terminada la comunión, el diácono vuelve al altar con el sacerdote. Recoge las partículas, si las hay, y luego lleva el cáliz y demás vasos sagrados a la credencia, y allí los purifica y ordena como de costumbre, mientras el sacerdote ha vuelto a su sede. Sin embargo, puede también cubrir decentemente los vasos, dejarlos en la credencia sobre el corporal y purificarlos después de la Misa, una vez despedido el pueblo.

RITO DE CONCLUSION

139. Dicha la Oración después de la comunión, el diácono da breves avisos al pueblo, si hay que darlos, a no ser que prefiera hacerlo personalmente el sacerdote.

140. Una vez dada la bendición por el sacerdote, el diácono se encarga de despedir al pueblo, diciendo: *Podéis ir en paz*.

141. Luego, juntamente con el sacerdote, venera el altar besándolo, y haciendo la debida reverencia, se retira en el mismo orden en que había llegado.

C) OFICIOS DEL ACOLITO

142. Los oficios que el acólito puede realizar, son de diversa índole y muchos de ellos pueden ser simultáneos. Así pues, conviene repartirlos oportunamente entre varios. Cuando se dispone de un solo acólito, éste realizará las funciones más importantes, y las demás se distribuirán entre los ministros.

RITOS INICIALES

143. Cuando se dirigen hacia el altar, el acólito puede llevar la cruz entre dos ministros que sostienen los ciriales. Al llegar al altar, deposita la cruz junto al altar y va a ocupar su sitio en el presbiterio.

144. Durante la celebración, el acólito se acercará al sacerdote o al diácono para entregarle el libro y para ayudarlo en todo lo que sea necesario. Por esto, en cuanto sea posible, conviene que el acólito ocupe un sitio adecuado junto a la sede o cerca del altar.

145. Cuando no hay diácono, terminada la oración universal, mientras el sacerdote permanece junto a la sede, el acólito pone en el altar el corporal, el purificador, el cáliz y el misal. A continuación, si hace falta, ayuda al sacerdote a recibir los dones de los fieles; a su debido tiempo, lleva al altar el pan y el vino y los presenta al sacerdote. Cuando hay incensación, le entrega el incensario al sacerdote y lo acompaña en la incensación de las ofrendas y del altar.

146. En calidad de ministro extraordinario puede ayudar al sacerdote a distribuir la comunión a los fieles.[61] Cuando la comunión se distribuye bajo las dos especies, él ofrece el cáliz a los fieles, o lo sostiene cuando la comunión se reparte por intinción.

147. Terminada la comunión, ayuda al sacerdote o al diácono a purificar y arreglar los vasos sagrados. En ausencia del diácono, el acólito lleva los vasos sagrados a la credencia y ahí los purifica y arregla.

D) OFICIOS DEL LECTOR

148. Cuando se dirigen al altar y no hay diácono, el lector puede llevar el libro de los Evangelios, y en esta ocasión camina delante del sacerdote; en los demás casos va con los otros ministros.

149. Cuando llegan al altar, hace la debida reverencia junto con el sacerdote, se acerca al altar, coloca encima de él el libro de los Evangelios y pasa a ocupar su sitio en el presbiterio con los demás ministros.

150. Lee desde el ambón las lecturas que preceden al Evangelio. Cuando no hay cantor o salmista, puede decir el salmo que sigue a la primera lectura.

151. Después de que el sacerdote, si no hay diácono, ha hecho la invitación a orar, el lector puede enunciar las intenciones para la oración universal.

152. Cuando no hay canto de entrada o durante la comunión, y los fieles no recitan las antífonas indicadas en el misal, el lector pronuncia dichas antífonas a su debido tiempo.

II. MISAS CONCELEBRADAS

153. La concelebración, que es una apropiada manifestación de la unidad del sacerdocio, del sacrificio y de todo el pueblo de Dios, está prescrita por el mismo rito en la Ordenación del Obispo y del presbítero y en la Misa crismal. Se recomienda, a no ser que la utilidad de los fieles requiera o aconseje otra cosa:

a) En el Jueves Santo, para la Misa vespertina.

b) En la Misa que se celebra en Concilios, Conferencias Episcopales, Sínodos.

c) En la Misa de bendición de un abad.

d) En la Misa conventual y en la Misa principal en iglesias y oratorios.

e) En las Misas que se celebran en cualquier género de reuniones de sacerdotes, seculares o religiosos.[62]

154. Donde hay un gran número de sacerdotes, el superior competente puede conceder que la concelebración se tenga incluso varias veces en el mismo día, con tal que sea en tiempos sucesivos o en lugares sagrados diversos.[63]

155. Toca al Obispo, según las normas del derecho, ordenar la disciplina de las concelebraciones en su propia diócesis, incluso en las iglesias de los religiosos exentos y en los oratorios semipúblicos. Juzgar de la conveniencia de la concelebración y dar el permiso en sus iglesias y oratorios, corresponde a todos los ordinarios y también al superior mayor de las órdenes clericales no exentas y de las sociedades de clérigos de vida común, sin votos.[64]

156. Nunca se admita a nadie a una concelebración, una vez que ya ha empezado la Misa.[65]

157. Hónrese de manera particular la concelebración en la que sacerdotes de una diócesis concelebran con el propio Obispo, sobre todo en la Misa del crisma, del Jueves Santo, y con ocasión del Sínodo o de la visita pastoral. Por la misma razón, se recomienda la concelebración cuantas veces los sacerdotes se encuentran con el propio Obispo, sea con ocasión de los ejercicios espirituales o de alguna reunión. En esos casos, el signo de la unidad del sacerdocio y de la Iglesia, que es característico de toda concelebración, se manifiesta de una manera más evidente.[66]

158. Por causas determinadas, para dar, por ejemplo, un mayor sentido al rito o a una fiesta, se puede dar el permiso de celebrar o concelebrar varias veces en el mismo día en los siguientes casos:

a) Quien el Jueves Santo ha celebrado o concelebrado en la Misa del crisma, puede también celebrar o concelebrar en la Misa vespertina.

b) Quien en la Vigilia Pascual celebró o concelebró la primera Misa, puede celebrar o concelebrar una segunda Misa el día de Pascua.

c) El día de Navidad todos los sacerdotes pueden celebrar o concelebrar tres Misas, con tal de que éstas sean celebradas a su debido tiempo.

d) Quien concelebra con el Obispo o su delegado durante el Sínodo o durante la visita pastoral, o concelebra con ocasión de alguna reunión de sacerdotes, puede celebrar además otra Misa para utilidad de los fieles.[67] Lo mismo vale, conservando la debida proporción, para las reuniones de los religiosos.

159. La Misa concelebrada se ordena en cualquiera de sus formas, según las normas de Misa celebrada individualmente, observando o cambiando lo que más abajo se indicará.

160. Si en la Misa concelebrada no se dispone de un diácono o de otros ministros, los oficios propios de estos los realizan algunos de los concelebrantes.

RITOS INICIALES

161. Los concelebrantes, en la sacristía o en algún otro sitio conveniente, se revisten los mismos ornamentos que suelen llevar cuando celebran la Misa individualmente. Pero si hay un justo motivo, por ejemplo un número excesivo de concelebrantes o falta de ornamentos, los concelebrantes, a excepción siempre del celebrante principal, pueden suprimir la casulla, llevando solamente la estola sobre el alba.

162. Cuando todo está ya ordenado, se empieza la procesión hasta el altar a través de la iglesia. Los sacerdotes concelebrantes preceden al celebrante principal.

163. Cuando han llegado al altar, los concelebrantes y el celebrante principal, hecha la debida reverencia, veneran el altar, besándolo, y se dirigen inmediatamente al sitio que se les ha designado. El celebrante principal, si el caso lo pide, inciensa el altar y luego se traslada a la sede.

LITURGIA DE LA PALABRA

164. Durante la liturgia de la Palabra los concelebrantes ocupan su propio puesto y están sentados o se levantan en la misma forma que el celebrante principal.

165. La homilía la tendrá regularmente el celebrante principal o uno de los concelebrantes.

LITURGIA EUCARISTICA

166. Los ritos del ofertorio los hace solamente el celebrante principal, permaneciendo mientras tanto los demás concelebrantes en sus puestos.

167. Terminados estos ritos, los concelebrantes se acercan al altar y se disponen en pie alrededor de él, de tal modo que no impidan la marcha de los ritos y los fieles tengan buena visibilidad, y no cerrando el paso al diácono cuando por razón de su ministerio debe acercarse al altar.

Modo de hacer la Plegaria Eucarística

168. El Prefacio lo dice solamente el celebrante principal. En cambio, el *Santo* lo cantan o recitan todos juntos, con el pueblo y los cantores.

169. Terminado el *Santo,* los concelebrantes prosiguen la Plegaria Eucarística en la forma que en seguida se describe; pero los ademanes los hace únicamente el celebrante principal, si no se advierte lo contrario.

170. Los textos que competen a todos los concelebrantes los pronuncian a una, pero en voz baja para que se pueda oír distintamente la voz del celebrante principal. De este modo el pueblo percibe mejor el texto.

A) Plegaria Eucarística i, o Canon Romano

171. El *Padre misericordioso* lo dice sólo el celebrante principal, con las manos extendidas.

172. El *Acuérdate, Señor* y el *Reunidos en comunión* se pueden confiar individualmente a uno u otro de los concelebrantes, que dicen estas oraciones con las manos extendidas y en voz alta.

173. El *Acepta, Señor, en tu bondad*, lo dice solamente el celebrante principal, con las manos extendidas.

174. Desde *Bendice y santifica, oh Padre* hasta *Te pedimos humildemente Dios todopoderoso*, lo dicen a una todos los concelebrantes de este modo:

a) *Bendice y santifica, oh Padre*, con las manos extendidas hacia las ofrendas.

b) *El cual, la víspera de su Pasión* y el *Del mismo modo*, con las manos juntas.

c) Las palabras del Señor, si el gesto parece conveniente, con la mano derecha extendida hacia el pan y hacia el cáliz; miran la hostia y el cáliz cuando el celebrante principal los muestra a los fieles y luego se inclinan profundamente.

d) *Por eso, Padre, nosotros tus siervos* y *Mira con ojos de bondad*, con las manos extendidas.

e) *Te pedimos humildemente*, inclinados y con las manos juntas, hasta llegar a las palabras *Al participar aquí de este altar*. Inmediatamente se enderezan, haciendo sobre sí la señal de la cruz, mientras pronuncian las restantes palabras, *Seamos llenos de gracia y bendición*.

175. La intercesión por los difuntos y la oración *Y a nosotros, pecadores* pueden confiarse a uno u otro de los concelebrantes, quienes lo dicen con las manos extendidas y en voz alta.

176. A las palabras *Y a nosotros, pecadores*, todos los concelebrantes se golpean el pecho.

177. *Por Cristo, Señor nuestro, por quien sigues creando*, la dice solamente el celebrante principal.

178. En esta Plegaria Eucarística los textos desde *Bendice y santifica*, hasta *Te pedimos humildemente*, y la doxología final, pueden cantarse.

179. El *Santo eres en verdad*, lo dice solamente el celebrante principal con las manos extendidas.

180. Desde *Por eso te pedimos que santifiques*, hasta *Te pedimos humildemente*, lo dicen a una todos los concelebrantes de este modo:

a) *Por eso te pedimos que santifiques*, con las manos extendidas hacia las ofrendas.

b) *El cual, cuando iba a ser entregado a su Pasión* y *Del mismo modo*, con las manos juntas.

c) Las palabras del Señor, si el gesto parece conveniente, con la mano derecha extendida hacia el pan y hacia el cáliz; miran la hostia y el cáliz cuando el celebrante principal los muestra a los fieles y luego se inclinan profundamente.

d) *Así pues, Padre, al celebrar ahora*, y *Te pedimos humildemente*, con las manos extendidas.

181. Las intercesiones por los vivos *Acuérdate, Señor* y por los difuntos *Acuérdate también de nuestros hermanos*, pueden confiarse a uno u otro de los concelebrantes, quien las pronuncia con las manos extendidas.

182. En esta Plegaria Eucarística las siguientes partes: *El cual, cuando iba a ser entregado a su Pasión*, *Del mismo modo*, *Así, pues, Padre, al celebrar ahora* y la misma doxología final pueden cantarse.

C) Plegaria Eucarística iii

183. El *Santo eres en verdad* lo dice sólo el celebrante principal con las manos extendidas.

184. Desde *Por eso, Señor, te suplicamos*, hasta *Dirige tu mirada*, lo dicen a una todos los concelebrantes de esta manera:

a) *Por eso, Padre, te suplicamos*, con las manos extendidas hacia las ofrendas.

b) *Porque El mismo, la noche en que iba a ser entregado* y *Del mismo modo*, con las manos juntas.

c) Las palabras del Señor, si el gesto parece conveniente, con la mano derecha extendida hacia el pan y hacia el cáliz; miran la hostia y el cáliz cuando el celebrante principal los muestra a los fieles y luego se inclinan profundamente.

d) *Así, pues, Padre* y *Dirige tu mirada*, con las manos extendidas.

185. Las intercesiones *Que El nos transforme* y *Te pedimos, Padre, que esta víctima* se pueden confiar a uno u otro de los concelebrantes, que las dice él sólo con las manos extendidas.

186. En esta Plegaria Eucarística las siguientes partes: *Porque El mismo, Del mismo modo, Así, pues, Padre* y la misma doxología final, pueden cantarse.

D) Plegaria Eucarística IV

187. Desde *Te alabamos, Padre santo*, hasta *Llevando a plenitud su obra en el mundo*, lo dice solamente el celebrante principal con las manos extendidas.

188. Desde *Por eso, Padre, te rogamos*, hasta *Dirige tu mirada*, lo dicen todos los concelebrantes a una del modo siguiente:

a) *Por eso, Padre, te rogamos*, con las manos extendidas hacia las ofrendas.

b) *Porque El mismo, llegada la hora* y *Del mismo modo*, con las manos juntas.

c) Las palabras del Señor, si el gesto parece conveniente, con la mano derecha extendida hacia el pan y hacia el cáliz; miran la hostia y el cáliz cuando el celebrante principal los muestra a los fieles y luego se inclinan profundamente.

d) El *Por eso, Padre, al celebrar* y *Dirige tu mirada*, con las manos extendidas.

189. Las intercesiones *Y ahora, Señor, acuérdate*, se pueden confiar a uno u otro de los concelebrantes, que las pronunciará en voz alta.

190. En esta Plegaria Eucarística las siguientes partes: *Porque El mismo, llegada la hora, Del mismo modo, Por eso, Padre, al celebrar*, y la doxología final pueden cantarse.

191. La doxología final de la Plegaria Eucarística puede pronunciarla o sólo el celebrante principal, o con él todos los demás concelebrantes.

RITO DE COMUNION

192. Luego el celebrante principal, con las manos juntas, pronuncia la monición que precede al Padrenuestro, y en seguida, con las manos extendidas y a una con los demás concelebrantes y con el pueblo, dice la misma oración dominical.

193. El *Líbranos de todos los males, Señor*, lo dice sólo el celebrante principal, con las manos extendidas. Todos los concelebrantes, a una con el pueblo, pronuncian la aclamación final, *Tuyo es el reino*.

194. Después de la monición del diácono o de uno de los concelebrantes, que invita, *Dense fraternalmente la paz*, todos se dan la paz: los que quedan más cerca del celebrante principal la reciben de él antes que el diácono.

195. Mientras se dice el *Cordero de Dios*, algunos concelebrantes pueden ayudar al celebrante principal a partir las hostias, sea para la comunión de los mismos concelebrantes, sea para el pueblo.

196. Después de dejar caer una parte de la Hostia en el vino, sólo el celebrante principal dice en secreto la oración *Señor Jesucristo, Hijo de Dios vivo* o bien *Señor Jesucristo, la comunión de tu Cuerpo.*

197. Terminada la oración para la comunión, el celebrante principal hace genuflexión y se retira un poco. Los concelebrantes uno tras otro, se van acercando al centro del altar, hacen genuflexión y toman del altar, con reverencia, el Cuerpo de Cristo; teniéndolo luego en la mano derecha y poniendo la izquierda bajo ella, se retiran a sus puestos.

Pueden también permanecer los concelebrantes en su sitio y tomar el Cuerpo de Cristo de la patena que el celebrante principal, o uno o varios de los concelebrantes, sostiene, pasando ante ellos o entregándoles sucesivamente la patena hasta llegar al último.

198. Luego el celebrante principal toma la hostia, y teniéndola un poco elevada sobre la patena, vuelto al pueblo dice: *Este es el Cordero de Dios*, y prosigue con los concelebrantes y el pueblo diciendo: *Señor, no soy digno.*

199. A continuación, el celebrante principal, vuelto al altar, dice en secreto: *El Cuerpo de Cristo me guarde para la vida eterna*, y toma reverentemente el Cuerpo de Cristo. De modo análogo proceden los demás concelebrantes. Tras ellos, el diácono recibe el Cuerpo del Señor, del celebrante principal.

200. La Sangre del Señor se puede tomar o del cáliz directamente o con una caña o una cucharita, o también por intinción.

201. Si la comunión se recibe bebiendo directamente del cáliz, se puede emplear uno de estos modos:

a) El celebrante principal toma el cáliz y dice en secreto: *La Sangre de Cristo me guarde para la vida eterna*, y toma un poco del vino consagrado, pasando en seguida el cáliz al diácono o a uno de los concelebrantes. Después distribuye la comunión a los fieles o se retira a la sede. Los concelebrantes, uno tras otro, o de dos en dos, si se usan dos cálices, se acercan al altar, toman del vino consagrado y regresan a sus asientos. El diácono, o un concelebrante, limpia el cáliz con el purificador después de la comunión de cada uno de los concelebrantes.

b) El celebrante principal toma la Sangre del Señor en pie, según costumbre, en el centro del altar.

Los concelebrantes pueden tomar la Sangre del Señor o bien permaneciendo en sus puestos y bebiendo del cáliz que el diácono o uno de los concelebrantes les irá pasando, o también pasándose uno a otro el cáliz. El cáliz lo purifica o el último que bebe o el que lo está pasando a los demás. Uno a uno, según van comulgando, se retiran a sus asientos.

202. Si la comunión se toma con una caña, se procede de esta manera. El celebrante principal toma la caña y dice en secreto: *La Sangre de Cristo me guarde para la vida eterna*, bebe un poquito del vino consagrado y en seguida limpia la caña tomando un poco de agua de un vaso, colocado oportunamente sobre el

altar, y deja la caña en una patena preparada. Luego el diácono, o uno de los concelebrantes, coloca el cáliz en medio del altar o a la derecha sobre otro corporal y junto al cáliz se dispone también un vaso con agua, para ir limpiando las cañas, y una patena en la que después se vayan dejando.

Los concelebrantes se acercan uno tras otro, toman la caña y beben un poco del vino consagrado; acto seguido, limpian la caña tomando con ella un poco de agua y la dejan en el vaso preparado.

203. Si la comunión del cáliz se hace con cucharilla, se procede de la misma manera que en la comunión con caña; cuídese, sin embargo, que después de la comunión la cucharita quede en otro vaso con agua, el cual, una vez terminadas las comuniones, será trasladado por el acólito a la mesa preparada, para purificar y secar las cucharillas.

204. En último lugar se acerca el diácono. Después de beber la Sangre de Cristo para su propia comunión, toma, además, todo el vino consagrado que ha sobrado, traslada el cáliz a la credencia y ahí él mismo o un acólito lo purifica, lo seca y lo cubre como de costumbre.

205. La comunión de los concelebrantes también puede ordenarse de esta manera: de uno en uno, toman sobre el altar el Cuerpo e inmediatamente después la Sangre del Señor.

En este caso, el celebrante principal recibe primero la comunión bajo las dos especies, lo mismo que cuando celebra la Misa a solas, siguiendo, sin embargo, para beber del cáliz la misma forma que se haya escogido para los demás.

Terminada la comunión del celebrante principal, el cáliz se deja sobre el lado derecho del altar, sobre otro corporal. Los concelebrantes van pasando uno tras otro al centro del altar, hacen la genuflexión y comulgan del Cuerpo del Señor; pasan después al lado derecho y toman la Sangre del Señor, según el rito escogido para esta comunión, como hemos dicho arriba.

La comunión del diácono y la purificación del cáliz se efectúan en la forma anteriormente indicada.

206. Si la comunión de los concelebrantes se hace por intinción, el celebrante principal toma, de la manera acostumbrada, el Cuerpo y Sangre del Señor, teniendo cuidado de que quede en el cáliz suficiente cantidad de vino consagrado, para la comunión de los concelebrantes. Después el diácono, o uno de los concelebrantes, coloca el cáliz en el centro del altar o a su derecha, sobre otro corporal, juntamente con la patena para las partículas de hostias. Los concelebrantes, uno tras otro, se acercan al altar, hacen genuflexión, toman su partícula, la mojan parcialmente en el cáliz y, poniendo debajo la patena, la llevan a la boca. Después se retiran a sus puestos, como al comienzo de la Misa.

Toma también la comunión por intinción el diácono, que responde: *Amén*, al concelebrante, cuando le dice: *El Cuerpo y la Sangre de Cristo*. El diácono toma en el altar todo el vino consagrado que ha sobrado, traslada el cáliz a la credencia y ahí él o un acólito lo purifica, lo seca y lo cubre como de costumbre.

207. Todo lo que queda hasta el fin de la Misa lo hace como de costumbre el celebrante principal, quedando los otros concelebrantes en sus puestos.

208. Antes de retirarse del altar, se le hace la debida reverencia. El celebrante principal lo venera también besándolo.

III. LA MISA CELEBRADA SIN PARTICIPACION DEL PUEBLO

ANOTACIONES PREVIAS

209. Se trata aquí de la Misa celebrada por el sacerdote, al que sólo asiste y responde un ayudante.

210. Esta Misa sigue regularmente el rito de la Misa con el pueblo, tomando el ayudante, en cada momento, el oficio del mismo.

211. La celebración sin ayudante no se haga sino por grave necesidad. En este caso se omiten los saludos y la bendición al fin de la Misa.

212. El cáliz se prepara antes de la Misa, o en la credencia, junto al altar, o sobre el mismo altar; el misal se coloca al lado izquierdo del altar.

RITOS INICIALES

213. El sacerdote, después de hacer reverencia al altar, hace la señal de la cruz diciendo: *En el nombre del Padre . . .* ; y vuelto al ayudante, lo saluda, eligiendo para eso una de las fórmulas disponibles. Colocándose al pie del altar, recita el acto penitencial.

214. Luego sube al altar y lo besa; se acerca al misal, y allí continúa hasta terminar la oración universal.

215. Lee entonces la Antífona de entrada, y dice *Señor, ten piedad* y *Gloria a Dios*, según las rúbricas.

216. Luego, juntando las manos, dice: *Oremos*, y después de una pausa conveniente, recita con las manos extendidas la Oración Colecta. Al fin el ministro responde: *Amén*.

LITURGIA DE LA PALABRA

217. Dicha la Oración Colecta, el ministro o el mismo sacerdote lee la primera lectura y el salmo, y cuando se ha de decir, también la segunda lectura, seguida por el verso del *Aleluya* por algún canto.

218. Luego, permaneciendo en el mismo lugar, el sacerdote inclinado dice: *Purifica mi corazón* y lee el Evangelio. Al final besa el libro, diciendo en secreto: *Las palabras del Evangelio borren nuestros pecados*. El ministro pronuncia la aclamación.

219. El sacerdote a continuación, según las rúbricas, recita, juntamente con el ayudante el Credo.

220. Sigue la oración de los fieles, que aun en esta Misa puede decirse, pronunciando el sacerdote las intenciones y el ayudante las respuestas.

LITURGIA EUCARISTICA

221. La antífona del ofertorio se omite. El ayudante trae al altar el purificador y el cáliz, a no ser que ya estén allí colocados desde el principio.

222. La preparación del pan y la infusión del agua y vino se hacen como en la Misa con el pueblo, empleando las fórmulas del ordinario de la Misa. Después de la preparación del pan y del vino el sacerdote se lava las manos, estando a un lado del altar y ofreciéndole el agua el ayudante.

223. El sacerdote pronuncia la oración sobre las ofrendas y la Plegaria Eucarística, observando el rito descrito para la Misa con el pueblo.

224. También la oración dominical con su embolismo se dice como en la Misa con el pueblo.

225. Terminada la aclamación al fin del embolismo, el sacerdote dice la oración: *Señor Jesucristo, que dijiste . . .*; y luego añade: *La paz del Señor esté siempre con ustedes,* a lo que el ayudante responde: *Y con tu espíritu.* Si parece conveniente, el sacerdote puede dar la paz al ayudante.

226. Luego, mientras con su ayudante dice: *Cordero de Dios . . .*, el sacerdote parte la hostia sobre la patena. Terminado el *Cordero de Dios . . .*, deja caer la partícula, diciendo en secreto: *El Cuerpo y la Sangre.*

227. Después de la mezcla el sacerdote dice en secreto la oración: *Señor Jesucristo, Hijo de Dios vivo,* o bien: *Señor Jesucristo, la comunión de tu Cuerpo . . .*; después hace la genuflexión, toma el pan consagrado y, si el ayudante va a recibir la comunión, volviéndose a él y teniendo la hostia un poco elevada sobre la patena, dice: *Este es el Cordero de Dios;* y, juntamente con el ayudante, dice una vez: *Señor, no soy digno . . .* A continuación, vuelto al altar, recibe el Cuerpo de Cristo. Si el ayudante no participa en la comunión, una vez hecha la genuflexión, el sacerdote toma la hostia y, vuelto al altar, dice una sola vez en secreto: *Señor, no soy digno,* y toma el Cuerpo de Cristo. La comunión de la Sangre de Cristo se hace como se describe en el ordinario de la Misa con el pueblo.

228. Antes de dar la comunión al ayudante, el sacerdote celebrante dice la antífona de la comunión.

229. La purificación del cáliz se hace a un lado del altar. Luego puede el ayudante llevar el cáliz a la credencia, si no se prefiere dejarlo sobre el mismo altar, como al comienzo.

230. Terminada la purificación del cáliz, el sacerdote puede observar una pausa de silencio; después dice la Oración después de la comunión.

231. El rito de despedida se hace como en la Misa con el pueblo, omitiendo, sin embargo: *Podéis ir en paz.*

IV. ALGUNAS NORMAS GENERALES PARA TODA CLASE DE MISAS

232. Según la costumbre tradicional en la liturgia, la veneración del altar y del libro de los Evangelios se expresa con el beso. Sin embargo, donde esta señal exterior no concuerda plenamente con las tradiciones culturales de alguna región, toca a la Conferencia Episcopal determinar otro signo en su lugar, haciéndolo saber a la Sede Apostólica.

233. En la Misa se hacen tres genuflexiones: después de mostrar a los fieles tanto la hostia como el cáliz, y antes de la comunión.

Pero si el sagrario con el Santísimo Sacramento está en el presbiterio, se hace genuflexión antes y después de la Misa y todas las veces en que se pasa ante el Sacramento.

234. Hay dos clases de inclinación: de cabeza y de cuerpo.

a) La inclinación de cabeza se hace cuando se nombran juntas las tres Divinas Personas y al pronunciar el nombre de Jesús, de la santísima Virgen María y del Santo en cuyo honor se celebra la Misa.

b) La inclinación del cuerpo, o inclinación profunda, se hace: al altar, cuando no está presente en él el Santísimo Sacramento; a las oraciones: *Purifica mi corazón* y *Acepta, Señor, nuestro corazón contrito;* en el *Credo*, a las palabras: *y por obra del Espíritu Santo*, etc.; en el Canon Romano, al decir la oración: *Te pedimos humildemente.* La misma inclinación la hace el diácono cuando pide la bendición antes de proclamar el Evangelio. El sacerdote se inclina además un poco cuando, durante la consagración, pronuncia las palabras del Señor.

235. El incienso puede libremente usarse en cualquier forma de Misa:

a) Durante la procesión de entrada.

b) Al comienzo de la Misa, para incensar el altar.

c) Para la procesión y proclamación del Evangelio.

d) Al ofertorio, para incensar las ofrendas, al altar, al sacerdote y al pueblo.

e) En el momento de mostrar la hostia y el cáliz, después de la consagración.

236. El sacerdote pone el incienso en el incensario y lo bendice con un signo de cruz, sin añadir más.

La incensación del altar se hace de este modo:

a) Si el altar está separado de la pared, el sacerdote lo inciensa dándole la vuelta.

b) Si el altar no está separado del muro, el sacerdote, mientras pasa, inciensa primero la parte derecha, luego la parte izquierda del altar.

Si la cruz está sobre el altar o junto a él, se inciensa antes que el mismo altar. Si está detrás del altar, el sacerdote la incensará cuando pase ante ella.

LAS PURIFICACIONES

237. Cuantas veces algún fragmento de la hostia quede adherido a los dedos, sobre todo después de la fracción o de la distribución de la comunión a los fieles, el sacerdote debe limpiar los dedos sobre la patena, y si es necesario, lavarlos. En modo análogo, si quedan fragmentos fuera de la patena, los recoge.

238. El sacerdote, el diácono o el acólito purifica los vasos sagrados, después de la comunión o después de la Misa, si es posible, en la credencia. La purificación del cáliz se hace con vino y agua, o solamente con agua, que tomará quien haya purificado el cáliz. La patena se limpia con el purificador, como es costumbre.

239. Si la hostia o alguna otra partícula llega a caerse, tómese con reverencia. Si cae algo del vino consagrado, el sitio en que cae lávese con agua y luego échese esta agua en la piscina.

COMUNION BAJO LAS DOS ESPECIES

240. La comunión tiene mucho más sentido de signo cuando se hace bajo las dos especies. Ya que en esa forma es donde más perfectamente se manifiesta el signo del banquete eucarístico, y se expresa más claramente la voluntad con que se ratifica en la Sangre del Señor el nuevo y eterno pacto, y se ve mejor la relación entre el banquete eucarístico y el banquete escatológico en el Reino del Padre.[68]

241. Procuren los sagrados pastores recordar a los fieles que participan en el rito o intervienen en él, y en el modo que más adecuado resulte, la doctrina católica sobre estas formas de la sagrada comunión, según el Concilio Tridentino. Amonesten, en primer lugar, a los fieles que la fe católica enseña que, aun bajo una, cualquiera de las dos especies, está Cristo entero, y que se recibe un verdadero sacramento, y que, por consiguiente, por lo que toca a los frutos de la comunión, no se priva de ninguna de las gracias necesarias a la salvación al que sólo recibe una sola especie.[69]

Enseñen, además, que la Iglesia tiene poder, en lo que toca a la administración de los sacramentos, de determinar o cambiar, dejando siempre intacta su sustancia, lo que cree más oportuno para ayudar a los fieles en su veneración y en la utilidad de quien los recibe, según las variedades de circunstancias, tiempos y lugares.[70] Y adviérteseles al mismo tiempo que se interesen en participar con el mayor empeño en el sagrado rito, en la forma en que más plenamente brilla el signo del banquete eucarístico.

242. A juicio del Ordinario, y haciendo preceder una conveniente catequesis, la comunión del cáliz se permite en los siguientes casos:[71]

1) A los neófitos adultos, en la Misa que sigue a su bautismo; a los adultos confirmados, en la Misa de su confirmación; a los bautizados, cuando se les recibe en la comunión con la Iglesia.

2) A los contrayentes, en la Misa de su matrimonio.

3) A los diáconos, en la Misa de su ordenación.

4) A la abadesa, en la Misa de su bendición; a las vírgenes, en la Misa de su consagración; a los profesos y a sus padres, parientes y hermanos en religión, en la Misa de la primera, renovada o perpetua profesión religiosa, con tal de que emitan o renueven sus votos dentro de la misma Misa.

5) A aquéllos que han sido constituidos en algún ministerio, en la Misa de su institución; a los auxiliares misioneros seglares, en la Misa en la que públicamente reciben su misión; igualmente a otros en la Misa en que reciben alguna misión eclesiástica.

6) En la administración del viático, al enfermo y a todos los presentes, cuando la Misa, según normas del derecho, se celebra en casa del enfermo.

7) Al diácono y a los ayudantes, cuando ejercen su función en la Misa.

8) Cuando se tiene una concelebración:

    a) A todos los que en la concelebración desempeñan un ministerio litúrgico y a todos los alumnos de los seminarios que asisten a la concelebración.

    b) En sus propias iglesias, a todos los miembros de los Institutos que profesan consejos evangélicos o de las sociedades en las que, con votos religiosos o con una promesa, se vive una vida consagrada; además, a todos los que en las casas de estos mismos institutos y sociedades viven habitualmente.

9) A los sacerdotes que, no pudiendo intervenir en las grandes celebraciones, tampoco pueden celebrar o concelebrar.

10) A todos los que en una tanda de Ejercicios espirituales, tienen una Misa especial durante esos mismos Ejercicios para los que participan activamente en ellos; a todos los que toman parte en reuniones de alguna asamblea pastoral, en la Misa que se tiene en común.

11) A los que se enumeran en los apartados 2 y 4, en la Misa de su jubileo.

12) Al padrino, madrina, padres o consortes e incluso a los catequistas seglares, en la Misa que se tiene como iniciación de un adulto bautizado.

13) A los padres, familiares o insignes bienhechores que toman parte en la Misa de un neosacerdote.

14) A los miembros de una Comunidad, en la Misa conventual o en la Misa de "comunidad", de acuerdo con la norma dada en el n. 76 de esta Instrucción.

Las Conferencias Episcopales, además, determinarán normas y condiciones bajo las cuales los Ordinarios pueden conceder la facultad de comulgar bajo las dos especies, en otros casos, que tengan mucha importancia para la vida espiritual de una comunidad o grupo de fieles.

Dentro de estos límites, los Ordinarios podrán señalar los casos particulares; pero en tal forma, que dicha facultad no se conceda indistintamente, sino precisando bien la clase de celebración, indicando lo que hay que evitar y excluyendo las ocasiones en que el número de personas que van a comulgar sea muy grande.

Finalmente, se ha de procurar que el grupo al que se otorga esa facultad sea definido, ordenado y homogéneo.

243. Para distribuir la comunión bajo las dos especies prepárense:

a) Si la comunión del cáliz se va a hacer con caña, cañas de plata para el celebrante y para cada uno de los que van a comulgar, y un vaso con agua para limpiar las cañas, más una patena en la que luego se dejen.

b) Si el vino consagrado se distribuye con cucharilla, una cucharita.

c) Si la comunión bajo las dos especies se va a dar por intinción, téngase cuidado que las hostias no sean ni demasiado delgadas ni demasiado pequeñas, sino un poco más gruesas de lo normal, para que cómodamente se puedan manejar cuando se han mojado en el vino consagrado.

1. Rito de la comunión bajo las dos especies, cuando los que comulgan beben directamente del cáliz

244. Si está presente un diácono u otro sacerdote asistente o un acólito:

a) El sacerdote celebrante toma, según costumbre, el Cuerpo y la Sangre de Cristo, teniendo cuidado de que en el cáliz quede suficiente cantidad de vino consagrado para los que van a comulgar, y limpia la parte externa del cáliz con el purificador.

b) El sacerdote entrega al ministro el cáliz con el purificador y toma él el copón o la patena con las hostias; luego el sacerdote y el ministro del cáliz se colocan en un sitio desde donde puedan dar cómodamente la comunión a los fieles.

c) Los que comulgan se van acercando uno por uno, hacen la debida reverencia y se colocan en pie ante el sacerdote. Este, presentando a cada uno la hostia, dice: *El Cuerpo de Cristo*; y el que comulga responde: *Amén*, al recibir el Cuerpo de Cristo de manos del sacerdote.

d) El que comulga pasa en seguida ante el ministro del cáliz y espera de pie. El ministro dice: *La Sangre de Cristo*; y el que comulga responde: *Amén*. El ministro le entrega entonces el purificador y el cáliz para que pueda acercárselo cómodamente a la boca. El que comulga, teniendo en su mano izquierda el purificador bajo la boca, atento a que no caiga nada del vino consagrado, bebe un poquito del cáliz y se retira; el ministro limpia la parte externa del cáliz con el purificador.

e) Una vez que todos los que iban a comulgar bajo las dos especies han tomado el vino consagrado, el ministro del cáliz toma el vaso sagrado y lo lleva al altar. El sacerdote sigue dando la comunión a los fieles que la vayan a recibir bajo una sola especie, y cuando termina de repartirla, vuelve al altar. El mismo sacerdote o el ministro del cáliz toma el vino consagrado que haya quedado y realiza las abluciones acostumbradas.

245. Si no hay diácono ni sacerdote asistente ni acólito:

a) El sacerdote toma, según costumbre, el Cuerpo y la Sangre de Cristo, cuidando de que en el cáliz quede vino consagrado suficiente para quienes han de comulgar, y limpia la parte externa del cáliz con el purificador.

b) En seguida el sacerdote se coloca en un sitio adecuado para distribuir cómodamente la comunión, en la forma acostumbrada, a las personas que van a comulgar bajo las dos especies; los fieles se van acercando, hacen una reverencia, reciben de pie el Cuerpo del Señor y se retiran un poco.

c) Cuando ya todos han recibido el Cuerpo del Señor, el sacerdote deja el copón sobre el altar y toma el cáliz y el purificador. Los que van a participar del cáliz se acercan de nuevo, uno por uno, al sacerdote y esperan de pie ante él. El sacerdote dice: *La Sangre de Cristo*, y el que comulga responde: *Amén*. El sacerdote le entrega el cáliz y el purificador. El que comulga toma el purificador con la mano izquierda, se lo pone junto a la boca, cuidando de que no caiga nada del vino consagrado, bebe un poquito del cáliz y se retira. El sacerdote limpia la parte externa del cáliz con el purificador.

d) Terminada la comunión con el cáliz, el sacerdote lo pone sobre el altar, y si hay todavía algunas personas que vayan a comulgar bajo una sola especie, les distribuye la comunión del modo acostumbrado, regresa al altar, toma lo que haya quedado del vino consagrado y realiza las abluciones como de costumbre.

2. Rito de la comunión bajo las dos especies por intinción

246. Si está presente un diácono u otro sacerdote asistente o un acólito:

a) El sacerdote celebrante entrega a éste el cáliz y el purificador, y él mismo toma el copón o la patena donde se han colocado las hostias. A continuación el sacerdote y el ministro del cáliz van al sitio más adecuado para repartir la comunión.

b) Los que comulgan se acercan uno por uno, hacen la debida reverencia y se colocan en pie ante el sacerdote, teniendo la patena bajo la boca. El sacerdote moja una parte de la hostia en el cáliz y, elevándola, dice: *El Cuerpo y la Sangre de Cristo;* el que comulga responde: *Amén*, recibe del sacerdote el sacramento y se retira.

c) El sacerdote da la comunión a los fieles que vayan a comulgar bajo una sola especie, consume el vino consagrado y purifica el cáliz, en la forma ya indicada.

247. Si no hay diácono ni sacerdote asistente ni acólito:

a) El sacerdote, después de haber bebido la Sangre del Señor, toma el copón o la patena con las hostias entre los dedos índice y medio de la mano izquierda; y el cáliz, entre el pulgar y el índice de la misma mano, y se traslada al sitio desde donde pueda distribuir cómodamente la comunión.

b) Los que comulgan se acercan uno por uno, hacen la debida reverencia y permanecen de pie ante el sacerdote, teniendo la patena bajo la boca. El sacerdote moja una parte de la hostia en el cáliz y, elevándola, dice: *El Cuerpo y la Sangre de Cristo*. El que comulga responde: *Amén*, recibe el sacramento y se retira.

c) Se permite también colocar en un sitio conveniente una mesita, cubierta con mantel y corporal; el sacerdote puede depositar sobre ella el cáliz o el copón para distribuir más fácilmente la comunión.

d) El sacerdote da la comunión a los fieles que vayan a comulgar bajo una sola especie, consume el vino consagrado y purifica el cáliz, en la forma anteriormente indicada.

3. Rito de la comunión bajo las dos especies, con caña

248. También el sacerdote celebrante usa la caña para tomar la Sangre del Señor.

249. Si hay un diácono u otro sacerdote que asista, o algún acólito:

a) Para la distribución de la comunión del Cuerpo del Señor, todo se hace como se ha dicho arriba, n. 244, b y c.

b) Luego el que comulga se acerca al ministro que da la comunión con el cáliz y se coloca en pie ante él.

El ministro dice: *La Sangre de Cristo*. El que comulga responde: *Amén*, y recibe una caña que introduce en el cáliz para tomar un poco del vino consagrado. Luego saca la caña, cuidando de que nada del vino consagrado se derrame, y la introduce en un vaso de agua que el ayudante, que está a un lado del diácono, sostiene en la mano. Bebiendo un poco, la purifica, para dejarla a continuación en otro vaso que el ayudante le ofrecerá.

250. Si no hay diácono, ni algún otro sacerdote que asista, ni ningún acólito, el mismo sacerdote celebrante ofrece a los que comulgan, uno por uno, el cáliz, en la forma anteriormente descrita, cuando se habla de la distribución del cáliz (n. 245), y el ayudante sostiene junto al sacerdote un vaso con agua para la purificación de la caña.

251. Si hay diácono u otro sacerdote que asista, o un acólito, éste sostiene con la izquierda el cáliz y distribuye la Sangre de Cristo con la cucharita a cada uno de los que comulgan, que a su vez colocan la patena bajo la boca; les dice: La *Sangre de Cristo*, cuidando de no tocar con la cuchara ni los labios ni la lengua de los que comulgan.

252. Si no hay diácono, ni algún otro sacerdote que asista, ni algún acólito, el mismo sacerdote celebrante, después de darles el Cuerpo del Señor, les da a beber también, uno por uno, la Sangre del Señor, a quienes vayan a comulgar bajo las dos especies.

CAPITULO V
DISPOSICION Y ORNATO DE LAS IGLESIAS PARA LA CELEBRACION EUCARISTICA
I. PRINCIPIOS GENERALES

253. Para la celebración de la Eucaristía el pueblo de Dios se congrega generalmente en la iglesia, o cuando no la hay, en algún lugar honesto que parezca digno de tan gran misterio. Las iglesias, por consiguiente, y los demás sitios sean aptos para la realización de la acción sagrada y para que se obtenga una activa participación de los fieles. El mismo edificio sagrado y los objetos que pertenecen al culto divino sean, en verdad, dignos y bellos, signos y símbolos de las realidades celestiales.[72]

254. De ahí que la Iglesia busque siempre el noble servicio de las artes, y acepte toda clase de significado artístico de los diversos pueblos y regiones.[73] Más aún, así como se esfuerza por conservar las obras de arte y los tesoros elaborados en siglos pretéritos[74] y, en cuanto es necesario, adaptarlos a las nuevas necesidades, trata también de promover las nuevas formas de arte adaptadas a cada tiempo.[75]

Por eso, al dar una formación a los artistas y aceptar las obras destinadas a la iglesia, búsquese un auténtico valor artístico que sirva de alimento a la fe y a la piedad y responda auténticamente al significado y fines para los que se destina.[76]

255. Es conveniente que las iglesias sean solemnemente consagradas y que los fieles miren con especial respeto a la iglesia catedral de su diócesis, que es su iglesia, y la consideren como un signo espiritual de aquella a cuya edificación y dilatación están destinados en virtud de su profesión cristiana.

256. Para la construcción, reconstrucción y adaptación de las iglesias, los que están interesados en ello consulten a la Comisión Diocesana de Sagrada Liturgia y de Arte Sacro. El mismo Ordinario del lugar sírvase del consejo y ayuda de esa Comisión, siempre que se trate de dar normas en este campo o de aprobar los planos de nuevos edificios o de dar un parecer sobre cuestiones de una cierta importancia.[77]

II. LA IGLESIA: SU DESTINO AL SERVICIO DE LA ASAMBLEA SAGRADA

257. El pueblo de Dios que se congrega para la Misa, lleva en sí una coherente y jerárquica ordenación que se va expresando en la diversidad de ministerios y de acción mientras se desarrollan las diversas partes de la celebración. Por consiguiente, la disposición general del edificio sagrado conviene que se haga como una imagen de la asamblea reunida, que permita un proporcionado orden de todas sus partes y que favorezca la perfecta ejecución de cada uno de los ministerios.

Los fieles y el coro de cantores ocuparán, por consiguiente, el lugar que pueda hacer más fácil su activa participación.[78]

El sacerdote y sus ministros ocuparán un puesto en el presbiterio, es decir, en aquella parte de la iglesia que muestre mejor su oficio jerárquico, en la que cada uno lo irá respectivamente desempeñando, al presidir las oraciones, al anunciar la palabra de Dios, o simplemente al servir al altar.

Todo esto, que debe poner de relieve la disposición jerárquica y la diversidad de ministerios, debe también constituir una unidad íntima y coherente, a través de la cual se vea con claridad la unidad de todo el pueblo santo. La naturaleza y belleza del lugar y de todos los utensilios sagrados sea capaz de fomentar la piedad y mostrar la santidad de los misterios que se celebran.

III. EL PRESBITERIO

258. El presbiterio quede bien diferenciado respecto a la nave de la iglesia, sea por su diversa elevación, sea por una estructura y ornato peculiar. Sea de tal capacidad que puedan cómodamente desarrollarse en él los ritos sagrados.[79]

IV. EL ALTAR

259. El altar, en el que se realiza el sacrificio de la cruz bajo los signos sacramentales, es además la mesa del Señor, para participar en la cual, se congrega en la Misa el pueblo de Dios; es también el centro de acción de gracias que se realiza en la Eucaristía.[80]

260. La celebración de la Eucaristía en lugar consagrado puede hacerse sobre un altar fijo o sobre un altar móvil; fuera del lugar consagrado, sobre todo si se hace en forma ocasional, puede también celebrarse sobre una mesa decente, usándose siempre el mantel y el corporal.

261. Un altar se llama "fijo" cuando está construido sobre el pavimento de manera que no se pueda mover; "móvil", si se puede trasladar.

262. Constrúyase el altar mayor separado de la pared, de modo que se le pueda rodear fácilmente y la celebración se pueda hacer de cara al pueblo. Ocupe el lugar que sea de verdad el centro hacia el que espontáneamente converja la atención de toda la asamblea de los fieles.[81]

El altar mayor ordinariamente será fijo y consagrado.

263. Según la tradición y el significado de la Iglesia, la mesa del altar fijo sea de piedra natural. Con todo, puede también emplearse otro material digno, sólido y artísticamente labrado, a juicio de la Conferencia Episcopal.

Los pies o el basamento de la mesa pueden ser de cualquier materia, con tal que sea digna y sólida.

264. El altar móvil puede construirse con cualquier clase de materiales, nobles y sólidos, que sirvan para el uso litúrgico, según las diversas tradiciones y costumbres de los pueblos.

265. Los altares, fijos o móviles, se consagran según el ritual descrito en los libros litúrgicos; sin embargo, los altares móviles pueden bendecirse solamente. No existe ninguna obligación de tener una piedra consagrada en el altar móvil o en la mesa sobre la que se celebra la Misa fuera del recinto sagrado (cfr. n. 260).

266. El uso de encerrar en el altar que se va a consagrar o de poner bajo el altar reliquias de Santos, aunque no sean Mártires, consérvese oportunamente. Cuídese con todo de que conste con certeza de la autenticidad de tales reliquias.

267. Los altares menores, a ser posible, sean pocos, y en las nuevas iglesias, colóquense en capillas que estén de algún modo separadas de la nave de la iglesia.[82]

V. ORNATO DEL ALTAR

268. Por reverencia a la celebración del memorial del Señor y el banquete en que se distribuye el Cuerpo y Sangre, póngase sobre el altar por lo menos un mantel, que, en forma, medida y ornamentación, cuadre bien con la estructura del mismo altar.

269. Los candeleros, que según el tipo de acción litúrgica se requieren como expresión de veneración o de celebración festiva, colóquense en la forma más digna, o sobre el altar o alrededor de él, teniendo en cuenta la estructura del mismo altar y del presbiterio, de modo que formen una armónica unidad y no impidan a los fieles ver fácilmente lo que sobre el altar se hace o se coloca.

270. También sobre el altar o junto a él colóquese la cruz, que quede bien visible para la asamblea congregada.

VI. SEDE PARA EL SACERDOTE CELEBRANTE Y LOS MINISTROS, O LUGAR DE LA PRESIDENCIA

271. La sede del sacerdote celebrante debe significar su oficio de presidente de la asamblea y de director de la oración. Por consiguiente, su puesto más adecuado

será de cara al pueblo, al fondo del presbiterio, a no ser que la estructura del edificio o alguna otra circunstancia lo impida; por ejemplo, si, a causa de la excesiva distancia, resulta difícil la comunicación entre el sacerdote y la asamblea de los fieles. Evítese toda apariencia de trono. Los asientos para los ministros colóquense en el presbiterio, en el sitio más conveniente para que puedan cumplir con facilidad el oficio que se les ha confiado.[83]

VII. EL AMBON, O SITIO DESDE DONDE SE ANUNCIA LA PALABRA DE DIOS

272. La dignidad de la palabra de Dios exige que en la iglesia haya un sitio conveniente para su anuncio, hacia el que, durante la liturgia de la palabra, se vuelve espontáneamente la atención de los fieles.[84]

Conviene que en general este sitio sea un ambón estable, no un atril portátil. El ambón, según la estructura de cada iglesia, debe ser de tal naturaleza, que permita al pueblo ver y oír bien a los oficiantes.

Desde el ambón se proclaman las lecturas, el salmo responsorial y el pregón pascual; pueden también tenerse desde él la homilía y la oración universal u oración de los fieles.

Es menos conveniente que ocupen el ambón el comentarista, el cantor o el director del coro.

VIII. EL LUGAR DE LOS FIELES

273. Esté bien estudiado el lugar reservado a los fieles, de modo que les permita participar con la vista y con el espíritu en las sagradas celebraciones. Es conveniente que los fieles dispongan siempre de bancos o sillas. Sin embargo, la costumbre de reservar asientos a personas privadas debe reprobarse.[85] La disposición de bancos y sillas sea tal que los fieles puedan adoptar las distintas posturas recomendadas para los diversos momentos de la celebración y puedan moverse con comodidad cuando llegue el momento de la comunión.

Procúrese que los fieles no sólo puedan ver al sacerdote y demás oficiantes, sino que, valiéndose de los modernos instrumentos técnicos, dispongan de una perfecta acústica.

IX. LUGAR DEL CORO, DEL ORGANO Y DE OTROS INSTRUMENTOS MUSICALES

274. Los cantores, según la disposición de cada iglesia, se colocan donde más claramente aparezca su índole propia, o sea, que constituyen una parte de la comunidad de los fieles y que en ella tienen un oficio particular; donde al mismo tiempo sea más fácil el desempeño de su ministerio litúrgico; donde les sea posible la plena participación en la Misa, es decir, la participación sacramental.[86]

275. El órgano y los demás instrumentos musicales legítimamente aprobados, estén en un lugar apropiado, es decir, donde puedan ayudar a cantores y pueblo, y donde, cuando intervienen solos, puedan ser bien oídos por todos.

X. CONSERVACION DE LA SANTISIMA EUCARISTIA

276. Es muy de recomendar que el lugar destinado para la conservación de la Santísima Eucaristía sea una capilla adecuada para la oración privada de los fieles.[87] Si esto no puede hacerse, el Santísimo Sacramento se pondrá, según la estructura de cada iglesia y las legítimas costumbres de cada lugar, o en algún altar, o fuera del altar, en un sitio digno de la iglesia, bien ornamentado.[88]

277. Consérvese la Santísima Eucaristía solamente en un sagrario, sólido e inviolable. Por consiguiente, como norma general, en cada iglesia no habrá más que un tabernáculo.[89]

XI. IMAGENES EXPUESTAS A LA VENERACION DE LOS FIELES

278. Las imágenes del Señor, de la Santísima Virgen y de los Santos, según una tradición antiquísima de la Iglesia, suelen legítimamente exponerse a la veneración de los fieles en las iglesias. Téngase cuidado de que no se presenten en número excesivo, y, de que en su disposición haya un justo orden y no distraigan la atención de los fieles de la misma celebración.[90] No haya más de una imagen del mismo santo. Y procúrese en general que la ornamentación y disposición del templo, en lo referente a las imágenes, fomenten la auténtica piedad de toda la comunidad.

XII. DISPOSICION GENERAL DEL LUGAR SAGRADO

279. La ornamentación de la iglesia ayude más a una noble sencillez que a la pomposa ostentación. Y en la elección de los materiales ornamentales, mírese a la autenticidad procurando que contribuyan a la formación de los fieles y a la dignidad de todo el lugar.

280. Una oportuna disposición de la iglesia y de todo su ambiente, que responda bien a las necesidades de nuestro tiempo, requiere que no sólo se mire en ella a lo que directamente pertenece a la celebración de la acción sagrada, sino que se prevean, además, todas las circunstancias que ayudan a la comodidad de los fieles, lo mismo que se tiene en cuenta en los sitios normales de reunión.

CAPITULO VI
COSAS QUE SE NECESITAN PARA LA CELEBRACION DE LA MISA
I. EL PAN Y EL VINO PARA LA CELEBRACION DE LA EUCARISTIA

281. La Iglesia, siguiendo el ejemplo de Cristo, ha usado siempre, para celebrar el banquete del Señor, el pan y el vino juntamente con el agua.

282. El pan para la celebración de la Eucaristía debe ser de trigo, según la tradición de toda la Iglesia; ázimo, según la tradición de la Iglesia latina.

283. La naturaleza misma del signo exige que la materia de la celebración eucarística aparezca verdaderamente como alimento. Conviene, pues, que el pan eucarístico, aunque sea ázimo y elaborado en la forma tradicional, se haga en tal forma que el sacerdote, en la misa celebrada con el pueblo, pueda realmente partir la hostia en partes diversas y distribuirlas, al menos a algunos fieles. No se excluyen con eso de ninguna manera las hostias pequeñas, cuando así lo exige el número de los que van a recibir la Sagrada Comunión y otras razones pastorales. Pero el gesto de la fracción del pan, que era el que servía en los tiempos apostólicos para denominar la misma Eucaristía, manifestará mejor la fuerza y la importancia del signo de unidad en un solo pan y de la caridad, por el hecho de que un solo pan se distribuye entre hermanos y hermanas.

284. El vino para la celebración eucarística debe ser "de la cepa de la vid" (cfr. Lucas 22:18), es decir, vino natural y puro, no contaminado con substancias extrañas.

285. Póngase sumo cuidado en que el pan y el vino destinado a la Eucaristía se conserven en perfecto estado: es decir, que el vino no se avinagre y que el pan ni se corrompa ni se endurezca tanto como para que sea difícil luego el partirlo.

286. Si después de la consagración o en el momento en que el sacerdote toma la comunión cae éste en la cuenta de que no le han servido vino, sino agua, dejando ésta en un vaso, se servirá de nuevo vino y agua en el cáliz, y lo consagrará, repitiendo la parte de la consagración que corresponde a la consagración del vino, sin que por eso se considere obligado a repetir la parte del pan.

II. UTENSILIOS SAGRADOS EN GENERAL

287. Tanto para los edificios de los templos, como para todo su mobiliario y ajuar, la Iglesia acepta el estilo artístico de cada región y admite todas las adaptaciones que cuadren con el modo de ser y tradiciones de cada pueblo, con tal que todo responda de una manera adecuada al uso sagrado para el que se destinan.[91]

También en este campo búsquese con cuidado la noble simplicidad que tan bien le conviene al arte auténtico.

288. En la elección de materiales para los utensilios, se pueden admitir no sólo los materiales tradicionales, sino también, según la mentalidad de nuestro tiempo, otros materiales que se consideren nobles, sean duraderos y se acomoden bien al uso sagrado. Pero en este campo, será juez la Conferencia Episcopal en cada región.

III. LOS VASOS SAGRADOS

289. Entre las cosas que se requieren para la celebración de la Misa merecen especial honor los vasos sagrados, y entre estos, el cáliz y la patena, en los que se ofrecen, consagran y se toman el pan y el vino.

290. Los vasos sagrados háganse de materiales sólidos, que se consideren nobles según la estima común en cada región. Sígase en esto el juicio de la Conferencia Episcopal. Pero prefiéranse los materiales irrompibles e incorruptibles.

291. Los cálices y demás vasos que se destinan para recibir la Sangre del Señor, tengan la copa de tal material que no absorba los líquidos. El pie, en cambio, puede hacerse de otros materiales sólidos y dignos.

292. Los vasos sagrados que se destinan a contener las hostias, como la patena, el copón, la teca, la custodia u ostensorio, y otros semejantes, pueden hacerse también de otros materiales, según sean más estimados en cada región, por ejemplo, marfil o algunas maderas duras, con tal que sean adecuados para el uso sagrado.

293. Para consagrar las hostias puede utilizarse una patena grande, en donde se coloque el pan para el celebrante, para los ministros y los fieles.

294. Los sagrados vasos construidos en metal, generalmente lleven la parte interior dorada, máxime en el caso en que los materiales puedan oxidarse; pero si están hechos de material inoxidable o de oro noble, no requieren el baño de oro.

295. Por lo que toca a la forma de los vasos sagrados, corresponde al artista crearlos, según el modelo que mejor corresponda a las costumbres de cada región, siempre que cada vaso sea adecuado para el uso litúrgico a que se destina.

296. Respecto a la bendición o consagración de los vasos sagrados, obsérvense los ritos prescritos en los libros litúrgicos.

IV. ORNAMENTOS SAGRADOS

297. En la Iglesia, que es el Cuerpo de Cristo, no todos los miembros desempeñan un mismo oficio. Esta diversidad de ministerios se manifiesta en el desarrollo del sagrado culto por la diversidad de los ornamentos, que, por consiguiente, deben constituir un distintivo propio del oficio que desempeña cada ministro. Por otro lado, esos mismos ornamentos deben contribuir al decoro de la misma acción sagrada.

298. La vestidura sagrada común para todos los ministros de cualquier grado es el alba, que debe ceñirse por la cintura con un cíngulo, a no ser que esté hecha de tal manera que pueda ajustarse al cuerpo sin necesidad de cíngulo. Mas antes de ponerse el alba, si ésta no cubre perfectamente el vestido ordinario alrededor del cuello, póngase un amito. El alba puede cambiarse por un sobrepelliz, pero

no cuando se ha de vestir encima la casulla o la dalmática, o cuando la estola cumple la función de casulla o dalmática.

299. La vestidura propia del sacerdote que celebra en la Misa y en otras acciones sagradas que directamente se relacionan con ella, es la casulla, a no ser que se diga lo contrario, la cual debe ir puesta sobre el alba y la estola.

300. La vestidura propia del diácono es la dalmática, que se pone sobre el alba y la estola.

301. Los ministros inferiores al diácono, pueden vestir alba u otra indumentaria legítimamente aprobada en cada región.

302. La estola la lleva el sacerdote alrededor del cuello y pendiente ante el pecho; en cambio, el diácono la lleva atravesada, desde el hombro izquierdo, pasando sobre el pecho, hacia el lado derecho del tronco, donde se sujeta.

303. La capa pluvial la lleva el sacerdote en las procesiones y en algunas otras acciones sagradas, según las rúbricas de cada rito particular.

304. Por lo que toca a la forma de los ornamentos sagrados, las Conferencias Episcopales pueden indicar y proponer a la Sede Apostólica la acomodación que responda mejor a las necesidades y costumbres de las diversas regiones.[92]

305. Para la confección de los ornamentos sagrados, aparte de los materiales tradicionales, pueden emplearse las fibras naturales propias de cada lugar o algunas fibras artificiales que respondan a la dignidad de la acción sagrada y de la persona. De esto juzgará la Conferencia Episcopal.[93]

306. Es más decoroso que la belleza y nobleza de los ornamentos se busque no en la abundancia de la ornamentación sobreañadida, sino en el material que se emplea y en su corte. La ornamentación lleve figuras, imágenes o símbolos que indiquen el uso sagrado, suprimiendo todo lo que a ese uso sagrado no corresponda.

307. La diversidad de colores en los ornamentos sagrados tiene como fin expresar con más eficacia, aun exteriormente, tanto las características de los misterios de la fe que se celebran, como el sentido progresivo de la vida cristiana a lo largo del año litúrgico.

308. Por lo que toca al color de las vestiduras, obsérvese el uso tradicional, es decir:

a) El blanco se emplea en los Oficios y Misas del tiempo pascual y de Navidad; además en las fiestas y memorias del Señor que no sean de su Pasión, en las fiestas y memorias de la Santísima Virgen, de los santos Angeles, de los santos no mártires, en la fiesta de Todos los Santos (1º de noviembre), de S. Juan Bautista (24 de junio), de S. Juan Evangelista (27 de diciembre), de la Cátedra de S. Pedro (22 de febrero) y de la conversión de S. Pablo (25 de enero).

b) El rojo se emplea el Domingo de Pasión y el Viernes Santo, y en las fiestas de Pentecostés, de la Pasión del Señor, en las fiestas natalicias de apóstoles y evangelistas y en las de los santos mártires.

c) El verde se emplea en los Oficios y Misas del llamado "Tiempo Ordinario", a lo largo del año.

d) El morado o violeta se emplea en el tiempo de Adviento y Cuaresma. Puede también usarse en los Oficios y misas de difuntos.

e) El negro puede usarse en las misas de difuntos.

f) El rosa puede emplearse en los domingos *Gaudete* (3º de Adviento) y *Laetare* (4º de Cuaresma).

Las Conferencias Episcopales pueden con todo estudiar y proponer a la Sede Apostólica las adaptaciones que respondan mejor a las necesidades y modos de ser de los pueblos.

309. En los días más solemnes pueden emplearse ornamentos sagrados más nobles, aunque no correspondan al color del día.

310. En las Misas rituales se emplea el color propio, o blanco o festivo; en las Misas para diversas necesidades, el color propio del día o del tiempo, o el color morado, si expresan índole penitencial (por ejemplo, las misas 23, 28, 40); y en las votivas, el color conveniente a la misa elegida o el color propio del día o del tiempo.

V. OTRAS COSAS RELACIONADAS CON EL USO DE LA IGLESIA

311. Además de los vasos sagrados y de los ornamentos, para los que se determina un material concreto, todas las otras cosas que se destinan o al mismo uso litúrgico o de alguna otra manera a la iglesia, sean dignas y aptas según su propia finalidad.

312. Hágase un serio esfuerzo para que, aun en cosas de menor importancia, se tengan en cuenta las exigencias del arte y queden asociadas la noble sencillez y la limpieza.

CAPITULO VII
ELECCION DE LA MISA O DE SUS PARTES

313. La eficacia pastoral de la celebración aumentará sin duda si se saben elegir, dentro de lo que cabe, los textos apropiados, lecciones, oraciones y cantos que mejor respondan a las necesidades y a la preparación espiritual y modo de ser de quienes participan en el culto. Esto se obtendrá adecuadamente si se sabe utilizar la amplia libertad de elección que en seguida se describe.

El sacerdote, por consiguiente, al preparar la misa mirará más al bien espiritual común de la asamblea que a sus personales preferencias. Tenga además presente que una celebración de este tipo estará bien hacerla de común acuerdo con los que ofician con él y con los demás que habrán de tomar parte en la celebración, sin excluir a los mismos fieles en la parte que a ellos más directamente corresponde.

Y puesto que las combinaciones elegibles son tan diversas, es menester que antes de la celebración el diácono, los lectores, el salmista, el cantor, el comentarista y el coro, cada uno por su parte, sepa claramente qué textos le corresponden, y nada se deje a la improvisación. Ya que la armónica sucesión y ejecución de los ritos contribuye muchísimo a disponer el espíritu de los fieles a la participación eucarística.

I. MISAS ELEGIBLES

314. En las solemnidades el sacerdote está obligado a seguir el calendario de la iglesia en que celebra.

315. En los domingos, en las ferias de Adviento, Navidad, Cuaresma y Pascua, en las fiestas y memorias obligatorias:

a) si la Misa se celebra con pueblo, el sacerdote debe seguir el calendario de la iglesia en que celebra;

b) si la Misa se celebra sin pueblo, el sacerdote puede elegir o el calendario de la iglesia o su calendario propio.

316. Memorias libres:

a) En las ferias de Adviento comprendidas entre el 17 y 24 de diciembre, así como en la infraoctava de Navidad y en las ferias de Cuaresma, el sacerdote dirá la Misa del día litúrgico correspondiente. Cuando en alguno de estos días esté señalada una memoria en el calendario general, se puede tomar la colecta de esta memoria, con tal que no sea en Miércoles de Ceniza o en alguna de las ferias de Semana Santa.

b) En las ferias de Adviento anteriores al 17 de diciembre, en las ferias del tiempo de Navidad desde el 2 de enero, y en las ferias del tiempo pascual, el sacerdote puede elegir la misa de la feria o la misa del santo (o uno de los santos de los que se haga memoria) o la misa de algún santo que esté inscrito ese día en el Martirologio.

c) En las ferias del Tiempo Ordinario *("per annum")*, el sacerdote puede elegir o la misa de la feria, o la misa de una memoria libre que caiga en ese día, o la misa de algún santo que esté inscrito ese día en el Martirologio, o una de las misas para diversas necesidades, o una misa votiva.

Si celebra con pueblo, el sacerdote mirará en primer lugar al bien espiritual de los fieles, guardándose de imponer su propio gusto. Ponga además cuidado en no omitir habitualmente y sin causa suficiente las lecturas que día tras día están indicadas en el leccionario ferial, ya que la Iglesia desea que en la mesa de la palabra de Dios se prepare una mayor abundancia para los fieles.[94]

Por la misma razón será moderado en preferir las Misas de difuntos, ya que cualquier Misa se ofrece de igual modo por los vivos y por los difuntos, y en cualquier formulario de la Plegaria Eucarística se contiene el recuerdo de los difuntos.

Donde los fieles tienen particular devoción a una conmemoración libre de la Santísima Virgen o de algún santo, se celebre al menos una de esas Misas para que quede satisfecha su legítima piedad.

Cuando se da la posibilidad de elegir alguna conmemoración oficialmente recordada por el calendario general y otra conmemoración anunciada por el calendario diocesano o religioso, prefiérase, en igualdad de condiciones, y según la tradición, la conmemoración local.

II. PARTES ELEGIBLES EN LA MISA

317. Al escoger los textos de las diversas partes de la Misa, del tiempo o de los santos, obsérvense las normas que siguen:

LAS LECTURAS

318. Los domingos y fiestas se señalan tres lecturas, es decir, Profeta, Apóstol y Evangelio, con las que se educa al pueblo cristiano a sentir la continuidad de la obra de salvación, según la admirable disciplina divina.

Es, por consiguiente, muy de desear que se hagan las tres lecturas; sin embargo, por razones de orden pastoral, y conforme al decreto de la Conferencia Episcopal, en algunos sitios se permite el uso de dos solas lecturas. Con todo, cuando se ha de elegir entre las dos primeras lecturas, ténganse presentes las normas propuestas en el mismo leccionario, y el consejo de guiar a los fieles hacia un más profundo conocimiento de las Escrituras; en ningún caso se debe obrar mirando solamente a elegir el texto más breve o más fácil.

319. En el leccionario ferial se proponen lecturas para todos los días de cualquier semana a lo largo de todo el año; por consiguiente, se tomarán preferentemente esas lecturas en los mismos días para los que están señalados, a no ser que coincidan con una solemnidad o fiesta.

Sin embargo, si alguna vez la lectura continua se interrumpe dentro de la semana por alguna fiesta o alguna celebración particular, le está permitido al sacerdote, teniendo a la vista el orden entero de toda la semana, o reunir algunas partes de las lecturas omitidas, o determinar a cuáles textos habrá que darles preferencia.

En las Misas para comunidades peculiares, el sacerdote puede escoger algunos textos que sean más apropiados para determinada celebración especial, con tal de que los tome de algún leccionario aprobado.

320. Existe además una selección particular de textos de la Sagrada Escritura para las Misas en que va incluido algún sacramento o sacramental, o para las que se celebran en determinadas circunstancias. Estos leccionarios se han hecho para que los fieles, oyendo una lectura más acomodada de la palabra de Dios, puedan llegar a entender mejor el misterio en el que toman parte y sean formados en una mayor estima de la palabra de Dios.

Por consiguiente, los textos que se enuncian en una asamblea litúrgica han de determinarse teniendo ante los ojos no sólo los normales motivos pastorales, sino también la libertad de elección concedida para estos casos.

LAS ORACIONES

321. La mayor parte de los prefacios disponibles en el Misal Romano miran a que el tema de la acción de gracias tenga en la Plegaria Eucarística, la máxima variedad de expresión y a que los diversos aspectos del misterio de salvación se vayan exponiendo con más claridad.

322. La elección de una u otra de las Plegarias Eucarísticas es conveniente que se sujete a estas normas:

a) La Plegaria Eucarística I, o Canon Romano, que se puede emplear siempre, se dirá mejor en los días que tienen *Reunidos en comunión* propio o en las Misas que tienen también su propio *Acepta, Señor, en tu bondad*. También en las fiestas de los apóstoles y de los santos que se mencionan en la misma Plegaria; de igual modo los domingos, a no ser que por motivos pastorales se prefiera otra Plegaria Eucarística.

b) La II Plegaria Eucarística, por sus mismas características, se emplea mejor en los días ordinarios de entre semana, o en particulares circunstancias.

Aunque tiene su prefacio propio, puede también usarse con prefacios distintos, sobre todo con los que presentan en forma más resumida el misterio de la salvación; por ejemplo, con los prefacios de los domingos del Tiempo Ordinario y con los prefacios comunes.

Cuando la Misa se celebra por un determinado difunto, se puede emplear una fórmula particular, que figura ya en su respectivo lugar, antes de: *Acuérdate también*.

c) La III Plegaria Eucarística puede usarse con cualquier prefacio. Para su uso se recomiendan los domingos y las fiestas.

En esta Plegaria se puede también usar una fórmula particular para los difuntos, que está ya en su propio lugar; es decir, después de las palabras: *Reúne en torno a ti, Padre misericordioso, a tus hijos dispersos por el mundo*.

d) La IV Plegaria Eucarística tiene un prefacio fijo y da un sumario completo de la historia de la salvación. Se puede emplear cuando la misa no tiene prefacio propio.

En esta Plegaria, por razón de su propia estructura, no se puede introducir una fórmula especial por un difunto.

e) Una Plegaria Eucarística dotada de prefacio propio puede usarse, conservando su mismo prefacio, aun cuando para la Misa estuviese indicado un prefacio propio del tiempo.

323. En cualquier Misa, mientras no se indique lo contrario, se dicen las oraciones propias de esa Misa.

Sin embargo, en las Misas de memorias se puede decir o la colecta propia o la del común; en cambio, las oraciones sobre las ofrendas y la oración después de la comunión, si no existe una fórmula propia, se pueden tomar o del común o de la feria del tiempo correspondiente.

En los días feriales del tiempo ordinario se pueden tomar las oraciones del domingo precedente, o las de cualquier otro domingo del tiempo ordinario, o las de una de las misas para diversas necesidades que se insertan en el misal. Siempre está permitido tomar de esas misas únicamente la Oración colecta.

De este modo se provee una mayor abundancia de textos, con los que no sólo se puede renovar continuamente la temática de las plegarias de la asamblea litúrgica, sino que se da además la posibilidad de acomodar muy oportunamente la plegaria a las necesidades presentes de los fieles, de la Iglesia y del mundo. Con todo, en los tiempos más importantes del año, esta acomodación ya está prácticamente hecha en las oraciones que se señalan para cada día en el Misal.

EL CANTO

324. Para elegir el canto que se intercalará entre las lecturas, lo mismo que los cantos de entrada, de ofertorio y comunión, obsérvense las normas que se establecen en cada lugar.

CONCESIONES PARTICULARES

325. Aparte de la concesión de elegir algunos textos más acomodados, de los que ya hemos hablado en los números precedentes, se concede a las Conferencias Episcopales que en determinadas circunstancias señalen algunas adaptaciones a las lecturas, con la única condición de que los textos se elijan de un leccionario regularmente aprobado.

CAPITULO VIII
MISAS Y ORACIONES PARA DIVERSAS CIRCUNSTANCIAS Y MISAS DE DIFUNTOS
I. MISAS Y ORACIONES PARA DIVERSAS CIRCUNSTANCIAS

326. Puesto que la liturgia de los Sacramentos y Sacramentales hace que, en los fieles bien dispuestos, casi todos los actos de la vida sean santificados por la gracia divina que emana del misterio pascual,[95] y puesto que la Eucaristía es el Sacramento de los sacramentos, el Misal proporciona modelos de Misas y oraciones que pueden emplearse en las diversas ocasiones de la vida cristiana, por las necesidades de todo el mundo o de la Iglesia, universal o local.

327. Teniendo ante la vista la amplia facultad de elegir lecturas y oraciones, conviene que las Misas "para diversas circunstancias", se usen más bien con moderación, es decir, cuando es verdaderamente útil.

328. En todas las Misas "para diversas circunstancias", si no se dice expresamente nada en contrario, se pueden usar las lecturas feriales y los cantos que se proponen entre ellas, si concuerdan con la misma celebración.

329. Las Misas "para diversas circunstancias" son de tres clases:

a) Las Misas rituales, que se relacionan con la celebración de algunos sacramentos o sacramentales.

b) Las Misas por varias necesidades, que se toman en algunas determinadas circunstancias o se repiten de tiempo en tiempo o en días establecidos.

c) Las Misas votivas, que se eligen, según la piedad de los fieles, sobre los misterios del Señor, o en honor de la Santísima Virgen o de algún santo o de todos los santos.

330. Se prohíben las Misas rituales en los domingos de Adviento, Cuaresma y Pascua, en las solemnidades, en la octava de Pascua, en la conmemoración de todos los fieles difuntos, en el Miércoles de Ceniza y en las ferias de Semana Santa; guárdense, además, las normas establecidas en los rituales o en las mismas Misas.

331. De las Misas por diversas necesidades, la autoridad competente puede escoger las Misas por las diversas súplicas que a lo largo del año puede establecer la Conferencia Episcopal.

332. Si se presenta alguna grave necesidad o utilidad pastoral, puede celebrarse por ellas una Misa de acuerdo con las circunstancias, por encargo o con permiso del Ordinario del lugar; y eso cualquier día, exceptuando las solemnidades, los domingos de Adviento, Cuaresma y Pascua, la octava de Pascua, la conmemoración de todos los fieles difuntos, el Miércoles de Ceniza y las ferias de Semana Santa.

333. Los días en que ocurre una memoria obligatoria, o una feria de Adviento hasta el 16 de diciembre, o del tiempo de Navidad desde el 2 de enero, o del tiempo pascual fuera de la octava de Pascua, son días en que de por sí están prohibidas las Misas votivas y por diversas necesidades. Sin embargo, si una verdadera necesidad o utilidad pastoral lo pidiese, puede decirse, en la celebración con el pueblo, la Misa que mejor responda a esa necesidad o utilidad pastoral, a juicio del rector del templo o del mismo sacerdote celebrante.

334. En las ferias del Tiempo Ordinario en las que cae alguna memoria libre o se hace el Oficio de la feria, puede decirse cualquier Misa o emplearse cualquier oración "para diversas circunstancias", excepto, sin embargo, las Misas rituales.

II. LAS MISAS DE DIFUNTOS

335. El sacrificio eucarístico de la Pascua de Cristo lo ofrece la Iglesia por los difuntos, a fin de que, por la intercomunión de todos los miembros de Cristo, lo que a unos consigue ayuda espiritual, a otros lleve el consuelo de la esperanza.

336. Entre las Misas de difuntos, la más importante es la Misa de las exequias o funeral, que se puede celebrar todos los días, excepto las solemnidades de precepto, el Jueves Santo, el triduo pascual y los domingos de Adviento, Cuaresma y Pascua.

337. La Misa de difuntos que se celebra después de recibida la noticia de la muerte, o con ocasión de la sepultura definitiva, o en el primer aniversario, puede celebrarse aun en la octava de Navidad, y en los días en que ocurre una memoria obligatoria o cualquier feria, que no sea la del Miércoles de Ceniza o una de las de Semana Santa.

Las Misas de difuntos, llamadas "cotidianas", pueden celebrarse en las ferias del Tiempo Ordinario en que cae alguna memoria libre o se hace el oficio de la feria, con tal que realmente se apliquen por los difuntos.

338. En las Misas de funeral téngase regularmente una breve homilía, excluyendo todo lo que sepa a elogio fúnebre. La homilía está también aconsejada en las demás Misas de difuntos con el pueblo.

339. Exhórtese a los fieles, sobre todo a los familiares del difunto, a que participen en el sacrificio eucarístico ofrecido por él, acercándose a la comunión.

340. Si la Misa de funeral está directamente relacionada con el rito de las exequias, una vez dicha la Oración después de la comunión, se omite todo el rito de despedida y en su lugar se reza la última recomendación o despedida; este rito solamente se hace cuando está presente el cadáver.

341. Al seleccionar y ordenar para la Misa de difuntos, y especialmente para la Misa del funeral, las partes variables (por ejemplo: oraciones, lecturas, oración universal, etc.) ténganse presentes, como es debido, los motivos pastorales respecto al difunto, a su familia, a los presentes.

Especial cuidado tengan, además, los pastores por aquellas personas que, con ocasión de los funerales, vienen a las celebraciones litúrgicas y oyen el Evangelio; personas que pueden no ser católicas o que son católicos que nunca o casi nunca participan en la Eucaristía, o que han perdido la fe; los sacerdotes son ministros del Evangelio de Cristo para todos.

CITAS

INTRODUCCION

1. Sesión xxii (el 17 de septiembre de 1562): DS 1738–1759.

2. Const. sobre la Sagrada Liturgia, *Sacrosanctum Concilium*, n. 47; cfr. Const. dogm. sobre la Iglesia, *Lumen Gentium*, nn. 3, 28; Decr. sobre el ministerio y la vida sacerdotal, *Presbyterorum ordinis*, nn. 2, 4, 5.

3. Cfr. Sacram. Veronense, ed. Mohlberg, n. 93.

4. Cfr. Plegaria Eucarística iii.

5. Cfr. Plegaria Eucarística iv.

6. Const. sobre la Sagrada Liturgia, *Sacrosanctum Concilium*, nn. 7, 47; Decr. sobre el ministerio y la vida sacerdotal *Presbyterorum ordinis*, nn. 5, 18.

7. Cfr. Pío xii, Carta Encíclica *Humani generis:* A.A.S. 42 (1950), pp. 570–571; Pablo vi, Carta Encíclica *Mysterium Fidei:* A.A.S. 57 (1965), pp. 762–769; Sollemnis Professio Fidei (el 30 de junio de 1968), nn. 24–26: A.A.S. 60 (1968), pp. 442–443; S. Congr. de Ritos, Instr. *Eucharisticum mysterium* (el 25 de mayo de 1967), nn. 3 f, 9: A.A.S. 59 (1967), pp. 543, 547.

8. Cfr. Sesión xiii (el 11 de octubre de 1551): DS 1635–1661.

9. Cfr. Conc. Vat. ii, Decr. sobre el ministerio y la vida sacerdotal, *Presbyterorum ordinis*, n. 2.

10. Cfr. Conc. Vat. ii, Const. sobre la Sagrada Liturgia, *Sacrosanctum Concilium*, n. 11.

11. Cfr. *ibid.*, n. 50.

12. Sesión xxii, Doctr. sobre el S. Sacrificio de la Misa, cap. 8: DS 1749.

13. Cfr. *ibid.*, can. 9: DS 1759.

14. Cfr. *ibid.*, cap. 8: DS 1749.

15. Cfr. Const. sobre la Sagrada Liturgia, *Sacrosanctum Concilium*, n. 33.

16. *Ibid.*, n. 36.

17. *Ibid.*, n. 52.

18. *Ibid.*, n. 35, 3.

19. Cfr. Const. sobre la Sagrada Liturgia, *Sacrosanctum Concilium*, n. 55.

20. Sesión xxii, Doctr. sobre el S. Sacrificio de la Misa, cap. 6: DS 1747.

21. Cfr. Const. sobre la Sagrada Liturgia, *Sacrosanctum Concilium*, n. 55.

CAPITULOS I–VIII

1. Cfr. Conc. Vat. ii, Const. sobre la Sagrada Liturgia, *Sacrosanctum Concilium*, n. 41; Const. dogm. sobre la Iglesia, *Lumen Gentium*, n. 11; Decr. sobre el ministerio y vida sacerdotal, *Presbyterorum Ordinis*, nn. 2, 5, 6; Decr. sobre el oficio pastoral de los Obispos, *Christus Dominus*, n. 30; Decr. sobre el Ecumenismo, *Unitatis redintegratio*, n. 15; S. Congr. de Ritos, Instrucción *Eucharisticum mysterium* (el 25 de mayo de 1967), nn. 3 e 6: A.A.S. 59 (1967), pp. 542, 544–545.

2. Cfr. Conc. Vat. ii, Const. sobre la Sagrada Liturgia, *Sacrosanctum Concilium*, n. 10.

3. Cfr. *ibid.*, n. 102.

4. Cfr. Conc. Vat. ii, Decr. sobre el ministerio y la vida sacerdotal, *Presbyterorum ordinis*, n. 5; Const. sobre la Sagrada Liturgia, *Sacrosanctum Concilium*, n. 10.

5. Cfr. *ibid.*, nn. 14, 19, 26, 28, 30.

6. Cfr. *ibid.*, n. 47.

7. Cfr. *ibid.*, n. 14.

8. Cfr. *ibid.*, n. 41.

9. Cfr. Conc. Vat. ii, Decr. sobre el ministerio y la vida sacerdotal, *Presbyterorum ordinis*, n. 13.

10. Cfr. Conc. Vat. ii, Const. sobre la Sagrada Liturgia, *Sacrosanctum Concilium*, n. 59.

11. Para las Misas con grupos particulares cfr. S. Congr. para el Culto Divino, Instr. *Actio pastoralis* (el 15 de mayo de 1969): A.A.S. 61 (1969), pp. 806–811; para las Misas con niños: *Directorio de Misas para Niños* (el 1º de noviembre de 1973): A.A.S. 66 (1974), pp. 30–46; para relacionar la

Liturgia de las Horas con la Misa: *Instrucción general sobre la Liturgia de las Horas*, ed. típ. 1971, nn. 93–98.

12. Cfr. Conc. Vat.II, Const. sobre la Sagrada Liturgia, *Sacrosanctum Concilium*, nn. 37–40.

13. Conc. Vat. II, Decr. sobre el ministerio y la vida sacerdotal, *Presbyterorum ordinis*, n. 5; Const. sobre la Sagrada Liturgia, *Sacrosanctum Concilium*, n. 33.

14. Cfr. Conc. Trid., Sesión XXII, cap. 1: DS 1740; cfr. Pablo VI, Solemne profesión de fe (el 30 de junio de 1968), n. 24: A.A.S. 60 (1968), p. 442.

15. Cfr. Conc. Vat. II, Const. sobre la Sagrada Liturgia, *Sacrosanctum Concilium*, n. 7; Pablo VI, Carta Encíclica *Mysterium Fidei* (el 3 de septiembre de 1965): A.A.S. 57 (1965), p. 764; S. Congr. de Ritos, Instrucción *Eucharisticum mysterium* (el 25 de mayo de 1967), n. 9: A.A.S. 59 (1967), p. 547.

16. Cfr. Conc. Vat. II, Const. sobre la Sagrada Liturgia, *Sacrosanctum Concilium*, n. 56; S. Congr. de Ritos, Instrucción *Eucharisticum Mysterium* (el 25 de mayo de 1967), n. 10: A.A.S. 59 (1967), p. 547.

17. Cfr. Conc. Vat. II, Const. sobre la Sagrada Liturgia, *Sacrosanctum Concilium*, nn. 48, 51; Const. dogm. sobre la Revelación divina, *Dei Verbum*, n. 21; Decr. sobre el ministerio y la vida sacerdotal, *Presbyterorum ordinis*, n. 4.

18. Cfr. Conc. Vat. II, Const. sobre la Sagrada Liturgia, *Sacrosanctum Concilium*, nn. 7, 33, 52.

19. Cfr. Conc. Vat. II, Const. sobre la Sagrada Liturgia, *Sacrosanctum Concilium*, n. 33.

20. Cfr. S. Congr. para el Culto Divino, Carta circ. sobre las Plegarias Eucarísticas (el 27 de abril de 1973), n. 14: A.A.S. 65 (1973), p. 346.

21. Cfr. S. Congr. de Ritos, Instrucción *Musicam sacram* (el 5 de marzo de 1967), n. 14: A.A.S. 59 (1967), p. 304.

22. Cfr. Conc. Vat. II, Const. sobre la Sagrada Liturgia, *Sacrosanctum Concilium*, nn. 26, 27; S. Congr. de Ritos, Instrucción *Eucharisticum mysterium* (el 25 de mayo de 1967), n. 3 d: A.A.S. 59 (1967), p. 542.

23. Cfr. Conc. Vat. II, Const. sobre la Sagrada Liturgia, *Sacrosanctum Concilium*, n. 30.

24. Cfr. S. Congr. de Ritos, Instrucción *Musicam sacram* (el 5 de marzo de 1967), n. 16 a: A.A.S. 59 (1967), p. 305.

25. Sermón 336, 1: PL 38, 1472.

26. Cfr. S. Congr. de Ritos, Instrucción *Musicam sacram* (el 5 de marzo de 1967), nn. 7, 16: A.A.S. 59 (1967), pp. 302, 305; cfr. Misal Romano, Ordo cantus Missae, ed. típ. 1972. Praenotanda.

27. Cfr. Conc. Vat. II, Const. sobre la Sagrada Liturgia, *Sacrosanctum Concilium*, n. 54; S. Congr. de Ritos, Instrucción *Inter Oecumenici* (el 26 de septiembre de 1964), n. 59: A.A.S. 56 (1964), p. 891; Instrucción *Musicam sacram* (el 5 de marzo de 1967), n. 47: A.A.S. 59 (1967), p. 314.

28. Cfr. Conc. Vat. II, Const. sobre la Sagrada Liturgia, *Sacrosanctum Concilium*, n. 39.

29. Cfr. *ibid.*, n. 39.

30. Cfr. *ibid.*, n. 30; S. Congr. de Ritos, Instrucción *Musicam sacram* (el 5 de marzo de 1967), n. 17: A.A.S. 59 (1967), p. 305.

31. Cfr. Conc. Vat. II, Const. sobre la Sagrada Liturgia, *Sacrosanctum Concilium*, n. 33.

32. Cfr. *ibid.*, n. 7.

33. Cfr. *ibid.*, n. 51.

34. Cfr. S. Congr. de Ritos, Instrucción *Inter Oecumenici* (el 26 de septiembre de 1964), n. 50: A.A.S. 56 (1964), p. 889.

35. Cfr. Conc. Vat. II, Const. sobre la Sagrada Liturgia, *Sacrosanctum Concilium*, n. 52.

36. Cfr. S. Congr. de Ritos, Instrucción *Inter Oecumenici* (el 26 de septiembre de 1964), n. 54: A.A.S. 56 (1964), p. 890.

37. Cfr. *ibid.*, n. 53: A.A.S. 56 (1964), p. 890.

38. Cfr. Conc. Vat. II, Const. sobre la Sagrada Liturgia, *Sacrosanctum Concilium*, n. 53.

39. Cfr. S. Congr. de Ritos, Instrucción *Inter Oecumenici* (el 26 de septiembre de 1964), n. 56: A.A.S. (1964) p., 890.

40. Cfr. Conc. Vat. II, Const. sobre la Sagrada Liturgia, *Sacrosanctum Concilium*, n. 47; S. Congr. de Ritos, Instrucción *Eucharisticum mysterium* (el 25 de mayo de 1967), n. 3 a, b: A.A.S. 59 (1967), pp. 540–541.

41. Cfr. S. Congr. de Ritos, Instrucción *Inter Oecumenici* (el 26 de septiembre de 1964), n. 91: A.A.S. 56 (1964), p. 898; Instrucción *Eucharisticum mysterium* (el 25 de mayo de 1967), n. 24: A.A.S. 59 (1967), p. 554.

42. Cfr. Conc. Vat. II, Const. sobre la Sagrada Liturgia, *Sacrosanctum Concilium*, n. 48; Decr. sobre el ministerio y la vida sacerdotal, *Presbyterorum ordinis*, n. 5; S. Congr. de Ritos, Instrucción *Eucharisticum mysterium* (el 25 de mayo de 1967), n. 12: A.A.S. 59 (1967), pp. 548–549.

43. Cfr. *ibid.*, nn. 12, 33 a: A.A.S. 59 (1967), pp. 549, 559.

44. Cfr. *ibid.*, nn. 31, 32: A.A.S. 59 (1967), pp. 558–559; para la facultad de comulgar dos veces en el mismo día, cfr. S. Congr. de la Disciplina de los Sacramentos, Instrucción *Immensae caritatis* (el 29 de enero de 1973), n. 2: A.A.S. 65 (1973), pp. 267–268.

45. Cfr. Conc. Vat. II, Const. sobre la Sagrada Liturgia, *Sacrosanctum Concilium*, nn. 14, 26.

46. Cfr. *ibid.*, n. 28.

47. Cfr. Conc. Vat. II, Const. dogm. sobre la Iglesia, *Lumen gentium*, nn. 26, 28; Const. sobre la Sagrada Liturgia, *Sacrosanctum Concilium*, n. 42.

48. Cfr. *ibid.*, n. 26.

49. Cfr. Conc. Vat. II, Decr. sobre el ministerio y la vida sacerdotal, *Presbyterorum ordinis*, n. 2; Const. dogm. sobre la Iglesia, *Lumen gentium*, n. 28.

50. Cfr. Conc. Vat. II, Const. sobre la Sagrada Liturgia, *Sacrosanctum Concilium*, n. 48; S. Congr. de Ritos, Instrucción *Eucharisticum mysterium* (el 25 de mayo de 1967), n. 12: A.A.S. 59 (1967), pp. 548–549.

51. Cfr. S. Congr. de Ritos, Instrucción *Musicam sacram* (el 5 de marzo de 1967), n. 19: A.A.S. 59 (1967), p. 306.

52. Cfr. *ibid.*, n. 21: A.A.S. 59 (1967), pp. 306–307.

53. Cfr. Conc. Vat. II, Const. sobre la Sagrada Liturgia, *Sacrosanctum Concilium*, n. 24.

54. Cfr. S. Congr. de la Disciplina de los Sacramentos, Instrucción *Immensae caritatis* (el 29 de enero de 1973), n. 1: A.A.S. 65 (1973), pp. 265–266.

55. Cfr. S. Congr. para el Culto Divino, Instrucción *Liturgicae instaurationes* (el 5 de septiembre de 1970), n. 7: A.A.S. 62 (1970), pp. 700–701.

56. Cfr. Conc. Vat. II, Const. sobre la Sagrada Liturgia, *Sacrosanctum Concilium*, n. 41.

57. Cfr. *ibid.*, n. 42; S. Congr. de Ritos, Instrucción *Eucharisticum mysterium* (el 25 de mayo de 1967), n. 26: A.A.S. 59 (1967), p. 555; Conc. Vat. II, Const. dogm. sobre la Iglesia, *Lumen gentium*, n. 28; Decr. sobre el ministerio y la vida sacerdotal, *Presbyterorum ordinis*, n. 5.

58. Cfr. S. Congr. de Ritos, Instrucción *Eucharisticum mysterium* (el 25 de mayo de 1967), n. 47: A.A.S. 59 (1967), p. 565; S. Congr. para el Culto Divino, Declaración sobre la concelebración (el 7 de agosto de 1972): A.A.S. 64 (1972), pp. 561–563.

59. Cfr. S. Congr. de Ritos, Instrucción *Eucharisticum mysterium* (el 25 de mayo de 1967), n. 26: A.A.S. 59 (1967), p. 555; Instrucción *Musicam sacram* (el 5 de marzo de 1967), nn. 16, 27: A.A.S. 59 (1967), pp. 305, 308.

60. Sobre la forma de mencionar al Obispo en la Plegaria Eucarística, cfr. S. Congr. para el Culto Divino, Decr. del 9 de octubre de 1972: A.A.S. 64 (1972), pp. 692–694.

61. Cfr. Pablo VI, Carta apost. *Ministeria quaedam* (el 15 de agosto de 1972), n. VI: A.A.S. 64, (1972) p. 532.

62. Cfr. Conc. Vat. II, Const. sobre la Sagrada Liturgia, *Sacrosanctum Concilium*, n. 57

63. Cfr. S. Congr. de Ritos, Instrucción *Eucharisticum mysterium* (el 25 de mayo de 1967), n. 47: A.A.S. 59 (1967), p. 566.

64. Cfr. *Ritus servandus in concelebratione Missae*, n. 3.

65. Cfr. *ibid.*, n. 8.

66. Cfr. S. Congr. de Ritos, Decreto general *Ecclesiae semper* (el 7 de marzo de 1965): A.A.S. 57 (1965), pp. 410–412. Instrucción *Eucharisticum mysterium* (el 25 de mayo de 1967), n. 47: A.A.S. 59 (1967), p. 565.

67. Cfr. *Ritus servandus in concelebratione Missae*, n. 9; S. Congr. para el Culto Divino, Declaración sobre la concelebración (el 7 de agosto de 1972): A.A.S. 64 (1972), pp. 561–563.

68. Cfr. S. Congr. de Ritos, Instrucción *Eucharisticum mysterium* (el 25 de mayo de 1967), n. 32: A.A.S. 59 (1967), p. 558.

69. Cfr. Conc. Trid., Sesión XXI, Decr. sobre la Comunión eucarística, cc. 1–3: DS 1725–1729.

70. Cfr. *ibid.*, c. 2: DS 1728.

71. Cfr. S. Congr. para el Culto Divino, Instrucción *Sacramentali Communione* (el 29 de junio de 1970): A.A.S. 62 (1970), pp. 664–667.

72. Cfr. Conc. Vat. II, Const. sobre la Sagrada Liturgia, *Sacrosanctum Concilium*, nn. 122–124; Decr. sobre el ministerio y la vida sacerdotal, *Presbyterorum ordinis*, n. 5; S. Congr. de Ritos, Instrucción *Inter Oecumenici* (el 26 de septiembre de 1964), n. 90: A.A.S. 56 (1964), p. 897; Instrucción *Eucharisticum mysterium* (el 25 de mayo de 1967), n. 24: A.A.S. 59 (1967), p. 554.

73. Cfr. Conc. Vat. II, Const. sobre la Sagrada Liturgia, *Sacrosanctum Concilium*, n. 123.

74. Cfr. S. Congr. de Ritos, Instrucción *Eucharisticum mysterium* (el 25 de mayo de 1967), n. 24: A.A.S. 59 (1967), p. 554.

75. Cfr. Conc. Vat. II, Const. sobre la Sagrada Liturgia, *Sacrosanctum Concilium*, nn. 123, 129; S. Congr. de Ritos, Instrucción *Inter Oecumenici* (el 26 de septiembre de 1964), n. 13 c: A.A.S. 56 (1964), p. 880.

76. Cfr. Conc. Vat. II, Const. sobre la Sagrada Liturgia, *Sacrosanctum Concilium*, n. 123.

77. Cfr. Conc. Vat. II, Const. sobre la Sagrada Liturgia, *Sacrosanctum Concilium*, n. 126.

78. Cfr. S. Congr. de Ritos, Instrucción *Inter Oecumenici* (el 26 de septiembre de 1964), nn. 97–98: A.A.S. 56 (1964), p. 899.

79. Cfr. *ibid.*, n. 91: A.A.S. 56 (1964), p. 898.

80. Cfr. S. Congr. de Ritos, Instrucción *Eucharisticum mysterium* (el 25 de mayo de 1967), n. 24: A.A.S. 59 (1967), p. 554.

81. Cfr. S. Congr. de Ritos, Instrucción *Inter Oecumenici* (el 26 de septiembre de 1964), n. 91: A.A.S. 56 (1964), p. 898.

82. Cfr. *ibid.*, n. 93: A.A.S. 56 (1964), p. 898.

83. Cfr. *ibid.*, n. 92: A.A.S. 56 (1964), p. 898.

84. Cfr. *ibid.*, n. 96: A.A.S. 56 (1964), p. 899.

85. Cfr. Conc. Vat. II, Const. sobre la Sagrada Liturgia, *Sacrosanctum Concilium*, n. 32; S. Congr. de Ritos, Instrucción *Inter Oecumenici* (el 26 de septiembre de 1964), n. 98: A.A.S. 56 (1964), p. 899.

86. S. Congr. de Ritos, Instrucción *Musicam sacram* (el 5 de marzo de 1967), n. 23: A.A.S. 59 (1967), p. 307.

87. S. Congr. de Ritos, Instrucción *Eucharisticum mysterium* (el 25 de mayo de 1967), n. 53: A.A.S. 59 (1967), p. 568; Ritual Romano, De la sagrada Comunión y del culto eucarístico fuera de la Misa, ed. típ. 1973, n. 9.

88. Cfr. S. Congr. de Ritos, Instrucción *Eucharisticum mysterium* (el 25 de mayo de 1967), n. 54: A.A.S. 59 (1967), p. 568; Instrucción *Inter Oecumenici* (el 26 de septiembre de 1964), n. 95: A.A.S. 56 (1964), p. 898.

89. Cfr. S. Congr. de Ritos, Instrucción *Eucharisticum mysterium* (el 25 de mayo de 1967), n. 52: A.A.S. 59 (1967), p. 568; Instrucción *Inter Oecumenici* (el 26 de septiembre de 1964), n. 95: A.A.S. 56 (1964), p. 898; S. Congr. de los Sacramentos, Instrucción *Nullo umquam tempore* (el 28 de mayo de 1938), n. 4: A.A.S. 30 (1938), pp. 199–200; Ritual Romano, De la sagrada Comunión y del culto eucarístico fuera de la Misa, ed. típ. 1973, nn. 10–11.

90. Cfr. Conc. Vat. II, Const. sobre la Sagrada Liturgia, *Sacrosanctum Concilium*, n. 125.

91. Cfr. Conc. Vat. II, Const. sobre la Sagrada Liturgia, *Sacrosanctum Concilium*, n. 128; S. Congr. de Ritos. Instrucción *Eucharisticum mysterium* (el 25 de mayo de 1967), n. 24: A.A.S. 59 (1967), p. 854.

92. Cfr. Conc. Vat. II, Const. sobre la Sagrada Liturgia, *Sacrosanctum Concilium*, n. 128.

93. Cfr. *ibid.*

94. Cfr. Conc. Vat. II, Const. sobre la Sagrada Liturgia, *Sacrosanctum Concilium*, n. 51.

95. Cfr. Conc. Vat. II, Const. sobre la Sagrada Liturgia, *Sacrosanctum Concilium*, n. 61.

ORDENACION
DE LAS
LECTURAS DE LA MISA

ORDENACION DE LAS LECTURAS DE LA MISA

Juan Alfaro

PREAMBULO

"A fin de que la mesa de la Palabra de Dios se prepare con más abundancia para los fieles, ábranse con mayor amplitud los tesoros de la Biblia, de modo que en un período determinado de años se lean al pueblo las partes más significativas de la Sagrada Escritura (SC 51)".

El Concilio Vaticano II en la Constitución sobre la Sagrada Liturgia declaró que para la reforma, el progreso y la adaptación de la Sagrada Liturgia había que abrir los tesoros de la Biblia al pueblo de Dios y fomentar un amor suave y vivo hacia la Sagrada Escritura. Para ello, pidió la revisión de los libros litúrgicos, siendo la reforma del Leccionario uno de los pasos más importantes. El nuevo Leccionario fue publicado el día 25 de mayo de 1969. La revisión del Leccionario ha buscado enriquecer la vida de los fieles, restaurando la costumbre antigua de las tres lecturas en la Misa y ofreciendo lecturas bíblicas para las celebraciones sacramentales tal como lo deseaban muchos liturgistas y biblistas, sobre todo, para restituir al Antiguo Testamento el honor y el carácter sagrado que proviene de su lectura pública y eclesial.

El Nuevo Catecismo de la Iglesia Católica (1154), nos recuerda que la Liturgia de la Palabra es parte integrante de las celebraciones sacramentales y tiene por fin nutrir la fe de los fieles. La Palabra de Dios, el primer vehículo de su gracia creadora, encarnada en Cristo Jesús, continúa ejerciendo su misión en la santa Eucaristía; la Palabra *"recuerda"* a la asamblea todo lo que Cristo ha hecho por nosotros.

El Leccionario puede ser publicado, siempre que cuente con la aprobación de la Iglesia, en uno o varios volúmenes. Hay un Leccionario dominical con las lecturas de los domingos, y un Leccionario ferial, con las lecturas de la semana. Se han publicado también evangeliarios y unos epistolarios, siguiendo la tradición antigua. Secciones del Leccionario han sido publicadas como parte de los libros rituales, especialmente para el Matrimonio y las Exequias.

LA PALABRA DE DIOS EN LA LITURGIA EUCARISTICA

La reforma del Lecionario para la celebración Eucarística se ha hecho tratando de recuperar y salvaguardar algunos de los valores fundamentales de la Iglesia, mismos que hay que tener en cuenta al hacer uso del Leccionario:

Revivir la tradición eclesial de las tres lecturas litúrgicas, atestiguada por San Justino, a finales del siglo II, quien nos informa que ya desde el domingo se leían "los escritos de los profetas", es decir, el Antiguo Testamento, y "las Memorias de los Apóstoles", es decir, sus cartas, y "los Evangelios". San Agustín afirma esta misma costumbre dos siglos más tarde.

Multiplicar las riquezas de la Palabra ofreciendo a los fieles nuevas posibilidades con lecturas más variadas y abundantes. Esta variedad de lecturas, aparece mejor en las fiestas de los santos, en las celebraciones de los ritos sacramentales y en las Exequias. Estas deberán escogerse de acuerdo a las necesidades pastorales de los fieles.

Dar a conocer más plenamente la Historia de la Salvación, teniendo en cuenta que la inmensa mayoría de los católicos solamente escucha o lee la Biblia cuando participa en las celebraciones litúrgicas; de ahí que se haya reformado el Leccionario, con el fin de incluir en líneas generales toda la Sagrada Escritura, la cual es de capital importancia para el pueblo cristiano y para su educación en la fe.

Devolver su plenitud a la Escritura, especialmente al Antiguo Testamento, incluyendo lecturas de los dos Testamentos para que aparezca la unión y relación entre ellos.

Instruir a los fieles más plenamente sobre la Historia de la Salvación; los fieles escucharán lecturas que hasta hace poco tiempo formaban parte del rezo de los clérigos.

Buscar en el orden de las lecturas una composición armónica y una lectura semicontinua de la Escritura. La lectura continua de la Biblia, especialmente en la lectura de los Evangelios, se había perdido en los últimos siglos por el desarrollo excesivo del ciclo santoral el cual llevaba consigo lecturas especiales. Se ha procurado establecer una correspondencia estrecha entre el Evangelio y la primera lectura, dejando que el Evangelio marque el ritmo.

Convertir el Leccionario en un instrumento didáctico, catequético y pedagógico que sirva de base para la instrucción de los fieles en la fe católica.

LAS LECTURAS

Las tres lecturas de la celebración dominical y festiva deben tomarse siempre de la Biblia. No se permiten lecturas extrabíblicas que sustituyan a las prescritas. En algunas fiestas especiales, las tres lecturas pueden ser tomadas del Nuevo Testamento, en consonancia con el tema de la fiesta.

Se ha buscado que los textos de las lecturas no sean ni demasiado largos ni demasiado cortos. Las lecturas más profundas en su contenido suelen ser más cortas; las narraciones pueden ser algo más largas. Los textos más largos se ofrecen en dos formas, una larga y otra breve; su selección dependerá de razones pastorales.

Hay una correspondencia general entre el Evangelio y la primera lectura. La segunda lectura sigue su propio ritmo, procurándose ofrecer a lo largo del año una lectura semicontinua de las cartas de San Pablo.

El Leccionario dominical se ha dividido en tres ciclos, de suerte que a lo largo de tres años se lea toda la Biblia, especialmente los Evangelios. En el ciclo A, se lee San Mateo; en el ciclo B, San Marcos y el capítulo sexto de San Juan; y en el ciclo C, San Lucas. En las grandes fiestas se suelen leer cada año las mismas lecturas. El Leccionario ferial contiene dos primeras lecturas: la del año uno, para los años impares, y la del año dos, para los pares. La sección mayor del Leccionario está integrada por los domingos del Tiempo Ordinario, que abarca los textos para las semanas entre la Epifanía y Cuaresma, y para las semanas desde Pentecostés hasta el Adviento.

La lecturas son apropiadas para cada tiempo litúrgico: los textos de Adviento y Cuaresma reflejan las necesidades de la Iglesia en el pasado, con énfasis sobre la penitencia y la instrucción bautismal de los catecúmenos; los textos del profeta Isaías mantienen el espíritu de esperanza del Adviento. Durante el tiempo de Navidad, se sigue leyendo la Primera carta de San Juan, para fomentar el crecimiento de los cristianos en la fe y el amor. Las lecturas de Pascua siguen la tradición del Leccionario romano de los primeros siglos, leyéndose las apariciones de Jesús en los diversos evangelios para continuar con lecturas del Evangelio de San Juan; en tiempo pascual se leen también, desde antiguo, los Hechos de los Apóstoles.

El nuevo Leccionario ofrece gran riqueza de lecturas para las celebraciones del Señor y de la Virgen, así como para las celebraciones de los santos, ordenados según sus diversas clases o categorías, y para las misas votivas. La elección de los textos, especialmente en las celebraciones votivas y en las celebraciones comunitarias de la penitencia, deberá hacerse de acuerdo a criterios pastorales para ayudar al pueblo a reflexionar sobre su vida cristiana y a comprometerse más por su fe.

Además de los textos para las lecturas, el Leccionario contiene salmos, cánticos y aclamaciones con las que ya el pueblo judío solía responder a las lecturas de la sinagoga, expresando fe, júbilo y acción de gracias. Los salmos que siguen a las lecturas pueden cantarse o leerse en forma responsorial o alternando en dos coros. Antiguamente este salmo se consideraba, a veces, como una lectura que se leía o cantaba con gran solemnidad para que el pueblo pudiera escucharlo y meditarlo.

El *Aleluya* con su verso sigue una aclamación jubilosa que anuncia la llegada del Evangelio y la presencia de Jesús. Su canto se prolongaba, a veces, hasta un cuarto de hora. En el siglo quinto, en Roma, se cantaba solamente el día de Pascua, pero pronto se extendió a todo el tiempo pascual; con el pasar del tiempo solamente se excluyó en tiempo de Cuaresma.

La secuencias que seguían al salmo responsorial no han gozado de gran favor litúrgico, aunque su contenido doctrinal sea excelente. En la reforma litúrgica de San Pío v, después del Concilio de Trento, solamente se incluyeron cuatro secuencias, para las fiestas de Pascua, Pentecostés y *Corpus Christi*, y para las Misas por los fieles difuntos. En el siglo XVIII se introdujo el *Stabat Mater* para algunas fiestas de la Virgen. Algunas órdenes religiosas han conservado otras secuencias en sus liturgias particulares.

La homilía está de muchos modos unida al Leccionario. La homilía debe explicar y aplicar a la vida de los fieles el mensaje de las lecturas bíblicas o de los textos litúrgicos. Generalmente quien preside la liturgia debe hacer la predicación que es obligatoria los domingos y fiestas. La homilía, siguiendo el espíritu de las lecturas, debe preparar a los fieles para la Eucaristía. Es importante separarla de los anuncios que se hagan a los fieles, ya que esos pueden hacerse mejor antes de la bendición final.

Es conveniente también que la oración de los fieles haga referencia a la Palabra que han escuchado del Leccionario y que de algún modo se base en ella, puesto que la Palabra de Dios debe llevar a los fieles a la comunión con Dios a través de la oración.

La liturgia da un honor especial al Leccionario por ser el repositorio de la Palabra de Dios en la liturgia. Este honor se demuestra en el lugar donde el Leccionario se coloca, en los ministros que se escogen para las lecturas, en la actitud que se espera de los fieles que escuchan la Palabra y en las ceremonias que acompañan a su uso.

El Leccionario debe leerse desde el ambón o desde un lugar prominente que sirva para realzar la dignidad e importancia de la Palabra de Dios y que atraiga la atención de los fieles. Después de la liturgia, el Leccionario puede ser colocado en un lugar accesible a los fieles para que quienes visitan el templo puedan hacer las lecturas señaladas para ese día.

La lectura de la Palabra es una acción sagrada que tradicionalmente no estuvo reservada a las órdenes jerárquicas. Lo único que se solía pedir es que el lector supiera leer, que tuviera buena dicción para que *"edificara a sus oyentes"*, y que llevara una vida decorosa. Con el tiempo, el oficio de lector recibió una bendición especial y pasó a ser considerado como una de las órdenes menores por las que uno se acercaba al sacerdocio. Desde el siglo IV la lectura del Evangelio se atribuyó al diácono, y en algunos lugares se reservó al sacerdote. A partir del siglo XII, el lector del Evangelio recibía una bendición especial. En nuestros días, los ministros de las lecturas litúrgicas deben ser personas aptas y diligentemente preparadas. Su preparación debe ser espiritual y técnica, para que hagan la lectura con fe y con facilidad en la pronunciación y la dicción.

Los fieles demuestran su respeto al Leccionario con su actitud durante las lecturas. Los fieles deberían preferir escuchar la lectura a leerla ellos mismos en sus misales. Puesto que la Palabra de Cristo reúne a los fieles y los alimenta, la audición de la Palabra debe ir acompañada de fe y veneración tanto interior como exterior. Deben escuchar la Palabra con alegría y esperanza, puesto que se trata de la Buena Nueva; deben hacer un esfuerzo por meditarla y luego traducirla a su propia vida. Es muy importante que estén en la celebración desde el principio hasta el final, sin llegar tarde ni salir temprano.

El Leccionario recibe grandes muestras de respeto en la liturgia. Se lleva en alto durante la procesión de entrada para atraer la atención de los fieles sobre la Palabra de Dios que van a escuchar. Desde tiempos antiguos, el Leccionario, y especialmente el *evangeliario* (el libro que contiene las lecturas de los Evangelios), se introducía en procesión acompañado de luces e incienso. Los fieles escuchan el Evangelio de pie, en señal de reverencia, vueltos hacia el que anuncia el Evangelio. Al final de la lectura se daba el libro a besar al celebrante; más adelante se dio a besar al clero asistente, y en algunos lugares a todo el pueblo.

Los frutos que el nuevo Leccionario ha producido en los fieles son un conocimiento más amplio de la Biblia, un enriquecimiento para las celebraciones litúrgicas y un enriquecimiento de la fe del pueblo derivada de la abundancia de la Palabra de Dios.

ESQUEMA

ORDENACION DE LAS LECTURAS DE LA MISA

PROEMIO

CAPITULO 1
PRINCIPIOS GENERALES PARA LA CELEBRACION LITURGICA
DE LA PALABRA DE DIOS

1. Algunas premisas

A) IMPORTANCIA DE LA PALABRA DE DIOS EN LA CELEBRACION LITURGICA

1. El Concilio Vaticano II,[1] el magisterio de los Sumos Pontífices[2] y varios documentos promulgados después del mismo Concilio por diversas congregaciones de la Santa Sede[3] han dicho muchas cosas interesantes sobre la importancia de la palabra de Dios y sobre la restauración del uso de la Sagrada Escritura en toda celebración litúrgica. Además, en los Prenotandos de la Ordenación de las Lecturas de la Misa publicada en 1969, se propusieron con oportunidad y se ilustraron brevemente algunos principios de especial importancia.[4]

Pero ahora, con ocasión de esta nueva edición de la Ordenación de las Lecturas de la Misa, ya que de diferentes partes se pedía que se redactaran con más precisión dichos principios, se han elaborado estos Prenotandos en una forma más amplia y adecuada; en ellos, después de una afirmación genérica sobre la conexión entre la palabra de Dios y la acción litúrgica,[5] se tratará primero de la palabra de Dios en la celebración de la Misa y después se presentará la estructura detallada de la Ordenación de las Lecturas.

B) TERMINOS QUE SE UTILIZAN PARA DESIGNAR LA PALABRA DE DIOS

2. Aunque en esta materia parece justamente necesaria una delineación de los términos para mayor claridad del sentido, sin embargo, en estos Prenotandos utilizaremos las mismas palabras que se usan en los documentos conciliares o postconciliares, y llamaremos indistintamente Sagrada Escritura o palabra de Dios a los libros inspirados por el Espíritu Santo, pero evitando toda confusión de nombres y cosas.[6]

C) VALOR LITURGICO DE LA PALABRA DE DIOS

3. En las distintas celebraciones y en las diversas asambleas de fieles que participan en ellas, se expresan de modo admirable los múltiples tesoros de la única palabra de Dios, ya sea en el transcurso del año litúrgico, en el que se recuerda el misterio de Cristo en su desarrollo, ya en la celebración de los sacramentos y

sacramentales de la Iglesia, y en la respuesta de cada fiel a la acción interna del Espíritu Santo.[7] De este modo, la misma celebración litúrgica, que se sostiene y se apoya principalmente en la palabra de Dios, se convierte en un acontecimiento nuevo y enriquece a la palabra con una nueva interpretación y eficacia. Por eso, la Iglesia sigue fielmente en la Liturgia el mismo sistema que usó Cristo en la lectura e interpretación de las Sagradas Escrituras, puesto que él exhorta a profundizar en conjunto de las Escrituras, partiendo del "hoy", de su acontecimiento personal.[8]

2. Celebración litúrgica de la palabra de Dios

A) CARACTERISTICA PROPIA DE LA PALABRA DE DIOS EN LA ACCION LITURGICA

4.   En la celebración litúrgica la palabra de Dios no es expresada siempre del mismo modo,[9] ni penetra siempre en los corazones de los fieles con la misma eficacia; pero Cristo está siempre presente en su palabra[10] y, realizando el misterio de la salvación, santifica a los hombres y tributa al Padre el culto perfecto.[11]

Más aún, la economía de la salvación, que la palabra de Dios no cesa de recordar y prolongar, alcanza su más pleno significado en la acción litúrgica, de modo que la celebración litúrgica se convierte en una continua, plena y eficaz presentación de esta palabra de Dios.

Así la palabra de Dios, propuesta continuamente en la Liturgia, es siempre viva y eficaz[12] por el poder del Espíritu Santo, y manifiesta el amor activo del Padre, que nunca deja de tener eficacia para con los hombres.

B) LA PALABRA DE DIOS EN LA ECONOMIA DE LA SALVACION

5.   La Iglesia anuncia el mismo y único misterio de Cristo cuando proclama en la celebración litúrgica el Antiguo y el Nuevo Testamento.

En el Antiguo Testamento está latente el Nuevo, y en el Nuevo se hace patente el Antiguo.[13] El centro y la plenitud de toda la Escritura y de toda celebración litúrgica es Cristo.[14] Por eso deberán beber de su fuente todos los que buscan la salvación y la vida.

Cuanto más profundamente se comprende la celebración litúrgica, más profundamente también se estima la importancia de la palabra de Dios; y lo que se dice de una se puede afirmar también de la otra, puesto que ambas recuerdan el misterio de Cristo y lo perpetúan cada una a su manera.

C) LA PALABRA DE DIOS EN LA PARTICIPACION LITURGICA DE LOS FIELES

6.   En la acción litúrgica, la Iglesia responde fielmente el mismo "Amén" que Cristo, mediador entre Dios y los hombres, pronunció de una vez para siempre al derramar su sangre, a fin de sellar, con la fuerza de Dios, la nueva alianza en el Espíritu Santo.[15]

Pues cuando Dios comunica su palabra, siempre espera una respuesta, que consiste en escuchar y adorar "en el Espíritu y en la verdad" (Juan 4:23). El Espíritu Santo, en efecto, es quien hace que esa respuesta sea eficaz, para que se manifieste en la vida lo que se escucha en la acción litúrgica, según aquellas palabras: "No se conformen con escuchar la palabra, sino pónganla por obra" (Santiago 1:22).

Las actitudes corporales, los gestos y palabras con los que se expresa la acción litúrgica y se manifiesta la participación de los fieles, no reciben su significado únicamente de la experiencia humana, de donde se toman, sino también de la palabra de Dios y de la economía de la salvación, a la que se refieren. Por eso, los fieles tanto más participan de la acción litúrgica, cuanto más se esfuerzan, al escuchar la palabra de Dios en ella proclamada, por adherirse íntimamente a la palabra de Dios en persona, Cristo encarnado, de modo que procuren que aquello que celebran en la Liturgia sea una realidad en su vida y costumbres, y a la inversa, que lo que hagan en su vida se refleje en la Liturgia.[16]

3. La palabra de Dios en la vida del pueblo de la "alianza"

A) LA PALABRA DE DIOS EN LA VIDA DE LA IGLESIA

7.   La Iglesia crece y se construye al escuchar la palabra de Dios, y los prodigios que en muchas formas Dios realizó en la historia de la salvación se hacen presentes de nuevo en los signos de la celebración litúrgica de un modo misterioso, pero real; Dios, a su vez, se vale de la comunidad de fieles que celebra la Liturgia, para que su palabra se propague y sea conocida y su nombre sea alabado por todas las naciones.[17]

Por tanto, siempre que la Iglesia, congregada por el Espíritu Santo en la celebración litúrgica,[18] anuncia y proclama la palabra de Dios, se reconoce a sí misma como el nuevo pueblo, en el que la alianza antiguamente pactada, llega ahora a su plenitud y perfección. Todos los cristianos, que por el bautismo y la confirmación en el Espíritu se han convertido en mensajeros de la palabra de Dios, después de recibir la gracia de escuchar la palabra, la deben anunciar en la Iglesia y en el mundo, por lo menos con el testimonio de su vida.

Esta palabra de Dios, que es proclamada en la celebración de los divinos misterios, no sólo atañe a las circunstancias actuales, sino que mira también al pasado y penetra el futuro, y no hace ver cuán deseables son aquellas cosas que esperamos, para que, en medio de las vicisitudes del mundo, nuestros corazones estén firmemente puestos donde está el gozo verdadero.[19]

B) LA PALABRA DE DIOS EN LA EXPLICACION QUE DE ELLA HACE LA IGLESIA

8.   Por voluntad de Cristo, el nuevo pueblo de Dios está formado por una admirable variedad de miembros; por esta razón, son también varios los oficios y funciones que corresponden a cada uno, en lo que atañe a la palabra de Dios. Los fieles la escuchan y la meditan, pero solamente la explican aquellos a quienes, por la sagrada ordenación corresponde la función del magisterio, o aquellos a quienes se les ha encomendado este ministerio.

Así, en su doctrina, vida y culto la Iglesia perpetúa y transmite a todas las generaciones todo lo que ella es y todo lo que ella cree, en tal forma que, a lo largo de los siglos, va caminando continuamente hacia la plenitud de la verdad divina, hasta que en ella misma se realice completamente la palabra de Dios.[20]

c) RELACION NECESARIA ENTRE LA PALABRA DE DIOS PROCLAMADA Y LA ACCION DEL ESPIRITU SANTO

9. Para que la palabra de Dios realmente produzca en los corazones aquello que se escucha con los oídos, se requiere la acción del Espíritu Santo, por cuya inspiración y ayuda, la palabra de Dios se convierte en el fundamento de la acción litúrgica y en norma y ayuda de toda la vida.

Así pues, la actuación del Espíritu Santo no sólo precede, acompaña y sigue a toda la acción litúrgica, sino que también sugiere[21] al corazón de cada uno todo aquello que, en la proclamación de la palabra de Dios, ha sido dicho para toda la comunidad de los fieles; y al mismo tiempo que consolida la unidad de todos, fomenta también la diversidad de carismas y la multiplicidad de actuaciones.

d) INTIMA RELACION DE LA PALABRA DE DIOS CON EL MISTERIO EUCARISTICO

10. La palabra de Dios y el misterio eucarístico han sido honrados por la Iglesia con una misma veneración, aunque con diferente culto. La Iglesia siempre quiso y determinó que así fuera, porque, impulsada por el ejemplo de su fundador, nunca ha dejado de celebrar el misterio pascual de Cristo, reuniéndose para leer "todos los pasajes de la Escritura que se refieren a él" (Lucas 24:27) y realizando la obra de la salvación por medio del memorial del Señor y de los sacramentos. En efecto, "la predicación de la palabra se requiere para el ministerio mismo de los sacramentos, puesto que son sacramentos de la fe, la cual nace de la palabra y de ella se alimenta".[22]

Espiritualmente alimentada en estas dos mesas,[23] la Iglesia, en una, se instruye más, y en la otra, se santifica más plenamente; pues en la palabra de Dios se anuncia la alianza divina, y en la Eucaristía se renueva esa misma alianza nueva y eterna. En una, la historia de la salvación se recuerda con palabras; en la otra, la misma historia se expresa por medio de los signos sacramentales de la Liturgia.

Por tanto, conviene recordar siempre que la palabra divina que lee y anuncia la Iglesia en la Liturgia conduce, como a su propio fin, al sacrificio de la alianza y al banquete de la gracia, es decir, a la Eucaristía. Así pues, la celebración de la Misa, en la que se escucha la palabra y se ofrece y se recibe la Eucaristía, constituye un solo acto de culto divino,[24] con el cual se ofrece a Dios el sacrificio de alabanza y se realiza plenamente la redención del hombre.

PRIMERA PARTE
LA PALABRA DE DIOS EN LA CELEBRACION DE LA MISA
CAPITULO II
LA CELEBRACION DE LA LITURGIA DE LA PALABRA EN LA MISA

1. Elementos y ritos de la liturgia de la palabra

11. "Las lecturas tomadas de la Sagrada Escritura, con los cantos que se intercalan, constituyen la parte principal de la liturgia de la palabra; la homilía, la profesión de fe y la oración universal u oración de los fieles, la desarrollan y concluyen".[25]

A) LAS LECTURAS BIBLICAS

12. No está permitido que en la celebración de la Misa las lecturas bíblicas, junto con los cánticos tomados de la Sagrada Escritura, sean suprimidas ni recortadas ni, cosa todavía más grave, sustituidas pro otras lecturas no bíblicas.[26] Pues por medio de la misma palabra de Dios, transmitida por escrito, "Dios sigue hablando a su pueblo"[27] y mediante el uso constante de la Sagrada Escritura, el pueblo de Dios se hace más dócil al Espíritu Santo por medio de la luz de la fe y así puede dar al mundo con su vida y sus costumbres, el testimonio de Cristo.

13. La lectura del Evangelio constituye la cima de la liturgia de la palabra, a la que se prepara la asamblea con las otras lecturas, en el orden que se señalan, o sea, desde el Antiguo Testamento hasta llegar al Nuevo.

14. Lo que más ayuda a una adecuada comunicación de la palabra de Dios a la asamblea por medio de las lecturas es la misma manera de leer de los lectores, que deben hacerlo en voz alta y clara, y con conocimiento de lo que leen. Las lecturas, tomadas de ediciones aprobadas,[28] según la índole de los diferentes idiomas, pueden cantarse, pero en tal forma, que el canto no oscurezca las palabras, sino que las aclare. Si se dicen en latín, obsérvese lo indicado en el *Ordo cantus Missae*.[29]

15. En la liturgia de la palabra, antes de las lecturas, y especialmente antes de la primera, se pueden hacer unas moniciones breves y oportunas. Hay que tener muy en cuenta el género literario de estas moniciones. Conviene que sean sencillas, fieles al texto, breves, bien preparadas y adaptadas en todo al texto, al que sirven de introducción.[30]

16. En la celebración de la Misa con el pueblo proclámense siempre las lecturas desde el ambón.[31]

17. Entre los ritos de la liturgia de la palabra hay que tener en cuenta la veneración especial debida a la lectura del Evangelio.[32] Cuando se dispone de un evangeliario, que en los ritos de entrada haya sido llevado procesionalmente por un diácono o por un lector,[33] es muy conveniente que ese mismo libro sea tomado del altar por el diácono,[34] o si no lo hay, por un sacerdote y sea llevado al ambón, acompañado de los ministros que llevan velas e incienso o con otros signos de

veneración, conforme a lo que se acostumbre. Los fieles están de pie y veneran el libro de los Evangelios con sus aclamaciones al Señor. El diácono que va a anunciar el Evangelio, inclinado ante el presidente de la asamblea, pide y recibe la bendición. En caso de que no haya diácono, el sacerdote se inclina ante el altar y dice en secreto la oración: *Purifica, Señor, mi corazón* . . .[35]

En el ambón, el que proclama el Evangelio saluda a los fieles, que están de pie, lee el título de la lectura, se signa en la frente, en la boca y en el pecho; a continuación, si se utiliza incienso, inciensa el libro y finalmente lee el Evangelio. Al terminar, besa el libro, diciendo en secreto las palabras prescritas.

El saludo, y el anuncio *Lectura del santo Evangelio* y, al terminar, *Palabra del Señor,* es bueno que se canten para que el pueblo, a su vez, pueda aclamar del mismo modo, aun cuando el Evangelio solamente se haya leído. De esta manera se expresa la importancia de la lectura evangélica y se promueve la fe de los oyentes.

18.   Al final de las lecturas, la conclusión *Palabra de Dios* la puede cantar un cantor distinto del lector que proclamó la lectura, y todos dicen la aclamación. En esta forma, la asamblea honra la palabra de Dios recibida con fe y con espíritu de acción de gracias.

B) EL SALMO RESPONSORIAL

19.   El salmo responsorial, llamado también gradual, dado que es "una parte integrante de la liturgia de la palabra",[36] tiene gran importancia litúrgica y pastoral. Por eso hay que instruir constantemente a los fieles sobre el modo de escuchar la palabra de Dios que nos habla en los salmos, y sobre el modo de convertir estos salmos en oración de la Iglesia. Esto "se realizará más fácilmente si se promueve con diligencia entre el clero un conocimiento más profundo de los salmos, según el sentido con que se cantan en la sagrada liturgia, y si se hace partícipes de ello a todos los fieles con una catequesis oportuna".[37]

También pueden ayudar unas breves moniciones en las que se indique el por qué de aquel salmo determinado y de la respuesta, y su relación con las lecturas.

20.   El salmo responsorial ordinariamente ha de cantarse. Hay dos formas de cantar el salmo después de la primera lectura: la forma responsorial y la forma directa. En la forma responsorial, que se ha de preferir en cuanto sea posible, el salmista o el cantor del salmo, canta la estrofa del salmo, y toda la asamblea participa cantando la respuesta. En la forma directa, el salmo se canta sin que la asamblea intercale la respuesta, y lo cantan, o bien el salmista o cantor del salmo él solo, y la asamblea escucha, o bien el salmista y los fieles juntos.

21.   El canto del salmo o de la sola respuesta contribuye mucho a comprender el sentido espiritual del salmo y a meditarlo profundamente.

En cada cultura debe utilizarse todo aquello que pueda favorecer el canto de la asamblea, y en especial las facultades previstas en la Ordenación de las Lecturas de la Misa,[38] referentes a las respuestas para cada tiempo litúrgico.

22.   El salmo que sigue a la lectura, si no se canta, ha de recitarse en la forma más adecuada para la meditación de la palabra de Dios.[39]

El salmo responsorial se canta o se recita por un salmista o por un cantor desde el ambón.[40]

C) LA ACLAMACION ANTES DE LA LECTURA DEL EVANGELIO

23.   También el "Aleluya" o, según el tiempo litúrgico, la aclamación antes del Evangelio "tienen por sí mismos el valor de rito o de acto",[41] mediante el cual la asamblea de los fieles recibe y saluda al Señor, que va a hablar, y profesa su fe cantando.

El "Aleluya" y las otras aclamaciones antes del Evangelio deben ser cantados, estando todos de pie, pero de manera que lo cante unánimemente todo el pueblo, y no sólo el cantor que lo inicia o el coro.[42]

D) LA HOMILIA

24.   La homilía, que a lo largo del año litúrgico, expone a partir del texto sagrado los misterios de la fe y las normas de la vida cristiana, como parte de la liturgia de la palabra,[43] a partir de la Constitución litúrgica del Concilio Vaticano II, muchas veces y con mucho interés ha sido recomendada e incluso mandada para ciertas ocasiones. En la celebración de la Misa, la homilía, que normalmente la hace el mismo que preside,[44] tiene como finalidad que la palabra de Dios anunciada, junto con la liturgia eucarística, sea como "una proclamación de las maravillas obradas por Dios en la historia de la salvación o misterio de Cristo".[45] En efecto, el misterio pascual de Cristo, anunciado en las lecturas y en la homilía, se realiza por medio del sacrificio de la Misa.[46] Cristo está siempre presente y operante en la predicación de su Iglesia.[47]

Así pues, la homilía, tanto si explica las palabras de la Sagrada Escritura que se acaban de leer u otro texto litúrgico,[48] debe llevar a la asamblea de los fieles a una activa participación en la Eucaristía, a fin de que "vivan siempre de acuerdo con la fe que profesaron".[49] Con esta explicación viva, la palabra de Dios que se ha leído y las celebraciones que realiza la Iglesia pueden adquirir una mayor eficacia, a condición de que la homilía sea realmente fruto de la meditación, debidamente preparada, no demasiado larga ni demasiado corta, y de que se tenga en cuenta a todos los presentes, incluso a los niños y a los incultos.[50]

En la concelebración ordinariamente tiene la homilía el celebrante principal o uno de los concelebrantes.[51]

25.   En los días que está mandado, a saber en los domingos y fiestas de precepto, debe tenerse la homilía en todas las Misas que se celebran con asistencia del pueblo, sin excluir las Misas que se celebran en la tarde del día precedente.[52]

También debe haber homilía en las Misas que se celebran para los niños o para grupos particulares.[53]

Se recomienda mucho la predicación de la homilía en las ferias de Adviento, de Cuaresma y del tiempo pascual, en bien de los fieles que participan ordinariamente en la celebración de la Misa; y también en otras fiestas y ocasiones en las que hay mayor asistencia de fieles en la iglesia.[54]

26.   El sacerdote celebrante dice la homilía desde la sede, de pie o sentado, o desde el ambón.[55]

27.   Hay que excluir de la homilía los breves avisos que se hayan de hacer a la asamblea, pues su lugar es a continuación de la oración después de la comunión.[56]

E) EL SILENCIO

28. La liturgia de la palabra debe celebrarse de tal manera, que favorezca la meditación; por eso se ha de evitar toda clase de prisa, que impide el recogimiento. El diálogo entre Dios y los hombres, que se realiza con la ayuda del Espíritu Santo, requiere breves momentos de silencio, adecuados a la asamblea presente, para que en ellos la palabra de Dios sea acogida interiormente y se prepare una respuesta por medio de la oración.

Pueden guardarse estos momentos de silencio, por ejemplo, antes comenzar la liturgia de la palabra, después de la primera y la segunda lectura, y al terminar la homilía.[57]

F) LA PROFESION DE FE

29.   El Símbolo o profesión de fe, dentro de la Misa cuando las rúbricas lo indican, tiene como finalidad que la asamblea reunida dé su asentimiento y su respuesta a la palabra de Dios oída en las lecturas y en la homilía, y traiga a su memoria, antes de empezar la celebración del misterio de la fe en la Eucaristía, la norma de su fe según la forma aprobada por la Iglesia.[58]

G) LA ORACION UNIVERSAL U ORACION DE LOS FIELES

30.   En la oración universal, la asamblea de los fieles, iluminada por la palabra de Dios a la que en cierto modo responde, pide normalmente por las necesidades de la Iglesia universal y de la comunidad local, por la salvación del mundo, por los que se hallan en cualquier necesidad y por grupos determinados de personas.

Bajo la dirección del celebrante, un diácono o un ministro o algunos fieles propondrán oportunamente unas breves peticiones, compuestas con sabia libertad, mediante las cuales el pueblo "ejerciendo su oficio sacerdotal, ruega por todos los hombres".[59] En esta forma, recogiendo el fruto de la liturgia de la palabra, la asamblea podrá pasar más adecuadamente a la liturgia eucarística.

31.   El sacerdote preside la oración universal desde la sede; y las intenciones se enuncian desde el ambón.[60]

La asamblea participa de pie en la oración, diciendo o cantando la invocación común después de cada intención, o bien orando en silencio.[61]

2. Cosas que ayudan a celebrar debidamente la liturgia de la palabra

A) EL LUGAR DESDE DONDE SE PROCLAMA LA PALABRA DE DIOS

32.   En el recinto de la iglesia debe existir un lugar elevado, fijo, adecuadamente dispuesto y con la debida nobleza, que al mismo tiempo responda a la dignidad de la palabra de Dios y recuerde a los fieles que en la Misa se prepara la mesa de la palabra de Dios y el cuerpo de Cristo,[62] y que ayude lo mejor posible a que los fieles oigan bien y atiendan durante la liturgia de la palabra. Por eso se ha de procurar, según la estructura de cada iglesia, que haya una íntima proporción y armonía entre el ambón y el altar.

33.   Conviene que el ambón, de acuerdo con su estructura, se adorne con sobriedad, ya sea de una manera permanente, o por lo menos ocasionalmente en los días más solemnes.

Dado que el ambón es el lugar desde donde los ministros proclaman la palabra de Dios, se reserva por su naturaleza a las lecturas, al salmo responsorial y al pregón pascual. La homilía y la oración de los fieles pueden pronunciarse desde el ambón, ya que están íntimamente ligadas con toda la liturgia de la palabra. En cambio, no es conveniente que suban al ambón otras personas, como el comentarista, el cantor o el director del canto.[63]

34.   Para que el ambón ayude lo más posible en las celebraciones, debe ser amplio, porque en algunas ocasiones tienen que estar en él varios ministros. Además, hay que procurar que los lectores que están en el ambón tengan suficiente luz para leer el texto, y en cuanto sea posible, buenos micrófonos para que los fieles los puedan escuchar fácilmente.

B) LOS LIBROS PARA ANUNCIAR LA PALABRA DE DIOS EN LAS CELEBRACIONES

35.   Los libros de donde se toman las lecturas de la palabra de Dios, así como los ministros, las actitudes, los lugares y demás cosas, hacen recordar a los fieles la presencia de Dios, que habla a su pueblo. Por tanto, hay que procurar que los libros mismos, que son signos y símbolos de las realidades del cielo en la acción litúrgica, sean verdaderamente dignos, decorosos y bellos.[64]

36.   Siendo siempre el anuncio evangélico la cima de la liturgia de la palabra, las dos tradiciones litúrgicas, la occidental y la oriental, han mantenido una diferencia entre el Evangelio y las demás lecturas. En efecto, el libro de los Evangelios era elaborado con gran cuidado, se adornaba y se veneraba más que cualquier otro leccionario. Así pues, es muy conveniente que también en nuestros días, en las catedrales y en las parroquias e iglesias más grandes y más concurridas, se tenga en Evangeliario, hermosamente adornado y diferente del libro de las demás lecturas. Este es el libro que es entregado al diácono en su ordenación, y en la ordenación episcopal es colocado y sostenido sobre la cabeza del elegido.[65]

37.   Por último, los libros de las lecturas que se utilizan en la celebración, por la dignidad que exige la palabra de Dios, no deben ser sustituidos por otros subsidios de orden pastoral, por ejemplo, por las hojitas que se hacen para que los fieles preparen las lecturas o las mediten personalmente.

CAPITULO III
OFICIOS Y MINISTERIOS EN LA CELEBRACION DE LA LITURGIA DE LA PALABRA EN LA MISA

1. Funciones del presidente en la liturgia de la palabra

38.   El que preside la liturgia de la palabra, aunque escucha él también la palabra de Dios proclamada por los demás, continúa siendo siempre el primero al que se le ha confiado la función de anunciar la palabra de Dios, compartiendo con los fieles, sobre todo en la homilía, el alimento que contiene esta palabra. Si bien, él debe cuidar por sí mismo o por otros, que la palabra de Dios sea proclamada adecuadamente; con todo a él le corresponde ordinariamente preparar algunas moniciones que ayuden a los fieles a escuchar con más atención y, sobre todo decir la homilía, para facilitarles una comprensión más fecunda de la palabra de Dios.

39.   Es necesario, en primer lugar, que el que debe presidir la celebración conozca perfectamente le estructura de la Ordenación de las Lecturas de la Misa, a fin de que pueda hacerla fructificar en los corazones de los fieles; y además, que con la oración y el estudio comprenda muy bien la relación entre los diversos textos de la liturgia de la palabra para que, aprovechando la Ordenación de las Lecturas, se entienda convenientemente el misterio de Cristo y su obra salvífica.

40.   El que preside puede usar ampliamente las diversas opciones propuestas en el Leccionario en lo que se refiere a las lecturas, respuestas, salmos responsoriales, aclamaciones antes del Evangelio,[66] pero de común acuerdo[67] con todos los interesados, sin excluir a los fieles en aquello que les atañe.[68]

41.   El presidente ejerce también su función propia y el ministerio de la palabra de Dios cuando pronuncia la homilía.[69] En efecto, la homilía conduce a sus hermanos a una comprensión sabrosa de la Sagrada Escritura, abre las almas de los fieles a la acción de gracias por las maravillas de Dios, alimenta la fe de los presentes acerca de la palabra, que en la celebración se convierte en sacramento por la intervención del Espíritu Santo; finalmente, prepara a los fieles para una comunión fructuosa y los invita a practicar las exigencias de la vida cristiana.

42.   Le toca al presidente introducir ocasionalmente a los fieles, con alguna monición, a la liturgia de la palabra, antes de la proclamación de las lecturas.[70] Estas moniciones podrán ser de gran ayuda para que la asamblea escuche mejor la palabra de Dios, ya que promueven la fe y la buena voluntad. Puede ejercer esta función por medio de otras personas, por ejemplo, el diácono o un comentarista.[71]

43. El presidente, dirigiendo la oración universal y, si es posible, conectando las lecturas de aquella celebración y la homilía con la oración, por medio de la monición inicial y de la oración conclusiva, introduce a los fieles en la liturgia eucarística.[72]

2. Oficio de los fieles en la liturgia de la palabra

44. La palabra de Cristo reúne, hace crecer y alimenta al pueblo de Dios, "lo cual se aplica especialmente a la liturgia de la palabra en la celebración de la Misa, en la que el anuncio de la muerte y resurrección del Señor, y la respuesta del pueblo que escucha se unen inseparablemente con la oblación misma por la que Cristo confirmó con su sangre la nueva Alianza, oblación en la que los fieles comulgan con el deseo y por la percepción del sacramento".[73] En efecto, "no sólo cuando se lee 'lo que se escribió para enseñanza nuestra' (Romanos 15:4), sino también cuando la Iglesia ora, canta o actúa, la fe de los asistentes se alimenta, y sus almas se elevan hacia Dios, a fin de tributarle un culto espiritual y recibir su gracia con mayor abundancia".[74]

45. En la liturgia de la palabra, por la fe con que escucha, también hoy la asamblea de los fieles recibe de Dios la palabra de la alianza, y debe responder a esta palabra con la fe para que se vaya convirtiendo cada vez más en el pueblo de la nueva Alianza.

El pueblo de Dios tiene el derecho de recibir abundantemente el tesoro espiritual de la palabra de Dios, lo cual se consigue con el uso de la Ordenación de las Lecturas de la Misa, con las homilías y la acción pastoral.

En la celebración de la Misa, escuchen los fieles la palabra de Dios con tal veneración interior y exterior que cada día aumente más en ellos la vida espiritual y los introduzca cada vez más en el misterio que se celebra.[75]

46. Para que puedan celebrar vivamente el memorial del Señor, recuerden los fieles que la presencia de Cristo es una sola, tanto en la palabra de Dios, "pues cuando se lee en la Iglesia la Sagrada Escritura es él quien habla", como "especialmente bajo las especies eucarísticas".[76]

47. La palabra de Dios, para que sea acogida y traducida en la vida de los fieles, exige una fe viva,[77] la cual crece continuamente al escuchar la palabra de Dios proclamada.

En efecto, las Sagradas Escrituras son, sobre todo en la proclamación litúrgica, una fuente de vida y de fuerza según lo que dice san Pablo, quien afirma que el Evangelio es una fuerza de salvación para todo aquel que cree;[78] por lo cual el amor a las Escrituras contribuye al vigor y renovación de todo el pueblo de Dios.[79] Por tanto, es muy conveniente que todos los fieles estén siempre dispuestos a escuchar con gozo la palabra de Dios.[80] La palabra de Dios, cuando es anunciada por la Iglesia y llevada a la práctica, ilumina a los fieles por la actuación del Espíritu Santo y los impulsa a vivir en totalidad el misterio del Señor.[81] En efecto, la palabra de Dios, recibida con fe, mueve al hombre desde lo profundo de su corazón a la conversión y a una vida esplendorosa de fe, personal y comunitaria,[82] puesto que la palabra de Dios es el alimento de la vida cristiana y la fuente de toda la oración de la Iglesia.[83]

48.   La íntima relación entre la liturgia de la palabra y la liturgia eucarística en la Misa conducirá a los fieles a estar presentes ya desde el principio[84] y a participar atentamente; y en cuanto sea posible, a conseguir que la asamblea esté preparada para escuchar la palabra de Dios con un profundo conocimiento de las Sagradas Escrituras, adquirido de antemano. Además, suscitará en ellos el deseo de alcanzar una comprensión litúrgica de los textos que se leen y la voluntad de responder por medio del canto.[85]

En esta forma, por medio de la palabra de Dios escuchada y meditada, los fieles pueden dar una respuesta llena de fe, esperanza y amor, de oración y de entrega de sí mismos, no sólo durante la celebración de la Misa, sino también en toda su vida cristiana.

3. Ministerios en la liturgia de la palabra

49.   La tradición litúrgica asigna la función de leer las lecturas bíblicas en la celebración de la Misa a los ministros: lectores y diáconos. Pero si no hay diácono u otro sacerdote que las lea, el sacerdote celebrante ha de leer el Evangelio,[86] y en caso de que no haya lector,[87] todas las demás lecturas.

50.   En la liturgia de la palabra de la Misa le toca al diácono anunciar el Evangelio, predicar algunas veces la homilía, si parece conveniente, y proponer al pueblo las intenciones de la oración universal.[88]

51.   "En la celebración eucarística el lector tiene un ministerio propio, reservado a él, aunque haya otro ministro de grado superior".[89] Al ministerio de lector, conferido por el rito litúrgico, hay que darle la debida importancia. Los que han sido instituidos como lectores, si los hay, deben ejercer su función propia por lo menos los domingos y fiestas, durante la Misa principal. Se les puede confiar a ellos, además, el encargo de ayudar en la organización de la liturgia de la palabra y de cuidar, si es necesario, de la preparación de otros fieles que, por una designación temporal, han de leer las lecturas en la celebración de la Misa.[90]

52.   La asamblea litúrgica necesita tener lectores, aunque no hayan sido instituidos para esta función. Por eso, hay que procurar que haya algunos laicos, los más aptos, que estén preparados para desempeñar este ministerio.[91] Si se dispone de varios lectores y hay que leer varias lecturas, conviene distribuirlas entre ellos.

53.   Si no hay diácono en la Misa, confíese la función de proponer las intenciones de la oración universal a un cantor, especialmente cuando estas intenciones son cantadas, o a un lector, o a otra persona.[92]

54.   El sacerdote distinto del que preside, el diácono y el lector instituido, cuando suben al ambón para leer la palabra de Dios en la Misa, deben llevar las vestiduras sagradas propias de su oficio. En cambio aquellos que desempeñan el oficio de lector ocasionalmente y aun ordinariamente, pueden subir al ambón con su vestido normal, pero respetando las costumbres de las diversas regiones.

55. "Para que los fieles lleguen a adquirir una estima viva de la Sagrada Escritura por la audición de las lecturas divinas, es necesario que los lectores que desempeñen este ministerio, aunque no hayan sido oficialmente instituidos en él, sean de veras aptos y estén cuidadosamente preparados".[93]

Esta preparación debe ser, en primer lugar, espiritual, pero también es necesaria la preparación técnica. La preparación espiritual supone, por lo menos una doble instrucción: bíblica y litúrgica. La instrucción bíblica debe encaminarse a que los lectores puedan comprender las lecturas en su contexto propio y entender a la luz de la fe el núcleo central del mensaje revelado. La instrucción litúrgica debe facilitar a los lectores una cierta percepción del sentido y de la estructura de la liturgia de la palabra y la relación entre la liturgia de la palabra y la liturgia eucarística. La preparación técnica debe capacitar a los lectores para que cada día sean más aptos en el arte de leer ante el pueblo, ya sea de viva voz o con la ayuda de los instrumentos modernos para amplificar la voz.

56. Corresponde al salmista o cantor del salmo, cantar en forma responsorial o directa el salmo u otro cántico bíblico, el gradual y el "Aleluya", u otro canto interleccional. El mismo puede iniciar el "Aleluya" y el versículo, si parece conveniente.[94]

Para ejercer esta función de salmista es muy conveniente que en cada comunidad eclesial haya laicos dotados del arte de salmodiar y de una buena pronunciación y dicción. Lo que se ha dicho anteriormente sobre la formación de los lectores también se aplica a los salmistas.

57. También el comentador ejerce un verdadero ministerio litúrgico, cuando, desde un lugar adecuado, propone a la comunidad de los fieles explicaciones y moniciones oportunas, claras, diáfanas por su sobriedad, cuidadosamente preparadas, normalmente escritas y aprobadas con anterioridad por el celebrante.[95]

SEGUNDA PARTE
ESTRUCTURA DE LA ORDENACION
DE LAS LECTURAS DE LA MISA
CAPITULO IV
DISTRIBUCION GENERAL DE LAS LECTURAS DE LA MISA

1. Finalidad pastoral de la Ordenación de las Lecturas de la Misa

58. La Ordenación de las Lecturas, tal como se halla en el Leccionario del Misal Romano, se ha realizado en primer lugar para obtener un fin pastoral, siguiendo la mente del Concilio Vaticano II. Para lograr ese fin, no sólo los principios en los que se basa la nueva ordenación, sino también la selección de los textos mismos, que se ponen a continuación, han sido revisados y pulidos una y otra vez, con la cooperación de muchas personas de todo el mundo, versadas en materias exegéticas, litúrgicas, catequísticas y pastorales. La Ordenación es el resultado de este trabajo común.

Esperamos que una continua lectura y explicación de la Sagrada Escritura, hecha al pueblo cristiano en la celebración eucarística según esta Ordenación, sea muy eficaz para alcanzar la finalidad expuesta una y otra vez por el Concilio Vaticano II.[96]

59.   En esta reforma, ha parecido conveniente elaborar una sola Ordenación de las Lecturas, rica y abundante, lo más conforme con la voluntad y las normas del Concilio Vaticano II,[97] pero que al mismo tiempo por su forma se acomodara a las determinadas costumbres y exigencias de las Iglesias particulares y de las asambleas celebrantes. Por esta razón, los encargados de elaborar esta reforma se preocuparon de salvaguardar la tradición litúrgica del rito romano, sin detrimento de una gran estima por el valor de todas las formas de selección, distribución y uso de las lecturas bíblicas en las demás familias litúrgicas y en algunas Iglesias particulares, valiéndose de lo que ya había sido comprobado por experiencia y procurando al mismo tiempo evitar algunos defectos existentes en la tradición precedente.

60.   Por tanto, la presente Ordenación de las Lecturas de la Misa es una distribución de lecturas bíblicas que suministra a los cristianos el conocimiento de toda la palabra de Dios, conforme a una adecuada explicación. Todo el año litúrgico, pero sobre todo en los tiempos de Pascua, de Cuaresma y de Adviento, la selección y distribución de lecturas tiende a que, de modo gradual, los cristianos conozcan más profundamente la fe que profesan y la historia de la salvación.[98] Por esta la Ordenación de las Lecturas responde a las necesidades y deseos del pueblo cristiano.

61.   Aunque la acción litúrgica, de por sí, no es una forma de catequesis, incluye, no obstante, un carácter didáctico que se expresa también en el Leccionario del Misal Romano,[99] de manera que con razón puede ser considerada como un instrumento pedagógico para el fomento de la catequesis.

En efecto, la Ordenación de las Lecturas de la Misa ofrece adecuadamente, tomándolos de la Sagrada Escritura, los hechos y palabras principales de la historia de la salvación, de modo que esta historia de la salvación, que la liturgia de la palabra va recordando paso a paso en sus diversos momentos y sucesos, aparece ante los fieles como algo que tiene una continuidad actual, al hacerse presente de nuevo el misterio pascual de Cristo, celebrado por la Eucaristía.

62.   Otra razón por la cual se comprende también la conveniencia y utilidad pastoral de una sola Ordenación de las Lecturas del Leccionario de la Misa en el rito romano es el hecho de que todos los fieles, principalmente aquellos que por diversos motivos no siempre participan en la misma asamblea, en cualquier parte y en determinados días y tiempos, escuchen las mismas lecturas y las mediten aplicándolas a las circunstancias concretas, incluso en aquellos lugares en que, por carecer de sacerdote, un diácono u otra persona delegada por el obispo, dirige la celebración de la palabra de Dios.[100]

63. Los pastores que quieren dar una respuesta más apropiada, tomada de la palabra de Dios, a las circunstancias especiales de sus propias comunidades, sin olvidar que ellos han de ser antes que nada heraldos de la totalidad del misterio de Cristo y del Evangelio, pueden usar, según convenga, las posibilidades que ofrece la misma Ordenación de las Lecturas de la Misa, sobre todo con ocasión de la celebración de alguna Misa ritual, votiva, o en honor de los santos o por diversas circunstancias. Teniendo en cuenta las normas generales, se conceden facultades particulares en cuanto a las lecturas de la palabra de Dios en las celebraciones de la Misa para grupos particulares.[101]

2. Principios en la elaboración de la Ordenación de las Lecturas de la Misa

64. Para alcanzar la finalidad propia de la Ordenación de las Lecturas de la Misa, la selección y distribución de los fragmentos se ha hecho teniendo en cuenta la sucesión de los tiempos litúrgicos y también los principios hermenéuticos que los estudios exegéticos de nuestro tiempo han permitido descubrir y definir.

Por esto ha parecido conveniente exponer aquí los principios observados en la elaboración de la Ordenación de las Lecturas de la Misa.

A) SELECCION DE TEXTOS

65. La sucesión de lecturas del "propio del tiempo" se ha dispuesto de la siguiente manera: en los domingos y fiestas se proponen los textos más importantes, para que, en un conveniente espacio de tiempo, puedan ser leídas ante la asamblea de los fieles las partes más relevantes de la palabra de Dios. La otra serie de textos de la Sagrada Escritura, que en cierto modo completan el anuncio de salvación desarrollado en los días festivos, se asigna a las ferias. Sin embargo, ninguna de las dos series de estas partes principales de la Ordenación de las Lecturas, esto es, la dominical-festiva y la serie ferial, depende la una de la otra. Más aún, la Ordenación de las Lecturas dominical-festiva se desarrolla en un trienio, mientras que la ferial lo hace en un bienio. Por esto la Ordenación de las Lecturas dominical-festiva procede con independencia de la ferial, y viceversa.

La sucesión de lecturas propuestas para las demás partes de la Ordenación de las Lecturas, como son la serie de lecturas para las celebraciones de los santos, para las Misas rituales o por diversas necesidades, o las votivas, o las Misas de difuntos, se rige por normas propias.

B) DISTRIBUCIÓN DE LAS LECTURAS EN LOS DOMINGOS Y FIESTAS

66. Las características de la Ordenación de las Lecturas para los domingos y fiestas son las siguientes:

1. Toda Misa presenta tres lecturas: la primera, del Antiguo Testamento; la segunda, del Apóstol (esto es, de las Epístolas de los apóstoles o del Apocalipsis, según los diversos tiempos del año); la tercera, del Evangelio. Con esta distribución se pone de relieve la unidad del Antiguo y del Nuevo Testamento, y de la historia de la salvación, cuyo centro es Cristo, contemplado en su misterio pascual.

2. El hecho de que para los domingos y fiestas se proponga un ciclo de tres años es causa también de una lectura más variada y abundante de la Sagrada Escritura, ya que los mismos textos no volverán a leerse hasta después de tres años.[102]

3. Los principios que regulan la Ordenación de las Lecturas para los domingos y fiestas son los llamados de "composición armónica" o de "lectura semi-continua". Se emplea uno u otro principio según los diversos tiempos del año y las notas características de cada tiempo litúrgico.

67. La mejor composición armónica entre las lecturas del Antiguo y del Nuevo Testamento tiene lugar cuando la misma Escritura la insinúa, es decir, en aquellos casos en que las enseñanzas y hechos expuestos en los textos del Nuevo Testamento tienen una relación más o menos explícita con las enseñanzas y hechos del Antiguo Testamento. En la presente Ordenación de las Lecturas, los textos del Antiguo Testamento han sido seleccionados principalmente por su congruencia con los textos del Nuevo Testamento, en especial, con el Evangelio que se lee en la misma Misa.

En los tiempos de Adviento, Cuaresma y Pascua, es decir, en aquellos tiempos dotados de una importancia y unas características especiales, la composición entre los textos de las lecturas de cada Misa se basa en otros principios.

Por el contrario, en los domingos del tiempo ordinario, que no tienen una característica peculiar, los textos de la lectura apostólica y del Evangelio se distribuyen según el orden de la lectura semi-continua, mientras que la lectura del Antiguo Testamento se compone armónicamente con el Evangelio.

68. Lo que era conveniente para los tiempos anteriormente citados no ha parecido oportuno aplicarlo también a los domingos, de modo que en ellos hubiera una cierta unidad temática, que hiciera más fácil la instrucción homilética. El genuino concepto de la acción litúrgica se contradice, en efecto, con una semejante composición temática, ya que dicha acción litúrgica es siempre la celebración del misterio de Cristo y, por tradición propia, usa la palabra de Dios, movida no sólo por unas inquietudes de orden racional o externo, sino por la preocupación de anunciar el Evangelio y de llevar a los creyentes hacia la verdad plena.

c) DISTRIBUCION DE LAS LECTURAS PARA LAS FERIAS

69. La distribución de las lecturas para las ferias se ha hecho con estos criterios:

1. Toda Misa presenta dos lecturas: la primera del Antiguo Testamento o del Apóstol (esto es, de las Cartas de los apóstoles o del Apocalipsis), y en tiempo pascual, de los Hechos de los apóstoles; la segunda, del Evangelio.

2. El ciclo anual del tiempo de Cuaresma se ordena según unos principios peculiares que tienen en cuenta las características de este tiempo, a saber, su índole bautismal y penitencial.

3. También en la ferias de Adviento y de los tiempos de Navidad y Pascua, el ciclo es anual y por tanto las lecturas no varían.

4. En las ferias de las treinta y cuatro semanas del tiempo ordinario las lecturas evangélicas se distribuyen en un solo ciclo, que se repite cada año. En cambio, la primera lectura se distribuye en un doble ciclo que se lee en años alternos. El año primero se emplea en los años impares; el segundo, en los años pares.

De este modo, también en la Ordenación de las Lecturas para las ferias, igual que en los domingos y fiestas, se ponen en práctica los principios de la composición armónica y de la lectura semi-continua, por los mismos motivos, principalmente cuando se trata de aquellos tiempos que ostentan características peculiares.

d) LAS LECTURAS PARA LAS CELEBRACIONES DE LOS SANTOS

70. Para las celebraciones de los santos se ofrece una doble serie de lecturas:

1. Una del Propio, para las solemnidades, fiestas y memorias, principalmente si para cada una de ellas se hallan textos propios. De lo contrario, se indica algún texto más adecuado, de los que se encuentran en el Común, con preferencia a los demás.

2. Otra serie, por cierto más amplia, se halla en los Comunes de los santos. En esta parte, primero se proponen los textos más propios para las diversas categorías de santos (mártires, pastores, vírgenes, etc.); luego una cantidad de textos que tratan de la santidad en general, y que pueden emplearse a discreción siempre que se remita a los Comunes para la elección de las lecturas.

71. Por lo que se refiere al orden en que están puestos los textos en esta parte, ayudará saber que se encuentran todos juntos, según el orden en que han de leerse. Así, se hallan primero los textos del Antiguo Testamento, luego los textos del Apóstol, después los salmos y versículos interleccionales y, finalmente, los textos del Evangelio. Están colocados de esta manera para que el celebrante los elija a voluntad, teniendo en cuenta las necesidades pastorales de la asamblea que participa en la celebración, a no ser que expresamente se indique lo contrario.

e) LAS LECTURAS PARA LAS MISAS RITUALES, PARA DIVERSAS NECESIDADES, VOTIVAS Y DE DIFUNTOS

72. En este mismo orden están colocados los textos de las lecturas para las Misas rituales, para diversas necesidades, votivas y de difuntos: se ofrecen varios textos juntos, como en los Comunes de los santos.

f) PRINCIPALES CRITERIOS APLICADOS EN LA SELECCION Y DISTRIBUCION DE LAS LECTURAS

73. Además de estos principios, que regulan la distribución de las lecturas en cada parte de la Ordenación de las Lecturas, hay otros de carácter más general, que pueden enunciarse del siguiente modo:

74.   Por la importancia intrínseca de la cosa en sí misma y por tradición litúrgica, en la presente Ordenación algunos libros de la Sagrada Escritura se reservan para determinados tiempos litúrgicos. Por ejemplo, se respeta la tradición, tanto occidental (ambrosiana e hispánica) como oriental, de leer los Hechos de los Apóstoles en tiempo pascual, ya que este libro sirve en gran manera para hacer ver cómo toda la vida de la Iglesia encuentra sus orígenes en el misterio pascual. Se conserva asimismo la tradición, tanto occidental como oriental, de leer el Evangelio de san Juan en las últimas semanas de Cuaresma y en el tiempo pascual.

La lectura de Isaías, principalmente de la primera parte, se asigna por tradición al tiempo de Adviento. No obstante, algunos textos de este libro se leen en el tiempo de Navidad. Al tiempo de Navidad se asigna también la primera carta de san Juan.

2) Extensión de los textos

75.   Respecto a la extensión de los textos se guarda un término medio. Se ha hecho una distribución entre las narraciones, que demandan una cierta longitud del texto y que generalmente los fieles escuchan con atención, y aquellos textos que, por la profundidad de su contenido, no pueden ser muy extensos.

Para algunos textos más largos, se prevé una doble forma, la larga y la breve, según convenga. Estas abreviaciones se han hecho con gran cuidado.

3) Los textos más difíciles

76.   Por motivos pastorales, en los domingos y solemnidades se evitan los textos bíblicos realmente difíciles, ya objetivamente, porque suscitan arduos problemas de índole literaria, crítica o exegética, ya también, por lo menos hasta cierto punto, porque son textos que los fieles difícilmente podrían entender. Con todo, era inadmisible no proporcionar a los fieles las riquezas espirituales de algunos textos por la sola razón de que les eran difíciles de entender, cuando esta dificultad deriva de una insuficiente formación cristiana, de la que ningún fiel debe carecer, o de una insuficiente formación bíblica, que ha de tener en abundancia todo pastor de almas. Algunas veces, una lectura difícil se vuelve fácil por su armonía con otra lectura de la misma Misa.

4) Omisión de algunos versículos

77.   La tradición de muchas liturgias, sin excluir la misma liturgia romana, acostumbra omitir a veces algunos versículos de las lecturas de la Escritura. Hay que admitir ciertamente que estas omisiones no se pueden hacer a la ligera, no sea que queden mutilados el sentido del texto o el espíritu y el estilo propio de la Escritura. Con todo, salvando siempre la integridad del sentido en lo esencial, ha parecido conveniente, por motivos pastorales, conservar también en esta Ordenación la antedicha tradición. De lo contrario, algunos textos se alargarían excesivamente, o habría que omitir de todo algunas lecturas de no poca utilidad para los fieles, porque contienen unos pocos versículos que, desde el punto de vista pastoral, son menos provechosos o incluyen algunas cuestiones realmente demasiado difíciles.

3. Principios que hay que aplicar en el uso de la Ordenación de las Lecturas

A) FACULTAD DE ELEGIR ALGUNOS TEXTOS

78.   En la Ordenación de las Lecturas se concede a veces al celebrante la facultad de elegir la lectura de uno u otro texto, o de elegir un texto entre los diversos propuestos a la vez para la misma lectura. Esto raramente sucede en los domingos, solemnidades y fiestas, para que no quede diluida la índole propia de algún tiempo litúrgico o no se interrumpa indebidamente la lectura semi-continua de algún libro; por el contrario, esta facultad se da con más facilidad en las celebraciones de los santos y en las Misas rituales, para diversas necesidades, votivas y de difuntos.

Estas facultades, junto con otras, indicadas en la *Instrucción General para el Uso del Misal Romano* y en el *Ordo cantus Missae*,[103] tienen una finalidad pastoral. El sacerdote, por tanto, al organizar la liturgia de la palabra, "mirará más al bien espiritual común de la asamblea que a sus personales preferencias. Tenga además presente que una elección de este tipo estará bien hacerla de común acuerdo con los que oficial con él y con los demás que habrán de tomar parte en la celebración, sin excluir a los mismos fieles en la parte que a ellos más directamente corresponde".[104]

1) Las dos lecturas antes del Evangelio

79.   En las Misas en que se proponen tres lecturas hay que hacer efectivamente tres lecturas. No obstante, si la Conferencia Episcopal, por motivos pastorales, permite que en alguna parte se hagan sólo dos lecturas,[105] la elección entre las dos primeras ha de hacerse de modo que no se desvirtúe el proyecto de instruir plenamente a los fieles sobre el misterio de salvación. Por lo cual, si no se indica en algún caso lo contrario, entre las dos primeras lecturas se ha de preferir aquella que esté más directamente relacionada con el Evangelio, o aquella que, según el proyecto antes mencionado, sea de más ayuda para realizar durante algún tiempo una catequesis orgánica, o aquella que facilite la lectura semi-continua de algún libro.[106]

2) Forma larga o breve

80.   Al elegir entre las dos formas en que se presenta un mismo texto, hay que guiarse también por un criterio pastoral. Se da, en efecto, algunas veces una forma larga y otra breve del mismo texto. En este caso hay que atender a que los fieles puedan escuchar con provecho la forma corta o la más extensa, y también a la posibilidad de que escuchen el texto más completo, que será explicado después en la homilía.

3) Un doble texto propuesto

81.   Cuando se concede la facultad de elegir entre uno y otro texto ya determinado, o cuando se deja a elección, habrá que atender a la utilidad de los que participan; habrá, pues, que emplear el texto que es más fácil o más conveniente para la asamblea reunida, o repetir o reponer el que se asigna como propio para alguna celebración y se deja a voluntad para otra, siempre que la utilidad pastoral lo aconseje.

Esto puede suceder cuando se teme que el texto origine algunas dificultades en alguna asamblea, o cuando el mismo texto debe leerse de nuevo en días próximos en domingo y en la feria que le sigue inmediatamente.

4) Las lecturas feriales

82.   En la ordenación de las lecturas feriales, se proponen unos textos para cada día de cada semana, durante todo el año; por lo tanto, como norma general, se emplearán estas lecturas en los días que tienen asignados, a no ser que coincida una solemnidad o una fiesta, o una memoria que tenga lecturas propias.[107]

En la ordenación de las lecturas para las ferias, hay que advertir si, durante aquella semana, por razón de alguna celebración que en ella coincida, se tendrá que omitir alguna o algunas lecturas del mismo libro. Si se da este caso, el sacerdote, teniendo a la vista la distribución de lecturas de toda la semana, ha de prever qué partes omitirá, por ser de menor importancia, o la manera más conveniente de unir estas partes a las demás, cuando son útiles para una visión de conjunto del argumento que tratan.

5) Las celebraciones de los santos

83.   Para las celebraciones de los santos se proponen, cuando las hay, lecturas propias, esto es, que tratan de la misma persona del santo o del misterio que celebra la Misa. Estas lecturas, aunque se trate de una memoria, deben decirse en lugar de las lecturas correspondientes a la feria. Cuando se da este caso en una memoria, la Ordenación lo indica expresamente en su lugar.

A veces se da el caso de lecturas apropiadas, es decir que ponen de relieve algún aspecto peculiar de la vida espiritual o de la actividad del santo. En dicho caso, no parece que haya que urgir el uso de estas lecturas, a no ser que un motivo pastoral lo aconseje realmente. Generalmente se indican las lecturas que hay en los Comunes, para facilitar la elección. Se trata sólo de sugerencias: en vez de la lectura apropiada o simplemente propuesta, puede escogerse cualquier otra de los Comunes indicados.

El sacerdote que celebra con participación del pueblo atenderá en primer lugar al bien espiritual de los fieles y se guardará de imponerles sus preferencias. Procurará de modo especial no omitir con frecuencia y sin motivo suficiente las lecturas asignadas para cada día en el Leccionario ferial, ya que es deseo de la Iglesia que los fieles dispongan de la mesa de la palabra de Dios ricamente servida.[108]

Hay también lecturas comunes, es decir las que figuran en los Comunes para una determinada categoría de santos (por ejemplo, mártires, vírgenes, pastores) o para los santos en general. Como en estos casos se proponen varios textos para una misma lectura, corresponde al celebrante escoger el que más convenga a los oyentes.

En todas las celebraciones, además de los Comunes a los que se remite en cada caso, siempre que lo aconseje algún motivo especial, las lecturas pueden escogerse del Común de santos y santas.

84. En las celebraciones de los santos hay que tener en cuenta, además, lo siguiente:

a) En las solemnidades y fiestas siempre hay que emplear las lecturas que pone el Propio o el Común; en las celebraciones del calendario general se asignan siempre lecturas propias.

b) En las solemnidades de los calendarios particulares deben proponerse tres lecturas: la primera del Antiguo Testamento (en tiempo pascual, de los Hechos de los Apóstoles o del Apocalipsis), la segunda del Apóstol y la tercera del Evangelio, a no ser que la Conferencia Episcopal haya determinado que ha de haber sólo dos lecturas.[109]

c) En las fiestas y memorias, en las que sólo hay dos lecturas, la primera puede escogerse del Antiguo Testamento o del Apóstol, la segunda del Evangelio. Sin embargo, en tiempo pascual, según la costumbre tradicional de la Iglesia, la primera lectura ha de ser del Apóstol, la segunda, en lo posible, del Evangelio de san Juan.

6) Las demás partes de la Ordenación de las Lecturas

85. En la Ordenación de las Lecturas para las Misas rituales, se indican los mismos textos que han sido ya promulgados en los respectivos Rituales, exceptuando, como es natural, los textos pertinentes a aquellas celebraciones que no se pueden juntar con la Misa.[110]

86. La Ordenación de las Lecturas para diversas necesidades, votivas y de difuntos presenta diversidad de textos que pueden prestar una valiosa ayuda para adaptar aquellas celebraciones a las características, a las circunstancias y a los problemas de las diversas asambleas que en ellas participan.[111]

87. En las Misas rituales, para diversas necesidades, votivas y de difuntos, cuando se proponen varios textos para la misma lectura, la elección se hace con los mismos criterios anteriormente descritos para elegir las lecturas del Común de los santos.

88. Cuando alguna Misa ritual está prohibida y, según las normas indicadas en cada rito, se permita tomar una lectura de las propuestas para las Misas rituales, se debe atender al bien común espiritual de los que participan.[112]

b) EL SALMO RESPONSORIAL Y LA ACLAMACION ANTES DE LA LECTURA
DEL EVANGELIO

89. Entre estos cantos tiene una importancia especial el salmo que sigue a la primera lectura. Como norma, se tomará el salmo asignado a la lectura, a no ser que se trate de lecturas del Común de los santos, de las Misas rituales, para diversas necesidades, votivas o de difuntos, ya que en estos casos la elección corresponde al sacerdote celebrante, que obrará en esto según pida la utilidad pastoral de los asistentes.

Sin embargo, para que el pueblo pueda más fácilmente decir la respuesta salmódica, la Ordenación de las Lecturas señala algunos textos de salmos y de respuestas, seleccionados para los diversos tiempos del año o para las diversas categorías de santos, los cuales podrán emplearse en vez del texto que corresponde a la lectura, siempre que el salmo sea cantado.[113]

90.   El otro canto, que se hace después de la segunda lectura, antes del Evangelio, o bien se determina en cada Misa y está relacionado con el Evangelio, o bien se deja a la libre elección entre la serie común de cada tiempo litúrgico o del Común.

91.   En el tiempo de Cuaresma puede emplearse alguna de las aclamaciones propuestas más adelante,[114] y se dice antes y después del versículo que precede al Evangelio.

CAPITULO V
DESCRIPCION DE LA ORDENACION DE LAS LECTURAS

92.   Para ayudar a los pastores de almas a que conozcan la estructura de la Ordenación de las Lecturas, para que la usen de una manera viva y con provecho de los fieles, parece oportuno dar una breve descripción de la Ordenación de las Lecturas, por lo menos en lo que se refiere a las principales celebraciones y a los diversos tiempos del año litúrgico, en atención a los cuales se han escogido las lecturas según las normas antes indicadas.

1. Tiempo de Adviento

A) DOMINGOS

93.   Las lecturas del Evangelio tienen una característica propia: se refieren a la venida del Señor al final de los tiempos (primer domingo), a Juan Bautista (segundo y tercer domingo), a los acontecimientos que prepararon de cerca el nacimiento del Señor (cuarto domingo).

Las lecturas del Antiguo Testamento son profecías sobre el Mesías y el tiempo mesiánico, tomadas principalmente del libro de Isaías.

Las lecturas del Apóstol contienen exhortaciones y enseñanzas relativas a las diversas características de este tiempo.

B) FERIAS

94.   Hay dos series de lecturas, una desde el principio hasta el día 16 de diciembre, la otra desde el día 17 al 24.

En la primera parte del Adviento se lee el libro de Isaías, siguiendo el orden mismo del libro, sin excluir aquellos fragmentos más importantes que se leen también en los domingos. Los Evangelios de estos días están relacionados con la primera lectura.

Desde el jueves de la segunda semana comienzan las lecturas del Evangelio sobre Juan Bautista; la primera lectura es, o bien una continuación del libro de Isaías, o bien un texto relacionado con el Evangelio.

En la última semana antes de Navidad, se leen los acontecimientos que prepararon de inmediato el nacimiento del Señor, tomados del Evangelio de san Mateo (cap. I) y de san Lucas (cap. I). En la primera lectura se han seleccionado algunos textos de diversos libros del Antiguo Testamento, teniendo en cuenta el Evangelio del día, entre los que se encuentran algunos vaticinios mesiánicos de gran importancia.

2. Tiempo de Navidad

A) SOLEMNIDADES, FIESTAS Y DOMINGOS

95.   En la vigilia y en las tres Misas de Navidad, las lecturas, tanto las proféticas como las demás, se han tomado de la tradición romana.

En el domingo dentro de la octava de Navidad, fiesta de la Sagrada Familia, el Evangelio es de la infancia de Jesús, las demás lecturas hablan de las virtudes de la vida doméstica.

En la octava de Navidad y solemnidad de santa María, Madre de Dios, las lecturas tratan de la Virgen, Madre de Dios, y de la imposición del santísimo nombre de Jesús.

En el segundo domingo después de Navidad las lecturas tratan del misterio de la encarnación.

En la Epifanía del Señor, la lectura del Antiguo Testamento y el Evangelio conservan la tradición romana; en la lectura apostólica se lee un texto relativo a la vocación de los paganos a la salvación.

En la fiesta del Bautismo del Señor, los textos se refieren a este misterio.

B) FERIAS

96.   Desde el día 29 de diciembre, se hace una lectura continua de toda la primera carta de san Juan, que ya se empezó a leer el día 27 de diciembre, fiesta del mismo san Juan, y en el día siguiente, fiesta de los santos Inocentes. Los Evangelios se refieren a las manifestaciones del Señor. En efecto, se leen los acontecimientos de la infancia de Jesús, tomados del Evangelio de san Lucas (días 29 y 30 de diciembre), el primer capítulo del Evangelio de san Juan (31 de diciembre al 5 de enero), y las principales manifestaciones del Señor, tomadas de los cuatro Evangelios (7 al 12 de enero).

3. Tiempo de Cuaresma

A) DOMINGOS

97.   Las lecturas del Evangelio están distribuidas de la siguiente manera:

En los domingos primero y segundo se conservan las narraciones de las tentaciones y de la transfiguración del Señor, aunque leídas según los tres sinópticos.

En los tres domingos siguientes se han recuperado, para el año A, los evangelios de la samaritana, del ciego de nacimiento y de la resurrección de Lázaro;

estos evangelios, como son de gran importancia, en relación con la iniciación cristiana, pueden leerse también en los años B y C, sobre todo cuando hay catecúmenos.

Sin embargo, en los años B y C hay también otros textos, a saber: en el año B, unos textos de san Juan sobre la futura glorificación de Cristo por su cruz y resurrección; en el año C, unos textos de san Lucas sobre la conversión.

En el Domingo de Ramos de la Pasión del Señor, para la procesión se han escogido los textos que se refieren a la solemne entrada del Señor en Jerusalén, tomados de los tres Evangelios sinópticos; en la Misa se lee el relato de la pasión del Señor.

Las lecturas del Antiguo Testamento se refieren a la historia de la salvación, que es uno de los temas propios de la catequesis cuaresmal. Cada año hay una serie de textos que presentan los principales elementos de esta historia, desde el principio hasta la promesa de la nueva alianza.

Las lecturas del Apóstol se han escogido de manera que tengan relación con las lecturas del Evangelio y del Antiguo Testamento y haya, en lo posible, una adecuada conexión entre las mismas.

B) FERIAS

98.   Las lecturas del Evangelio y del Antiguo Testamento se han escogido de manera que tengan una mutua relación, y tratan diversos temas propios de la catequesis cuaresmal, acomodados al significado espiritual de este tiempo. Desde el lunes de la cuarta semana, se ofrece una lectura semi-continua del Evangelio de san Juan, en la cual tienen cabida aquellos textos de este Evangelio que mejor responden a las características de la Cuaresma.

Como las lecturas de la samaritana, del ciego de nacimiento y de la resurrección de Lázaro ahora se leen los domingos, pero sólo el año A (y los otros años sólo a voluntad), se ha previsto que puedan leerse también en las ferias; por ello, al comienzo de las semanas tercera, cuarta y quinta se han añadido unas "Misas opcionales" que contienen estos textos; estas Misas pueden emplearse en cualquier feria de la semana correspondiente, en lugar de las lecturas del día.

Los primeros días de la Semana Santa, las lecturas consideran el misterio de la pasión. En la Misa crismal, las lecturas ponen de relieve la función mesiánica de Cristo y su continuación en la Iglesia, por medio de los sacramentos.

4. Triduo sacro y tiempo pascual

A) TRIDUO SACRO PASCUAL

99.   El jueves santo, en la Misa vespertina, el recuerdo del banquete que precedió al éxodo ilumina de un modo especial el ejemplo de Cristo al lavar los pies de los discípulos y las palabras de Pablo sobre la institución de la Pascua cristiana de la Eucaristía.

La acción litúrgica del viernes santo llega a su momento culminante en el relato según san Juan de la pasión de aquel que, como el Siervo del Señor, anunciado en el libro de Isaías, se ha convertido realmente en el único sacerdote al ofrecerse a sí mismo al Padre.

En la vigilia pascual de la noche santa, se proponen siete lecturas del Antiguo Testamento, que recuerdan las maravillas de Dios en la historia de la salvación, y dos del Nuevo, a saber, el anuncio de la resurrección según los tres evangelios sinópticos, y la lectura apostólica sobre el bautismo cristiano como sacramento de la resurrección de Cristo.

Para la Misa del día de Pascua se propone la lectura del Evangelio de san Juan sobre el hallazgo del sepulcro vacío. También pueden leerse, si se prefiere, los textos de los evangelios propuestos para la noche santa, o, cuando hay Misa vespertina, la narración de Lucas sobre la aparición a los discípulos que iban a Emaús. La primera lectura se toma de los Hechos de los Apóstoles, que se leen durante el tiempo pascual en vez de la lectura del Antiguo Testamento. La lectura del Apóstol se refiere al misterio de Pascua vivido en la Iglesia.

B) DOMINGOS

100. Hasta el domingo tercero de Pascua, las lecturas del Evangelio relatan las apariciones de Cristo resucitado. Las lecturas del buen Pastor están asignadas al cuarto domingo de Pascua. Los domingos quinto, sexto y séptimo de Pascua se leen pasajes escogidos del discurso y de la oración del Señor después de la última cena.

La primera lectura se toma de los Hechos de los Apóstoles, en el ciclo de los tres años, de modo paralelo y progresivo; de este modo, cada año se ofrecen algunas manifestaciones de la vida, testimonio y progreso de la Iglesia primitiva.

Para la lectura apostólica, el año A se lee la primera carta de san Pedro, el año B la primera carta de san Juan, el año C el Apocalipsis; estos textos están muy de acuerdo con el espíritu de una fe alegre y una firme esperanza, propio de este tiempo.

C) FERIAS

101. La primera lectura se toma de los Hechos de los Apóstoles, como los domingos, de modo semi-continuo. En el Evangelio, dentro de la octava de Pascua, se leen los relatos de las apariciones del Señor. Después, se hace una lectura semicontinua del Evangelio de san Juan, del cual se toman ahora los textos de índole más bien pascual, para completar así la lectura ya empezada en el tiempo de Cuaresma. En esta lectura pascual ocupan una gran parte el discurso y la oración del Señor después de la cena.

102. La solemnidad de la Ascensión conserva como primera lectura la narración del suceso según los Hechos de los Apóstoles, y este texto es completado por las lecturas apostólicas acerca de Cristo ensalzado a la derecha del Padre. En la lectura del Evangelio cada ciclo presenta el texto propio según las variantes de cada evangelista.

En la Misa que se celebra por la tarde en la vigilia de Pentecostés se ofrecen cuatro textos del Antiguo Testamento, para que se elija a voluntad uno de ellos, los cuales ilustran el múltiple significado de la solemnidad. La lectura apostólica explica cómo el Espíritu realiza su función en la Iglesia. Finalmente, la lectura evangélica recuerda la promesa del Espíritu hecha por Cristo, cuando aún no había sido glorificado.

En la Misa del día, se toma como primera lectura la acostumbrada narración que nos hacen los Hechos de los Apóstoles del gran acontecimiento de Pentecostés, mientras que los textos del Apóstol ponen de manifiesto los efectos de la actuación del Espíritu en la vida de la Iglesia. La lectura evangélica trae a la memoria cómo Jesús, en la tarde del día de Pascua, hace a los discípulos partícipes del Espíritu, mientras que los demás textos opcionales tratan de la acción del Espíritu en los discípulos y en la Iglesia.

5. Tiempo ordinario

A) DISTRIBUCION Y SELECCION DE LOS TEXTOS

103. El tiempo ordinario comienza el lunes que sigue al domingo que cae después del día 6 de enero y dura hasta el martes antes de Cuaresma, inclusive; vuelve a empezar el lunes después del domingo de Pentecostés y termina antes de las primeras Vísperas del primer domingo de Adviento.

La Ordenación de las Lecturas contiene lecturas para los 34 domingos y las semanas que los siguen. A veces, sin embargo, las semanas del tiempo ordinario son sólo 33. Además, algunos domingos o bien pertenecen a otro tiempo litúrgico (el domingo en que se celebra el Bautismo del Señor y el domingo de Pentecostés) o bien quedan impedidos por una solemnidad que en ellos coincide (por ejemplo: la Santísima Trinidad, Jesucristo, Rey del universo).

104. Para ordenar rectamente el uso de las lecturas establecidas para el tiempo ordinario, deben observarse las normas siguientes:

1) El domingo en que se celebra la fiesta del Bautismo del Señor ocupa el lugar del domingo I del tiempo ordinario; por tanto, las lecturas de la semana I empiezan el lunes después del domingo que cae después del día 6 de enero. Si la fiesta del Bautismo del Señor se celebra el lunes después del domingo en que se ha celebrado la Epifanía, las lecturas de la semana I empiezan el martes.

2) El domingo que sigue a la fiesta del Bautismo del Señor es el segundo del tiempo ordinario. Los demás se numeran en orden progresivo, hasta el domingo que precede al comienzo de la Cuaresma. Las lecturas de la semana en que cae el miércoles de Ceniza se interrumpen después del día que precede a este miércoles.

3) Al reanudar las lecturas del tiempo ordinario después del domingo de Pentecostés, se ha de tener en cuenta lo siguiente:

— Si los domingos del tiempo ordinario son 34, se toma aquella semana que sigue inmediatamente a la semana cuyas lecturas se han leído en último lugar antes de la Cuaresma.[115]

— Si los domingos del tiempo ordinario son 33, se omite la primera semana que habría que tomar después de Pentecostés, para conservar así al final del año litúrgico los textos escatológicos asignados a las dos últimas semanas.[116]

B) LECTURAS PARA LOS DOMINGOS

1) Lecturas del Evangelio

105. El domingo II del tiempo ordinario se refiere aún a la manifestación del Señor, celebrada en la solemnidad de la Epifanía, por la perícopa tradicional de las bodas de Caná y otras dos, tomadas asimismo del Evangelio de san Juan.

A partir del domingo III empieza la lectura semi-continua de los tres evangelios sinópticos; esta lectura se ordena de manera que presente la doctrina propia de cada Evangelio a medida que se va desarrollando la vida y predicación del Señor.

Además, gracias a esta distribución se consigue una cierta armonía entre el sentido de cada Evangelio y la evolución del año litúrgico. En efecto, después de la Epifanía se leen los comienzos de la predicación del Señor, que guardan una estrecha relación con el bautismo y las primeras manifestaciones de Cristo. Al final del año litúrgico se llega espontáneamente al tema escatológico, propio de los últimos domingos, ya que los capítulos del Evangelio que preceden al relato de la pasión tratan este tema, con más o menos amplitud.

En el año B se intercalan, después del domingo XVI, cinco lecturas del capítulo 6 del Evangelio de san Juan (el "discurso sobre el pan de la vida"); esta intercalación se hace de modo connatural, ya que la multiplicación de los panes del Evangelio de san Juan substituye a la misma narración según san Marcos. En la lectura semi-continua de san Lucas del año C se antepone al primer texto (esto es, el domingo III) el prólogo del Evangelio, en el que se explica bellamente la intención del autor, y al que no se le encontraba un sitio adecuado en otro lugar.

2) Lecturas del Antiguo Testamento

106. Estas lecturas se han seleccionado en relación con las perícopas evangélicas, con el fin de evitar una excesiva diversidad entre las lecturas de cada Misa y sobre todo para poner de manifiesto la unidad de ambos Testamentos. La relación entre las lecturas de la Misa se hace ostensible a través de la cuidadosa selección de los títulos que se hallan al principio de cada lectura.

Al seleccionar las lecturas se ha procurado que, en lo posible, fueran breves y fáciles. Pero también se ha previsto que en los domingos se lea el mayor número posible de los textos más importantes del Antiguo Testamento. Estos textos se han distribuido sin un orden lógico, atendiendo solamente a su relación con el Evangelio; sin embargo, el tesoro de la palabra de Dios quedará de tal manera abierto, que todos los que participan en la Misa dominical conocerán casi todos los pasajes más importantes del Antiguo Testamento.

3) Lecturas del Apóstol

107. Para esta segunda lectura se propone una lectura semi-continua de las cartas de san Pablo y de Santiago (las cartas de san Pedro y de san Juan se leen en el tiempo pascual y en el tiempo de Navidad).

La primera carta a los Corintios, como es muy larga y trata de temas diversos, se ha distribuido en los tres años del ciclo, al principio de este tiempo ordinario. También ha parecido oportuno dividir la carta a los Hebreos en dos partes, la primera de las cuales se lee el año B, y la otra el año C.

Conviene advertir que se han escogido sólo lecturas bastante breves y no demasiado difíciles para la compresión de los fieles.

La tabla II que se halla más adelante[117] indica la distribución de las cartas en los domingos del tiempo ordinario para los tres años del ciclo.

C) LECTURAS PARA LAS SOLEMNIDADES DEL SEÑOR EN EL TIEMPO ORDINARIO

108. Para las solemnidades de la Santísima Trinidad, del Santísimo Cuerpo y Sangre de Cristo y del Sagrado Corazón de Jesús se han elegido unos textos que responden a las principales características de estas celebraciones.

Las lecturas del domingo XXXIV y último celebran a Jesucristo, Rey del universo, esbozado en la figura de David, proclamado en medio de las humillaciones de la pasión y de la cruz, reinante en la Iglesia, y que ha de volver al final de los tiempos.

D) LECTURAS PARA LAS FERIAS

109. 1) *Los Evangelios* se ordenan de manera que en primer lugar se lee el de san Marcos (semanas I–IX), luego el de san Mateo (semanas X–XXI), finalmente el de san Lucas (semanas XXII–XXXIV). Los capítulos 1–12 de san Marcos se leen íntegramente, exceptuando tan sólo dos fragmentos del capítulo 6 que se leen en las ferias de otros tiempos. De san Mateo y de san Lucas se lee todo aquello que no se encuentra en san Marcos. Aquellos fragmentos que en cada Evangelio tienen una índole totalmente propia o que son necesarios para entender adecuadamente la continuidad del Evangelio se leen dos e incluso tres veces. El discurso escatológico se lee íntegramente en san Lucas, y de este modo coincide esta lectura con el final del año litúrgico.

110. 2) En la *primera lectura* se van alternando los dos Testamentos, varias semanas cada uno, según la extensión de los libros que se leen.

De los libros del Nuevo Testamento se lee una parte bastante notable, procurando dar una visión substancial de cada una de las cartas.

En cuanto al Antiguo Testamento, no era posible ofrecer más que aquellos trozos escogidos que, en lo posible, dieran a conocer la índole propia de cada libro. Los textos históricos han sido seleccionados de manera que den una visión de conjunto de la historia de la salvación antes de la encarnación del Señor. Los relatos demasiado extensos era prácticamente imposible ponerlos: en algunos casos se han seleccionado algunos versículos, con el fin de abreviar la lectura. Además, algunas veces se ilumina el significado religioso de los hechos históricos por medio de algunos textos tomados de los libros Sapienciales, que se añaden, a modo de proemio o de conclusión, a una determinada serie histórica.

En la ordenación de las lecturas para las ferias del "Propio del tiempo" tienen cabida casi todos los libros del Antiguo Testamento. Unicamente se han omitido algunos libros proféticos muy breves (Abdías, Sofonías) y un libro poético (el Cantar de los cantares). Entre aquellas narraciones escritas con una finalidad ejemplar, que requieren una lectura bastante extensa para que se entiendan, se leen los libros de Tobías y de Rut; los demás se omiten (Ester, Judit). De estos libros, no obstante, se hallan algunos textos en los domingos y en las ferias de otros tiempos.

La tabla que figura más adelante,[118] indica la distribución en dos años de los libros de ambos Testamentos en las ferias del tiempo ordinario.

Al final del año litúrgico se leen los libros que están en consonancia con la índole escatológica de este tiempo, a saber Daniel y el Apocalipsis.

CAPITULO VI
ADAPTACIONES, TRADUCCIONES A LA LENGUA VERNACULA E INDICACIONES DE LA ORDENACION DE LAS LECTURAS

1. Adaptaciones y traducciones

111. En la asamblea litúrgica, la palabra de Dios debe proclamarse siempre con los textos latinos preparados por la Santa Sede o con las traducciones en lengua vernácula aprobadas para el uso litúrgico por las Conferencias Episcopales, según las normas vigentes.[119]

112. El Leccionario de la Misa ha de ser traducido íntegramente, sin exceptuar los Prenotandos, en todas sus partes. Si la Conferencia Episcopal considera necesario y oportuno introducir algunas acomodaciones, éstas deben obtener antes la confirmación de la Santa Sede.[120]

113. Debido a la mole del Leccionario, las ediciones del mismo constarán necesariamente de varios volúmenes, acerca de los cuales no se prescribe ningún género de división. Cada volumen deberá incluir los textos en los que se explica la estructura y finalidad de la parte correspondiente.

Se recomienda la antigua costumbre de editar por separado el libro de los Evangelios y el de las demás lecturas del Antiguo y del Nuevo Testamento.

Pero, si se juzga conveniente, puede editarse por separado el Leccionario dominical —en el que podrá incluirse una selección del santoral— y el Leccionario ferial. El dominical podrá dividirse acertadamente según el ciclo de los tres años, de modo que cada año tenga todo seguido.

Si se encuentra alguna otra distribución que parezca más apta para el uso pastoral, hay libertad para ponerla en práctica.

114. Junto con las lecturas deben ponerse siempre los textos de los cantos; pero está permitido hacer libros que contengan sólo los cantos por separado. Se recomienda que el texto se imprima dividido en estrofas.

115. Siempre que la lectura conste de partes diversas, esta estructura del texto deberá manifestarse claramente en la disposición tipográfica. También se recomienda que los textos, incluso los no poéticos, se impriman en forma de verso, para facilitar la proclamación de las lecturas.

116. Cuando una misma lectura presenta la forma larga y breve, conviene ponerlas por separado, para que se pueda con facilidad leer una u otra; pero si esta separación no parece oportuna, debe hallarse la manera más conveniente para que uno y otro texto puedan proclamarse sin error.

117. En las traducciones a las lenguas vernáculas no debe omitirse el título que precede al texto. A este título puede añadirse, si se juzga oportuno, una monición que explique el sentido general de la perícopa, con alguna señal adecuada o con caracteres tipográficos distintos, para que se vea claramente que se trata de un texto opcional.[121]

118. A cada volumen se añadirá oportunamente un índice bíblico de las perícopas, a la manera del que se halla en esta Ordenación,[122] para que puedan encontrarse con facilidad en los Leccionarios de la Misa los textos necesarios o útiles para determinadas ocasiones.

2. Indicaciones para cada lectura en particular

En este volumen se propone para cada lectura la indicación del texto, el título y el *íncipit* respecto a los cuales hay que advertir lo siguiente:

A) INDICACION DEL TEXTO

119. La indicación del texto (esto es del capítulo y de los versículos) se da siempre según la edición de la nueva Vulgata, exceptuando los salmos;[123] a veces se añade una segunda indicación al texto original (hebreo, arameo o griego), siempre que haya discrepancia. En las traducciones en lengua vernácula, de conformidad con lo que decrete la autoridad competente en cada lengua, puede seguirse la numeración que corresponda a la versión aprobada por la misma autoridad para el uso litúrgico. Pero, conviene que haya siempre una cuidadosa indicación

de los capítulos y versículos, la cual, si se juzga oportuno, se pondrá también dentro del mismo texto o al margen del mismo.

120. De esta indicación se sigue que en los libros litúrgicos haya la "inscripción" del texto, la cual ha de leerse en la celebración, y que no se pone en la Ordenación de las Lecturas. Esta inscripción se hará según las normas siguientes, normas que pueden ser modificadas por decisión de las autoridades competentes, según las costumbres y conveniencias de cada lugar o de cada lengua:

121. 1) Se dirá siempre "*Lectura* del libro . . ." o "*Lectura* de la carta", o "*Lectura* del santo Evangelio", y no "Principio" (a no ser que en algunos casos especiales parezca oportuno) o "continuación".

122. 2) Se conservará el uso tradicional en cuanto al *nombre de los libros,* exceptuando los casos siguientes:

a) Cuando haya dos libros del mismo nombre se dirá "primer libro" y "segundo libro" (por ejemplo, de los Reyes, de los Macabeos), o bien "primera carta", "segunda carta".

b) Se empleará el nombre más usado en la actualidad en los siguientes libros:
"Libros I y II de Samuel", en vez de Libros I y II de los Reyes;
"Libros I y II de los Reyes", en vez de Libros III y IV de los Reyes;
"Libros I y II de las Crónicas", en vez de Libros I y II de los Paralipómenos;
"Libros de Esdras y de Nehemías", en vez de Libros I y II de Esdras.

c) Hay que distinguir entre sí los libros sapienciales, con los siguientes nombres: Libro de Job, de los Proverbios, del Eclesiastés o Qohélet, del Cantar de los cantares, de la Sabiduría, del Eclesiástico o Sirácide.

d) En cuanto a los libros que en la nueva Vulgata figuran entre los profetas, se dirá: "Lectura del libro de Isaías, de Jeremías, de Baruc", y "Lectura de la profecía de Ezequiel, de Daniel, de Oseas, . . . de Malaquías", incluso en aquellos libros que algunos consideran no verdaderamente proféticos.

e) Se dirá "Lamentaciones" y "carta a los Hebreos", sin mencionar a Jeremías ni a Pablo.

B) TITULO

123. Cada texto lleva un título cuidadosamente estudiado (formado casi siempre con palabras del mismo texto) en el que indica el tema principal de la lectura y, cuando es necesario, la relación entre las lecturas de la Misa.

C) EL "INCIPIT"

124. El "íncipit" contiene las primeras palabras introductorias de costumbre: "En aquel tiempo", "En aquellos días", "Hermanos", "Queridos hermanos", "Esto dice el Señor". Se omite cuando en el mismo texto hay una suficiente indicación de tiempo o de personas, o cuando por la misma naturaleza del texto, estas palabras no serían oportunas. En las traducciones en lengua vernácula estas fórmulas podrán ser cambiadas u omitidas por decisión de las autoridades competentes.

Después de estas palabras viene el comienzo de la lectura propiamente dicho, quitando o añadiendo algunas palabras según sea necesario para entender el texto separado de su contexto. En la Ordenación de las Lecturas se dan las convenientes indicaciones cuando el texto consta de versículos discontinuos, si eso obliga a introducir algún cambio en el texto.

d) ACLAMACION FINAL

125. Al final de las lecturas, para facilitar la aclamación del pueblo, conviene poner las palabras que dice el lector: "Palabra de Dios", u otras del mismo tenor, según las costumbres de cada lugar.

TABLAS

TABLA I

Tabla anual de las principales celebraciones. Disposición de las lecturas

AÑO	CICLO DOMINICAL DE LECTURAS	CICLO FERIAL DE LECTURAS	MIERCOLES DE CENIZA	PASCUA	PENTECOSTES
1997	B	I	12 Feb.	30 Mar.	18 May.
1998	C	II	25 Feb.	12 Abr.	31 May.
1999	A	I	17 Feb.	4 Abr.	23 May.
2000	B	II	8 Mar.	23 Abr.	11 Jun.
2001	C	I	28 Feb.	15 Abr.	3 Jun.
2002	A	II	20 Feb.	7 Abr.	26 May.
2003	B	I	12 Feb.	30 Mar.	18 May.
2004	C	II	3 Mar.	18 Abr.	6 Jun.
2005	A	I	16 Feb.	3 Abr.	22 May.
2006	B	II	8 Feb.	26 Mar.	14 May.
2007	C	I	28 Feb.	15 Abr.	3 Jun.
2008	A	II	20 Feb.	6 Abr.	25 May.

SEMANAS DEL TIEMPO ORDINARIO				
ANTES DE CUARESMA		DESPUES DE PASCUA		
HASTA EL DIA	SEMANA	DESDE EL DIA	DESDE LA SEMANA	I DOMINGO DE ADVIENTO
11 Feb.	5	19 May.	7	30 Nov.
24 Feb.	7	1 Jun.	9	29 Nov.
16 Feb.	6	24 May.	8	28 Nov.
7 Mar.	9	12 Jun.	10	3 Dic.
27 Feb.	8	4 Jun.	9	2 Dic.
19 Feb.	6	27 May.	8	1 Dic.
11 Feb.	5	19 May.	7	30 Nov.
2 Mar.	8	7 Jun.	10	28 Nov.
15 Feb.	6	23 May.	8	27 May.
7 Feb.	5	15 May.	6	3 Dic.
27 Feb.	8	4 Jun.	9	2 Dic.
19 Feb.	6	26 May.	8	30 Nov.

TABLA II

Disposición de la segunda lectura en los domingos del Tiempo Ordinario

DOMINGO	AÑO A	AÑO B	AÑO C
2	1 Corintios, 1 - 4	1 Corintios, 6 - 11	1 Corintios, 12 - 15
3	"	"	"
4	"	"	"
5	"	"	"
6	"	"	"
7	"	2 Corintios	"
8	"	"	"
9	Romanos	"	Gálatas
10	"	"	"
11	"	"	"
12	"	"	"
13	"	"	"
14	"	"	"
15	"	Efesios	Colosenses
16	"	"	"
17	"	"	"
18	"	"	"
19	"	"	Hebreos
20	"	"	"
21	"	"	"
22	"	Santiago	"
23	"	"	Filemón
24	"	"	1 Timoteo
25	Filipenses	"	"
26	"	"	"
27	"	Hebreos, 2 - 10	2 Timoteo
28	"	"	"
29	1 Tes.	"	"
30	"	"	"
31	"	"	2 Tes.
32	"	"	"
33	"	"	"

TABLA III

Disposición de la primera lectura en las ferias del Tiempo Ordinario

SEMANA	AÑO I	AÑO II
1	Hebreos	1 Samuel
2	"	"
3	"	2 Samuel
4	"	2 Samuel; 1 Reyes, 1 - 16
5	Génesis I - II	1 Reyes, 1 - 16
6	"	Santiago
7	Sirácide *(Eclesiástico)*	"
8	"	1 Pedro; Judas
9	Tobías	2 Pedro; 2 Timoteo
10	2 Corintios	1 Reyes, 17 - 22
11	"	1 Reyes, 17 - 22; 2 Reyes
12	Génesis, 12 - 50	2 Reyes; Lamentaciones
13	"	Amós
14	"	Oseas; Isaías
15	Exodo	Isaías; Miqueas
16	"	Miqueas; Jeremías
17	Exodo; Levítico	Jeremías
18	Números; Deuteronomio	Jeremías; Nahum: Habacuc
19	Deuteronomio; Josué	Ezequiel
20	Jueces; Rut	"
21	1 Tesalonicenses	2 Tesalonicenses; 1 Corintios
22	1 Tesalonicenses; Colosenses	1 Corintios
23	Colosenses; 1 Timoteo	"
24	1 Timoteo	"
25	Esdras; Ageo; Zacarías	Proverbios; Qohélet *(Eclesiastés)*
26	Zacarías, Nehemías; Baruc	Job
27	Jonás; Malaquías; Joel	Gálatas
28	Romanos	Gálatas; Efesios
29	"	Efesios
30	"	"
31	"	Efesios; Filipenses
32	Sabiduría	Tito, Filemón; 2 y 3 Juan
33	1 y 2 Macebeos	Apocalipsis
34	Daniel	"

CITAS

1 Cfr. especialmente el Concilio Vaticano II, Const. sobre la sagrada Liturgia, *Sacrosanctum Concilium*, nn. 7, 24, 33, 35, 48, 51, 52, 56. Const. dogm. s. la divina Revelación, *Dei Verbum*, nn. 1, 21, 25, 26. Decr. s. la activ. mis. de la Iglesia, *Ad Gentes Divinitus*, n. 6. Decr. s. la vida y minist. de los Presbíteros, *Presbyterorum Ordinis*, n. 18.

2 Cfr. Todo aquello que los Sumos Pontífices han hablado o escrito sobre la materia, y en especial: Pablo VI, Carta apost. *Ministeria quaedam* (15 de agosto de 1972), n. V: A.A.S. 64 (1972), p. 532; Pablo VI, Exhort. apost. *Marialis cultus* (2 de febrero de 1974), n. 12: A.A.S. 66 (1974), pp. 125-126; Pablo VI, Exhort. apost. *Evangelii nuntiandi* (8 de diciembre de 1975), n. 28: A.A.S. 68 (1976), pp. 24-25, n. 43; *ibid.*, 36-37. Juan Pablo II, Exhort. apost. *Scripturarum thesaurus* (25 de abril de 1979), en *Nova Vulgata Bibliorum Sacrorum* (edit. Políglota Vaticana 1979) pp. V-VIII; Juan Pablo II, Exhort. apost. *Catechesi tradendae* (16 de octubre de 1979), n. 23: A.A.S. 71 (1979), pp. 1296-1297, n. 27; *ibid.*, pp. 1298-1299, n. 48; *ibid.*, p. 1316; Juan Pablo II, Carta *Dominicae Cenae* (24 de febrero de 1980), n. 10: A.A.S. 72 (1980), pp. 134-137.

3 Cfr, p. ej., S. Congr. de Ritos, Instr. *Eucharisticum Mysterium* (25 de mayo de 1967), n. 10: A.A.S. 59 (1967), pp. 547-548; S. Congr. para el Culto Divino, Instr. *Liturgicae instaurationes* (5 de septiembre de 1970), n. 2: A.A.S. 62 (1970), pp. 695-696; S. Congr. para los Clérigos, *Directorium catechisticum generale* (11 de abril de 1971): A.A.S. 64 (1972), pp. 106-107, n. 25; *ibid.*, p. 114; S. Congr. para el Culto Divino, *Instrucción general para el Uso del Misal Romano*, nn. 9, 11, 24, 33, 60, 62, 316, 320; S. Congr. para la Educación Católica, Instrucción sobre la educación litúrgica en los seminarios, *In ecclesiasticam* (3 de junio de 1979), nn. 11, 52; *ibid.*, Apéndice, n. 15; S. Congr. para los Sacramentos y el Culto Divino, Instr. *Inaesti-*

mabile Donum (3 de abril de 1980), nn. 1, 2, 3,: A.A.S. 72 (1980), pp. 333-334.

4 Cfr. *Misal Romano*, instaurado por Decreto del Sagrado Concilio Ecuménico Vaticano II y promulgado por la autoridad del Papa Pablo VI. *Ordo Lectionum Missae* (edit. Políglota Vaticana 1969), IX-XII (Prenotandos); Decreto de promulgación: A.A.S. 61 (1969), pp. 548-549.

5 Cfr. Conc. Vat. II, Const. s. la sagrada Liturgia, *Sacrosanctum Concilium*, nn. 35, 56; Pablo VI, Exhort. apost. *Evangelii nuntiandi* (8 de diciembre de 1975), nn. 28, 47: A.A.S. 68 (1976), pp. 24-25 y 36-37; Juan Pablo II, Carta *Dominicae Cenae* (24 de febrero de 1980), nn. 10, 11, 12: A.A.S. 72 (1980), pp. 134-146.

6 Con este criterio usaremos p. ej., las expresiones *palabra de Dios, Sagrada Escritura, Antiguo y Nuevo Testamento, lectura(s) de la palabra de Dios, lectura(s) de la Sagrada Escritura, celebración(es) de la palabra de Dios,* etc.

7 Por tanto, el mismo texto puede leerse y utilizarse bajo diferentes aspectos y en diversas ocasiones y celebraciones litúrgicas de la Iglesia. Conviene recordar esto en la homilía, en la exégesis pastoral y en la catequesis. En los índices de este volumen se pueden hallar claramente los diferentes usos de un solo texto, p. ej. Romanos 6 o Romanos 8, en los diferentes tiempos litúrgicos del año y en la celebración de los diversos sacramentos y sacramentales.

8 Cfr. Lucas 4:16-21, 24, 25-35, 44-49.

9 Cfr. p. ej., *la proclamación o la lectura*, etc., en la celebración de la Misa (cfr *Instrucción general para el uso del Misal Romano*, nn. 21, 23, 95, 131, 146, 234, 235). Cfr. también las celebraciones de la palabra de Dios en el *Pontifical*, el *Ritual Romano* y la *Liturgia de las Horas*, que han sido restablecidas por el Conc. Vat. II.

10 Cfr. Conc. Vat. II, Const. s. la sagrada Liturgia, *Sacrosanctum Concilium*, nn. 7, 33; Marcos 16, 19-20; Mateo 28, 20; S. Agustín, *Sermo* 85, 1: "El Evangelio es la boca

de Cristo. En el cielo Cristo está sentado, pero en la tierra no cesa de hablar" (PL 38, 520; se puede consultar también *In Io. Ev. Tract.* xxx, 1: PL 35, 1632; CCL 36, 289) y del *Pontifical Romano* Germánico se puede recordar aquel texto: "Se lee el Evangelio en que Cristo habla a la gente . . . para recordar que en ese Evangelio que se lee en la Iglesia el mismo Cristo es quien habla al pueblo" (Cfr. V. Vogel R. Elze, ed. *Le Pontifical Romano-germanique du dixième siècle. Le Texte, I.* Città del Vaticano 1963/XCIV, 18, p. 334) o aquel otro: "Al llegar Cristo, es decir, el Evangelio, dejamos los báculos, porque ya no necesitamos la ayuda de los hombres" (*o.c.*, XCIV, 23, p. 335).

11 Cfr. Conc. Vat. II, Const. s. la sagrada Liturgia, *Sacrosanctum Concilium*, n. 7.

12 Cfr. Hebreos 4:12.

13 Cfr. S. Agustín, *Quaestionum in Heptateuchum, liber* 2, 73: (PL 34, 623; CCL 33, 106): Conc. Vat. II, Const. dogm. sobre la divina Revelación, *Dei Verbum*, n. 16.

14 Cfr S. Jerónimo: "Según el apóstol Pablo (1 Corintios 1:24), Cristo es la fuerza de Dios y la sabiduría de Dios. Por tanto, quien ignora las Escrituras ignora la fuerza y la sabiduría de Dios. Pues ignorar las Escrituras es ignorar a Cristo" (*Commentarii in Isaiam prophetam. Prologus.*, en PL 24, 17A; CCL 73, 1); Conc. Vat. II, Const. dogm. sobre la divina Revelación, *Dei Verbum*, n. 25.

15 Cfr. 2 Corintios 1:20–22.

16 Cfr. Conc. Vat. II, Const. s. la sagrada Liturgia, *Sacrosanctum Concilium*, n. 10.

17 Cfr. 2 Tesalonicenses 3:1.

18 Cfr. *Or. colectas, Por la Santa Iglesia,* en el *Misal Romano*, reformado según las normas de los decretos del Concilio Ecuménico Vaticano II y promulgado por el Papa Pablo VI (ed Méx., 1975), pp. 679, 681, 683; S. Cipriano, *De oratione dominica* 23: PL 4, 553; CSEL 3/2, 285; CCL 3 A, 105; S. Agustín, *Sermo* 71, 20, 33: PL 38, 463 s.

19 Cfr. *Or. colecta del domingo 21 del "tiempo ordinario",* en el *Misal Romano*, o.c., p. 261.

20 Cfr. Conc. Vat. II, Const. dogm. sobre la divina Revelación, *Dei Verbum*, n. 8.

21 Cfr. Juan 14:15–17, 25–26; 15:26—16:15.

22 Conc. Vat. II, Decr. sobre el ministerio y la vida de los Presbíteros, *Presbyterorum Ordinis*, n. 4.

23 Cfr. Conc. Vat. II, Const. s. la sagrada Liturgia, *Sacrosanctum Concilium*, n. 51; Decr. sobre el ministerio y la vida de los Presbíteros, *Presbyterorum Ordinis*, n. 18; también Const. sobre la divina Revelación, *Dei Verbum*, n. 21; Decr. sobre la actividad misionera de la Iglesia, *Ad Gentes Divinitus*, n. 6; Cfr. *Instrucción general para el uso del Misal Romano*, n. 8.

24 Conc. Vat. II, Const. s. la sagrada Liturgia, *Sacrosanctum Concilium*, n. 56.

25 *Instrucción general para el uso del Misal Romano*, n. 33.

26 Cfr S. Congr. para el Culto Divino, Instr. *Liturgicae instaurationes* (5 de septiembre de 1970), n. 2; A.A.S. 62 (1970), pp. 695–696; Juan Pablo II, Carta *Dominicae Cenae* (24 de febrero de 1980), n. 10: A.A.S. 72 (1980), pp. 134–137; S. Congr. para los Sacramentos y el Culto Divino, Instr. *Inaestimabile donum* (3 de abril de 1980), n. 1: A.A.S. 72 (1980), p. 333.

27 Conc. Vat. II, Const. s. la sagrada Liturgia, *Sacrosanctum Concilium*, n. 33.

28 Cfr. *infra, Prenotandos*, n. 111.

29 Cfr. *Missale Romanum ex Decreto Sacrosancti Oecumenici Concilii Vaticani II instauratum, auctoritate Pauli PP. VI promulgatum, Ordo Cantus Missae*, ed. typ. 1972, Praenotanda, nn. 4, 6, 10.

30 Cfr. *Instrucción general para el uso del Misal Romano*, n. 11.

31 Cfr. *ibid.*, n. 272; *infra, Prenotandos*, nn. 32–34.

32 Cfr. *Instrucción general para el uso del Misal Romano*, nn. 35, 95.

33 Cfr. *ibid.*, nn. 82–84.

34 Cfr. *ibid.*, nn. 94, 131.

35 Cfr. *Ordinario de la Misa con el pueblo*, 11, en el *Misal Romano*, reformado según las normas de los decretos del Concilio Ecuménico Vaticano II y promulgado por el Papa Pablo VI (ed. Méx. 1975), p. 293.

36 *Instrucción general para el Uso del Misal Romano*, n. 36.

37 Pablo VI, Const. apost. *Laudis Canticum*, en la *Liturgia de las Horas* instaurada por mandato del Concilio Vaticano II y aprobada por el Papa Pablo VI (ed. México-Colombia 1979), cfr Conc. Vat. II, Const. s. la sagrada Liturgia, *Sacrosanctum Concilium*, nn. 24, 90; S. Congr. de Ritos, Instr. sobre la música en la sagrada Liturgia, *Musicam Sacram* (5 de marzo de 1967), n. 39; A.A.S. 59: (1967), p. 311; *Liturgia de las Horas, Principios y Normas Generales*, nn. 23 y 109; S. Congr. para la Educación Católica, *Ratio fundamentalis*, n. 53.

38 Cfr. *infra*, Prenotandos, nn. 89–90.

39 Cfr. *Instrucción general para el uso del Misal Romano*, nn. 18 y 39.

40 Cfr. *ibid.*, n. 272; cfr *infra*, Prenotandos, n. 32 ss.

41 Cfr. *Instrucción general para el uso del Misal Romano*, n. 39.

42 Cfr. *ibid.*, nn. 37–39; *Missale Romanum*, ex Decreto Sacrosancti Concilii Oecumenici Vaticani II instauratum, auctoritate Pauli PP. VI promulgatum, *Ordo cantus Missae, Prenotanda*, nn. 7–9; *Graduale Romanum*, 1974, *Prenotanda*, n. 7. *Graduale simplex*, ed. typ. altera 1975, *Prenotanda*, n. 16.

43 Conc. Vat. II, Const. s. la sagrada Liturgia, *Sacrosanctum Concilium*, n. 52; cfr S. Congr. de Ritos, Instruc. *Inter Oecumenici* (26 de septiembre de 1964), n. 54: A.A.S. 56 (1964), p. 890.

44 Cfr. *Instrucción general para el uso del Misal Romano*, n. 42.

45 Conc. Vat. II, Const. s. la sagrada Liturgia, *Sacrosanctum Concilium*, n. 35, 2.

46 Cfr *ibid.*, nn. 6 y 47.

47 Cfr Pablo VI, Carta encícl. *Mysterium Fidei* (3 de septiembre de 1965): A.A.S. 57 (1965), p. 753; Conc. Vat. II, Decr. sobre la actividad misionera de la Iglesia, *Ad Gentes Divinitus*, n. 9; Pablo VI, Exhort. apost. *Evangelii nuntiandi* (8 de diciembre de 1975), n. 43: A.A.S. 69 (1976), pp. 33–34.

48 Cfr. Conc. Vat. II, Const. s. la sagrada Liturgia, *Sacrosanctum Concilium*, n. 35, 2; *Instrucción general para el uso del Misal Romano*, n. 41.

49 Conc. Vat. II, Const. s. la sagrada Liturgia, *Sacrosanctum Concilium*, n. 10.

50 Cfr. Juan Pablo II, Exhort. apost. *Catechesi tradendae* (16 de octubre de 1979), n. 48: A.A.S. 71 (1979), p. 1316.

51 Cfr. *Instrucción general para el uso del Misal Romano*, n. 165.

52 Cfr. *ibid.*, n. 42; cfr S. Congr. de Ritos, Instruc. *Eucharisticum Mysterium* (25 de mayo de 1967), n. 28: A.A.S. 59 (1967), pp. 556–557.

53 Cfr. S. Congr. para el Culto Divino, Instruc. *Actio pastoralis* (15 de mayo de 1969), n. 6 g: A.A.S. 61 (1969), p. 809; *Directorio para las Misas con niños* (1º de noviembre de 1973), n. 48: A.A.S. 66 (1974), p. 44.

54 Cfr. *Instrucción general para el uso del Misal Romano*, nn. 42, 338; *Rituale Romanum ex Decreto Sacrosancti Oecumenici Concilii Vaticani II instauratum, auctoritate Pauli PP. VI promulgatum, Ordo celebrandi Matrimonium* (Typis Polyglottis Vaticanis 1969), nn. 22, 42, 57); Ordo Exequiarum (Typis Polyglottis Vaticanis 1969), nn. 41, 64.

55 Cfr. *Instrucción general para el uso del Misal Romano*, n. 97.

56 Cfr. *ibid.*, n. 139.

57 Cfr. *ibid.*, n. 23.

58 Cfr. *ibid.*, n. 43.

59 Cfr. *ibid.*, n. 45.

60 Cfr. *ibid.*, n. 99.

61 Cfr. *ibid.*, n. 47.

62 Cfr. *supra*, nota 23.

63 Cfr. *Instrucción general para el uso del Misal Romano*, n. 272.

64 Cfr. Conc. Vat. II, Const. s. la sagrada Liturgia, *Sacrosanctum Concilium*, n. 122.

65 Cfr. *Pontificale Romanum* ex Decreto Sacrosancti Oecumenici Concilii Vaticani II instaurarum, auctoritate Pauli PP. VI promulgatum, *De Ordinatione Diaconi, Presbyteri et Episcopi* (Typis Polyglottis Vaticanis 1968), p. 28, n. 24; p. 58, n. 21; p. 85, n. 24; p. 110, n. 25.

66 Cfr. *infra*, Prenotandos, nn. 78–91.

67 Cfr. *Instrucción general para el uso del Misal Romano*, nn. 318–320, 324–325.

68 Cfr. *ibid.*, n. 313.

69 Cfr. *ibid.*, n. 42; S. Congr. para los Sacramentos y el Culto Divino, Instruc. *Inaestimabile Donum* (3 de abril de 1980), n. 3: A.A.S. 72 (1980), p. 334.

70 Cfr. *Instrucción general para el Uso del Misal Romano*, n. 11.

71 Cfr. *ibid.*, n. 68.

72 Cfr. *ibid.*, nn. 33, 47.

73 Conc. Vat. II, Decreto sobre el ministerio y la vida de los Presbíteros, *Presbyterorum Ordinis*, n. 4.

74 Conc. Vat. II, Const. s. la sagrada Liturgia, *Sacrosanctum Concilium*, n. 33.

75 Cfr. *Instrucción general para el uso del Misal Romano*, n. 9.

76 Conc. Vat. II, Const. s. la sagrada Liturgia, *Sacrosanctum Concilium*, n. 7.

77 Cfr. Conc. Vat. II, Const. s. la sagrada Liturgia, *Sacrosanctum Concilium*, n. 9.

78 Cfr. Romanos 1:16.

79 Cfr. Conc. Vat. II, Const. dogm. sobre la divina Revelación, *Dei Verbum*, n. 21.

80 Cit. en el Conc. Vat. II, Const. dogm. sobre la divina Revelación, *Dei Verbum*, n. 21.

81 Cfr. Juan 14:15–26, 15:26—16:4, 5–15.

82 Cfr. Conc. Vat. II, Decreto sobre la actividad misionera de la Iglesia, *Ad Gentes Divinitus*, nn. 6 y 15; Const. sobre la divina Revelación, *Dei Verbum*, n. 26.

83 Cfr. Conc. Vat. II, Const. s. la sagrada Liturgia, *Sacrosanctum Concilium*, n. 24; S. Congr. para los Clérigos, *Directorium catechisticum generale* (11 de abril de 1971), n. 25: A.A.S. 64 (1972), p. 114.

84 Cfr. Conc. Vat. II, Const. s. la sagrada Liturgia, *Sacrosanctum Concilium*, n. 56; S. Congr. para los Sacramentos y el Culto Divino, Instruc. *Inaestimabile Donum* (3 de abril de 1980), n. 1: A.A.S. 72 (1980), pp. 333–334.

85 Cfr. Conc. Vat. II, Const. s. la sagrada Liturgia, *Sacrosanctum Concilium*, nn. 24, 35.

86 Cfr. *Instrucción general para el uso del Misal Romano*, n. 34.

87 Cfr. *ibid.*, n. 96.

88 Cfr. *ibid.*, nn. 47, 61, 132; S. Congr. para los Sacramentos y el Culto Divino, Instruc. *Inaestimabile Donum*, (3 de abril de 1980), n. 3: A.A.S. 72 (1980), p. 334.

89 *Instrucción general para el uso del Misal Romano*, n. 66.

90 Cfr. Pablo VI, Carta apost. *Ministeria quaedam* (15 de agosto de 1972), n. V: A.A.S. 64 (1972), p. 532.

91 Cfr. S. Congr. para los Sacramentos y el Culto Divino, Instruc. *Inaestimabile Donum* (3 de abril de 1980), nn. 2, 18: A.A.S. 72 (1980), p. 334; S. Congr. para el Culto Divino, *Directorio para las Misas con niños* (1º de noviembre de 1973), nn. 22, 24, 27: A.A.S. 66 (1974), p. 43.

92 Cfr. *Instrucción general para el uso del Misal Romano*, nn. 47, 66, 151; Consilium ad exequendam Constituionem de sacra Liturgia, *De oratione communi seu fidelium* (Città del Vaticano 1966), n. 8.

93 *Instrucción general para el uso del Misal Romano*, n. 66.

94 Cfr. *Instrucción general para el uso del Misal Romano*, nn. 37a, 67.

95 Cfr. *ibid.*, n. 68.

96 Cfr. p. ej., Pablo VI, Const. apost. *Missale Romanum*: "Todo esto ha sido ordenado de tal manera, que estimule cada vez más en los fieles el hambre de la Palabra de Dios y bajo la acción del Espíritu Santo, impulse al Pueblo de la nueva Alianza hacia la perfecta unidad de la Iglesia. Vivamente confiamos que la nueva ordenación del Misal permitirá a todos, sacerdotes y fieles, preparar sus corazones a la celebración de la Cena del Señor con renovado espíritu religioso y, al mismo tiempo, sostenidos por una meditación más profunda de las Sagradas Escrituras, alimentarse cada día más y con mayor abundancia, de la Palabra del Señor. De aquí que, según los deseos del Concilio Vaticano II, la divina Escritura constituya para todos una fuente perenne de vida espiritual, un instrumento de incomparable valor para la enseñanza del mensaje cristiano y, finalmente, les proporcione un compendio sustancial de formación teológica", en *Misal Romano*, reformado según las normas de los decretos del Concilio Ecuménico Vaticano II y promulgado por el Papa Pablo VI (ed. Méx. 1975), p. X.

97 Cfr. Conc. Vat. II, Const. s. la sagrada Liturgia, *Sacrosanctum Concilium*, nn. 35, 51.

98 Cfr. Pablo VI, Const. apost. *Missale Romanum:* "De esta manera se pondrá en mayor relieve el progreso ininterrumpido del misterio de la salvación, presentado con los textos mismos de la revelación bíblica", en *Misal Romano, o.c.*, p. X.

99 Cfr. Conc. Vat. II, Const. s. la sagrada Liturgia, *Sacrosanctum Concilium*, nn. 9, 33; S. Congr. de Ritos, Instr. *Inter Oecumenici* (26 de septiembre de 1964), n. 7: A.A.S. 56 (1964), p. 878; Juan Pablo II, Exhort. apost. *Catechesi tradendae* (16 de octubre de 1979), n. 23: A.A.S. 71 (1979), pp. 1296–1297.

100 Cfr. Conc. Vat. II, Const. s. la sagrada Liturgia, *Sacrosanctum Concilium*, n. 35, 4; S. Confr. de Ritos, Instruc. *Inter Oecumenici* (26 de septiembre de 1964), nn. 37–38: A.A.S. 56 (1964), p. 884.

101 Cfr. S. Congr. para el Culto Divino, Instruc. *Actio pastoralis* (15 de mayo de 1969), n. 6: A.A.S. 61 (1969), p. 809; *Directorio para las Misas con niños* (1 de noviembre de 1973), nn. 41–47: A.A.S. 66 (1974), p. 43; Pablo VI, Exhort. apost. *Marialis Cultus* (2 de febrero de 1974), n. 12: A.A.S. 66 (1974), pp. 125–126.

102 Cada año va marcado por una de las letras A, B, C. Para determinar la letra correspondiente a cada año, se procede de la manera siguiente. Todos aquellos años que son múltiplos de 3 llevan la letra C, haciendo de cuenta que el primer ciclo comenzó con el primer año de la era cristiana. Tendremos, entonces, que el año 1 sería A; el año 2, B; el año 3, C. Serían años C el 6, 9, 12. . . . El año 1980 es año C; el año 1981, es A; el año 1982, B; el año 1983, C, etc. Los ciclos se cuentan a partir del año litúrgico, o sea, a partir de la primera semana de Adviento, que cae a fines del año civil precedente.

Cada ciclo tiene como característica principal aquel Evangelio sinóptico que se lee en la lectura semi-continua "per annum". El ciclo A tiene como característica la lectura de *Mateo;* el B, la de *Marcos;* el C, la de *Lucas.*

103 Cfr. *Instrucción general para el uso del Misal Romano*, nn. 36–40; *Missale Romanum*, ex Decreto Sacrosancti Oecumenici Concilii Vaticani II instauratum, auctoritate Pauli PP. VI promulgatum *Ordo Cantus Missae* (Typis Polyglottis Vaticanis 1972), nn. 5–9.

104 *Instrucción general para el uso del Misal Romano*, n. 313.

105 *Ibid.*, n. 318; S. Congr. para los Sacramentos y el Culto Divino, Instruc. *Inaestimabile Donum* (3 de abril de 1980), n. 1: A.A.S. 72 (1980), pp. 333–334.

106 P. ej., durante el tiempo de Cuaresma, la secuencia de lecturas el Antiguo Testamento se desarrolla siguiendo el curso de la historia de la salvación; en los domingos "per annum", se propone la lectura semi-continua de alguna carta apostólica. Conviene, entonces, que el pastor de almas escoja una u otra lectura, en forma sistemática, durante un buen número de domingos, para que así pueda establecer una catequesis sistemática. Y, al contrario, sería muy inconveniente tomar, sin ningún orden, o la lectura del Antiguo Testamento, o la carta apostólica, sin tener en cuenta la armonía con las lecturas de los siguientes domingos.

107 *Instrucción general para el uso del Misal Romano*, n. 319.

108 Cfr. *ibid.*, n. 316; Conc. Vat. II, Const. s. la sagrada Liturgia, *Sacrosanctum Concilium*, n. 51.

109 Cfr. *Instrucción general para el uso del Misal Romano*, n. 318.

110 Cfr. *Rituale Romanum*, ex Decreto Sacrosancti Oecumenici Concilii Vaticani II instauratum, auctoritate Pauli PP. VI promulgatum, *Ordo Paenitentiae* (Typis Polyglottis Vaticanis 1974), *Praenotanda*, n. 13.

111 Cfr. *Instrucción general para el uso del Misal Romano*, n. 320.

112 Cfr. *ibid.*, n. 313.

113 Cfr. *Ordo lectionum Missae*, ed. typica altera, nn. 173–174, pp. 97–98 (*Leccionario I*, p. 1046).

114 Cfr *o.c.* n. 223, p. 130.

115 P. ej., si antes de la Cuaresma transcurrieron seis semanas, el lunes después de Pentecostés comienza la semana séptima. La solemnidad de la Santísima Trinidad desplaza al domingo "per annum".

116 P. ej., si antes de la Cuaresma transcurrieron cinco semanas, se omite la sexta y el lunes después de Pentecostés comienza la séptima.

117 Cfr. *Ordo lectionum Missae*, ed. typica altera, *Praenotanda* p. LI (*Leccionario I*, p. L).

118 Cfr. *o.c.*, *Praenotanda*, p. LII (*Leccionario I* p. LI).

119 Cfr. Concilium ad exsequendam Const. de sacra Liturgia, Instruc. *De popularibus interpretationibus conficiendis* (25 de enero de 1969): Notitiae 5 (1969), pp. 3–12; *Declaratio circa interpretationes textuum liturgicorum "ad interim" paratas:* Notitiae 5 (1969), p. 333–334 (cfr también *Responsiones ad dubia*, en Notitiae 9 (1963), pp. 153–154); *De unica interpretatione textuum liturgicorum:* Notitiae 6 (1970), pp. 84–85; S. Congr. para los Sacramentos y el Culto Divino, *Epistula ad Praesides Conferentiarum Episcopalium de linguis vulgaribus in S. Liturgiam inducendis:* Notitiae 12 (1976), pp. 300–302.

120 Cfr. S. Congr. para el Culto Divino, Instruc. *Liturgicae Instaurationes* (5 de septiembre de 1970), n. 11: A.A.S. 62 (1970), pp. 702–703; *Instrucción general para el Uso del Misal Romano*, n. 325.

121 Cfr. *Instrucción general para el uso del Misal Romano*, n. 11, 29, 68a, 139.

122 Cfr. *Ordo lectionum Missae*, ed. typica altera, pp. 453–458.

123 Los salmos se numeran de acuerdo con el orden establecido en el *Liber Psalmorum*, publicado por la Comisión Pontificia para la Nueva Vulgata (Typis Polyglottis Vaticanis 1969).

NORMAS UNIVERSALES

SOBRE EL

AÑO LITURGICO

Y SOBRE EL

CALENDARIO

NORMAS UNIVERSALES SOBRE EL AÑO LITURGICO Y SOBRE EL CALENDARIO

Rosa María Icaza, CCVI

PREAMBULO

Las *"Normas Universales para el Año y el Calendario Litúrgicos"* (NUACL), nos ayudan no sólo a entender por qué celebramos ciertos días durante la semana y durante el año, sino que también nos ayudan a formarnos como seguidores de Cristo. Las celebraciones que repetimos año tras año dentro del calendario nos recuerdan lo central de nuestra fe y de nuestra vida: el Misterio Pascual de la vida, pasión y muerte de Jesús y, por lo tanto, el inmenso amor de Dios por cada uno de nosotros. En esos días especiales de cada año revivimos, con la mente y el corazón, la vida de Jesús y afirmamos nuestra identidad personal y comunitaria como miembros de la Iglesia, como hermanos de Jesús, como hijos de Dios.

El calendario litúrgico es la base para la celebración de la Liturgia Eucarística y de la Liturgia de las horas. Durante el año celebramos el Misterio Pascual recordando particularmente la Pasión, Muerte y Resurrección de Jesús durante el Ciclo Pascual, y su nacimiento y primeras manifestaciones durante el Ciclo Navideño. Sin embargo, cada semana tenemos un día especial, el domingo, que como su nombre mismo nos indica, lo debemos dedicar al Señor. La palabra "domingo" viene del latín *dominus* = Señor y *cum* (convertido en go) = con (3–7). ¡Qué mejor manera de pasar el día con el Señor sino es el participar en la Liturgia Eucarística! Por eso vamos a Misa no por obligación, sino por la necesidad de ser alimentados con la Palabra Divina y con la Comunión del Cuerpo y Sangre de Jesús, y al mismo tiempo poder ofrecer a Dios nuestra alabanza y gratitud.

Además del domingo hay algunas celebraciones que la Iglesia considera importantes para nuestra unión con Dios, pero no todas de la misma manera. Unas se llaman solemnidades, otras fiestas y otras memorias. El documento que sigue nos explica su diferencia y cómo debemos celebrarlas (8–16). Los otros días del año se llaman ferias o días feriales y podemos honrar a otros santos de nuestra devoción que nos dan ejemplo de cómo ellos, aunque eran simples seres humanos, siguieron a Jesús, para que nosotros nos entusiasmemos a hacer lo mismo pidiendo su intercesión como a nuestros "hermanos mayores".

LOS CICLOS DEL AÑO LITURGICO

el Ciclo Pascual

La vida de Jesús la celebramos particularmente durante los dos grandes Ciclos del Año Litúrgico: el Ciclo Navideño o Pascuas de Navidad, y el Ciclo Pascual o Pascua Florida. El documento prosigue explicando la importancia del Ciclo Pascual, que incluye: Cuaresma (cuar = cuarenta), 40 días de preparación; el Triduo Pascual (tri = tres días, de la tarde del Jueves Santo a la tarde del Domingo de Pascua); y la Cincuentena pascual (50 días), de celebración para terminar el día de Pentecostés (18–31). Durante estos días tenemos varias celebraciones que nos ayudan a acompañar muy de cerca a Jesús y así prepararnos para reanudar con mayor convicción nuestras promesas bautismales en la Vigilia Pascual.

En la Cuaresma observamos ciertas prácticas como la diaria participación en la Misa (en cuanto nos sea posible), el Viacrucis (especialmente los viernes), el ayuno (comiendo ciertos platillos y absteniéndonos de otros), el participar en la misión parroquial o Ejercicios Espirituales, y el hacer obras de misericordia (como visitar a los enfermos, a los encarcelados, o asistiendo a los necesitados), incluyendo el dar limosna (compartiendo nuestros alimentos y casa con otros, etc.). En estas semanas cuaresmales, ciertas prácticas del catolicismo popular, como el colocar una cruz en el lugar prominente del altarcito en el hogar o el abstenerse de ciertos placeres, hace más viva la realidad que conmemoramos. A lo largo de la Cuaresma se nos invita a unirnos con los catecúmenos, que se preparan para recibir el bautismo en la vigilia pascual, y a apoyarlos con nuestras oraciones y buen ejemplo. Esto nos anima a prepararnos nosotros también para renovar con mayor intensidad nuestras propias promesas bautismales en compañía de los que se integran a la Iglesia en esa noche privilegiada.

Durante el Triduo Sagrado no sólo participamos en las celebraciones litúrgicas de toda la Iglesia sino que añadimos otras que nos hacen más conscientes de lo que conmemoramos esos días: el Pan Bendito, la vela del Santísimo, la visita a las "Siete casas", el Viacrucis viviente, las Siete Palabras, la Procesión del silencio y el Pésame. (Para una explicación más detallada de estas celebraciones se puede obtener un librito llamado "Expresiones de Fe entre los Hispanos del Suroeste de los Estados Unidos"). La celebración de la Pascua (vigilia y solemnidad) tiene la preeminencia durante el Año Litúrgico que el domingo tiene en cada semana.

el Ciclo Navideño

El otro tiempo de celebraciones especiales se conoce como el Ciclo Navideño (32–42), que comienza también con una preparación: Adviento (cuatro domingos y los días entre ellos antes de Navidad), cuando no sólo nos unimos a los profetas que anunciaron la venida del Mesías sino también y de manera especial con María, la Madre de Jesús, en los últimos meses de embarazo. La fiesta de Nuestra Señora de Guadalupe es muy apropiada para este tiempo pues su imagen la muestra estando "en cinta". (Para mayor explicación sobre los símbolos en esta imagen, se puede ver un librito escrito por el P. Virgilio Elizondo llamado "La Morenita: Evangelizadora de las Américas"). Y terminamos acompañando a María y a José en su viaje de Nazaret a Belén, o de la historia de la Salvación con personajes bíblicos. Todo el tiempo de Adviento es de una espera gozosa para estar más conscientes de la presencia de Jesús entre nosotros.

En la vigilia de Navidad celebramos en toda la Iglesia la Misa de medianoche, que nosotros conocemos como la Misa de Gallo, pero también observamos la práctica de "La acostada del Niño" antes de esa Misa. Durante las semanas que siguen al 25 de diciembre, podemos recordar este hermoso evento histórico, que es real en nuestra vida, por medio de las Pastorelas o representaciones amenas y alegres del anuncio a los pastores y a los Santos Reyes. Como este documento nos dice, en la solemnidad de Navidad los sacerdotes pueden celebrar tres

Misas: la de media noche, la de la aurora y la del día. Durante la octava de Navidad (los ocho días que siguen al 25 de diciembre), la Iglesia celebra fiestas de santos que se relacionan de manera especial con el Niño Jesús, particularmente los Santos Inocentes el 28 de diciembre. En ese día jugamos unos con otros tratando de hacer creer cosas no verídicas pues nos hacemos niños que creen todo lo que se les dice.

La manifestación de Jesús a los Santos Reyes, como día en que se debe ir a Misa, se celebra en los Estados Unidos de Norteamérica el Domingo entre el 2 y el 8 de enero, aunque para muchos hispanos el Día de Reyes sigue siendo el 6 de enero y lo celebran con regalos especiales y la rosca de reyes. Además, durante este mismo tiempo litúrgico y entre algunos hispanos hay la costumbre de "los asaltos" o visitas de sorpresa a otras familias, y después de cantar algunos "aguinaldos" en esa casa los "sorprendidos" se unen a los "asaltantes" para seguir haciendo lo mismo en una parranda de alegría, comida y bebida. Esto se empieza a fines de noviembre y termina, generalmente, con la octava de Epifanía: "la octavita de reyes". La manifestación de Jesús en el momento de su bautismo por Juan Bautista es la fiesta que marca litúrgicamente el fin del Ciclo Navideño. Antes del Vaticano II, el ciclo navideño terminaba con la fiesta de la Candelaria, el 2 de Febrero, y dentro del catolicismo popular esta fiesta se sigue celebrando con la sencilla ceremonia de "la levantada del Niño".

El Tiempo Ordinario

Las 33 ó 34 semanas restantes entre estos dos ciclos se conocen como "Tiempo del Año" o "Tiempo ordinario" (43–44), es decir, "días puestos en orden". En esas semanas celebramos aspectos específicos de la vida de Cristo. Así también durante este tiempo, la Iglesia nos invita a celebrar los días de rogativas y témporas, particularmente en algunas regiones, para pedir la bendición de Dios sobre la tierra y otros lugares de trabajo que producen el sustento para la vida humana (45–47).

El Santoral

El documento que sigue también trata del "Calendario" y explica que hay ciertas celebraciones consagradas a los Santos que deben observarse por todos los que seguimos el Rito Romano y otras celebraciones que son particulares a un lugar o a un grupo de personas (48–49). Es importante consultar la lista al final de este preámbulo para ver las fiestas particulares en los Estados Unidos.

Entre las primeras que son generales para toda la Iglesia se honran a santos que tienen un significado universal, como San Pedro y San Pablo, San José y, sobre todo, la Virgen María. Entre las segundas están los fundadores de Congregaciones religiosas y los patrones especiales de una parroquia o de una ciudad. Para todas las personas de habla española, la Santísima Virgen tiene un lugar muy especial y los días en que se celebran sus diferentes advocaciones, el pueblo se siente "de fiesta" y con gusto la honra con cantos, flores, danzas, etc. Y en muchos lugares María es la patrona del pueblo, de la nación. Así tenemos: Nuestra Señora de la Altagracia (21 de enero) en República Dominicana; Nuestra Señora de Suyapa (3 de febrero) en Honduras; Nuestra Señora de Luján (8 de mayo) en Argentina; Nuestra Señora de la Caridad del Cobre (8 de septiembre) en Cuba; Nuestra Señora de El Quinché (21 de noviembre) en Ecuador; Nuestra Señora de Caacupé (8 de diciembre) en Paraguay, etc. En los párrafos 50–59 se encuentran las diferentes posibilidades y los límites para introducir y tener estas celebraciones particulares dentro del calendario litúrgico. (Véase la lista de estas celebraciones particulares en las diócesis de los Estados Unidos de Norteamérica al final de este preámbulo. Se van a incluir como un apéndice en el Sacramentario que pronto se publicará en los Estados Unidos incluyendo las Fiestas Patronales de los países hispanos).

LA TABLA DE PRECEDENCIA

El documento ofrece luego una lista de días litúrgicos según su importancia dentro del año, y termina declarando que cuando dos o más celebraciones caen en el mismo día, la que tiene un rango más alto es la que se celebra. Las dos solemnidades más grandes, Pascua y Navidad, tienen octava. Los días en que no se celebra nada especial se llaman feriales.

Todo esto nos ayuda a celebrar como Iglesia la presencia de Dios entre nosotros constantemente y de una manera oficial. Es una llamada más a conservar entre nosotros el sentido de la cercanía de Dios y nuestra dependencia de El, ya que nos han enseñado a decir: "Dios mediante" o "Si Dios quiere" haré esto, "Estoy bien, gracias a Dios", "primero Dios", "Buenos días le dé Dios", etc. El tiempo es un don divino en esta vida donde somos peregrinos hasta llegar a nuestro destino final: unión constante con Dios en el Reino de los cielos.

Nota aplicable a los Estados Unidos

A. Fiestas de guardar en los Estados Unidos de Norteamérica

– Natividad de nuestro Señor Jesucristo

– Ascensión

– Santa María Madre de Dios

– Inmaculada Concepción de María

– Asunción de María

– Todos los Santos

Las fiestas de San José y de los santos Apóstoles Pedro y Pablo no son de guardar en los Estados Unidos de Norteamérica, y las fiestas de Epifanía y del Santísimo Cuerpo y Sangre de Cristo se celebran en domingo.

Si el 8 de diciembre, Fiesta de la Inmaculada Concepción, cae en Domingo, la solemnidad se celebrará el Lunes, 9 de diciembre. Si la solemnidad de San José (19 de marzo) o de la Anunciación (25 de marzo) caen en un domingo de Cuaresma se celebrarán el siguiente lunes excepto cuando caen en el Domingo de Pasión (Domingo de Palmas) o el Domingo de Resurrección. En ese caso se celebrarán el lunes después del Segundo Domingo de Pascua.

B. Calendario propio para las diócesis de los Estados Unidos de Notreamérica

Estas fiestas están enumeradas al principio del Sacramentario e incluyen:
Memorias obligatorias:
    Isabel Ana Seton (4 de enero)
    Juan Neumann (5 de enero)
    Kateri Tekakwitha (14 de julio)
    Pedro Claver (9 de septiembre)
    Isaac Jogues, Juan de Brébeuf y compañeros (19 de octubre)
    Francisca Javier Cabrini (13 de noviembre)

Memorias opcionales:
    Andrés Bessette (6 de enero)
    Katharine Drexel (3 de marzo)
    Isidoro (15 de mayo)
    Junípero Serra (1º de julio)
    Día de la Independencia (4 de julio)
    Juana Francisca de Chantal (18 de agosto)
    María Rosa Durocher (6 de octubre)
    Pablo de la Cruz (20 de octubre)
    Rosa Filipina Duchesne (18 de noviembre)
    Miguel Agustín Pro (23 de noviembre)
    Juan Diego (9 de diciembre)

La conmemoración de Nuestra Señora de Guadalupe (12 de diciembre) se ha elevado al rango de fiesta.

Fiestas patronales de países de Hispanoamérica

Enero:

15	Santísimo Jesucristo Señor Nuestro de Esquipulas	Guatemala
21	Nuestra Señora de la Altagracia	República Dominicana

Febrero:

2	Nuestra Señora de Copacabana	Bolivia
3	Nuestra Señora de Suyapa	Honduras

Mayo:

8	Nuestra Señora de Luján	Argentina

Julio:

9	Nuestra Señora del Rosario de Chiquinquirá	Colombia
16	Nuestra Señora del Carmen	Chile

Agosto:

2	Nuestra Señora de los Angeles	Costa Rica
6	El Salvador del mundo	El Salvador

Septiembre:

8	Nuestra Señora de la Caridad del Cobre	Cuba
11	Nuestra Señora de Coromoto	Venezuela

Octubre:
12 Nuestra Señora del Pilar   España
28 El Señor de los Milagros   Perú

Noviembre:
* Nuestra Señora de los Treinta y Tres Orientales   Uruguay
19 B.V.M. Madre de la Divina Providencia   Puerto Rico
21 Nuestra Señora de El Quinché   Ecuador

Diciembre:
8 Inmaculada Concepción de María   Nicaragua, Panamá, Estados Unidos
8 Nuestra Señora de Caacupé   Paraguay
12 Nuestra Señora de Guadalupe   México

* Sábado anterior al segundo domingo de noviembre

ESQUEMA

NORMAS UNIVERSALES SOBRE EL AÑO LITURGICO Y SOBRE EL CALENDARIO

CAPITULO I
SOBRE EL AÑO LITURGICO

1. La santa Iglesia celebra la memoria sagrada de la obra de salvación realizada por Cristo y lo hace en días determinados durante el transcurso del año. El domingo de cada semana—llamado por esta razón "día del Señor"—rememora la resurrección del Señor, memoria que vuelve a celebrar una vez al año en la máxima solemnidad de la Pascua, juntamente con su santa Pasión, mientras que durante todo el año despliega la totalidad del misterio de Cristo y conmemora las fechas de nacimiento de los santos. Además, en los diversos tiempos del año litúrgico, la Iglesia, de acuerdo con las observancias tradicionales, instruye a los fieles por medio de los ejercicios piadosos del alma y del cuerpo, del adoctrinamiento, de la oración y de las obras de penitencia y de misericordia.[1]

2. Los principios que se exponen a continuación pueden y deben aplicarse tanto al rito romano como a todos los demás ritos, pero las normas prácticas afectan solamente al rito romano, a menos que se trate de normas que por su misma naturaleza afecten también a los demás ritos.[2]

TITULO I
LOS DIAS LITURGICOS

I. Sobre el día litúrgico en general

3. Cada día es santificado por las celebraciones litúrgicas del pueblo de Dios, sobre todo por el sacrificio eucarístico y por el Oficio divino.

El día litúrgico abarca desde la medianoche a la siguiente medianoche. Pero la celebración del domingo y de las solemnidades empieza ya al anochecer del día anterior.

II. Sobre el Domingo

4. El primer día de cada semana, llamado día del Señor o domingo (dies dominica), la Iglesia, por una tradición apostólica cuyos orígenes arrancan del mismo día de la resurrección de Jesucristo, celebra el misterio pascual. Por esta razón hay que considerar el domingo como el día festivo primordial.[3]

5.   Debido a su importancia, el domingo solamente cede su celebración a las solemnidades y a las fiestas del Señor; pero los domingos de Adviento, de Cuaresma y de Pascua, tienen precedencia sobre todas las fiestas del Señor y sobre todas las solemnidades. Las que caigan en esos domingos deben anticiparse al sábado.

6.   El domingo no admite ninguna asignación perpetua de otra celebración. No obstante:

a) el domingo infraoctava de Navidad se celebra la fiesta de la Sagrada Familia;

b) el domingo siguiente al 6 de enero, la del Bautismo del Señor;

c) el domingo después de Pentecostés, la solemnidad de la Santísima Trinidad;

d) el último domingo del Tiempo Ordinario, la solemnidad de Nuestro Señor Jesucristo Rey universal.

7.   En los lugares donde no sean de precepto las solemnidades de Epifanía, la Ascensión y *Corpus*, señáleseles el domingo como día propio, de la siguiente manera:

a) la Epifanía, el domingo que cae entre el 2 y el 8 de enero;

b) la Ascensión, el domingo vii de Pascua;

c) Corpus, el domingo después de la Santísima Trinidad.

III. Sobre las solemnidades, las fiestas y las memorias

8.   Aun celebrando el misterio de Cristo durante el año, la Iglesia venera con un amor particular a la Virgen María y propone como objeto de la piedad de los fieles las memorias de los mártires y otros santos.[4]

9.   Obtienen una celebración obligatoria aquellos santos que tienen también una importancia general para toda la Iglesia; los demás, o están inscritos en el calendario para que puedan celebrarse libremente o bien se deja que les tributen culto las Iglesias particulares, o las naciones o las familias religiosas.[5]

10.   Se distinguen y designan de una manera diferente las celebraciones, según la importancia que tienen: así están las solemnidades, las fiestas y las memorias.

11.   Las solemnidades son los días principales, y su celebración empieza el día anterior con las primeras vísperas. Algunas solemnidades tienen también misa propia para la vigilia; si la misa se celebra la víspera tendrá que decirse al anochecer.

12.   Pascua y Navidad—solemnidades principales—tienen una celebración que se alarga durante ocho días. Ambas octavas se rigen por una legislación propia.

13. Las fiestas se celebran dentro de los límites del día natural; por tanto, no tienen primeras vísperas, excepto si se trata de fiestas del Señor que caigan en un domingo del Tiempo Ordinario o del Tiempo de Navidad y que sustituyan el Oficio del domingo.

14. Las memorias son obligatorias o son libres; su celebración va combinada con la de la feria en que caen, según las normas expuestas en la Instrucción General del Misal Romano y en la Liturgia de las Horas.

Las memorias obligatorias que caen en días de Cuaresma, pueden celebrarse solamente como memorias libres.

Cuando el calendario registra diversas memorias libres en un mismo día, puede celebrarse solamente una y dejar las demás.

15. Los sábados ordinarios del año, libres de toda memoria obligatoria, pueden celebrarse como memoria libre de la Virgen María.

IV. Sobre las ferias

16. Reciben el nombre de ferias los días de la semana que siguen al domingo; su celebración tiene reglas distintas según la importancia que se les atribuye:

a) el Miércoles de Ceniza y las ferias de la Semana Santa, desde el lunes hasta el jueves inclusive, tienen preferencia sobre las demás celebraciones.

b) Las ferias de Adviento, del 17 al 24 de diciembre inclusive, así como todas las ferias de Cuaresma, tienen preferencia sobre las memorias obligatorias.

c) Las restantes ferias ceden la celebración a todas las solemnidades y fiestas y se combinan con las memorias.

TITULO II
DEL CURSO DEL AÑO

17. La Iglesia, en el transcurso del año, conmemora todo el misterio de Cristo, desde la Encarnación hasta el día de Pentecostés y hasta la Parusía.[6]

I. El triduo pascual

18. Ya que Jesucristo ha cumplido la obra de la redención de los hombres y de la glorificación perfecta de Dios principalmente por su misterio pascual, por el cual, al morir destruyó nuestra muerte y al resucitar reparó la vida, el triduo sagrado de Pascua, es decir, de la Pasión y la Resurrección del Señor, es el punto culminante de todo el año litúrgico.[7] La preeminencia que dentro de la semana tiene el domingo, la tiene también dentro del año litúrgico la solemnidad de Pascua.[8]

19. El triduo pascual de la Pasión y de la Resurrección del Señor comienza con la misa vespertina del Jueves Santo o de la Cena del Señor, tiene su centro en la Vigilia pascual y se acaba con las vísperas del domingo de Resurrección.

20.   El Viernes Santo o Feria vi de la Pasión del Señor,[9] y allí donde parece oportuno, también el Sábado Santo hasta la Vigilia pascual,[10] en todas partes se observa el sagrado ayuno de Pascua.

21.   La Vigilia pascual, la noche santa de la Resurrección del Señor, se considera como "la madre de todas las santas Vigilias",[11] durante ella, la Iglesia espera velando la resurrección de Cristo y la celebra en los sacramentos. Por consiguiente, toda la celebración de esta Vigilia sagrada ha de tener lugar durante la noche, de manera que empiece una vez que se ha iniciado la noche y termine antes de la aurora del domingo.

II. Sobre el tiempo pascual

22.   Los cincuenta días que median entre el domingo de Resurrección y el domingo de Pentecostés se han de celebrar con alegría y júbilo, como si se tratara de un solo y único día festivo, como "un gran domingo".[12]

      Estos son los días más apropiados para el canto del *Aleluya*.

23.   Los domingos de este tiempo se designan como domingos de Pascua, es decir, domingos ii, iii, iv, v, vi y vii de Pascua, después del domingo de Resurrección: el domingo de Pentecostés clausura este sagrado tiempo de cincuenta días.

24.   Los ocho primeros días del tiempo pascual constituyen la octava de Pascua y tienen la celebración como las solemnidades del Señor.

25.   El día cuarenta después de Pascua se celebra la Ascensión del Señor, salvo que allí donde no sea de precepto la Ascensión, se traslade al domingo vii de Pascua (véase el número 7).

26.   Las ferias que van de la Ascensión al sábado antes de Pentecostés, inclusive, preparan para la venida del Espíritu Santo Paráclito.

III. Sobre el tiempo de Cuaresma

27.   La razón de ser del tiempo de Cuaresma es la preparación para la Pascua: la liturgia cuaresmal prepara a celebrar el misterio pascual, tanto a los catecúmenos, haciéndolos pasar por los diversos grados de la iniciación cristiana, como a los fieles que rememoran el bautismo y hacen penitencia.[13]

28.   El tiempo de Cuaresma abarca desde el miércoles de Ceniza hasta la misa de la Cena del Señor, el Jueves Santo, exclusive.

      Desde que se inicia la Cuaresma hasta la Vigilia pascual, no se dice el *Aleluya*.

29.   El Miércoles de Ceniza, considerado en todas partes como día de ayuno,[14] es el día en que se impone la ceniza.

30. Los domingos de este tiempo reciben el nombre de domingos ɪ, ɪɪ, ɪɪɪ, ɪᴠ y ᴠ de Cuaresma. Al domingo sexto, con el que empieza la Semana Santa, se le denomina "Domingo de Ramos y de la Pasión del Señor".

31. La institución de la Semana Santa tiene por objeto recordar cultualmente la Pasión de Cristo a partir de su ingreso mesiánico en Jerusalén.

En la mañana del Jueves Santo, el obispo bendice los santos óleos y consagra el crisma durante la misa que concelebra con su colegio de presbíteros.

IV. Sobre el tiempo de Navidad

32. Después de la celebración anual del misterio pascual, nada tiene en mayor estima la Iglesia que la celebración del Nacimiento del Señor y de sus primeras manifestaciones: esto tiene lugar en el tiempo de Navidad.

33. El tiempo de Navidad abarca desde las primeras vísperas de Navidad hasta el domingo después de Epifanía, o sea, el primer domingo siguiente al 6 de enero, inclusive.

34. La misa de la Vigilia de Navidad es la que se utiliza al anochecer del día 24 de diciembre, ya sea antes, ya después de las primeras vísperas.

El día de Navidad se pueden celebrar tres misas, conforme a la antigua tradición romana, es decir, por la noche, al clarear la aurora y de día.

35. Navidad tiene su octava, ordenada de esta manera:

a) El domingo infraoctava tiene lugar la fiesta de la Sagrada Familia de Jesús, María y José.

b) El 26 de diciembre es la fiesta de san Esteban, el Protomártir.

c) El 27 de diciembre, la fiesta de san Juan, apóstol y evangelista.

d) El 28 de diciembre, la de los santos Inocentes.

e) Los días 29, 30 y 31 son de infraoctava.

f) El día primero de enero—octava de Navidad—se celebra la solemnidad de la Virgen María Madre de Dios, en la cual conmemora también la Iglesia la imposición del Santísimo Nombre de Jesús.

36. El domingo que cae entre los días 2 y 5 de enero, inclusive, es el domingo ɪɪ después de Navidad.

37. La Epifanía del Señor se celebra el día 6 de enero, a menos que en los lugares donde no sea fiesta de precepto se le asigne un domingo que caiga entre el día 2 y el 8 de enero (cfr. núm. 7).

38. El domingo siguiente al 6 de enero se celebrará la fiesta del Bautismo del Señor.

V. Sobre el tiempo de Adviento

39.   El tiempo de Adviento posee una doble índole: es el tiempo de preparación para Navidad, solemnidad que conmemora el primer advenimiento o venida del Hijo de Dios entre los hombres, y es al mismo tiempo aquel que, debido a esta misma conmemoración o recuerdo, hace que los espíritus dirijan su atención a esperar el segundo advenimiento de Cristo como un tiempo de expectación piadosa y alegre.

40.   El tiempo de Adviento comienza con las primeras vísperas del domingo que coincide con el 30 de noviembre o que es el más próximo a este día y finaliza antes de las primeras vísperas de Navidad.

41.   Los domingos de este tiempo reciben el nombre de domingos I, II, III y IV de Adviento.

42.   Las ferias del 17 al 24 de diciembre inclusive son días destinados a una preparación más intensa de la Navidad.

VI. Sobre el tiempo ordinario del año ("per annum")

43.   Además de los tiempos que tienen un carácter propio, quedan treinta y tres o treinta y cuatro semanas en el transcurso del año, en las que no se celebra ningún aspecto particular del misterio de Cristo; más bien este misterio se vive en toda su plenitud, particularmente los domingos. Este período de tiempo recibe el nombre de "per annum" ("de durante el año", o "tiempo ordinario del año").

44.   El tiempo ordinario del año empieza con el lunes que sigue al domingo después del 6 de enero y se alarga hasta el martes anterior a la Cuaresma, ambos inclusive; vuelve a empezar el lunes después del domingo de Pentecostés y finaliza antes de las primeras vísperas del domingo primero de Adviento.

De acuerdo con estas indicaciones se emplean los formularios para los domingos y las ferias de este tiempo ordinario, que se encuentran en el Misal y en la Liturgia de las Horas (vol. 3–4).

VII. Sobre las Rogativas y las Cuatro Témporas del año

45.   Las Rogativas y las Cuatro Témporas del año son una ocasión que tiene la Iglesia para rogar por las diversas necesidades de los hombres; principalmente por los frutos de la tierra y por los trabajos de los hombres, dando públicamente gracias a Dios.

46.   Con el fin de que las Rogativas y las Cuatro Témporas se adapten a las diversas necesidades de los lugares y de los fieles, conviene que sean las Conferencias Episcopales las que determinen el tiempo y la manera como han de celebrarse.

47.   Para cada día de esas celebraciones se escogerá, de entre las misas para diversas necesidades, la más apropiada a la intención por la cual se hacen las súplicas.

CAPITULO II
SOBRE EL CALENDARIO
TITULO I
SOBRE EL CALENDARIO Y LAS CELEBRACIONES
QUE HA DE REGISTRAR

48.   El calendario determina el orden de las celebraciones del año litúrgico. El calendario será general o particular, según exprese el uso de todo el rito romano, o bien el uso de alguna Iglesia particular o de una familia religiosa.

49.   El calendario general registra el ciclo total de las celebraciones, ya sea las del misterio de la salvación en el propio del tiempo, ya la de aquellos santos que tienen una importancia universal, por cuya razón todo el mundo los celebra, como también la de otros santos que son una demostración de la universalidad y de la continuidad de la santidad en el pueblo de Dios.

Los calendarios particulares contienen más bien las celebraciones propias, orgánica y convenientemente combinadas con el ciclo general;[15] pues es preciso que cada Iglesia o familia religiosa venere con particular honor a los santos que le son propios por alguna razón particular.

Una vez compuestos los calendarios particulares por la autoridad competente, deben ser aprobados por la Sede Apostólica.

50.   En la composición de los calendarios debe tenerse presente:

a) Que hay que respetar la integridad del propio del tiempo, de las solemnidades y de las fiestas, en las cuales se va desplegando y conmemorando durante el año litúrgico el misterio de la redención: el propio del tiempo debe tener una preeminencia sobre las celebraciones particulares.

b) Las celebraciones propias han de estar combinadas orgánicamente con las celebraciones universales, en lo cual se tendrá en cuenta el orden y la precedencia, para cada caso, según lo que se indica en la tabla de los días litúrgicos. Para que los calendarios particulares no se recarguen más de lo justo, cada santo gozará de una sola celebración durante el año litúrgico; si lo aconsejaran unas razones pastorales, tendrá lugar una segunda celebración en forma de una memoria libre en honor del traslado o del hallazgo de los santos patronos o fundadores de Iglesias o de las familias religiosas.

c) Estas celebraciones a título de concesión no deben ser un desdoblamiento de otras celebraciones que ya tienen lugar en el ciclo del misterio de la salvación, y no deben multiplicarse más de lo que es conveniente.

51.   Aunque resulte conveniente que cualquier diócesis cuente con su calendario y su propio de los oficios y de las misas, ello no obsta para que tengan calendarios y propios comunes a toda la provincia, a la región, a la nación o también a un concepto geográfico más amplio; calendarios y propios comunes que, en tales casos, se prepararán mediante una cooperación mutua.

Por las mismas razones de conveniencia, este principio puede observarse en lo que atañe a los calendarios de los religiosos para diversas provincias de un mismo territorio civil.

52.   La confección de un calendario particular se lleva a cabo incluyendo en el calendario general las solemnidades, las fiestas y las memorias que le son propias, es decir:

a) En el calendario diocesano, además de las celebraciones de los Patronos y de la Dedicación de la Catedral, los santos y beatos que tienen una relación particular con la diócesis, por ejemplo, una relación de origen, de una estancia prolongada, de la muerte.

b) En el calendario de los religiosos, además de las celebraciones del título, del fundador y del patrón, los santos y beatos que fueron miembros de la familia religiosa determinada o que tuvieron una especial relación con ella.

c) En el calendario de cada iglesia, además de las celebraciones propias de la diócesis o de la familia religiosa, las celebraciones propias de la misma iglesia registradas en la tabla de los días litúrgicos, así como los santos cuyos cuerpos guarda la iglesia en cuestión. Los miembros de las familias religiosas se unen con la comunidad de la Iglesia local para celebrar la dedicación de la iglesia catedral y el patrón principal del lugar y del territorio donde viven.

53.   Cuando alguna diócesis o alguna familia religiosa tiene la dicha de contar con diversos santos o beatos, es preciso cuidar de que el calendario de toda la diócesis o de toda la institución no esté excesivamente cargado.

Por consiguiente:

a) Puede haber una celebración conjunta de todos los santos y beatos de la diócesis o de la familia religiosa, o al menos pueden celebrarse por grupos;

b) Que obtengan tan sólo en el calendario una celebración singular aquellos santos y beatos que sean importantes para toda la diócesis o familia religiosa;

c) Que los santos y beatos restantes se celebren solamente en los lugares con los que tengan especial relación, o allí donde descansan sus restos.

54.   Las celebraciones propias han de estar inscritas en el calendario con la categoría de memorias obligatorias o libres, a menos que se crea conveniente modificar esta regla para algunas de estas celebraciones y existan razones histó-ricas y pastorales que inviten a hacerlo. No obstante, nada impide que algunas celebraciones, en lugares determinados, sean fiestas con una solemnidad mayor de la que se le concede en toda la diócesis o en una familia religiosa.

55.   Todos cuantos tengan un calendario propio están obligados a observar las celebraciones propias de dicho calendario determinado; solamente la aprobación de la Santa Sede otorga el derecho de borrar de un calendario tales celebraciones o cambiarlas de categoría litúrgica.

TITULO II
DIA PROPIO DE LAS CELEBRACIONES

56. La Iglesia tiene la costumbre de celebrar los santos el día de su muerte; es una costumbre que debe observarse igualmente en las celebraciones propias inscritas en el calendario particular.

No obstante, aunque las celebraciones propias tengan un especial interés para cada Iglesia particular o para una familia religiosa, es muy conveniente que exista una uniformidad, en cuanto sea posible, en la celebración de las solemnidades, de las fiestas y de las memorias obligatorias indicadas por el calendario general.

Por tanto, es preciso observar las siguientes normas en las celebraciones propias de los calendarios particulares:

a) Las celebraciones registradas por el calendario general se han de inscribir en el calendario propio el mismo día que lo están en el general; si es necesario, se puede cambiar la categoría litúrgica.

Lo mismo debe observarse por lo se refiere a las celebraciones propias de una sola iglesia, cuando éstas se inscriban en el calendario diocesano o en el de alguna familia religiosa.

b) Las celebraciones de los Santos no existentes en el calendario general, asígnense a la fecha del día de la muerte del Santo. Pero si se ignora tal día, entonces la celebración tendrá lugar en otro día que tenga alguna relación con el Santo, por ejemplo, el día de su Ordenación, del hallazgo de su cuerpo o reliquias, o del traslado de éstos. De no ser así, pásese a un día que esté libre de cualquier otra celebración en el calendario particular.

c) Si no puede celebrarse en el día de la muerte o en el que tenga alguna relación con el Santo, debido a que en dicho día hay una celebración obligatoria aun de grado inferior, del calendario general o particular, pásese igualmente al próximo día que esté libre.

d) Pero si se trata de celebraciones que, por motivo pastoral, no pueden cambiarse a otro día, cámbiese entonces la celebración impediente.

e) Las celebraciones otorgadas por un indulto, colóquense en un día pastoralmente apropiado.

f) A fin de que el año litúrgico resplandezca con todo su fulgor, y que no por ello se vean perpetuamente impedidas algunas celebraciones de los Santos, queden libres de celebraciones particulares los días que suelen coincidir con la Cuaresma o con la Octava de Pascua, así como los comprendidos entre el 17 y 31 de diciembre, salvo si se trata de memorias no obligatorias o de las fiestas citadas en la tabla de los días litúrgicos, n. 8, a, b, c, d, o de solemnidades que no pueden transferirse a otro tiempo.

Las Conferencias Episcopales pueden trasladar la solemnidad de san José (19 de marzo) a otro día fuera de la Cuaresma, excepto en aquellos lugares donde sea fiesta de precepto.

57.   De haber santos o beatos inscritos conjuntamente en el calendario, es preciso que se celebren también siempre conjuntamente, mientras el grado de su celebración sea idéntico, aunque uno o algunos de ellos sean más propios. En cambio, si uno o algunos de esos santos o beatos tienen un grado litúrgico superior, celébrese únicamente el oficio de estos con omisión de los restantes, excepto cuando sea conveniente asignarles otro día a título de memoria obligatoria.

58.   Por el bien pastoral de los fieles es lícito celebrar, los domingos ordinarios del año, aquellas celebraciones que caen entre semana y que tienen mucha aceptación por parte de los mismos fieles, mientras estas celebraciones puedan ser preferidas al domingo, según las reglas de la tabla de precedencia. De dichas celebraciones pueden decirse diversas misas, mientras haya concurrencia de fieles.

59.   Entre los días litúrgicos, la precedencia — en cuanto a la celebración — únicamente se rige de acuerdo con la siguiente tabla.

TABLA DE LOS DIAS LITURGICOS
dispuesta de acuerdo con el orden de precedencia

I

1.   El triduo pascual de la Pasión y de la Resurrección del Señor.

2.   Navidad, Epifanía, Ascensión, Pentecostés.
     Los domingos de Adviento, Cuaresma y Pascua.
     El Miércoles de Ceniza.
     Las ferias de Semana Santa, desde el Lunes Santo al Jueves Santo, ambos inclusive. Los días infraoctava de Pascua.

3.   Las solemnidades del Señor, de la Virgen y de los Santos, inscritas en el calendario general.
     La Conmemoración de todos los fieles difuntos.

4.   Las solemnidades propias, o sea:
     a) La solemnidad del patrono principal del lugar, del pueblo o de la ciudad.
     b) La solemnidad de la dedicación y el aniversario de la dedicación de la iglesia propia.

c) La solemnidad del título de la iglesia propia.

d) La solemnidad del título, del fundador o del patrono principal de una orden o de una congregación.

II

5. Las fiestas del Señor inscritas en el calendario general.

6. Los domingos del tiempo de Navidad y los del Tiempo Ordinario.

7. Las fiestas de Nuestra Señora y de los santos del calendario general.

8. Las fiestas propias, o sea:

   a) La fiesta del patrono principal de la diócesis.

   b) La fiesta del aniversario de la dedicación de la iglesia catedral.

   c) La fiesta del patrono principal de la región o de la provincia, o de la nación o de un territorio más extenso.

   d) La fiesta del título, del fundador, del patrono principal de la orden o de la congregación y de la provincia religiosa, de acuerdo con lo que prescribe el número 4.

   e) Las otras fiestas propias de alguna iglesia.

   f) Las otras fiestas inscritas en el calendario de cada diócesis, orden o congregación.

9. Las ferias de Adviento, del 17 al 24 de diciembre, ambas inclusive.

   Los días infraoctava de Navidad.

   Las ferias de Cuaresma.

III

10. Las memorias obligatorias del calendario general.

11. Las memorias obligatorias propias, es decir:

    a) La memoria del patrono secundario del lugar, del de la diócesis, de la región, de la nación, del territorio más extenso, de la orden o de la congregación y de la provincia religiosa.

    b) Las otras memorias obligatorias inscritas en el calendario de la diócesis, de la orden o de la congregación.

12. Las memorias libres, que pueden celebrarse de acuerdo con las normas particulares, descritas en la Instrucción General del Misal Romano y en la Liturgia de las Horas, en los días mencionados en el n. 9.

    En la misma forma, las memorias obligatorias que accidentalmente coincidan con las ferias de Cuaresma, pueden celebrarse como memorias libres.

13. Las ferias de Adviento hasta el día 16 de diciembre inclusive.

Las ferias del tiempo de Navidad, del 2 de enero al sábado después de Epifanía.

Las ferias del tiempo pascual, desde la II después de la octava de Pascua hasta el sábado anterior a Pentecostés inclusive.

Las ferias del Tiempo Ordinario.

---

60. Cuando concurran diversas celebraciones, se celebra aquélla que en la Tabla de los días litúrgicos ocupe el lugar superior. No obstante, la solemnidad impedida por un día litúrgico de mayor precedencia, se transfiere a la fecha más cercana en que no se tenga ninguna de las celebraciones señaladas en los números del 1 al 8 de la Tabla de precedencia, observando lo prescrito en el n. 5. En este caso, se omiten las demás celebraciones.

61. En el caso de que hayan de celebrarse las vísperas del oficio del día y las primeras vísperas del día siguiente en un mismo día, tienen preferencia las vísperas de la celebración que ocupa un lugar superior en la Tabla de los días litúrgicos; en caso de paridad, ganan las vísperas del oficio del día.

CITAS

1. Cf. Conc. Vat. II, Const. sobre la Sagrada Liturgia, *Sacrosanctum Concilium*, nn. 102–105.

2. Cf. *ibid.*, n. 3.

3. Cf. *ibid.*, n. 106.

4. Cf. *ibid.*, nn. 103–104.

5. Cf. *ibid.*, n. 111.

6. Cf. *ibid.*, n. 102.

7. Cf. *ibid.*, n. 5.

8. Cf. *ibid.*, n. 106.

9. Cf. Pablo VI, Const. Apost. *Poenitemini*, del 17 de febrero de 1966, II, párr. 3: A.A.S. 58 (1966), p. 184.

10. Cf. Conc. Vat. II, Const. sobre la Sagrada Liturgia, *Sacrosanctum Concilium*, n. 110.

11. San Agustín, *Sermo* 219: PL 38, 1088.

12. San Atanasio, *Epist. fest.* 1: PG 26, 1366.

13. Cf. Conc. Vat. II, Const. sobre la Sagrada Liturgia, *Sacrosanctum Concilium*, n. 109.

14. Cf. Pablo VI, Const. Apost. *Poenitemini*, del 17 de febrero de 1966, II, párr. 3: A.A.S. 58 (1966), p. 184.

15. Cf. S. Congr. para el Culto Divino, Instr. de Calendariis particularibus atque Officiorum et Missarum propriis recognoscendis, del 24 de junio de 1970: A.A.S. 62 (1970), pp. 651–663.

DIRECTORIO
DE MISAS
PARA NIÑOS

DIRECTORIO DE MISAS PARA NIÑOS
Sally T. Gómez-Kelley

PREAMBULO

El *Directorio de Misas para Niños* fue escrito en 1973 por la Sagrada Congregación del Culto Divino. Es un suplemento a la *Instrucción General para el Uso del Misal Romano*, bajo el título de *Pueros Baptizatos*, ya que el Directorio se refiere específicamente a niños bautizados en la fe (iniciados) pero que aún no han llegado a la adolescencia (Núm. 6).

De acuerdo a la introducción oficial al documento, este suplemento nace de que varias personas católicas alrededor del mundo, en consulta con comisiones litúrgicas nacionales, vieron la necesidad de incluir a los niños en la celebración de la Misa (Núm. 4).

El documento es un recurso valioso para todas las personas dedicadas a la formación religiosa, espiritual y litúrgica de los niños; incluyendo sacerdotes, catequistas, familias, padrinos y ministros de la Pastoral Juvenil.

Este Directorio representa una manera específica cómo la Iglesia, siguiendo el ejemplo de Jesús, manifiesta su interés por los niños. La Iglesia procura que los niños sientan el amor de Dios por ellos y que, como parte del pueblo de Dios, se consideren miembros de la comunidad reunida para celebrar la Misa, a fin de que gradualmente logren participar de una manera activa, plena y consciente.

El objetivo de este preámbulo es el de exponer los temas principales del documento y destacar el elemento cultural hispano en el contexto de la Misa con niños. De esta manera, se facilita la aplicación del documento a todas las celebraciones litúrgicas y con todos los pueblos.

El Directorio de Misas para Niños consiste de una introducción y tres capítulos. La introducción (Núms. 1–6) traza el desarrollo histórico del documento, expone las razones en que está fundamentado y describe la situación social en que viven los niños hoy día. El primer capítulo (Núms. 8–15) establece la preparación necesaria de los niños para la Celebración Eucarística y la responsabilidad que comparten los padres, padrinos, catequistas y sacerdotes en esa preparación y formación. El segundo capítulo (Núms. 16–19) se refiere a las Misas dominicales donde asisten algunos niños a pesar de que la mayoría de los participantes son personas adultas. El tercer capítulo (Núms. 20–54) se refiere a Misas con niños, y en las que participan sólo algunos adultos, como pueden ser las Misas en escuelas parroquiales o aquellas asociadas con el programa de formación religiosa en la parroquia.

Los temas de adaptación, participación y formación litúrgica se repiten a través del documento. Pero es imperativo establecer desde el principio que la meta es alcanzar el sentido de una comunidad, que respeta la presencia de niños entre adultos. Es decir, el fin de las adaptaciones es que todos los presentes en la Misa se sientan miembros de la comunidad y así simbolicen el Reino de Dios presente de una manera más plena.

Cuando se habla del contexto cultural hispano, es necesario señalar que entre los hispanos existe una gran diversidad de personas debido a diferencias de origen geográfico y nacional. Algunos de ellos han vivido en los Estados Unidos de Norteamérica toda su vida, mientras que otros han inmigrado a este país. Algunos han vivido experiencias de prejuicios y discriminación y esto los ha llevado a una búsqueda de una identidad, mientras que otros se sienten integrados a la sociedad norteamericana. A pesar de estas diferencias, los hispanos tienen en común el valor que reconocen en la familia, la cultura y la religión. El alcanzar la meta de que todos se sientan parte integral del pueblo de Dios en una liturgia requiere sensitividad.

Precisamente la presencia de los niños en la Misa es un símbolo concreto de la importancia que los hispanos dan a la familia y de la relevancia que la religión tiene en la vida familiar. Esta realidad ofrece grandes oportunidades de evangelización y catequesis que fomenten el valor de la familia. Esta tiene una función muy importante ya que es en medio de ella donde los niños inician su jornada de fe y donde adquieren las primeras experiencias de Dios a través de ritos y devociones.

Estas familias hispanas viven en un contexto cultural que forma su espiritualidad y del cual nacen sus creencias, ritos y cuentos. En este contexto se encuentra una riqueza extraordinaria de expresiones y experiencias de Dios, María y los santos. Estas deben incorporarse en las celebraciones litúrgicas ya que reflejan el corazón del pueblo y, por lo tanto, son relevantes para la liturgia.

Es necesario también indicar que la familia hispana se compone de más miembros que la familia nuclear ya que incluye parientes, compadres y amigos. Esta realidad permite fomentar el sentido de familia y comunidad, especialmente en las celebraciones como bautismos, primeras comuniones y bodas donde se asume la presencia de la familia.

Otra consideración importante es que no todos los miembros de la familia hablan español. Es común que los abuelos hablen español, los padres sean bilingües y los niños hablen sólo inglés. Esto presenta un reto para las personas encargadas de la liturgia, por la responsabilidad que tienen de proveer oportunidades para que todos puedan participar plenamente en la liturgia.

ADAPTACION, PARTICIPACION Y FORMACION

Adaptaciones

Las Misas con niños se rigen por los mismos principios litúrgicos que las que se celebran con adultos, pero con adaptaciones del rito que faciliten la participación plena, activa y consciente de los niños. Las adaptaciones siempre consideran el tiempo litúrgico y el contexto cultural del pueblo a la vez que dignifican el propósito de la Misa: la celebración del Misterio Pascual de Cristo.

Los niños traen a la Misa una capacidad inherente para reunirse, saludar, escuchar, pedir y dar perdón, interpretar símbolos, además de un espíritu de festividad y alegría. Esta capacidad se continúa desarrollando por medio de las adaptaciones en la Misa, tomando en cuenta el desarrollo emocional, social y sicológico de los niños (Núm. 9).

Los principios litúrgicos aplicables al hacer adaptaciones en la Misa son los siguientes: sencillez, uso del lenguaje vernáculo de los niños, que incluye palabras y expresiones propias de su edad y de su cultura; omisión de elementos complejos; y respeto al calendario litúrgico y popular.

La sencillez en la liturgia se refiere a palabras, símbolos, acciones, gestos y cantos libres de complejidades o conceptos teóricos y abstractos (Núm. 23). Debe notarse que la brevedad no siempre quiere decir sencillez (Núm. 44). En la cultura hispana los cuentos, aunque un tanto largos, muchas veces reflejan sencillez porque pueden interpretar ideas o conceptos complejos. Los cuentos también estimulan la imaginación y exploran posibilidades nuevas de interpretación.

En la liturgia, el lenguaje apropiado es el que los niños puedan entender pero sin ser infantil, ya que la finalidad de esto es que algún día lleguen a participar en la Misa como adultos. Es decir, el lenguaje siempre debe reflejar el fin litúrgico de llegar a ser una comunidad según la capacidad de las personas presentes en la asamblea. Por esta razón, deben evitarse las paráfrasis de las lecturas (Núm. 45). El texto debe proclamarse como aparece en el Leccionario oficial que se ha publicado para niños. En la reflexión después del Evangelio se debe usar lenguaje propio para niños con ejemplos y cuentos relevantes a su edad y cultura de manera que continúen desarrollando el debido aprecio por la Palabra de Dios.

Una de las innovaciones de este documento es la oportunidad que le presenta a otras personas además de los sacerdotes, de ofrecer la reflexión después del Evangelio. La ventaja de esta innovación es que los niños se benefician y enriquecen de las reflexiones que les ofrecen personas que tienen más experiencia de trabajar con la niñez y muchas veces han estudiado específicamente la sicología y pedagogía de los niños.

Participación

Existen varias maneras de facilitar la participación plena, activa y consciente en la Misa con niños. Se facilita la participación a través de cantos, gestos, símbolos y movimientos físicos con los que están familiarizados los niños, como procesiones y dramatizaciones.

Los gestos son otra manera de incorporar a los niños, tanto porque son una forma de expresión natural (lenguaje) de los niños, como porque ofrecen la oportunidad de usar el cuerpo para expresar su fe (Núm. 33). Existen gestos naturales en la liturgia a los que están acostumbrados, por ejemplo la señal de la cruz, las procesiones, los saludos de paz y la genuflexión ante el Santísimo. Hay otros gestos particulares de la cultura hispana, como los abrazos y la manera de hacer la señal de la cruz (haciendo la cruz con el dedo índice y el dedo pulgar y besándola al final), los cuales pueden incorporarse en la liturgia.

La música es otro medio de animar la participación de los niños, ya que expresa la fe de una manera en que las palabras solas no alcanzan (Núms. 30–32). Otra razón del valor de la música, especialmente para los niños hispanos, es el hecho de que vienen de pueblos acostumbrados a cantar sus penas, alegrías, dolores y esperanzas. ¡Qué mejor medio para guiarlos que el usar la música para alabar a Dios! Estos cantos deben reflejar el espíritu y la teología del tiempo litúrgico. También sirven como puente con la música tradicional que muchas veces expresa la historia del pueblo (Núm. 32).

No debe usarse con frecuencia música grabada. Es preferible el uso de voces e instrumentos musicales vivos, ya que dan autenticidad a la celebración. En el caso de que sea absolutamente necesario el uso de himnos o de música instrumental grabada, deben seguirse las normas establecidas por las Conferencias Episcopales (Núm. 32).

Mientras la música y los sonidos estimulan la participación de los niños en la liturgia, es también importante que los niños aprendan a cultivar el aprecio por momentos de silencio (Núm. 37). Los adultos pueden guiar a los niños al guardar el debido silencio entre las lecturas, después de la homilía y de la comunión.

Hay aún otras oportunidades para lograr participación activa, plena y consciente, como el invitar a los niños a que participen en los misterios litúrgicos como ministros de hospitalidad, lectores, llevando las ofrendas, preparando el altar y como líderes de oración (Núm. 22). La participación en dichos ministerios sirve de formación litúrgica y también contribuye a fomentar el sentido comunitario de la celebración (Núm. 29). Para lograr que los niños desempeñen los diferentes ministerios de una manera apropiada, las celebraciones deben planificarse de antemano.

Formación

Por su naturaleza la liturgia contiene elementos que nos invitan a una continua profundización del Misterio Pascual. Es decir, empezamos a comprender el amor de Dios por todos los seres humanos y la expresión de ese amor en la persona de Cristo. La liturgia lleva a los niños a participar de la vida en Cristo por medio de la asamblea, la Palabra, el presidente de la celebración y la Comunión. Los símbolos, los ritos, el tiempo y espacio sagrado ayudan a los niños a entender una realidad que transciende las palabras. Gradualmente empiezan a articular su experiencia de lo transcendental.

Los niños, sin embargo, ya traen experiencias de fe de sus hogares, las que forman parte de la espiritualidad del pueblo hispano, y esas experiencias les ayudan a entender las palabras, los gestos y las acciones en la liturgia. Algunos ejemplos de estas experiencias son: las bendiciones que reciben de sus padres, abuelos y padrinos; las medallitas que usan alrededor de su cuello; las estatuas de santitos en la casa; los rosarios que rezan en tiempo de Adviento, en velorios y durante las celebraciones marianas; las Posadas navideñas que los invitan a la experiencia de peregrinación; y las expresiones diarias, como "Primero Dios", "Vaya con Dios", "Si Dios quiere", "Con Dios y la Virgen", que manifiestan la presencia de Dios y de la Virgen en el quehacer de cada día; y el uso del diminutivo "Diosito" que refleja familiaridad y cariño hacia Dios. Estos ejemplos ponen en evidencia la riqueza espiritual que traen los niños y sus padres a la liturgia. Todo esto complementa las acciones y los símbolos litúrgicos, como la adoración de la cruz, el cirio pascual y los colores litúrgicos.

Diferentes parroquias han encontrado diversas maneras de incluir a los niños en la celebracion de la Misa con el fin de fomentar su formación y su desarrollo espiritual. La primera, es hacer las adaptaciones en Misas con adultos pero donde se encuentra un buen número de niños. El riesgo en esta situación es que las adaptaciones puedan hacer que los adultos se sientan aislados o tratados como niños. Además, contradice el propósito de las adaptaciones: que todos los presentes se sientan incluidos. Por esta razón, debe tenerse un extremo cuidado en este caso.

Algunas parroquias celebran la Liturgia de la Palabra con niños en un lugar separado de los adultos (Núm. 17). Este lugar designado para la celebración de la Liturgia de la Palabra con los niños debe estar decorado apropiadamente con velas, una mesa para el Leccionario y otros símbolos litúrgicos. Esta opción tiene ventajas y desventajas. La ventaja es la posibilidad de usar un mayor número de adaptaciones que fomenten la participación de los niños. La desventaja es que al separar a los niños se contradice el propósito de una asamblea.

LAS PARTES DE LA MISA

Ya se ha hecho mención de las adaptaciones que pueden aplicarse en las Misas con niños; por lo tanto, no es necesario repetirlas aquí. A continuación sólo se destacarán algunos puntos.

La sección del documento que explica las partes de la Misa (Núms. 38 – 54) resulta valiosa y debe leerse con cuidado ya que ofrece sugerencias de adaptaciones que son posibles durante la Plegaria Eucarística. En esta parte que es la cumbre de la Misa, se puede alcanzar una mayor participación de los niños a través de aclamaciones durante toda la Plegaria.

Las moniciones en ciertas partes de la Misa pueden ser de gran ayuda para los niños. Por ejemplo, antes de las lecturas les ayudan a enfocarse en el tema de la Palabra de Dios que se va a proclamar. La monición en la despedida de la Misa puede ser una repetición y aplicación de lo que escucharon en la liturgia de la Palabra, para que entiendan la conexión entre la liturgia y la vida (Núm. 54).

La repetición de las aclamaciones, las oraciones y los ritos en la liturgia permiten a los participantes experiencias de familiaridad y continuidad. Los niños aprenden las oraciones como el Gloria y el Credo a medida que continúan participando en la Misa.

CONCLUSION

Como hemos visto, este documento ofrece grandes oportunidades para lograr la participación activa, plena y consciente de los niños en la Liturgia. Las adaptaciones que propone ciertamente inspiran a celebrar el Misterio Pascual de una manera más plena.

Este documento significa aún más para el pueblo hispano por el lugar importante que tienen los niños en la familia. Es decir, los niños hispanos son parte de todas las actividades en que participan sus familias. La idea de que los padres dejen a sus niños en un cuarto aparte con personas ajenas es totalmente extraña. Con el crecimiento de la comunidad hispana se verá también crecer el número de niños en la Misa. Esto invita a las personas encargadas de planificar las liturgias a descubrir maneras creativas de incluir a los niños en dichas celebraciones. De esta manera se dará testimonio a los niños del amor increíble de Dios por todos sus hijos e hijas y se logrará alcanzar el espíritu eucarístico de la Misa.

Finalmante el documento ofrece principios litúrgicos que pueden usarse para evaluar las celebraciones y para mejorar aquellos elementos de la liturgia que manifiestan el Reino de Dios entre nosotros, y a la vez, anticipa el cumplimiento de ese Reino al final de los tiempos.

ESQUEMA

DIRECTORIO DE MISAS PARA NIÑOS

INTRODUCCION

1.   La Iglesia debe tener una solicitud especial para con los niños bautizados que han de terminar su plena iniciación cristiana por medio de los sacramentos de la Confirmación y de la Eucaristía, como también para con los que han sido recientemente admitidos a la primera comunión. Las condiciones de vida en que crecen hoy los niños son menos favorables[1] a su progreso espiritual. Más aún, los padres de familia con frecuencia dejan de cumplir la obligación, contraída en el Bautismo de sus hijos, de educarlos cristianamente.

2.   Una de las dificultades especiales que se presentan para la educación de los niños en la Iglesia es el hecho de que las celebraciones litúrgicas, y principalmente la Eucaristía, no alcanzan a ejercer plenamente en ellos toda su fuerza pedagógica.[2] Y aunque ahora en la Misa se puede emplear la lengua materna, con todo, las palabras y los signos no están suficientemente adaptados para que los niños los comprendan.

Es verdad que en la vida diaria los niños no siempre entienden todo aquello que junto con los adultos experimentan, sin que por ello los niños se sientan a disgusto. De ahí que tampoco se pueda pedir a la Liturgia que todos y cada uno de sus elementos sean plenamente comprensibles para los niños.

Pero a su vez se podría causar un perjuicio espiritual a los niños si repetidamente durante años no comprenden casi nada en las celebraciones. La Psicología moderna, en efecto, ha comprobado cuán profundamente pueden los niños vivir la experiencia religiosa desde su infancia, gracias a la especial inclinación religiosa de que gozan.[3]

3.   La Iglesia, siguiendo el ejemplo de su Maestro que "abrazaba . . . y bendecía a los niños" (Marcos 10:16), no puede dejarlos abandonados a su suerte. Y así, después de que el Concilio Vaticano II, en la Constitución sobre la Sagrada Liturgia, trató de la necesidad de adaptar la liturgia a las circunstancias propias de cada asamblea,[4] la Iglesia empezó (principalmente en el Primer Sínodo de Obispos de 1967) a pensar en la forma de facilitar la participación de los niños en las celebraciones litúrgicas. En tal ocasión, el Presidente del Consejo para la ejecución de la Constitución sobre la Sagrada Liturgia habló expresamente de que se trataba "no tanto de crear un rito totalmente especial, sino más bien de estudiar qué elementos se podrían conservar, abreviar o suprimir, y qué textos más adecuados se habrían de escoger".[5]

4.   Después de publicada en 1969 la Instrucción General del nuevo Misal Romano que estableció en un todo la forma de celebración de la Eucaristía con el pueblo, esta Sagrada Congregación, siguiendo las reiteradas solicitudes de todo el mundo católico y, con la colaboración de expertos hombres y mujeres de casi todas las naciones, inició la preparación de un Directorio especial para las Misas con niños, como suplemento de la Instrucción General del Misal Romano.

5.   En este Directorio se reservan algunas adaptaciones a las Conferencias Episcopales o a cada uno de los Obispos, de igual forma que en la Instrucción General.[6]

Las mismas Conferencias Episcopales (a tenor del artículo 40 de la Constitución sobre la Sagrada Liturgia) pueden proponer a la Sede Apostólica otras adaptaciones que no figuran en este Directorio General, para ser introducidas en sus respectivos territorios, una vez confirmadas por la Sede Apostólica.

6.   Este Directorio está destinado a los niños que todavía no han entrado en la edad de la preadolescencia. De por sí no se refiere a los niños con impedimentos físicos o mentales, puesto que para ellos se requiere generalmente una adaptación más profunda;[7] con todo, las normas siguientes se pueden aplicar también a ellos con las necesarias adaptaciones.

7.   El primer capítulo del Directorio (nn. 8 – 15) da las indicaciones fundamentales para la múltiple iniciación de los niños en la Liturgia Eucarística; el segundo capítulo trata brevemente del caso de Misas con adultos, en las que participan también los niños (nn. 16 – 19); el tercer capítulo, por último (nn. 20 – 54), habla más pormenorizadamente de las Misas para niños en las que sólo participan unos pocos adultos.

CAPITULO I
EDUCACION DE LOS NIÑOS PARA LA CELEBRACION EUCARISTICA

8.   Puesto que es impensable una vida cristiana plena sin la participación en las acciones litúrgicas, en las cuales los fieles reunidos celebran el Misterio Pascual, la iniciación religiosa de los niños no puede ignorar esta finalidad de formación litúrgica.[8] La Iglesia, que bautiza a los niños confiada en las gracias que da este sacramento, debe procurar que los niños crezcan en su comunión con Cristo y con los hermanos; signo y prenda de esta comunión es la participación en la mesa eucarística para la cual se prepara a los niños y para cuya plena comprensión se les educa. Esta formación litúrgica y eucarística no puede desvincularse de su educación general, tanto humana como cristiana; más aún, sería perjudicial si la formación litúrgica careciera de este fundamento.

9.   Por tanto, quienes tienen a su cargo la educación de los niños, procuren aunar sus esfuerzos y dialogar para que los niños, aunque ya tengan un cierto sentido de Dios y de las cosas divinas, experimenten también, según su edad y

su desarrollo personal, los valores humanos inherentes a las acciones litúrgicas, como son: las acciones comunitarias, los saludos, la capacidad de escuchar, de pedir perdón o de darlo, el saber dar las gracias, la experiencia de las acciones simbólicas, de una reunión de amigos, de la celebración de una fiesta, etc.[9]

La catequesis eucarística (n. 12) deberá hacer resaltar de tal manera estos valores humanos que los niños, según su edad y las condiciones sicológicas y sociales, abran progresivamente su espíritu a la comprensión de los valores cristianos y se preparen a la celebración del misterio de Cristo.[10]

10. La familia cristiana desempeña un papel de suma importancia en esta labor de inculcar los valores humanos y cristianos.[11] De ahí que sea necesario fomentar la instrucción cristiana que se da a los padres o a otras personas, a quienes corresponde la educación de los niños, teniendo en cuenta también la formación litúrgica de ellos.

En virtud de una obligación de conciencia contraída libremente al hacer bautizar a sus hijos, los padres de familia deben enseñarles gradualmente a orar, orando juntamente con ellos cada día y llevándolos como de la mano a la oración personal.[12]

Si los hijos, así preparados desde su más tierna edad, desean de vez en cuando participar con su familia en la celebración de la Misa, empezarán con mayor facilidad a cantar y orar con la comunidad y aún más, ya en cierta forma, participan en el misterio eucarístico.

Si los padres son débiles en su fe y quieren con todo la educación cristiana de sus hijos, se les invitará a que al menos les comuniquen los valores humanos de que se habló anteriormente, y a que participen, según las circunstancias, en las reuniones de padres de familia y en las celebraciones no eucarísticas que se realizan con los niños.

11. Las diversas comunidades cristianas de que forman parte las familias o en las que viven los niños, también tienen un deber que cumplir para con los niños bautizados. En efecto, una comunidad cristiana que da testimonio del Evangelio, que vive la caridad fraterna, que celebra activamente los misterios de Cristo, es una óptima escuela para la formación cristiana y litúrgica de los niños que en ella viven.

En el seno mismo de la comunidad cristiana, los padrinos u otras personas, movidas por espíritu apostólico, pueden ayudar mucho en catequizar debidamente a los niños, en aquellas familias que apenas si cumplen la tarea que les corresponde en la educación cristiana.

Las "pre-escuelas" y las escuelas católicas, así como también las diversas agrupaciones de niños, pueden servir en gran manera para conseguir estos fines.

12.   Aunque la misma liturgia ejerce también para con los niños su función educativa,[13] dentro de la organización catequística, escolar y parroquial, debe dársele la importancia que se merece a la catequesis de la Misa,[14] a fin de que los niños puedan llegar a participar en ella en la forma debida, activa y conscientemente.[15] Esta catequesis "bien adaptada a la edad y capacidad de los niños, debe tender a que conozcan la significación de la Misa por medio de los principales ritos y por las oraciones, incluso en lo que atañe a su participación en la vida de la Iglesia";[16] esto sobre todo ha de tenerse en cuenta respecto a los textos de las Oraciones Eucarísticas: y a las aclamaciones que dicen los niños.

Digna de especial mención es la preparación de los niños a la primera comunión. En esta preparación deberán aprender no solamente las verdades referentes al misterio eucarístico, sino ante todo cómo podrán en adelante, preparados según su capacidad por la penitencia y unidos plenamente al Cuerpo de Cristo, participar activamente en la Liturgia Eucarística con el pueblo, tomando parte en la mesa del Señor y en la comunidad de los hermanos.

13.   Otras celebraciones de diverso género pueden ser de gran utilidad para la educación litúrgica de los niños, pues en ellas los niños pueden más fácilmente, en virtud de la celebración misma, tomar parte en ciertos elementos litúrgicos, como los saludos, el silencio y la alabanza común, principalmente en aquellos en que interviene el canto. Hay que tener cuidado, sin embargo, para que estas celebraciones no tomen un carácter demasiado didáctico.

14.   En estas celebraciones la Palabra de Dios debe tener un papel cada vez más importante según el grado de comprensión de los niños. Más aún, al crecer su capacidad espiritual, bastará con frecuencia realizar celebraciones propiamente dichas de la Palabra de Dios, especialmente durante el Adviento y la Cuaresma.[17] Estas celebraciones son de gran utilidad para fomentar en los niños el debido aprecio por la Palabra de Dios.

15.   Esta formación litúrgica y eucarística debe tender ante todo, teniendo en cuenta lo antes dicho, a que la vida diaria de los niños corresponda cada vez mejor al Evangelio.

CAPITULO II
MISAS PARA ADULTOS EN LAS QUE PARTICIPAN TAMBIEN LOS NIÑOS

16.   Las Misas parroquiales, especialmente los domingos y días de fiesta, se celebran, en muchas partes, con la participación de un gran número de adultos junto con no pocos niños. En estas Misas el testimonio de los fieles adultos puede ser de gran efecto para los niños; pero a su vez los adultos obtienen provecho espiritual al experimentar en tales celebraciones la parte que los niños desempeñan en la comunidad cristiana. Si en estas Misas participan los niños junto con sus padres y otros familiares, se fomenta grandemente el espíritu cristiano de la familia.

Los niños que todavía no pueden o no quieren participar en la Misa, se pueden presentar al final de la misma para recibir la bendición, después de que algunas personas auxiliares de la parroquia los hayan entretenido durante la Misa en lugar aparte.

17.   Es necesario, sin embargo, procurar que en estas Misas, los niños no se sientan desatendidos por su incapacidad de participar y de comprender lo que se realiza y proclama en la celebración. Hágase, pues, notar de alguna manera su presencia, por ejemplo, con ciertas moniciones apropiadas, dirigidas a ellos (por ejemplo al comienzo y al final de la Misa) y en alguna parte de la homilía.

Más aún, de vez en cuando, si lo permiten las circunstancias del lugar y de las personas, puede ser conveniente celebrar con los niños la Liturgia de la Palabra con su homilía en un lugar aparte, no muy distante, y luego al iniciarse la Liturgia de la Eucaristía, se los reúne con los adultos en el lugar donde estos celebraron la Liturgia de la Palabra.

18.   Puede ser de gran utilidad confiar a los niños algunos oficios en estas Misas; como por ejemplo: traer en la procesión las ofrendas o ejecutar algunos cantos.

19.   Algunas veces, si son muchos los niños que participan en estas Misas, convendrá organizarlas de forma más adecuada a ellos. En ese caso la homilía estará dirigida a ellos, pero en forma que sea también provechosa para los adultos.

En estas Misas para adultos en las que participan también los niños, además de las adaptaciones previstas en el Ordinario de la Misa, se pueden también introducir algunas de las que se indicarán en el capítulo siguiente, si el Obispo lo permite.

CAPITULO III
MISAS PARA NIÑOS EN LAS QUE PARTICIPAN SOLO ALGUNOS ADULTOS

20.   Además de las Misas en que toman parte los niños junto con sus padres y familiares, que no pueden tenerse siempre y en todas partes, se recomienda, sobre todo entre semana, la celebración de la Misa sólo para los niños con la colaboración de unos pocos adultos. Desde el comienzo de la renovación litúrgica,[18] se vio la necesidad de adaptaciones especiales para estas Misas y de ellas se tratará luego en forma general (nn. 38–54).

21.   Hay que tener siempre muy presente que estas celebraciones eucarísticas para niños deben encaminarlos hacia su participación en las Misas con los adultos, principalmente en la Misa dominical, que debe reunir a toda la comunidad cristiana.[19] Por tanto, fuera de las adaptaciones necesarias[20] por causa de la edad de los participantes, no se puede llegar a ritos completamente especiales, que difieran demasiado del Ordinario de la Misa celebrada con el pueblo. La finalidad de cada uno de los elementos debe corresponder a lo que se determina sobre ellos en la Instrucción General del Misal Romano, aunque alguna vez por razones pastorales, no se puede conservar una igualdad absoluta.

22. Los principios de la participación activa y consciente tienen en cierta manera una mayor fuerza cuando se trata de Misas para niños. Por tanto, hay que hacer todo lo conveniente para fomentar y hacer más viva y profunda esta participación.

Para este fin confíense al mayor número de niños oficios especiales en la celebración; por ejemplo: preparar el lugar y el altar (cf. n. 29), hacer de solista (cf. n. 24), cantar en el grupo, ejecutar algún instrumento musical (cf. n. 23), proclamar las lecturas (cf. nn. 24 y 47), responder durante la homilía (cf. n. 48), decir las intenciones de la Oración Universal, llevar al altar las ofrendas, y otras acciones semejantes, según las costumbres de los diversos pueblos (cf. n. 34).

Ciertas adiciones pueden favorecer la participación, por ejemplo: dar motivaciones para la acción de gracias antes de iniciarse el diálogo del Prefacio.

En todo esto téngase muy en cuenta que las acciones externas pueden quedar infructuosas, y hasta llegar a ser nocivas, si no favorecen la participación interna de los niños.

Por eso el silencio tiene también su importancia en las Misas para niños (cf. n. 37). Póngase un gran cuidado para que los niños no vayan a olvidar que todas estas formas de participación tienen su cumbre en la comunión eucarística, alimento espiritual en que se toma el Cuerpo y la Sangre de Cristo.[21]

23. El sacerdote que celebra la Misa con los niños, esmérese de todo corazón para hacer una celebración festiva, fraterna, meditativa;[22] pues, más que en las Misas con adultos, estas disposiciones dependen de la forma de celebrar del sacerdote, de su preparación personal y de su misma forma de actuar y de hablar. Tenga especial cuidado en la dignidad, claridad y sencillez de los gestos.

Al hablar a los niños, procurará expresarse de tal manera que lo entiendan fácilmente, pero evitando también expresiones demasiado pueriles.

Las moniciones facultativas[23] han de conducir a los niños a una participación litúrgica auténtica y por eso no pueden ser simples explicaciones didácticas.

Para influir mejor en el corazón de los niños, servirá mucho que el sacerdote emplee sus propias palabras en las moniciones, por ejemplo, del acto penitencial, antes de la Oración sobre las ofrendas, al dar la paz, o al distribuir la comunión.

24. Puesto que la Eucaristía es siempre acción de toda la comunidad eclesial, conviene que participen en la Misa también algunos adultos, no como vigilantes, sino orando junto con los niños y para prestarles la ayuda que sea necesaria.

No hay inconveniente en que alguno de estos adultos que participan en la Misa con los niños, les dirija la palabra después del Evangelio, con la venia del párroco o del rector de la iglesia; esto sobre todo si al sacerdote le es difícil adaptarse a la mentalidad de los niños. Síganse en esto las normas de la Sagrada Congregación para el Clero.

También en las Misas para niños hay que fomentar la diversidad de ministerios a fin de que la celebración aparezca como comunitaria.[24] Los lectores y los cantores, por ejemplo, se pueden escoger entre los niños o los adultos; de esta suerte, por la variedad de voces, se evitará también la monotonía.

25.   La iglesia es el lugar principal para la celebración eucarística con los niños, pero escójase en ella un lugar aparte, en cuanto sea posible, en el que los niños, según su número, puedan actuar con libertad, de acuerdo con las exigencias de una liturgia viva y adecuada a se edad.

Si la iglesia no responde a estas exigencias, se podrá celebrar la Eucaristía con los niños en otro lugar, que sea digno y apto para la celebración.[25]

26.   Para las Misas con niños escójase el día y la hora más conveniente según las circunstancias en que viven, de tal manera que estén en las mejores disposiciones para escuchar la Palabra de Dios y para celebrar la Eucaristía.

27.   Durante la semana, los niños pueden participar con mayor fruto y menos peligro de aburrimiento en la celebración de la Misa, si no se celebra todos los días (por ejemplo, en los internados); además, habiendo más tiempo entre una celebración y otra, se puede preparar mejor.

En los demás días es preferible una oración en común, en la que los niños pueden participar con más espontaneidad, o una meditación comunitaria, o una celebración de la Palabra de Dios que prolongue las celebraciones eucarísticas anteriores y prepare a celebrar más profundamente las siguientes.

28.   Cuando el grupo de niños que celebran la Eucaristía es muy numeroso, se dificulta mucho la participación atenta y consciente. Por tanto, se pueden establecer varios grupos, no estrictamente según la edad, sino más bien teniendo en cuenta su nivel de formación religiosa y su preparación catequística. Durante la semana, los diversos grupos tendrán en días distintos la celebración del sacrificio de la Misa.

29.   La celebración eucarística para los niños debe prepararse a tiempo y con diligencia, principalmente en lo que se refiere a las oraciones, cantos, lecturas, intenciones de la Oración Universal, en diálogo con los adultos y con los niños que han de ejercer algún ministerio en la celebración. Conviene dar a los niños una participación directa en la preparación y ornamentación del lugar de la celebración y de los objetos necesarios, tales como el cáliz, la patena, las vinajeras, etc. Todo esto contribuye, además, a fomentar el sentido comunitario de la celebración. Siempre, empero, ha de atenderse diligentemente a la participación interna.

30.   El canto, de gran importancia en todas las celebraciones, lo es más aún con los niños, dado su peculiar gusto por la música. Por tanto hay que fomentarlo en toda forma, teniendo en cuenta la idiosincracia de cada pueblo y las aptitudes de los niños presentes.[26] En cuanto sea posible, los niños deberán cantar, más bien que recitar las aclamaciones, en especial las de las Oraciones Eucarísticas.

31.   Para facilitar la participación de los niños en el canto del Gloria, el Credo, el Sanctus, el Agnus Dei, se pueden emplear composiciones musicales apropiadas, con versiones populares aceptadas por la autoridad competente, aunque no concuerden literalmente con el texto litúrgico.[27]

32.   "Los instrumentos musicales pueden resultar también muy útiles"[28] en las Misas para niños, sobre todo si los mismos niños los ejecutan. Pues sirven para sostener el canto de los niños, inspirar el silencio de meditación, y expresar en forma muy especial el gozo de la fiesta y de la alabanza a Dios.

Procúrese, sin embargo, que la música no predomine sobre el canto o sirva más bien de distracción que de utilidad para los niños; es necesario que corresponda a la finalidad propia de cada tiempo que se deja a la música en la estructura de la Misa.

Con las mismas cautelas, con la debida circunspección y peculiar prudencia, se puede también emplear, en las Misas para niños, música reproducida por medios técnicos, según las normas que al respecto den las Conferencias Episcopales.

LOS GESTOS

33.   Es necesario, en las Misas para niños, fomentar con diligencia su participación por medio de los gestos y las actitudes corporales, según su edad y las costumbres locales. Esto lo recomiendan la naturaleza misma de la Liturgia y la psicología infantil, como acción de toda la persona humana.

Tienen gran importancia no sólo las actitudes y gestos del sacerdote,[29] sino también y más aún la forma de comportarse todo el grupo de niños.

Las Conferencias Episcopales que, al tenor de la Instrucción General del Misal Romano, adapten los gestos de la Misa a la idiosincracia de cada pueblo,[30] tengan en cuenta también la situación especial de los niños o determinen tan solo las adaptaciones necesarias para las celebraciones con los niños.

34.   Entre las acciones, comprendidas entre los gestos, merecen mención especial las procesiones y otras acciones que requieren participación del cuerpo.

La entrada procesional del sacerdote junto con los niños puede ser útil para hacerles sentir mejor el vínculo de comunión que entonces se establece;[31] la participación, al menos de algunos niños, en la procesión del Evangelio, hace más significativa la presencia de Cristo, que proclama su Palabra a su pueblo; la procesión de los niños con el cáliz y las ofrendas expresa mejor el sentido de la preparación de los dones; la procesión de comunión bien ordenada, puede ayudar mucho a fomentar la piedad de los niños.

35.   La Liturgia de la Misa contiene muchos elementos visuales a los que se debe dar gran importancia en las celebraciones para niños; esto se aplica principalmente a ciertos elementos visuales propios de los diversos tiempos del año litúrgico, como por ejemplo: la adoración de la cruz, el cirio pascual, los cirios en la fiesta de la Presentación del Señor, la variación de color en las vestiduras litúrgicas y la diversidad de las mismas.

Además de estos elementos visuales propios de la celebración e inherentes al lugar de la misma, pueden introducirse otros que ayuden a los niños a contemplar las maravillas de Dios en la creación y en la redención, y a sostener su oración por medio de la vista. Nunca la Liturgia deberá aparecer como algo árido y solamente intelectual.

36.   Por esta misma razón puede ser útil el empleo de imágenes preparadas por los mismos niños, por ejemplo, para ilustrar la homilía, las intenciones de la Oración Universal o para inspirar la meditación.

37.   También en las Misas para niños "el silencio, como parte de la celebración, ha de guardarse a su debido tiempo",[32] y con el fin de no dar excesiva importancia a las acciones externas; pues los niños, también, a su manera, son realmente capaces de hacer meditación. Con todo, necesitan ser guiados convenientemente a fin de que aprendan, según los diversos momentos (por ejemplo después de la comunión[33] y después de la homilía), a concentrarse, a meditar brevemente, a alabar a Dios en su corazón y a orar.[34]

Además hay que procurar (precisamente con más cuidado que en las Misas con adultos), que los textos litúrgicos sean proclamados sin apuro, en forma clara y con las pausas debidas.

38.   Respetando siempre la estructura general de la Misa, "que consta en cierta manera de dos partes, Liturgia de la Palabra y Liturgia de la Eucaristía", y también de algunos ritos que inician y concluyen la celebración,[35] dentro de las diversas partes de la celebración se juzgan necesarias las siguientes adaptaciones para que los niños "por medio de los ritos y las oraciones", según las leyes de la psicología de la infancia, experimenten a su manera, pero en forma real, "el misterio de la fe".[36]

39.   A fin de que la Misa para niños no difiera demasiado de las Misas para adultos,[37] no se pueden modificar ciertos ritos y textos como son "las aclamaciones y respuestas de los fieles a los saludos del sacerdote",[38] el Padrenuestro,

y la fórmula trinitaria en la bendición final, con la que el sacerdote concluye la Misa. Se recomienda que paulatinamente los niños vayan aprendiendo el Símbolo Niceno-Constantinopolitano, además del Símbolo de los Apóstoles (cf. n. 49).

a) Rito de introducción

40.   Puesto que los ritos iniciales de la Misa tienen por finalidad que "los fieles reunidos constituyan una comunidad y se dispongan a oír como conviene la Palabra de Dios y a celebrar dignamente la Eucaristía",[39] hay que procurar suscitar en los niños estas disposiciones y no abrumarlos con la nimiedad de ritos que aquí se proponen.

Por ello se puede omitir alguno de los ritos iniciales y darle más fuerza a otro. Pero siempre debe haber al menos un elemento introductorio, que concluya con la Oración Colecta.

Procúrese ir eligiendo cada uno de los diversos elementos, de modo que vayan apareciendo a su tiempo y que ninguno sea totalmente abandonado.

b) Lectura y explicación de la Palabra de Dios

41.   Puesto que las lecturas de la Sagrada Escritura constituyen "la parte principal de la Liturgia de la Palabra",[40] nunca puede faltar la lectura de la Biblia ni siquiera en las Misas para niños.

42.   En cuanto al número de lecturas para los domingos y días de fiesta, han de observarse las normas dadas por las Conferencias Episcopales. Si con dificultad pueden los niños entender las dos o tres lecturas prescritas para los domingos o las ferias, se pueden tomar sólo dos lecturas y aun una sola, pero nunca puede faltar la lectura del Evangelio.

43.   Si ninguna de las lecturas que determina el leccionario para el día es adecuada para la comprensión de los niños, se pueden escoger otras lecturas, ya sea del leccionario, ya directamente de la Biblia, pero teniendo en cuenta los diversos tiempos litúrgicos. Se recomienda, con todo, a las Conferencias Episcopales que elaboren leccionarios propios para las Misas con niños.

Si, a causa de su difícil comprensión para los niños, parece conveniente omitir uno que otro versículo de la lectura bíblica, hágase con cuidado "de manera que no se vaya a mutilar el sentido del texto o la mentalidad y estilo de la Escritura".[41]

44.   Entre los criterios de selección de los textos bíblicos hay que pensar más en su calidad que en la cantidad. No siempre una lectura por ser corta es más adecuada para los niños que otra un poco más larga. Todo depende del bien espiritual que la lectura pueda producir en los niños.

45.   Evítense las paráfrasis de la Sagrada Escritura porque en el texto bíblico "Dios habla a su pueblo . . . y el mismo Cristo, por su Palabra, se hace presente

en medio de los fieles".[42] Se recomienda, sin embargo, el uso de versiones existentes para la catequesis de los niños y que hayan sido aceptadas por la autoridad competente.

46.   Entre una lectura y otra se deben cantar algunos versículos de los salmos elegidos cuidadosamente para la mejor comprensión de los niños, o un canto al estilo de los salmos, o el Aleluya con un versículo sencillo. Los niños siempre deben tomar parte en estos cantos.

Algunas veces se puede sustituir el canto por un silencio de meditación.

Si solamente hay una lectura, el canto se puede hacer después de la homilía.

47.   Deben tenerse muy en cuenta los diversos elementos que sirven para la mejor comprensión de las lecturas bíblicas, a fin de que los niños puedan asimilarlas y comprendan, cada vez mejor, la dignidad de la Palabra de Dios.

Entre estos medios están las moniciones previas a las lecturas,[43] que al explicar el contexto o al aclarar el texto mismo, mueven a los niños a escuchar mejor y fructuosamente la lectura. Si la Misa es del santo del día, para la comprensión e ilustración de las lecturas de la Sagrada Escritura, se puede narrar algo referente a la vida del santo no sólo en la homilía, sino también en las moniciones antes de las lecturas bíblicas.

Cuando el texto de la lectura así lo aconsejase, puede ser útil distribuir entre varios niños sus diversas partes, tal como suele hacerse para la proclamación de la pasión del Señor en la Semana Santa.

48.   En todas las Misas con niños hay que darle una gran importancia a la homilía, en la que se explica la Palabra de Dios. La homilía destinada a los niños puede realizarse algunas veces en forma de diálogo, a no ser que se prefiera que escuchen en silencio.

49.   Cuando al final de la Liturgia de la Palabra hay que decir el Credo, se puede emplear con los niños el Símbolo de los Apóstoles puesto que forma parte de su preparación catequística.

c) Oraciones presidenciales

50.   Para que el sacerdote pueda integrar en su oración a los niños, tiene facultad de escoger los textos más aptos del Misal Romano, pero teniendo en cuenta el tiempo litúrgico.

51.   Algunas veces no basta con esta selección para que los niños puedan llegar a considerar las oraciones como expresiones de su propia vida y de su experiencia religiosa,[44] puesto que las oraciones han sido compuestas para los fieles adultos.

En este caso no hay inconveniente en adaptar el texto del Misal Romano a las necesidades de los niños; pero de tal manera que, conservando la finalidad y la esencia de la oración, se evite todo lo que no sea propio del género literario de la oración presidencial, como por ejemplo, exhortaciones morales y formas de hablar demasiado infantiles.

52. Máxima importancia hay que prestarle en la Eucaristía para niños a las Oraciones Eucarísticas, culmen de toda la celebración.[45] Mucho depende de la manera cómo el sacerdote proclame[46] la Oración y de la forma cómo los niños participen escuchando en silencio o con aclamaciones.

La disposición de ánimo, que este punto central de la celebración requiere, la tranquilidad y reverencia con que todo se ejecuta, deben llevar a los niños a mantener máxima atención a la presencia de Cristo en el altar bajo las especies de pan y de vino; a su ofrecimiento, a la acción de gracias por él, con él y en él, y a la oblación de la Iglesia que entonces se realiza y por la cual los fieles se ofrecen a sí mismos y ofrecen su vida entera con Cristo al Padre Eterno por inspiración del Espíritu Santo.

Por el momento se deben emplear sólo las cuatro Oraciones Eucarísticas aprobadas por la suprema autoridad para las Misas con adultos, mientras la Sede Apostólica no disponga otra cosa para la Misas con niños.

d) Ritos antes de la comunión

53. Terminada la Oración Eucarística, sigue siempre el Padrenuestro, la fracción del pan y la invitación a la comunión,[47] pues son elementos de gran importancia en la estructura de esta parte de la Misa.

e) La comunión y ritos siguientes

54. Todo debe desarrollarse de tal manera que los niños ya admitidos a la Eucaristía, debidamente dispuestos, con tranquilidad y recogimiento se acerquen a la sagrada mesa y participen plenamente del misterio eucarístico. Durante la procesión se puede entonar un canto adecuado.[48]

La monición que precede a la bendición final[49] es muy importante en las Misas con niños, porque ellos necesitan que antes de despedirlos se les proponga en breves palabras una repetición y aplicación de lo que oyeron. Aquí principalmente puede hacérseles ver el nexo entre la Liturgia y la vida.

Por lo menos en algunos tiempos litúrgicos y en ciertos momentos de la vida de los niños, el sacerdote utilizará las fórmulas más amplias de bendición, pero conservando siempre la fórmula trinitaria y el signo de la cruz al final.[50]

55. Todo lo contenido en este Directorio tiene por finalidad el que los niños puedan fácilmente y con gusto salir al encuentro de Cristo y presentarse con él ante el Padre para celebrar la Eucaristía.[51] Y así formados por la participación consciente y activa en el sacrificio y en el banquete eucarístico, aprendan cada vez mejor, de día en día, a anunciar a Cristo en su hogar y fuera de él, entre sus familiares y compañeros, viviendo la fe que "obra por la caridad" (Gálatas 5:6).

Este directorio, preparado por la Sagrada Congregación para el Culto Divino, fue aprobado y confirmado por el Sumo Pontífice Pablo VI el 22 de octubre de 1973 y él mismo ordenó su publicación.

Sagrada Congregación para el Culto Divino, noviembre de 1973, solemnidad de Todos los Santos, por especial mandato del Sumo Pontífice.

CITAS

1. Cf. S. Congr. del Clero, *Directorio cate-quístico general*, n. 5: A.A.S. 64 (1972), pp. 101–102.

2. Cf. Conc. Vat. II, Const. sobre la Sagrada Liturgia, *Sacrosanctum Concilium*, n. 33.

3. Cf. S. Congr. del Clero, *Directorio cate-quístico general*, n. 78: A.A.S. 64 (1972), pp. 146–147.

4. Cf. Conc. Vat. II, Const. sobre la Sagrada Liturgia, *Sacrosanctum Concilium*, n. 38; cf. además S. Congr. para el Culto Divino, Instrucción *Actio pastoralis* del 15 de mayo de 1969: A.A.S. 61 (1969), pp. 806–811.

5. La Liturgia en el primer Sínodo de Obispos: Notitiae 3 (1967), p. 368.

6. Cf. infra nn. 19, 32, 33.

7. Cf. Celebración de la Misa para niños sordomudos en las regiones de habla alemana, del día 26 de junio de 1970, aprobada y confirmada por la Sagrada Congregación para el Culto Divino (Prot. n. 1546/70).

8. Cf. Conc. Vat. II, Const. sobre la Sagrada Liturgia, *Sacrosanctum Concilium*, nn. 14, 19.

9. Cf. S. Congr. del Clero, *Directorio cate-quístico general*, n. 25: A.A.S. 64 (1972), p. 114.

10. Cf. Conc. Vat. II, Declaración sobre la educación cristiana, *Gravissimum educationis*, n. 2.

11. Cf. *ibid.*, n. 3.

12. Cf. S. Congr. del Clero, *Directorio cate-quístico general*, n. 78: A.A.S. 64 (1972), p. 147.

13. Cf. Conc. Vat. II, Const. sobre la Sagrada Liturgia, *Sacrosanctum Concilium*, n. 33.

14. Cf. S. Congr. de Ritos, Instrucción *Eucha-risticum mysterium*, del 25 de mayo de 1967, n. 14: A.A.S. 59 (1967), p. 550.

15. Cf. S. Congr. del Clero, *Directorio cate-quístico general*, n. 25: A.A.S. 64 (1972), p. 114.

16. S. Congr. de Ritos, Instrucción *Eucha-risticum mysterium*, del 25 de mayo de 1967, n. 14: A.A.S. 59 (1967), p. 550; cf. además S. Congr. del Clero, *Directorio catequístico general*, n. 57: A.A.S. 64 (1972), p. 131.

17. Cf. Conc. Vat. II, Const. sobre la Sagrada Liturgia, *Sacrosanctum Concilium*, n. 35, 4.

18. Cf. supra, n. 3.

19. Cf. Conc. Vat. II, Const. sobre la Sagrada Liturgia, *Sacrosanctum Concilium*, nn. 42 y 106.

20. Cf. La Liturgia en el primer Sínodo de Obispos: *Notitiae* 3 (1967), p. 368.

21. Cf. *Instrucción general del Misal Romano*, n. 56.

22. Cf. infra, n. 37.

23. Cf. *Instrucción general del Misal Romano*, n. 11.

24. Cf. Conc. Vat. II, Const. sobre la Sagrada Liturgia, *Sacrosanctum Concilium*, n. 28.

25. Cf. *Instrucción general del Misal Romano*, n. 253.

26. Cf. *ibid.*, n. 19.

27. Cf. S. Congr. de Ritos, Instrucción *Musicam sacram*, del 5 de marzo de 1967, n. 55: A.A.S. 59 (1967), p. 316.

28. Cf. *ibid.*, n. 62: A.A.S. 59 (1967), p. 318.

29. Cf. supra, n. 23.

30. Cf. *Instrucción general del Misal Romano*, n. 21.

31. Cf. *ibid.*, n. 24.

32. Cf. *ibid.*, n. 23.

33. Cf. S. Congr. de Ritos, Instrucción *Eucha-risticum mysterium*, del 25 de mayo de 1967, n. 38: A.A.S. 59 (1967), p. 562.

34. Cf. *Instrucción general del Misal Romano*, n. 23.

35. Cf. *ibid.*, n. 8.

36. Cf. Conc. Vat. II, Const. sobre la Sagrada Liturgia, *Sacrosanctum Concilium*, n. 48.

37. Cf. supra, n. 21.

38. Cf. *Instrucción general del Misal Romano*, n. 15.

39. Cf. *ibid.*, n. 24.

40. Cf. *ibid.*, n. 38.

41. Cf. Misal Romano, *Leccionario i*, De Ordine lectionum Missae, Praenotanda generalia, n. 7d.

42. *Instrucción general del Misal Romano*, n. 33.

43. Cf. *ibid.*, n. 11.

44. Cf. Concilium ad exsequendam Constitutionem de sacra Liturgia, *Instruction sur la traduction des textes liturgiques pour la célébration avec le peuple*, del 25 de enero de 1969, n. 20: Notitiae 5 (1969), p. 7.

45. Cf. *Instrucción general del Misal Romano*, n. 54.

46. Cf. supra, nn. 23 y 37.

47. Cf. supra, n. 23.

48. Cf. S. Congr. de Ritos, Instrucción *Musicam sacram*, del 5 de marzo de 1967, n. 32: A.A.S. 59 (1967), p. 309.

49. Cf. *Instrucción general del Misal Romano*, n. 11.

50. Cf. supra, n. 39.

51. Cf. Misal Romano, Oración Eucarística ii.

LA MUSICA
EN EL
CULTO CATOLICO

(EDICION REVISADA, 1983)

LA MUSICA
LITURGICA HOY

DOCUMENTOS SOBRE LA MUSICA EN LA LITURGIA

Juan J. Sosa

PREAMBULO

La reforma litúrgica del Concilio Vaticano II estableció desde 1963 un número de criterios por los cuales nuestras asambleas eclesiales rendirían un culto apropiado a Dios. Entre otros, el criterio de 'participación' ha dominado las pautas establecidas para la revisión de textos litúrgicos y de rituales que constituyen las celebraciones de los Sacramentos y sacramentales de la Iglesia; consecuentemente, este criterio siempre ha acompañado la aceptación e investigación provocada por otro criterio importante, la 'inculturación' de la liturgia.

La música litúrgica, a través de los siglos, siempre ha expresado de una manera clara y persistente la espiritualidad de la asamblea que celebra, aunque también ha sufrido una serie de cambios y adaptaciones desde el comienzo de la reforma. La música en la liturgia destaca cada elemento de la estructura del culto y sirve de motivación y de estímulo para que la asamblea alabe a Dios con toda su alma, su cuerpo y su corazón. Como un signo instrumental, la música no sólo facilita que la asamblea exprese su fe, su esperanza y su amor en comunidad, sino que también sirve de motivación y de estímulo para que la asamblea se injerte en el eje mismo de la celebración, el Misterio Pascual.

MUSICA LITURGICA HISPANA

Ambos criterios han servido de referencia para las reflexiones realizadas continuamente por liturgistas y músicos de diversos centros teológicos y organizaciones litúrgicas. Entre éstas, el Instituto de Liturgia Hispana ha fomentado la catequesis litúrgica y el apoyo espiritual a las comunidades hispanas que residen en los Estados Unidos de Norteamérica; por medio de encuestas y publicaciones, las asambleas católicas del país han podido conocer más detalladamente aquellos elementos de la cultura hispana que enriquecen su liturgia. Como peregrinos de México, América Central, el Caribe, América del Sur y hasta la propia España, los hispanos, unidos por la misma lengua castellana, aunque con diferentes matices de expresión, celebran su fe con una variedad de signos y símbolos que nacen de una herencia católica común.

Los dones de la cultura hispana encuentran su mejor forma de expresión en las melodías, ritmos y letras que las canciones hispanas proveen. Para los hispanos, la poesía y la música se mezclan para relatar historias de amor o de dolor, de traición o de esperanza, de victoria o de muerte. La vida humana y, en especial, las relaciones humanas se ven entrelazadas con los estilos musicales que dejan una marca indeleble en la memoria colectiva de estos pueblos. A través de las cadencias melodiosas de las rancheras, el romanticismo de las baladas, o el ritmo rápido y sincopado del Caribe, la música hispana destaca la existencia de un mundo acechado por las consecuencias de la condición humana que gime, no obstante, por la presencia salvífica de su Redentor. Juntamente con otros elementos de la cultura hispana, la música encuentra su eco singular en otro documento del Concilio, *Gaudium et spes (Constitución Pastoral sobre la Iglesia en el Mundo Actual)*, que proclama en su primer artículo que para los discípulos de Cristo "nada hay verdaderamente humano que no tenga resonancia en su corazón".

En 1982, el Instituto de Liturgia Hispana realizó una encuesta basada en la publicación de "El Misterio de fe", una catequesis completa que explica cada parte de la liturgia de la Eucaristía y que fue publicada originalmente en inglés por la Federación Diocesana de Comisiones de Liturgia (FDLC). El Instituto, además de asumir la traducción del manuscrito, elaboró una segunda catequesis, titulada "Tomen y Coman", y con ella promovió el estudio de la Misa y de los Sacramentos entre numerosos grupos de hispanos en varias partes de los Estados Unidos de Norteamérica. El resultado de la encuesta señaló que la música litúrgica es el elemento de más interés y de más preocupación tanto para las asambleas que celebran su fe como para sus propios agentes pastorales.

DOCUMENTOS DE LOS OBISPOS ESTADOUNIDENSES

La publicación conjunta de la traducción al castellano de *Music in Catholic Worship (La Música en el Culto Católico)* y *Liturgical Music Today (La Música Litúrgica Hoy)* ha servido para que, con más frecuencia, las comunidades hispanas del país descubran los criterios musicales propuestos por la *Constitución Sobre la Sagrada Liturgia (Sacrosanctum Concilium)* y por otras Instrucciones posteriores, al igual que por las adaptaciones realizadas localmente por las autoridades competentes.

La Música en el Culto Católico, publicada originalmente en 1972 y revisada en 1983, provee los fundamentos básicos para que los compositores puedan componer e interpretar la música litúrgica en la Iglesia contemporánea. El documento presenta la función de la música y su relación con los demás ministerios litúrgicos que la reforma promueve. Además de señalar el papel de la música en cada sección de la Liturgia Eucarística, el documento desafía al músico contemporáneo a colocar su talento al servicio de la Iglesia y a cultivar el repertorio musical de la comunidad cultual utilizando, sin excepción, los siguientes principios: el juicio musical, el juicio litúrgico y el juicio pastoral. El documento concluye con una exhortación general para que los músicos utilicen estos mismos principios en las celebraciones de los Sacramentos de la Iglesia.

Publicada en 1982, *La Música Liturgica Hoy* presenta con más detalles los diferentes aspectos del ministerio musical en la comunidad cultual. A la vez que reitera y afirma los criterios generales señalados ya por *La Música en el Culto Católico*, este documento enfoca su atención hacia la calidad de la música sagrada, la importancia de conocer y respetar el Año Litúrgico cuando se seleccionan los cantos, y la necesidad de responder a ciertas preguntas que han surgido con relación a la popularidad de la música religiosa grabada y del equilibrio en el sonido entre las voces de la asamblea que celebra y los instrumentos que la acompañan. El documento concluye con una llamada general a que se desarrolle el ministerio musical en las diócesis y en las parroquias del país de una forma más seria y más comprometedora, tanto por parte de los músicos como de sus pastores.

¿De qué manera ayuda la publicación de estos documentos a implementar la reforma litúrgica del Concilio y proveer el marco de referencia necesario para una posible inculturación litúrgica en las asambleas hispanas de la nación? De tres maneras: 1) como una fuente continua de catequesis litúrgica; 2) como un marco de referencia que ayuda a mantener el equilibrio necesario entre la tradición musical católica a través de los siglos y la creatividad actual que la reforma ha estimulado; y 3) como una invitación perenne a seguir explorando aquellas expresiones musicales que revelan una espiritualidad hispánica auténtica en aquellas comunidades que se comunican con una o en varias lenguas, y dentro de un marco cultural común y, a la vez, integrado a la sociedad estadounidense. Como peregrinos hacia el Padre, los hispanos de los Estados Unidos de Norteamérica han asumido una travesía difícil pero llena de esperanza. En ella, sin embargo, la liturgia y la religiosidad popular constituyen dos elementos esenciales que destacan una visión singular y enriquecedora de la fe, la familia y la Iglesia con la que los hispanos encuentran fortaleza en la debilidad y libertad en la opresión.

EL MINISTERIO DE LOS MUSICOS

Como una fuente catequética, este documento motiva a los músicos a que descubran las raíces de su ministerio y las exigencias que el ministerio les presenta en la actualidad. Los músicos hispanos lograrán comprender el papel tan importante que ellos mismos asumen cuando se comprometen a ejercer su ministerio seriamente, ya que están llamados a convertirse en puentes de reconciliación y de autenticidad para todos los que buscan a Jesús en la comunidad eclesial como Palabra y Sacramento. Esta reflexión continua permitirá que los músicos descubran el valor de cada sección de la Liturgia Eucarística y su relación con el conjunto de ritos que constituyen la celebración; por este medio, apreciarán que el ministerio musical no puede estar sujeto a juicios particulares o subjetivos, sino más bien a un estilo de servicio que se ha de notar cuando el músico vive su vocación plenamente y atiende a las necesidades de la comunidad.

El intercambio entre la música católica del pasado y la del presente, facilitará que nuestros músicos hispanos aprecien la diversidad de estilos musicales que ayudan a celebrar los diferentes tiempos litúrgicos. Comprometidos a un proceso selectivo de estos estilos y de la música propia, estos músicos necesitan utilizar aquellos cantos populares que han acompañado a nuestras familias hispanas en su historia e, igualmente, proponer nuevos cantos y nuevos estilos musicales con los que la juventud se pueda identificar en su anhelo de rendirle culto a Dios.

Los músicos necesitan enseñarle a la asamblea con frecuencia los textos y las melodías de las antífonas, las aclamaciones, los cantos y las letanías; este esfuerzo requiere estudio y atención, al igual que una entrega sincera a la planificación musical y litúrgica de cada celebración y no a una improvisación espontánea que conlleva a celebraciones desvirtuadas. Junto a la técnica y a la interpretación musical necesaria, los músicos también necesitan de aquella humildad que les permita eliminar del repertorio parroquial aquellos cantos que impiden la participación de la asamblea, aunque para el músico sean muy aceptables. La música en el culto católico funciona primordialmente como un símbolo que ayuda a que la asamblea se una en oración y alabanza y se sienta más cerca del Señor y de su prójimo.

Los músicos hispanos, con estos documentos, llegarán a comprender que el ministerio musical no se puede limitar a la organización de un coro o al uso de solistas, sino a un sinfín de posibilidades creadoras que incluyen: el uso de música instrumental en momentos de oración apropiados, el respeto al silencio cuando la liturgia lo exija, y el desarrollo del diálogo musical entre la asamblea, el coro, el salmista y el cantor que enriquezca la dignidad de los textos y la riqueza ritual con la que los fieles celebran su fe. Congregados por la Palabra de Dios para compartir el amor incondicional del Padre en Jesucristo, el Pueblo de Dios — la Iglesia — muestra su gratitud ante este tesoro inigualable, alabando al Dios Trinitario de su fe y colocando los dones del Espíritu al servicio de los demás.

UNA FUENTE DE CATEQUESIS LITÚRGICA

Los documentos litúrgicos que se presentan a continuación, por lo tanto, constituyen una fuente inigualable de catequesis litúrgica que ha de motivar a nuestros músicos y a otros agentes pastorales que coordinan las liturgias parroquiales y diocesanas. Para los músicos hispanos, estos documentos representan un instrumento de formación litúrgica por excelencia. Conscientes de la estructura global de la Liturgia Eucarística y del papel que la música ejerce en cada sección, y conscientes también de la necesidad de que todos los ministerios litúrgicos colaboren juntos para crear una unidad sagrada y creadora en el culto, los músicos hispanos se han de comprometer al espíritu de la reforma conciliar: i) por el estudio de la música en la Iglesia a través de su historia y en el presente; ii) por el compromiso para darle tiempo a la oración, a la formación ministerial y a la expresión artística que refleja su vocación como poetas en el mundo actual; iii) por la necesidad de evitar aquellas interpretaciones subjetivas de la música que interrumpe y perjudica el crecimiento espiritual de los fieles; y iv) por tener conciencia de que, junto a otros ministros de la liturgia, ellos han de proclamar la presencia salvífica de Jesús en medio de la comunidad peregrina que se reúne para alabarlo. De esta manera, los músicos hispanos integrarán en su vida personal y en el ejercicio de su ministerio aquellas palabras de la constitución *Sacrosanctum Concilium* que definen la liturgia como "la cumbre a la cual tiende la actividad de la Iglesia y al mismo tiempo la fuente de donde mana toda su fuerza".

ESQUEMA

LA MUSICA EN EL CULTO CATOLICO

LA TEOLOGIA DE LA CELEBRACION

1.   Somos cristianos porque a través de la comunidad cristiana hemos encontrado a Jesucristo, hemos oído su palabra de invitación y le hemos respondido en la fe. Nos reunimos en la Misa para cada vez poder oír y expresar nuestra fe en esta asamblea y, expresándola, renovarla y profundizarla.

2.   No venimos a encontrar a Cristo como si estuviera ausente del resto de nuestra vida. Venimos juntos a profundizar nuestra conciencia de la acción de su Espíritu en toda nuestra vida y en todo momento, y a comprometernos con esa acción. Venimos a reconocer juntos el amor de Dios vertido a raudales en medio de nosotros en la obra del Espíritu, contemplándola en el temor y la alabanza.

3.   Estamos celebrando cuando nos implicamos significativamente en los pensamientos, las palabras, los cantos y los gestos de la comunidad de culto, cuando todo lo que hacemos es para nosotros auténtico y sincero, cuando pensamos las palabras y queremos hacer lo que se hace.

4.   Las personas que aman dan señales de amor, no sólo para expresar su amor sino también para profundizarlo. El amor que nunca se expresa, muere. El amor de los cristianos por Cristo y entre sí y su fe en Cristo y en los demás deben expresarse en los signos y los símbolos de la celebración o de lo contrario morirán.

5.   Las celebraciones no nos pueden defraudar, incluso en un domingo particular en que nuestros sentimientos no se armonizan con la invitación de Cristo y de su Iglesia para que rindamos culto. La fe no siempre penetra nuestros sentimientos; sin embargo, los signos y los símbolos del culto pueden dar expresión corporal a la fe cuando celebramos. Nuestra propia fe es avivada. Nos hacemos uno con aquellos cuya fe es expresada de modo similar. Nos elevamos sobre nuestros propios sentimientos para responder a Dios en la oración.

6.   La fe crece cuando es bien expresada en la celebración. Las buenas celebraciones fomentan y nutren la fe. Las celebraciones pobres pueden debilitarla y destruirla.

7.   Celebrar la liturgia significa ejecutar la acción o realizar el signo de tal forma que su total significación e impacto resalten de manera clara y predominante. Por ser los signos litúrgicos vehículos de comunicación e instrumentos de fe, deben ser simples y comprensibles. Como están dirigidos a los seres humanos, deben ser humanamente atractivos. Deben ser significativos e interesantes

para el conjunto de los fieles o fallarán en despertar la fe y la gente fallará en rendir culto al Padre.

8.   Los signos de la celebración deben ser breves, claros y libres de una repetición inútil; deben estar "adaptados a la capacidad de los fieles, y, en general, no deben tener necesidad de muchas explicaciones".[1]

Si los signos necesitan explicación para comunicar la fe, muchas veces serán observados en lugar de celebrados.

9.   En la verdadera celebración cada signo o acción sacramental estará investido de la fe personal y orante, del cuidado, la atención y el entusiasmo de aquellos que los llevan a cabo.

LA PLANIFICACION PASTORAL PARA LA CELEBRACION

10.   La responsabilidad de una celebración pastoral efectiva en una comunidad parroquial corresponde a todos los que desempeñan funciones importantes en la liturgia. "La efectiva preparación práctica de cada celebración litúrgica debe hacerse con ánimo concorde entre todos aquellos a quienes atañe, tanto en lo que toca al rito como al aspecto pastoral y musical, bajo la dirección del rector de la iglesia y oído también el parecer de los fieles en lo que a ellos ciertamente les atañe".[2]

En la práctica esto necesita de ordinario un "equipo planificador" o comité organizador que se reúne regularmente para conseguir un culto creativo y coordinado y un buen uso de las opciones litúrgicas y musicales de una liturgia flexible.

11.   El poder de una celebración litúrgica para compartir la fe dependerá frecuentemente de su unidad—una unidad extraída de la fiesta o temporada litúrgica o de las lecturas señaladas en el leccionario así como de la unidad artística que emana de la hábil y sensible selección de las opciones, de la música y de las artes relacionadas con ella. Las Sagradas Escrituras deben ser la fuente y la inspiración de una acertada planificación, pues es esencia misma de la celebración el que los hombres escuchen las palabras y las obras salvíficas del Señor y después respondan en signos y símbolos significativos. Donde las lecturas del leccionario poseen una unidad temática, los otros elementos deben ser arreglados de tal manera que constituyan un marco para el mensaje de la Palabra y una respuesta al mismo.

12.   El equipo o comité planificador es encabezado por el sacerdote (celebrante y homilista) pues ninguna congregación puede experimentar la riqueza de una celebración unificada si esa unidad no es captada por el que preside, así como por los que tienen funciones especiales. El grupo planificador debe incluir a aquellos con el conocimiento y la habilidad artística necesarios en la celebración: hombres y mujeres preparados en música, poesía y arte, y familiarizados con los recursos actuales en estas áreas; hombres y mujeres sensibles también a la sed actual de tantos por las riquezas de la Escritura, de la teología y de la oración. Es

siempre bueno incluir algunos miembros de la congregación que no hayan desempeñado papeles especiales en las celebraciones de modo que puedan hacerse evaluaciones honestas.

13.　La planificación debe ir más allá de la selección de opciones, cantos y ministros hasta la composición de textos tales como la introducción breve, las intercesiones generales y otros apropiados comentarios como los estipulados en la *Instrucción General del Misal Romano*. La forma en que el pueblo es invitado a unirse en un canto particular puede ser tan importante como la selección del canto mismo.

14.　Al planificar las celebraciones pastorales deben ser tomados en consideración la congregación, la ocasión y el celebrante.

LA CONGREGACION

15.　"La eficacia pastoral de la celebración aumentará, sin duda, si se saben elegir, dentro de lo que cabe, los textos apropiados, lecciones, oraciones y cantos que mejor respondan a las necesidades y a la preparación espiritual y modo de ser de quienes participan en el culto".[3] Un tipo de celebración apropiado para un grupo juvenil puede no ser apto en un asilo de ancianos; un estilo más formal efectivo en una iglesia parroquial puede ser inapropiado en una liturgia hogareña. La música usada debe estar dentro de la competencia de la mayor parte de los que participan en el culto. Debe ser apropiada para su nivel de edad, sus antecedentes culturales y su nivel de fe.

16.　Las variaciones en el nivel de fe suscitan problemas especiales. La celebración litúrgica presupone un mínimo de conocimiento bíblico y un profundo compromiso de vivir la fe. Si estos faltan, pudiera surgir la tendencia a usar la liturgia como un instrumento de evangelización. Puede que se requiera una mayor libertad en la selección de la música y del estilo de la celebración cuando los participantes son conducidos hacia ese día en que puedan compartir su creciente fe como miembros de la comunidad cristiana. Cantos como los salmos pueden crear problemas más bien que resolverlos donde la fe es débil. La música, elegida con cuidado, puede servir como puente para la fe así como expresión de ella.

17.　La diversidad de personas presentes en una liturgia parroquial da origen a un problema más. ¿Puede la misma liturgia parroquial ser una expresión auténtica para una muchacha de escuela primaria, su hermano en edad de colegio universitario, la hermana casada con su joven familia, sus padres y sus abuelos? ¿Puede satisfacer a los educados teológica y musicalmente junto con los que carecen de preparación? ¿Puede complacer a los que buscan un estilo más informal de celebración? El equipo planificador debe considerar la composición general de la comunidad total. Cada cristiano debe tener presente que vivir y rendir culto en comunidad exige con frecuencia un sacrificio personal. Todos deben estar dispuestos a compartir gustos y aversiones con otros cuyas ideas y experiencias pueden ser bastante diferentes de las suyas.

18. Con frecuencia el problema de la diversidad puede ser mitigado completando la celebración dominical parroquial con celebraciones especiales para grupos homogéneos más pequeños. "Las necesidades de los fieles de unos antecedentes culturales particulares o de un nivel particular de edad pueden a menudo ser satisfechas por una música que puede servir como una expresión de oración compatible y litúrgicamente orientada".[4] La música y otras opciones pueden entonces ser más fácilmente adaptadas al grupo particular que está celebrando. La celebración en tales grupos, "en los cuales el sentido genuino de comunidad es experimentado más fácilmente, puede contribuir significativamente al crecimiento en la conciencia de la parroquia como comunidad, especialmente cuando todos los fieles participan en la misa parroquial el día del Señor".[5] No obstante, estaría falto de armonía con el deseo de unidad del Señor en su Iglesia si los creyentes fueran a rendir culto solamente en tales agrupamientos homogéneos.[6]

LA OCASION

19. La misma congregación querrá celebrar en una variedad de modos. Durante el curso del año los diferentes misterios de la redención son recordados en la Misa de modo que se hacen presentes de alguna manera.[7] Cada fiesta y cada tiempo tienen su propio espíritu y su propia música. Las ocasiones penitenciales exigen más reserva. Las grandes fiestas exigen más solemnidad. La solemnidad, sin embargo, depende menos del ornato excesivo del canto y de la magnificencia del ceremonial que de una celebración digna y religiosa.[8]

20. Generalmente una congregación o un coro querrá cantar más en las grandes fiestas como Navidad y Pascua de Resurrección y menos en el tiempo que media durante el año. Acontecimientos importantes en la familia y en la vida parroquial sugerirán programas más amplios de canto. Los domingos serán celebrados con variedad pero siempre como conviene al día del Señor. Todas las liturgias, desde la muy simple hasta la más ornada, deben ser verdaderamente pastorales y devotas.

EL CELEBRANTE

21. Ningún otro factor individual afecta tanto a la liturgia como la actitud, el estilo y el porte del celebrante: su fe y su cordialidad sincera al dar la bienvenida a la comunidad de los fieles; su sencillez humana combinada con la dignidad y seriedad al partir el Pan de la Palabra y de la Eucaristía.

22. El estilo y la norma del canto debe aumentar la efectividad de un buen celebrante. Su papel se realza cuando es capaz de interpretar algunas de sus partes de manera cantada y debe ser alentado para que lo haga. Lo que no puede cantar bien y con efectividad debe recitarlo. Si es capaz de cantar, debe, en interés del pueblo, ensayar cuidadosamente las partes cantadas que contribuyen a la celebración de éste.[9]

EL LUGAR DE LA MUSICA EN LA CELEBRACION
LA MUSICA SIRVE A LA EXPRESION DE FE

23.   Entre los muchos signos y símbolos usados por la Iglesia para celebrar su fe, la música es de importancia preeminente. Como canto sagrado unido a las palabras forma una parte necesaria e integral de la liturgia solemne.[10] Sin embargo, la función de la música es ministerial; debe servir y nunca dominar. La música debe ayudar a los creyentes reunidos a expresar y compartir el don de la fe que tienen dentro de sí y a nutrir y fortalecer su compromiso interno de fe. Debe realzar los textos de modo que hablen más plenamente y más efectivamente. La calidad del gozo y del entusiasmo que la música añade al culto de la comunidad no puede ser obtenida de otro modo. Imparte un sentido de unidad a la congregación y establece el tono adecuado para una celebración particular.

24.   Además de expresar los textos, la música puede también revelar una dimensión de significado y sentimiento, una comunicación de ideas e intuiciones que las palabras solas no pueden producir. Esta dimensión es integral a la personalidad humana y al crecimiento en la fe. No puede ser ignorada si los signos del culto van a hablarle a toda la persona. Idealmente, toda celebración comunal de fe, incluyendo los funerales y los sacramentos del bautismo, de la confirmación, de la penitencia, de la unción y del matrimonio, deben incluir la música y el canto. Donde es posible celebrar la Liturgia de las Horas en una comunidad, también ésta debe incluir la música.

25.   Para determinar el valor de un elemento musical dado en una celebración litúrgica debe hacerse un triple juicio: musical, litúrgico y pastoral.

EL JUICIO MUSICAL

26.   ¿Es la música técnica, estética y expresivamente buena? Este juicio es básico y primario y debe hacerse por músicos competentes. Sólo la música artísticamente acertada será efectiva a la larga. Admitir lo barato, lo trivial, el cliché musical que a menudo se encuentra en los cantos populares con el propósito de conseguir una "liturgia del momento" es degradar la liturgia, exponerla al ridículo e invitar al fracaso.

27.   Los músicos deben buscar y crear música de calidad para el culto, especialmente los nuevos arreglos musicales para los nuevos textos litúrgicos. Deben también realizar la investigación necesaria para hallar nuevos usos para lo mejor de la música antigua. Deben explorar el repertorio de la buena música usada en otras denominaciones religiosas. Deben hallar los medios prácticos de conservar y usar nuestra rica herencia de cantos y motetes latinos.[11]

Mientras tanto, sin embargo, no deberían ser olvidadas las palabras de San Agustín: "No se dejen ofender por lo imperfecto mientras se esfuerzan por lo perfecto".

28.   Hacemos, sin embargo, un perjuicio a los valores musicales cuando confundimos el juicio de la música con el juicio del estilo musical. El estilo y el valor son dos juicios distintos. La buena música de estilos nuevos está encontrando feliz acogida en las celebraciones de hoy. Al canto y la polifonía hemos añadido eficazmente el himno coral, restablecido el canto responsorial hasta cierto punto y empleado muchos estilos de composición contemporánea. La música en lenguaje popular está encontrando aceptación en las celebraciones eucarísticas. Debemos juzgar el valor dentro de cada estilo.

"En los tiempos modernos la Iglesia ha reconocido consistentemente y admitido libremente el uso de diversos estilos de música como ayuda al culto litúrgico. Desde la promulgación de la *Constitución sobre la Liturgia* y más especialmente desde la introducción de las lenguas vernáculas en la liturgia, ha surgido una necesidad más apremiante de composiciones musicales en idiomas que puedan ser cantados por la congregación y así fomentar la participación en común".[12]

29.   El músico tiene todo el derecho de insistir en que la música sea buena. Pero si bien toda la música litúrgica debe ser buena, no toda buena música es adecuada para la liturgia. El juicio musical es básico pero no decisivo. Quedan los juicios litúrgico y pastoral.

EL JUICIO LITURGICO

30.   La naturaleza de la liturgia misma ayudará a determinar qué clase de música se pide, qué partes deben preferirse para cantar, y quién debe cantarlas.

A. Requerimientos estructurales

31.   La elección de las partes cantadas, el equilibrio entre ellas, y el estilo de arreglo musical que se use deben reflejar la importancia relativa de las partes de la Misa (u otra celebración) y la naturaleza de cada parte. Así, un arreglo elaborado del canto de entrada, del "Señor, ten piedad" y del "Gloria" pueden hacer que la proclamación de la palabra parezca poco importante; y un canto de ofertorio excesivamente elaborado con un "Santo, Santo, Santo es el Señor" hablado puede hacer que la oración eucarística parezca menos importante.

B. Requerimientos textuales

32.   ¿Expresa e interpreta la música el texto correctamente y lo hace más comprensible? ¿Es respetada la forma del texto? Al hacerse estos juicios deben tenerse presentes las clases principales de textos: proclamaciones, aclamaciones, salmos e himnos, y oraciones. Cada una tiene una función específica que debe ser acentuada por la música escogida para dicho texto.

En la mayoría de los ejemplos hay un texto litúrgico oficial aprobado por la conferencia episcopal. "Los textos vernáculos ajustados a música compuesta en períodos anteriores", sin embargo, "pueden ser usados en los textos litúrgicos".[13] Como se menciona en otra parte, se han proporcionado criterios para los textos que pueden reemplazar los cantos procesionales de la Misa. En estos casos y en la selección de toda la música suplementaria, los textos "deben estar de acuerdo con la doctrina católica, más aún, deben tomarse principalmente de la Sagrada Escritura y de las fuentes litúrgicas".[14]

C. Diferenciación de papeles

33. "En las celebraciones litúrgicas, cada cual, ministro o simple fiel, al desempeñar su oficio, hará todo y sólo aquello que le corresponde por la naturaleza de la acción y las normas litúrgicas".[15] Debe darse un interés musical especial a las funciones de la congregación del cantor, del coro y de los instrumentistas.

D. La congregación

34. La música para la congregación debe estar dentro de la capacidad de ejecución de sus miembros. La congregación debe sentirse cómoda y segura con lo que está haciendo a fin de realizar una buena celebración.

E. El cantor

35. Aunque no hay sitio en la liturgia para la exhibición del virtuosismo por sí mismo, la habilidad artística es apreciada, y un cantante individual puede conducir con efectividad a la asamblea, proclamando atractivamente la Palabra de Dios en el salmo cantado entre las lecturas, y tener su parte en otros cantos responsoriales. "Deben proveerse por lo menos uno o dos cantantes adecuadamente formados, especialmente donde hay posibilidad de establecer siquiera un pequeño coro. El cantante presentará algunos arreglos musicales más simples, con el pueblo tomando parte, y puede dirigir y apoyar a los fieles hasta donde sea necesario. La presencia de tal cantante es deseable incluso en iglesias que tienen un coro, para aquellas celebraciones en las que el coro no puede tomar parte pero que pueden ser realizadas adecuadamente con alguna solemnidad y por tanto con canto".[16] Aunque un cantor "no puede realizar el servicio del culto de la misma manera que un coro, un cantor formado y competente puede realizar un importante ministerio conduciendo a la congregación en los cantos sagrados comunes y en los cantos responsoriales".[17]

F. El coro

36. Un coro bien formado añade belleza y solemnidad a la liturgia y también ayuda y alienta el canto de la congregación. El Concilio Vaticano II, hablando del coro, expresó enfáticamente: "Foméntense diligentemente los coros" con tal que "toda la comunidad de los fieles pueda aportar la participación activa que le corresponde".[18]

"A veces el coro, dentro de la congregación de los fieles y como parte de ella, asumirá el papel del liderazgo, mientras que otras veces conservará su propio ministerio característico. Esto quiere decir que el coro dirigirá al pueblo en la oración cantada, alternando o reforzando el canto sagrado de la congregación, o realzándolo con la adición de una elaboración musical. Otras veces en el curso de la celebración litúrgica el coro sólo cantará obras cuyas exigencias musicales requieren y retan su competencia".[19]

G. El organista y otros instrumentistas

37.   El canto no es el único tipo de música adecuado para la celebración litúrgica. La música realizada en el órgano o en otros instrumentos puede estimular los sentimientos de gozo y de contemplación en los momentos apropiados.[20] Esto puede hacerse con efectividad en los siguientes momentos: un preludio instrumental, un fondo suave para un salmo hablado, a la preparación de los dones en lugar del canto, durante partes del rito de comunión, y en la procesión de salida.

En las diócesis de los Estados Unidos, "pueden ser usados otros instrumentos musicales diferentes del órgano en los servicios litúrgicos, siempre que sean tocados de una forma que sea adecuada al culto público".[21] Esta decisión se abstiene deliberadamente de escoger instrumentos específicos. Su uso depende de las circunstancias, de la naturaleza de la congregación, etc.

38.   La *adecuada colocación* del órgano y del coro de acuerdo con la disposición y la acústica de la iglesia facilitará la celebración. En la práctica, el coro debe estar cerca del director y del órgano (tanto la consola como el sonido). El coro debe ser capaz de interpretar sin demasiada distracción; la acústica debe dar una presencia viva del sonido en el área del coro y permitir que tanto el tono como la palabra lleguen a la congregación con claridad. Visualmente es deseable que el coro parezca formar parte de la comunidad de culto, pero como una parte que sirve de una manera singular. La localización de la consola del órgano demasiado lejos de la congregación origina un intervalo de tiempo que tiende a hacer que el canto se rezague a menos que el organista esté entrenado para hacerle frente a esto. Una ubicación cerca de los bancos delanteros facilitará el canto de la congregación.

EL JUICIO PASTORAL

39.   El juicio pastoral gobierna el uso y la función de cada elemento de la celebración. Idealmente este juicio lo hace el equipo o comité planificador. Es el juicio que debe hacerse en esta situación particular, en estas circunstancias concretas. ¿Capacita la música en la celebración a estas personas para expresar su fe en este lugar, en esta época, en esta cultura?

40.   La instrucción de la Congregación para el Culto Divino, publicada el 5 de septiembre de 1970, alienta a las conferencias episcopales a considerar no solamente la compatibilidad de la música litúrgica con el tiempo y las circunstancias de la celebración, "sino también las necesidades de los fieles que la cantarán. Deben usarse todos los medios para promover el canto por parte del pueblo. Nuevas formas deberían ser usadas, formas que estén adaptadas a las diferentes mentalidades y a los gustos modernos". El documento añade que la música y los instrumentos "deberían corresponder al carácter sagrado de la celebración y al lugar de culto".

41.   Un músico puede juzgar que una cierta composición o estilo de composición es música buena, pero este juicio musical realmente no dice nada acerca de si esta música es para ser usada en esta celebración y cómo. Los signos de la

celebración deben ser aceptados y recibidos como significativos para una experiencia de fe genuinamente humana por estos fieles específicos. Este juicio pastoral puede ser auxiliado por la sensibilidad a las características culturales y sociales del pueblo que compone la congregación: su edad, cultura y educación. Estos factores influyen en la efectividad de los signos litúrgicos, incluyendo la música. Ningún conjunto de rúbricas o regulaciones por sí mismo logrará jamás una celebración verdaderamente pastoral de los ritos sacramentales. Tales regulaciones deben siempre ser aplicadas con una preocupación pastoral por la comunidad de culto dada.

CONSIDERACIONES GENERALES DE LA ESTRUCTURA LITURGICA

42.   Los responsables de la planificación de la música para las celebraciones eucarísticas de acuerdo con los tres juicios precedentes deben tener una clara comprensión de la estructura de la liturgia. Deben estar conscientes de lo que es de importancia fundamental. Deberían conocer la naturaleza de cada parte de la liturgia y la relación de cada una de ellas con el ritmo global de la acción litúrgica.

43.   La Misa está compuesta de la liturgia de la palabra y de la liturgia de la Eucaristía. Estas dos partes están tan estrechamente asociadas que forman un solo acto de culto. La mesa del Señor es tanto la mesa de la Palabra de Dios como la mesa del Cuerpo de Cristo, donde los fieles son instruidos y fortalecidos. Además, la Misa tiene ritos introductorios y conclusivos.[22] Los ritos introductorios y conclusivos son secundarios.

LOS RITOS INTRODUCTORIOS

44.   Las partes que preceden a la liturgia de la palabra, esto es, la entrada, el saludo, el rito penitencial, el Kyrie, el Gloria y la oración de apertura o colecta, tienen el carácter de introducción y preparación. El propósito de estos ritos es ayudar al pueblo reunido a convertirse en una comunidad de culto y prepararlo para escuchar la Palabra de Dios y celebrar la Eucaristía.[23] De estas partes son esenciales el canto de entrada y la oración de apertura. Todo lo demás es secundario.

Si la Misa comienza con la aspersión del pueblo con agua bendita, se omite el rito penitencial; esto puede hacerse en todas las Misas del domingo.[24] De modo similar, si los salmos de parte de la Liturgia de las Horas preceden a la Misa, el rito introductorio se abrevia de acuerdo con la *Instrucción General sobre la Liturgia de las Horas*.[25]

LA LITURGIA DE LA PALABRA

45.   Las lecturas de la Escritura son el corazón de la liturgia de la palabra. La homilía, los salmos responsoriales, la profesión de fe y las intercesiones generales la desarrollan y completan. En las lecturas, Dios habla a su pueblo y alimenta su espíritu; Cristo está presente por medio de su palabra. La homilía

explica las lecturas. Los cantos y la profesión de fe incluyen la aceptación por parte del pueblo de la Palabra de Dios. Es de primordial importancia que el pueblo oiga el mensaje de amor de Dios, lo asimile con la ayuda de los salmos, el silencio y la homilía, y responda, implicándose en la gran alianza de amor y redención. Todo lo demás es secundario.

LA PREPARACION DE LOS DONES

46.   La oración eucarística es precedida por la preparación de los dones. El propósito del rito es preparar el pan y el vino para el sacrificio. El carácter secundario del rito determina la forma de la celebración. Consiste muy simplemente en llevar los dones al altar, posiblemente con acompañamiento del canto, en las oraciones del celebrante mientras prepara los dones y en la oración sobre los dones. De estos elementos, el llevar los dones, la colocación de los dones sobre el altar y la oración sobre los dones son primordiales. Todo lo demás es secundario.

LA ORACION EUCARISTICA

47.   La oración eucarística, oración de acción de gracias y de santificación, es el centro de toda la celebración. Mediante un diálogo introductorio el sacerdote invita al pueblo a elevar los corazones a Dios en alabanza y gratitud; los une consigo en la oración que, en su nombre, dirige al Padre por mediación de Jesucristo. La intención de la oración es que toda la congregación se una a Cristo en el reconocimiento de las obras de Dios y en el ofrecimiento del sacrificio.[26] Como declaración de la fe de la asamblea local es afirmada y ratificada por todos los presentes mediante las aclamaciones de fe: la primera aclamación o Sanctus, la aclamación conmemorativa y el Gran Amén.

EL RITO DE COMUNION

48.   Comer y beber el Cuerpo y la Sangre del Señor en una comida pascual es el clímax de nuestra celebración eucarística. Es preparado por varios ritos: el Padrenuestro con el embolismo y la doxología, el rito de paz, la fracción del pan (y la mezcla) durante el "Cordero de Dios", la preparación privada del sacerdote, y la presentación del pan eucarístico. La comida y la bebida son acompañados por un canto que expresa la unidad de los comulgantes y seguidos por un momento de oración después de la comunión.[27] Son esenciales aquellos elementos que muestran signos de que el primer fruto de la Eucaristía es la unidad del Cuerpo de Cristo, siendo los cristianos amados por Cristo y amándolo a través del amor de unos a otros. Los principales textos para acompañar o expresar la acción sagrada son el Padrenuestro, el canto durante la procesión de comunión y la oración para después de la comunión.

EL RITO CONCLUSIVO

49.   El rito conclusivo consiste en el saludo y bendición del sacerdote, que a veces es ampliado por la oración sobre el pueblo u otra forma solemne, y la despedida que envía a cada miembro de la congregación a hacer buenas obras, alabando y bendiciendo al Señor.[28]

El canto de salida es opcional. El saludo, la bendición, la despedida y el canto de salida o música instrumental forman idealmente una acción continua que puede culminar en los saludos personales y las conversaciones del sacerdote a la puerta de la iglesia.

APLICACION DE LOS PRINCIPIOS DE LA CELEBRACION A LA MUSICA EN EL CULTO EUCARISTICO
CONSIDERACIONES GENERALES

50.   Dentro de la estructura litúrgica son ahora posibles muchas y variadas normas musicales. Los músicos y los compositores necesitan responder creativa y responsablemente al reto de desarrollar música nueva para las celebraciones de hoy.

51.   Mientras que es posible hacer distinciones técnicas en las formas de la Misa—desde la Misa en que nada se canta hasta la Misa en que todo es cantado—tales distinciones son de poca significación en sí mismas; pueden escogerse combinaciones casi ilimitadas de partes cantadas y recitadas. La decisión importante es si esta o aquella parte puede o no puede, debe o no debe ser cantada en esta celebración particular y bajo estas circunstancias específicas.[29] Ya no se conserva la antigua distinción entre las partes ordinarias y las propias de la Misa con respecto a los arreglos musicales y la distribución de funciones. Por esta razón los arreglos musicales del pasado no son por lo general modelos útiles para componer hoy piezas verdaderamente litúrgicas.

52.   Dos normas servían antiguamente como base para crear y planificar la liturgia. Una era la "Misa Cantada" con sus cinco movimientos, Ordinario cantado y Propio cuádruple cantado. La otra era la "Misa Rezada" de formato de cuatro himnos que se derivó de la *Instrucción de la Música Sagrada* de 1958. La norma de cuatro himnos se desarrolló en el contexto de una Misa en latín que podía dar cabida al canto en la lengua vernácula sólo en ciertos puntos. Es ahora obsoleta y la Misa tiene más de una docena de partes que pueden ser cantadas, así como numerosas opciones para el celebrante. Cada una de estas partes debe ser comprendida de acuerdo con su propia naturaleza y función.

APLICACIONES ESPECIFICAS

A. Aclamaciones

53.   Las aclamaciones son clamores de alegría que surgen de toda la asamblea como asentimientos enérgicos y significativos a la Palabra y la Acción de Dios.

Son importantes porque destacan algunos de los momentos más significativos de la Misa (evangelio, oración eucarística, Padrenuestro). Es de su misma naturaleza que sean rítmicamente fuertes, melódicamente atractivas y afirmativas. El pueblo debiera conocer de memoria las aclamaciones a fin de que las cantara espontáneamente. Es recomendable e incluso imperativa alguna variedad. El reto para el compositor y para el pueblo por igual es el de variedad sin confusión.

54. En la celebración eucarística hay cinco aclamaciones que deben ser cantadas incluso en las Misas en que poco más es lo que se canta: Aleluya; "Santo, Santo, Santo es el Señor"; Aclamación Conmemorativa; Gran Amén; Doxología del Padrenuestro.

EL ALELUYA

55. Esta aclamación de gozo pascual es tanto una reflexión sobre la Palabra de Dios proclamada en la Liturgia como una preparación para el Evangelio. Todos se ponen de pie para cantarla. Después de que el canto o el coro canta el (o los) aleluya(s), el pueblo habitualmente lo(s) repite. Entonces un solo verso adecuado es cantado por el cantor o por el coro, y todos repiten el aleluya (o los aleluyas). Si no es cantado, el aleluya debe ser omitido.[30] En su lugar puede ser observado un momento de reflexión en silencio. Durante la Cuaresma un verso breve de carácter aclamatorio reemplaza al aleluya y es cantado del mismo modo.

SANTO, SANTO, SANTO ES EL SEÑOR

56. Esta es la aclamación de alabanza del pueblo que concluye el prefacio de la oración eucarística. Nos unimos a toda la comunión de los santos para aclamar al Señor. Los arreglos que añaden armonía o contrapunto en las fiestas y ocasiones solemnes son adecuados, pero como este canto pertenece al sacerdote y al pueblo, las partes del coro deben facilitar y hacer efectivas las partes del pueblo.

LA ACLAMACION CONMEMORATIVA

57. Apoyamos mutuamente nuestra fe en el misterio pascual, el misterio central de nuestra creencia. Esta aclamación es propiamente una conmemoración del sufrimiento y la glorificación del Señor, con una expresión de fe en su venida. La variedad en el texto y en la música es deseable.

EL GRAN AMEN

58. Los fieles dan su asentimiento a la oración eucarística y la hacen suya en el Gran Amén. Para ser más efectivo, el Amén puede ser repetido o acrecentado. Los coros pueden armonizar y ampliar la aclamación del pueblo.

DOXOLOGIA DEL PADRENUESTRO

59. Estas palabras de alabanza: "Tuyo es el reino, tuyo el poder y la gloria por siempre, Señor", son apropiadamente cantadas por todos, especialmente cuando se canta el Padrenuestro. También aquí el coro puede realzar la aclamación con armonía.

B. Cantos procesionales

60.   Los dos cantos procesionales—el canto de entrada y el canto de comunión—son muy importantes para crear y mantener una conciencia de comunidad. Se dan antífonas adecuadas para ser usadas con apropiados versos de los salmos. Estos pueden ser reemplazados por los cantos del *Graduale Simplex*, por otros salmos y antífonas, o por otros cantos idóneos.[31]

EL CANTO DE ENTRADA

61.   El canto de entrada debe crear una atmósfera de celebración. Ayuda a poner a la asamblea en el estado de ánimo apropiado para escuchar la Palabra de Dios. Ayuda al pueblo a volverse consciente de sí mismo como comunidad de culto. Las elección de textos para el canto de entrada no debe estar en conflicto con estos propósitos. En general, durante los tiempos más importantes del año eclesiástico—Pascua de Resurrección, Cuaresma, Navidad y Adviento—es preferible que la mayor parte de los cantos usados en la entrada sean de una naturaleza propia del tiempo.[32]

EL CANTO DE COMUNION

62.   El canto de comunión debe fomentar un sentido de unidad. Debe ser simple y no exigir gran esfuerzo. Da expresión al gozo de la unidad en el cuerpo de Cristo y a la realización del misterio que está siendo celebrado. La mayor parte de los himnos de bendición no son adecuados debido a que enfatizan la adoración más bien que la comunión. En general, durante los tiempos más importantes del año eclesiástico—Pascua de Resurrección, Cuaresma, Navidad y Adviento—es preferible que la mayor parte de los cantos usados en la comunión sean de una naturaleza propia del tiempo. Sin embargo, para el resto del año eclesiástico pueden usarse cantos locales durante la procesión de comunión, con tal que estos textos no choquen con el carácter pascual de cada domingo.[33]

C. Salmo responsorial

63.   Este canto excepcional y muy importante es la respuesta a la primera lección. La determinación del nuevo leccionario de hacer corresponder el contenido de los salmos con el tema de la lectura se refleja en su enumeración de 900 estribillos. La liturgia de la palabra se aviva más plenamente si entre las dos primeras lecturas un cantor canta el salmo y todos cantan la respuesta. Como la mayor parte de los grupos no pueden aprender una nueva respuesta cada semana, se ofrecen estribillos propios del tiempo en el mismo leccionario y en el *Graduale Simplex*. Se pueden también usar otros salmos y estribillos, incluso salmos arreglados en forma responsorial y en versiones métricas y otras similares de los salmos, con tal que sean usados de acuerdo con los principios del *Graduale Simplex* y sean seleccionados en armonía con el tiempo litúrgico, la fiesta o la ocasión. La elección de los textos que no son del salterio no se extiende a los cantos entre las lecturas.[34] Para facilitar la reflexión, puede haber un breve período de silencio entre la primera lectura y el salmo responsorial.

D. Cantos ordinarios

64. La cuarta categoría son los cantos ordinarios, que ahora pueden ser tratados como selecciones individuales. Pueden cantarse uno o más; los otros son hablados. La norma puede variar de acuerdo con las circunstancias. Estos cantos son los siguientes:

SEÑOR, TEN PIEDAD

65. Esta letanía corta fue tradicionalmente una oración de alabanza a Cristo resucitado. Ha sido resucitado y hecho "Señor", y le pedimos que muestre su amorosa bondad. El séxtuplo Kyrie del nuevo orden de la Misa puede ser cantado de otras formas; por ejemplo, como un canto repetido nueve veces.[35] Puede también ser incorporado en el rito penitencial, con invocaciones dirigidas a Cristo. Cuando se canta, el arreglo debe ser breve y simple a fin de no dar una importancia indebida a los ritos introductorios.

GLORIA A DIOS

66. A este antiguo himno de alabanza ahora se le da una nueva traducción poética y cantable. Puede ser introducido por el celebrante, el cantor o el coro. El uso restringido del Gloria, esto es, solamente en los domingos fuera del Adviento y la Cuaresma y en las solemnidades y fiestas,[36] enfatiza su carácter especial y solemne. El nuevo texto ofrece muchas oportunidades para la alternación del coro y el pueblo en paralelismos poéticos. El "Gloria a Dios" también proporciona una oportunidad para que el coro cante solo en las ocasiones festivas.

EL PADRENUESTRO

67. Esta oración comienza nuestra preparación inmediata para la participación en el Banquete Pascual. El texto tradicional es conservado y se le puede poner música por los compositores con la misma libertad que a otras partes del Ordinario. Todos los arreglos deben facilitar la participación del sacerdote y de todos los presentes.

CORDERO DE DIOS

68. El *Agnus Dei* es un canto litánico para acompañar la partición del pan en preparación para la comunión. La invocación y la respuesta pueden ser repetidas según exija la acción. La respuesta final es siempre "danos la paz". A diferencia del "Santo, Santo, Santo es el Señor" y del Padrenuestro, el "Cordero de Dios" no es necesariamente un canto del pueblo. Por lo tanto puede ser cantado por el coro, aunque el pueblo debe por lo general pronunciar la respuesta.

LA PROFESION DE FE

69. Esta es una profesión en común de fe en la que ". . . el pueblo que ha oído la Palabra de Dios en las lecturas y en la homilía puede asentir y responder a ella, y puede renovar en sí mismo la regla de fe cuando comienza a celebrar la

eucaristía".[37] Es por lo general preferible que el Credo sea dicho de manera declamatoria más bien que cantado.[38] Si es cantado, pudiera tomar más efectivamente la forma de una simple declamación musical más bien que una extensa y complicada estructura musical.

E. Cantos suplementarios

70.   Esta categoría incluye cantos para los cuales no hay textos específicos ni requerimiento alguno de que deba haber un texto hablado o cantado. Aquí el coro puede desempeñar una función más plena, pues no existe la posibilidad de usurpar las partes del pueblo. Esta categoría incluye los siguientes.

EL CANTO DEL OFERTORIO

71.   El canto del ofertorio puede acompañar la procesión y la preparación de los dones. No es siempre necesario o deseable. La música de órgano o instrumento es también adecuada en ese momento. Cuando se usa el canto, éste no tiene que hablar de pan y vino de ofertorio. La función propia de este canto es acompañar y celebrar los aspectos comunitarios de la procesión. El texto, por tanto, puede ser cualquier canto apropiado de alabanza o de regocijo de acuerdo con el tiempo. Las antífonas del Gradual Romano, no incluidas en el nuevo Misal Romano, pueden ser usadas con versículos de los salmos. Los interludios instrumentales pueden acompañar eficazmente la procesión y la preparación de los dones y así mantener esta parte de la Misa en una perspectiva adecuada a la oración eucarística que sigue.

EL SALMO, CANTO DESPUES DE LA COMUNION

72.   El canto de un salmo o himno de alabanza después de la distribución de la comunión es opcional. Si es tocado el órgano o el coro canta durante la distribución de la comunión, un canto de la congregación puede proporcionar una expresión apropiada de unidad en el Señor Eucarístico. Como no se especifica ningún texto particular, hay amplia oportunidad para la creatividad.

EL CANTO DE SALIDA

73.   El canto de salida nunca ha sido una parte oficial del rito; por tanto los músicos son libres de planificar música que proporcione una terminación apropiada a la liturgia. Un canto es una elección posible. Sin embargo, si el pueblo ha cantado un canto después de la comunión, puede ser aconsejable usar solamente un himno de salida instrumental o coral.

LETANIAS

74.   Las letanías son con frecuencia más efectivas cuando son cantadas. La repetición de la melodía y del ritmo reúne al pueblo en una respuesta firme y unificada. Además del "Cordero de Dios", ya mencionado, las intercesiones generales (oración de los fieles) ofrecen una oportunidad para el canto litánico, lo mismo que las invocaciones de Cristo en el rito penitencial.

75.   Muchos nuevos modelos y combinaciones de canto están surgiendo en las celebraciones eucarísticas. Las congregaciones más frecuentemente cantan un canto de entrada, el aleluya, el "Santo, Santo, Santo es el Señor", la aclamación conmemorativa, el Gran Amén, y un canto de comunión (o canto después de la comunión). Otras partes son añadidas en cantidades diversas, dependiendo del tiempo, del grado de solemnidad y de los recursos musicales. Los coros a menudo añaden uno o más de los siguientes: un canto antes de la Misa, un canto de Ofertorio, el "Gloria" en ocasiones especiales, cantos adicionales de comunión o un canto después de la comunión o un canto de salida. Pueden también realizar el canto de entrada y las aclamaciones cantadas por la congregación con contrapuntos, armonía y arreglos antifonales. La armonía es deseable cuando, sin confundir al pueblo, da amplitud y potencia a sus voces al unísono.

76.   La flexibilidad es reconocida hoy como un valor importante en la liturgia. El músico con sentido del arte y un profundo conocimiento del ritmo de la acción litúrgica será capaz de combinar las muchas opciones en un todo efectivo. Para el compositor y el ejecutante por igual hay un desafío sin precedentes. Deben realzar la liturgia con nuevas creaciones de variedad y riqueza y con aquellas composiciones del tesoro de música litúrgica honrada por el tiempo y que pueden todavía servir a las celebraciones de hoy. Como el prudente administrador del Evangelio de San Mateo, el músico de la iglesia debe ser uno que "de su tesoro saca lo nuevo y lo añejo".

77.   La Iglesia de los Estados Unidos necesita hoy de los servicios de muchos músicos calificados como líderes del canto, organistas, instrumentistas, cantores, directores de coro y compositores. Hemos sido bendecidos con muchos músicos generosos que han dado años de servicio a pesar de recibir sólo exiguas compensaciones financieras. Para que el arte crezca y para encarar los desafíos de hoy y de mañana, cada diócesis y cada parroquia deben establecer reglas para reclutar y pagar salarios suficientes a músicos competentes. Los músicos que son empleados fijos de la iglesia deben estar comprendidos en la misma escala salarial que los maestros con calificaciones y labores similares.[39]

78.   De la misma manera, para asegurar que los compositores y editores reciban una compensación justa por su trabajo, los que están enfrascados en programas musicales parroquiales y los responsables de los presupuestos deben con frecuencia ser recordados de que es ilegal e inmoral reproducir, por cualquier medio, textos y música registrados sin permiso escrito del propietario de los derechos de autor. El hecho de que estos materiales duplicados no sean para la venta sino para el uso privado no altera la situación legal o moral de copiar sin permiso.[40]

LA MUSICA EN LAS CELEBRACIONES SACRAMENTALES

79.   Mientras que tradicionalmente la música ha formado parte de la celebración de bodas, funerales y de la confirmación, la celebración en común del bautismo, de la unción y de la penitencia ha sido restaurada sólo recientemente. Los rituales renovados, de acuerdo con la *Constitución sobre la Sagrada Liturgia*, proveen y alientan las celebraciones en común, lo que, de acuerdo con las posibilidades de la congregación, debe implicar el canto.[41]

80.   El rito del bautismo se comienza mejor con un canto de entrada;[42] la liturgia de la palabra es realzada por un salmo cantado y/o el aleluya. Donde las procesiones desde y hacia el lugar de la liturgia de la palabra y el bautisterio toman algún tiempo, deben ser acompañadas por música. Sobre todo, las aclamaciones—la afirmación de fe por parte del pueblo, la aclamación inmediatamente después del bautismo, la aclamación a la terminación del rito—deben ser cantadas por toda la congregación.

81.   Cada vez que ritos tales como la unción de los enfermos o el sacramento de la penitencia son celebrados en común, la música es importante. La estructura general es el rito introductorio, la liturgia de la palabra, el sacramento y la despedida. El rito introductorio y la liturgia de la palabra siguen la norma de la Misa. En el momento del sacramento una aclamación o canto por todo el pueblo es deseable.

82.   La confirmación y el matrimonio son más frecuentemente celebrados dentro de una Misa. Las normas antedichas les son propias. Debe tenerse gran cuidado, especialmente en los matrimonios, de que todo el pueblo esté implicado en los momentos importantes de la celebración, de que los mismos principios generales de planificación del culto y de juzgar la música sean empleados como en otras liturgias, y, sobre todo, de que la liturgia sea una oración para todos los presentes, no una producción teatral.

83.   La música se hace particularmente importante en los nuevos ritos de entierros. Sin ella los temas de esperanza y resurrección son muy difíciles de expresar. El canto de entrada, las aclamaciones y el canto de despedida o recomendación son de importancia esencial para toda la congregación. La música coral e instrumental debe corresponder al tema del misterio pascual.[43]

CONCLUSION

84.   Hay un interés vital hoy en la Misa como oración, y en esta comprensión de la Misa radica un principio de síntesis que es esencial para un buen culto litúrgico. Cuando todos se esfuerzan de común acuerdo por hacer de la Misa una oración, una participación y una celebración de fe, el resultado es la unidad. Los estilos de música, las selecciones de los instrumentos, las normas de celebración—todos convergen en un solo propósito: que los hombres y mujeres de fe pueden proclamar y compartir esa fe en oración y Cristo pueda crecer entre todos nosotros.

CITAS

1 Concilio Vaticano II, Constitución sobre la Liturgia (CSL), *Sacrosanctum Concilium* (4 de diciembre de 1963), 34.

2 Sagrada Congregación de Ritos, Instrucción sobre la Música en la Sagrada Liturgia, *Musicam Sacram* (MS) (5 de marzo de 1967), 5e; *Misal Romano*, Ordenación General (OGMR), 73.

3 OGMR, 313.

4 Bishops' Committee on the Liturgy (BCL) (18 de abril de 1966). Para todas las referencias al BCL, cf. *Bishops' Committee on the Liturgy: Newsletter* 1965–1975 (Washington: USCC, 1977).

5 BCL (17 de febrero de 1967).

6 Sagrada Congregación para el Culto Divino (SCCD), Instrucción sobre las Misas para Reuniones Especiales, *Actio Pastoralis* (15 de mayo de 1969).

7 OGMR, 1; cf. CSL, 102.

8 MS, 11.

9 *Ibid.*, 8.

10 Cf. CSL, 112.

11 Cf. CSL, 114, 116.

12 BCL (18 de abril de 1966).

13 Conferencia Nacional de Obispos Católicos (NCCB) (noviembre de 1967).

14 CSL, 121.

15 *Ibid.*, 28.

16 MS, 21.

17 BCL (18 de abril de 1966).

18 CSL, 114.

19 BCL (18 de abril de 1966).

20 Cf. CSL, 120; MS, 63–65; SCCD, Tercera Instrucción sobre la Correcta Aplicación de la Constitución sobre la Sagrada Liturgia, *Liturgicae Instaurationes* (5 de septiembre de 1970), 3c.

21 NCCB (noviembre de 1967); cf. CSL, 120.

22 OGMR, 8.

23 *Ibid.*, 24.

24 Cf. *Misal Romano*, Bendición y Aspersión del Agua, 1.

25 *Liturgia de las Horas*, Presentación, 93–98.

26 OGMR, 54.

27 *Ibid.*, 56.

28 *Ibid.*, 57.

29 Cf. OGMR, 19; cf. MS, 28, 36.

30 OGMR, 39. La primera edición de *La Música en el Culto Católico* tenía la palabra "puede" en lugar de "debe". Este cambio ha sido hecho en la segunda edición a la luz de la norma reciente que se halla en el *Leccionario para la Misa*, Introducción (segunda edición típica, 1981), 23; "El *Aleluya* y el versículo antes del evangelio deben ser cantados, estando todos de pie, pero de manera que los cante unánimemente todo el pueblo, y no sólo el cantor o el coro que los empieza".

31 *Ibid.*, 56.

32 NCCB (noviembre de 1969).

33 *Ibid.*

34 NCCB (noviembre de 1968); cf. OGMR, 6.

35 Cf. OGMR, 30.

36 OGMR, 31.

37 *Ibid.*, 43.

38 NCCB (noviembre de 1967).

39 BCL (18 de abril de 1966).

40 BCL (abril de 1969).

41 Cf. CSL, 27.

42 *Ritual Romano* (RR): *Ritual del Bautismo de Niños*, 5, 32, 35.

43 RR: *Ritual de las Exequias*, 1.

ESQUEMA

LA MUSICA LITURGICA HOY

INTRODUCCION

1.   La música litúrgica da hoy señales de gran vitalidad y creatividad. Durante los casi veinte años que han transcurrido desde la promulgación de la *Constitución sobre la Sagrada Liturgia* del Concilio Vaticano II, el papel ministerial de la música litúrgica ha recibido una creciente aceptación y un aprecio mayor por parte del pueblo cristiano. La oración cantada de nuestras asambleas, con frecuencia tímida y débil, hace sólo unos cuantos años, ha adquirido las características de la confianza y la fortaleza. En el ministerio litúrgico de la música, cada vez más personas capaces están asumiendo papeles de liderazgo como cantores, instrumentistas y miembros de coros. Nuevas composiciones musicales están apareciendo en gran número y la calidad de su ejecución y belleza está mejorando. Todas estas realizaciones son indicios de esperanza para el presente y el futuro de la música litúrgica.

2.   Hace diez años el Comité de los Obispos sobre la Liturgia publicó *La Música en el Culto Católico*, que era en sí misma la revisión de una declaración previa.[1] Ese documento ha demostrado ser muy útil en el establecimiento de los principios para la música eclesial en la liturgia reformada. Ha servido bien en estos años.

3.   Como los libros litúrgicos romanos estaban todavía en proceso de revisión hace diez años, el Comité reconoce que hay temas que *La Música en el Culto Católico* trata sólo brevemente o no trata en absoluto, tales como la música dentro de los ritos sacramentales y en la Liturgia de las Horas. Además, el paso del tiempo ha suscitado un número de situaciones imprevistas que necesitan aclaración e interrogaciones que revelan nuevas posibilidades para la música litúrgica. Aprovechamos esta oportunidad para señalar este proceso de desarrollo. Esta declaración, por tanto, debe ser leída acompañada de *La Música en el Culto Católico* y del *Ambiente y Arte en el Culto Católico*.[2]

4.   La introducción a *La Música en el Culto Católico* incluye estas palabras: ". . . la mera observancia de una norma o regla de la liturgia cantada no creará una celebración viva y auténtica del culto en las congregaciones cristianas. Esa es la razón por la que declaraciones como ésta deben tomar la forma de recomendación y de intentos de orientación".[3] Estas palabras continúan siendo ciertas. Las pautas, lejos de ser absolutas, necesitan ser adaptadas a las circunstancias particulares. Pero primeramente deben ser leídas, meditadas y valoradas por las ideas que contienen. Y en última instancia tendrán éxito en la medida en que

sean aplicadas, en la medida en que el contexto en el que se desarrollaron sea comunicado y comprendido.

5.   Estas pautas conciernen a la liturgia de la Iglesia, que es inherentemente musical. Si la música no es valorada dentro de la liturgia, entonces esta declaración tendrá poco que ofrecer. Por otra parte, si la música es apreciada como una dimensión necesariamente normal de toda experiencia del culto comunitario, entonces lo que sigue puede ayudar a promover una continuada comprensión de la liturgia, el diálogo entre los responsables de su aplicación y la música misma como oración cantada.

PRINCIPIOS GENERALES
LA ESTRUCTURA DE LA LITURGIA

6.   Un sacramento se celebra dentro de la Misa o con una liturgia de la palabra. Este es el contexto más amplio para juzgar acerca de lo que se cantará. Esta reflexión ayudará a conservar la integridad de toda la experiencia de la oración litúrgica y a la vez impedirá que la celebración sea demasiado densa en una u otra parte, asegurando un buen movimiento de principio a fin.

7.   En todas las celebraciones litúrgicas debe hacerse un uso adecuado de los elementos musicales dentro de la liturgia de la palabra, esto es, el salmo responsorial, la aclamación del Evangelio y a veces una aclamación después de la homilía o de la profesión de fe. *La Música en el Culto Católico* trató de estas oraciones cantadas al hablar de las celebraciones eucarísticas.[4] Lo que dijo allí es aplicable a todas las otras celebraciones litúrgicas que incluyen una celebración de la palabra. Se necesitan ulteriores esfuerzos para hacer de las respuestas de la asamblea en el canto la práctica pastoral normal en la celebración de la Palabra de Dios.

EL LUGAR DEL CANTO

8.   La estructura de la unidad litúrgica revelará los elementos a ser realzados por la música. Por ejemplo, la liturgia del bautismo o de la confirmación se sitúa entre la liturgia de la palabra y la liturgia de la eucaristía cuando es celebrada en la Misa. Cada rito está compuesto de un número de elementos, algunos de los cuales se prestan para el canto. El primer lugar a acudir en busca de orientación en el uso y elección de la música es el ritmo mismo. A menudo las rúbricas contenidas en los libros litúrgicos aprobados indicarán el lugar para el canto, y prescribirán o sugerirán también un texto apropiado para ser compuesto musicalmente. Así, en la confirmación, el ritual recomienda cantar al final de la renovación de las promesas bautismales y durante la unción.[5] En el bautismo, las aclamaciones después de la profesión de fe y después del bautismo mismo exigen el canto, ya que son por naturaleza formas musicales.[6]

LA FUNCION DEL CANTO

9.   Las diversas funciones de la oración cantada deben ser distinguidas dentro de los ritos litúrgicos. A veces el canto está destinado a acompañar las acciones rituales. En tales casos el canto no es independiente sino que sirve más bien para apoyar la oración de la asamblea cuando una acción requiere un espacio de tiempo mayor o cuando la acción va a ser repetida varias veces. La música enriquece el momento y le impide volverse oneroso. Las acciones rituales que emplean un uso semejante del canto incluyen: el registro del nombre en la Elección de los Catecúmenos;[7] las procesiones en la celebración del bautismo;[8] la investidura y el signo de la paz en una ordenación;[9] la presentación de la Biblia en la institución de un lector;[10] las unciones con el crisma en la confirmación[11] y en la ordenación.[12]

10.   En otras partes de la acción litúrgica la oración cantada es en sí un elemento constituyente del rito. Mientras se efectúa ninguna otra acción ritual está siendo realizada. Tales serían: el canto de alabanza que puede ser cantado después de la comunión;[13] la letanía de los santos en las celebraciones de la iniciación cristiana,[14] de la ordenación,[15] de la profesión religiosa,[16] o en la dedicación de una iglesia;[17] la proclamación de alabanza por la misericordia de Dios en la conclusión del rito de reconciliación;[18] las aclamaciones para concluir la profesión bautismal de fe,[19] la bendición del agua,[20] o la acción de gracias sobre el óleo.[21] Todavía más importante es el canto solemne de la oración de consagración por el obispo en las ordenaciones,[22] o de la oración de dedicación de una iglesia.[23] En cada uno de estos casos la música sirve no como mero acompañamiento, sino como modalidad integral por medio de la cual el misterio es proclamado y presentado.

LA FORMA DEL CANTO

11.   Además de determinar los momentos en que el canto es necesario, la forma musical empleada debe corresponder a su función litúrgica. Por ejemplo, al final de la profesión bautismal de fe la asamblea puede expresar su asentimiento por medio de una aclamación. En lugar del texto que se proporciona ("Esta es nuestra fe . . . ") puede utilizarse otra fórmula apropiada o canto adecuado.[24] Una aclamación — una declaración corta, directa y enérgica de la fe de la comunidad — por lo general será más adecuada para esto que los diversos versos de un himno métrico. La forma de himno, apropiada en otros contextos, puede no surtir efecto aquí debido a que es por lo general menos compacta, menos intensa.

INQUIETUDES PASTORALES

12.   El juicio pastoral del que se habla en *La Música en el Culto Católico* debe ser aplicado siempre que se escoge música. Las celebraciones sacramentales son momentos significativos en la vida de un individuo, pero de la misma manera importante son acontecimientos constitutivos de la vida de la comunidad en

Cristo. La música seleccionada debe expresar la oración de los que celebran, aunque al mismo tiempo precaviendo contra la imposición de significados privados en los ritos públicos. La preferencia individual no es, por sí misma, un principio suficiente para la selección de la música en la liturgia. Debe estar balanceada con juicios litúrgicos y musicales y con las necesidades de la comunidad. La planificación es una empresa de equipo, que envuelve al que preside, a los músicos y a la asamblea.

SOLEMNIDAD PROGRESIVA

13.   La música debe ser considerada como una parte normal y ordinaria de cualquier celebración litúrgica. Sin embargo, este principio debe ser interpretado a la luz de otro, es decir, del principio de la solemnidad progresiva.[25] Este último principio tiene en cuenta la capacidad de la asamblea, la importancia relativa de los ritos individuales y sus partes constituyentes, y la festividad relativa del día litúrgico. Con respecto a la Liturgia de las Horas, antiguamente un oficio cantado significaba un servicio en el que todo era cantado. Hoy los elementos que se prestan para cantar (los salmos y cánticos con sus antífonas, los himnos, responsorios, letanías y oraciones, y las aclamaciones, saludos y respuestas) deben ser cantados de acuerdo con la solemnidad relativa de la celebración. Este principio se aplica igualmente a la música cantada en todas las otras celebraciones litúrgicas.

LENGUAJE E IDIOMAS MUSICALES

14.   Diferentes lenguajes pueden usarse en la misma celebración.[26] Esto puede decirse también de la mezcla de diferentes idiomas y medios musicales. Por ejemplo, razones pastorales pudieran sugerir que en una celebración litúrgica dada algunas piezas musicales reflejen la himnodia clásica, otras los idiomas "gospel" o "folklórico", y aún otros estilos de la música cultural contemporánea o de los repertorios del canto llano o polifónico. En la misma celebración la música puede ser ejecutada de diversos modos: sin acompañamiento; o acompañada por órgano, piano, guitarra u otros instrumentos.

15.   Mientras que este principio en apoyo de la pluralidad musical tiene valor pastoral, nunca debe ser empleado como licencia para incluir música pobre. Al mismo tiempo, es necesario reconocer que una cierta integridad musical dentro de una oración o rito litúrgico puede lograrse solamente por medio de la unidad en la composición musical. Así, se recomienda que para las aclamaciones en la oración eucarística se emplee un solo estilo musical.

LA MUSICA EN LA EUCARISTIA

16.   La función de los diversos cantos dentro de la Liturgia Eucarística ya ha sido explicada en *La Música en el Culto Católico*, así como anteriormente. A continuación aparecen notas adicionales con respecto a elementos específicos.

ACLAMACIONES

17. Las aclamaciones (aclamación del evangelio, doxología después del Padrenuestro y aclamaciones eucarísticas incluyendo las exclamaciones especiales de alabanza en las *Oraciones Eucarísticas de Misas con Niños*)[27] son las oraciones cantadas preeminentes de la liturgia eucarística. Cantar estas aclamaciones hace la oración más efectiva aún. Deben, por tanto, ser cantadas, incluso en las celebraciones de la Eucaristía los días de semana. La aclamación del evangelio, además, debe siempre ser cantada.[28]

CANTOS PROCESIONALES

18. Los cantos procesionales acompañan una acción. En algunos casos tienen otra función. El canto de entrada sirve para congregar y unir a la asamblea y establecer el tono para la celebración tanto como para acompañar a los ministros a la parte interior del santuario. El canto procesional de la comunión sirve un propósito similar. No solamente acompaña el movimiento, y así regula la asamblea, también ayuda a cada comulgante en la comprensión y realización de "el gozo de todos" y la confraternidad de los "que unen sus voces en un solo canto".[29]

19. Mientras la forma responsorial de cantar es especialmente adecuada para las procesiones. El himno métrico puede también cumplir la función del canto de entrada. Sin embargo, si se selecciona un himno métrico con varios versos, su forma debe ser respetada. Se debe permitir que la progresión de texto y música siga su curso hasta el final y logre su propósito musical y poéticamente. En otras palabras, el himno no debe ser terminado indiscriminadamente al final de la procesión. Por esta misma razón, los himnos métricos pueden no ser las elecciones más apropiadas para acompañar la preparación de los dones y del altar en la Eucaristía, ya que la música no debe extenderse más allá del tiempo necesario para el ritual.

LETANIAS

20. El Cordero de Dios logra mayor significación en las Misas cuando un pan eucarístico de mayores dimensiones es partido para la distribución y, cuando la comunión es dada bajo ambas especies, los cálices deben ser llenados. La letanía es prolongada para acompañar esta acción de fracción y de servir el vino.[30] En este caso uno no debería vacilar en añadir tropos a la letanía de modo que la piedad del rito pueda ser enriquecida.

21. La letanía de la tercera forma del rito penitencial en la Misa está siendo cada vez más preparada musicalmente para el diácono (o cantor) y la asamblea, con la respuesta del pueblo en griego o en inglés [o en español]. Esta letanía funciona como una "confesión general hecha por toda la asamblea"[31] y como alabanza del amor compasivo y de la misericordia de Cristo.

Se canta apropiadamente en las celebraciones más solemnes y en Adviento y Cuaresma cuando se omite el Gloria.[32] Similares estilos litánicos de canto pudieran ser empleados cuando el rito de aspersión reemplaza al rito penitencial.

LA MUSICA EN LA CELEBRACION DE OTROS SACRAMENTOS Y RITOS

INICIACION CRISTIANA

22. Según las comunidades parroquiales vayan acostumbrándose a iniciar a los adultos por etapas, las oportunidades para la oración cantada dentro del *Rito de la Iniciación Cristiana de los Adultos* deben hacerse más aparentes. El ritual presta atención a las siguientes: en el rito de convertirse en catecúmeno, antes de la invitación a los padrinos para que presenten los candidatos, y durante su posterior entrada en el edificio eclesial; en el rito de elección, durante la inscripción de los nombres; en los exámenes cuaresmales, después de la oración de exorcismo; en la celebración de la Vigilia Pascual, una aclamación que sigue al bautismo, el canto entre la celebración del bautismo y la confirmación, y una aclamación durante la unción con crisma.[33]

23. En el *Rito del Bautismo de Niños*, hay incluso mayor énfasis sobre la oración cantada de la asamblea: durante la procesión al sitio donde la Palabra de Dios será celebrada; después de la homilía o después de la letanía corta; durante la procesión al lugar del bautismo; una aclamación después de la profesión de fe y después de cada bautismo; una aclamación o canto bautismal durante la procesión al altar.[34]

24. En la confirmación, el *Pontifical Romano* invita al canto después de la profesión de fe y durante las unciones con crisma.[35]

25. Cada uno de los diversos ritos de iniciación incluye una liturgia de la palabra y es con frecuencia seguido por la Eucaristía. Así, al planificar música para la celebración, debe darse un adecuado énfasis a cada uno de los dos a tres ritos litúrgicos fundamentales. Por ejemplo, en la celebración del bautismo de un niño, la asamblea no debe cantar solamente en los momentos indicados en el ritual para ese sacramento, en tanto que no canta nada durante la celebración de la Palabra. Más bien, un equilibrio idóneo requeriría que el canto fuera un elemento esencial a través de toda la experiencia de oración.

26. Los compositores de música eclesial son estimulados a crear arreglos musicales de las aclamaciones de la Sagrada Eucaristía, los himnos al estilo del Nuevo Testamento, y los cantos de las liturgias antiguas que están incluidos en los libros rituales aprobados.[36] Mucha música para los oficios, ajustada a textos en inglés, español y otras lenguas vernáculas, se requiere todavía para la plena experiencia de estas celebraciones litúrgicas de iniciación. Serían especialmente bien recibidos los arreglos musicales más simples para ser usados en las celebraciones donde no esté presente un acompañante musical.

RECONCILIACION

27. Las celebraciones comunitarias de la reconciliación (Formas 2 y 3 del sacramento, así como también los oficios de penitencia no sacramentales) requieren normalmente un canto de entrada o canto de reunión; un salmo responsorial

y una aclamación del evangelio durante la liturgia de la palabra; un himno opcional después de la homilía; y un himno de alabanza por la misericordia de Dios después de la absolución.[37] La letanía dentro de la Confesión General de los Pecados (alternando entre el diácono o cantor y la asamblea) u otro canto apropiado pueden también ser cantados, así como el Padrenuestro. El canto o la música instrumental suave pueden usarse durante el tiempo de las confesiones individuales, especialmente cuando hay un número grande de personas presentes para la celebración.

MATRIMONIO CRISTIANO

28.   Las bodas presentan desafíos y oportunidades particulares para los planificadores. Es útil que una diócesis o una parroquia tengan una política definida (pero flexible) con respecto a la música para bodas. Esta política debe ser comunicada tempranamente a las parejas como parte normal de su preparación a fin de evitar crisis y malentendidos de último minuto. Tanto el músico como el párroco deben hacer todo esfuerzo por ayudar a las parejas a comprender y participar en la planificación de la liturgia de su matrimonio. A veces la única música familiar a la pareja es un canto oído en la ceremonia de un amigo y no necesariamente adecuado para el sacramento. El músico pastoral hará un esfuerzo por mostrar a la pareja una gama más amplia de posibilidades, particularmente en la elección de la música a ser cantada por toda la asamblea presente para la liturgia.

29.   Las decisiones particulares acerca de la selección y el uso litúrgico de la música para bodas deben surgir de los tres juicios propuestos en *La Música en el Culto Católico*. El juicio litúrgico: ¿Es el texto, la norma, la colocación y el estilo de la música congruente con la naturaleza de la liturgia?[38] El juicio musical: ¿Es la música técnica, estética y expresivamente buena sin tener relación con el idioma o estilo musicales?[39] El juicio pastoral: ¿Ayudará a esta asamblea a orar?[40] Semejante proceso de diálogo puede no ser tan fácil de aplicar como una lista absoluta de música permitida o prohibida, pero a la larga será más efectivo pastoralmente.

ENTIERRO CRISTIANO

30.   Los funerales, debido a situaciones pastorales a menudo difíciles en las que algunos miembros y amigos de la familia están oprimidos por el dolor, no tienen filiación eclesial o de alguna otra forma son incapaces de participar en la liturgia, han recibido frecuentemente poca o ninguna atención musicalmente. En este respecto, los funerales pueden ser los menos exitosamente reformados de nuestros ritos litúrgicos.

31.   Es responsabilidad pastoral de las parroquias proporcionar música litúrgica en todas las Misas de Entierro Cristiano. Deben estimularse los intentos por implicar más activamente a la congregación. Deben prepararse y proveerse adecuadas ayudas de participación para los miembros de la asamblea orante.

32.   Muchas parroquias han encontrado útil formar coros de fieles retirados u otros que están en casa los días de semana, cuyo único ministerio es auxiliar a los miembros afligidos de una asamblea funeral dirigiendo la oración cantada de la liturgia fúnebre. Donde esto no es posible, un cantor puede realizar un ministerio similar. En todos los casos debe hacerse un esfuerzo serio por ir más allá de la práctica de emplear un "cantante funeral" para ejecutar todas las partes cantadas de la liturgia. Debería reconsiderarse la ubicación del cantante, la función de esa persona, y la clase de música que se canta. El cantor no debe cantar individualmente o recitar las oraciones de la congregación en sustitución de la asamblea. Las mismas normas aplicables a la música en cualquier Misa se aplican igualmente a la Misa del Entierro Cristiano.[41]

33.   El principio de la solemnidad progresiva, ya mencionada, se aplica especialmente a los ritos del Entierro Cristiano. Debe darse prioridad en los funerales a unas cuantas piezas bien cantadas (las aclamaciones, el salmo responsorial, las procesiones de entrada y de comunión y el canto de despedida durante la última recomendación) y pueden sacarse del repertorio musical común de la parroquia.

LA MUSICA EN LA LITURGIA DE LAS HORAS

34.   Un creciente número de parroquias celebran por lo menos alguna parte de la Liturgia de las Horas, por lo general la Oración Vespertina, durante uno o más de los tiempos litúrgicos. La cuestión del canto en el oficio se trata en la *Instrucción General sobre la Liturgia de las Horas* y debe ser consultada junto con el *Study Text VII*.[42] Las siguientes observaciones complementan lo escrito allí.

METODOS DE CANTAR LOS SALMOS

35.   Los salmos y los cánticos son cantos; por tanto son sumamente agradables cuando se cantan. La *Instrucción General* enumera varias maneras en que pueden cantarse los salmos: responsorialmente, antifonalmente o directamente *(in directum)*.[43] La música puede ser del tipo fórmula (p.e., tonos de salmo) o compuesta para cada salmo o cántico.

A. Responsorial

36.   La forma responsorial de cantar los salmos parece haber sido el estilo original para uso de la congregación y todavía sigue siendo el método más fácil de involucrar a la congregación en el canto de los salmos. En este modelo el salmista o coro canta los versículos del salmo y la asamblea responde con una breve antífona (estribillo). Por razones musicales o pastorales, la *Instrucción General* permite la substitución de otros textos aprobados por estos estribillos.[44]

B. Antifonal

37.   En el estilo antifonal, la asamblea orante es dividida en dos grupos. El texto del salmo es compartido entre ellos; por lo general la misma configuración musical (p.e., un tono de salmo) es usada por ambos. Se canta ordinariamente un estribillo antes y después del salmo por toda la asamblea. Este método de cantar tiene sus raíces en el coro y en las tradiciones monásticas. Hoy donde es usado por la congregación, debe tenerse cuidado de que ésta pueda sentirse a gusto con esta forma de oración cantada.

C. De composición directa

38.   En un arreglo compuesto directamente *(in directum)*, el material musical por lo general no es repetido, a menos que el salmo lo pida. La música puede ser para solista, solista y coro o coro solo (p.e., un himno). Sólo raramente se encontrará esta forma en arreglos diseñados para uso de la congregación. El propósito del arreglo musical *in directum* debe ser complementar la estructura literaria del salmo y captar sus emociones.

D. Salmos métricos

39.   La *Instrucción General sobre la Liturgia de las Horas* no hace mención de la práctica de cantar los salmos en paráfrasis métrica. Esta forma de cantar los salmos se desarrolló en algunas de las Iglesias de la Reforma. Debido a su tradición de cuatrocientos años, hoy se puede disponer de un repertorio grande e importante de salmos métricos en inglés. Los poetas y los compositores continúan acrecentando esta riqueza de salmos arreglados musicalmente.

40.   Mientras que la salmodia métrica puede emplearse con provecho en la liturgia de la Iglesia (por ejemplo, cuando un himno es parte de uno de los ritos), la introducción de esta forma musical en la salmodia de la Liturgia de las Horas afecta y altera profundamente el rezo de los salmos como ritual. Así, los salmos métricos no deben ser usados como substitutos del salmo responsorial en una liturgia de la palabra de uno de los ritos, o de los salmos en la Liturgia de las Horas.

TONOS DE FORMULA

41.   Los tonos de fórmula (tonos de canto llano gregoriano, cantos anglicanos, fabordones) están disponibles y son fácilmente adaptables al uso moderno. Al arreglar los textos vernáculos debe tenerse cuidado de que la pauta del acento verbal no sea distorsionada por la cadencia musical. Estos tonos se derivaron de la pauta de la media línea apareada del salterio de la Vulgata. Las traducciones modernas de los salmos, sin embargo, han restablecido la pauta hebrea de estrofas (estancias) de tres, cuatro, cinco o más líneas. La unidad de sentido en una estrofa frecuentemente se extenderá más allá de la pauta musical del tono de fórmula clásico y requerirá con frecuencia alguna repetición e incluso alguna acomodación para las líneas medias.

42.   Más recientemente se ha desarrollado otra clase de tono de fórmula (p.e., los sistemas Gelineau y Bevenot) que está basado en la estrofa como unidad. Estos tonos son más largos y evitan las irregularidades en el número de líneas. Se ajustan más naturalmente al salterio Grail, que es la traducción aprobada de los salmos para la Liturgia de las Horas.

43.   Donde se emplean tonos de fórmula para las horas del oficio, especialmente con una congregación parroquial, debe buscarse la variedad en el uso de otras formas de oración cantada, particularmente el estilo responsorial. El Cántico del Antiguo Testamento en la Oración Matutina y el Cántico del Nuevo Testamento en la Oración Vespertina son especialmente adecuados para este último método de cantar.

OTROS ELEMENTOS

44.   El principio mencionado previamente concerniente a la mezcla de diferentes idiomas musicales tiene especial aplicación en una celebración cantada de la Liturgia de las Horas. Los salmos pueden ser cantados en las formas tratadas anteriormente. Ciertos salmos, sin embargo, pudieran ser cantados sólo por el coro. Algunos pocos pudieran prestarse a la recitación. La naturaleza y la forma literaria del salmo mismo debieran sugerir la forma en que debe ser rezado. Igualmente, en el mismo oficio algunas partes pueden ser realizadas sin acompañamiento, otras acompañadas por órgano, piano, guitarra u otros instrumentos.

45.   Como es natural, los himnos en la Liturgia de las Horas deberían ser cantados.[45] Los responsorios también se prestan al canto, pero hasta ahora el número de arreglos publicados es corto.[46] Las lecturas por lo general no son cantadas.[47] Los versículos y saludos introductorios pueden ser fácilmente aprendidos y cantados. El Padrenuestro y las intercesiones en la Oración Matutina y Vespertina, sea en la forma de letanía con una respuesta fija (con mucho el método más fácil y efectivo de rezar las intercesiones) o como versículos y respuestas, son apropiados para cantar.[48]

OTRAS CUESTIONES
LA MUSICA Y EL AÑO LITURGICO

46.   El misterio del amor de Dios en Cristo en tan grande que una sola celebración no puede agotar su significado. En el curso de los siglos se han desarrollado diversos tiempos y fiestas para expresar la riqueza del misterio pascual y nuestra necesidad de celebrarlo. Aunque la liturgia no celebra sino un solo "tema", la muerte y la resurrección de Cristo, y aunque el domingo es la fiesta cristiana original, no obstante así el año litúrgico muestra este misterio como muchas facetas de una joya resplandeciente.[49]

47.   La música ha sido un medio único de celebrar esta riqueza y diversidad y de comunicar el ritmo del año eclesial a la asamblea. La música realza el poder

de las lecturas y de la oración para captar la calidad especial de los tiempos litúrgicos. ¿Qué sería la Navidad sin sus villancicos? ¿Cuán disminuidos estarían los cincuenta días de la fiesta de Pascua de Resurrección sin el solemne y gozoso canto del Aleluya?

48. Debe mostrarse gran cuidado en la selección de la música para los tiempos y las fiestas. La cultura contemporánea parece cada vez menos dispuesta a prepararse para las fiestas y tiempos cristianos o para prolongarlos. Los párrocos y ministros de la Iglesia deben estar conscientes de los fenómenos culturales que se oponen al año litúrgico o que incluso deprecian nuestras fiestas y tiempos, especialmente mediante el consumismo. El tiempo de Adviento debe ser preservado en su integridad, reservándose los villancicos de Navidad sólo para el tiempo navideño. Los himnos que enfatizan la pasión y muerte de Cristo deben usarse solamente en la última semana del tiempo de Cuaresma. No debe permitirse que la Pascua de Resurrección termine en un solo día, sino que más bien los cincuenta días de su celebración deben ser planificados como una experiencia unificada.

MUSICA DEL PASADO

49. La *Constitución sobre la Sagrada Liturgia* expone los principios para la reciente reforma de la liturgia. Al mismo tiempo llamó a la herencia de la música sagrada "un tesoro de inestimable valor".[50] Estos propósitos, aunque no se oponen mutuamente, existen en una cierta tensión. El restablecimiento de la participación activa en la liturgia, la simplificación de los ritos y el uso de la lengua vernácula han significado un cambio masivo en la teoría y en la práctica de la música eclesial, una reforma ya detallada en *La Música en el Culto Católico* y en la presente declaración.

50. Algunos han visto esta situación con profundo pesar. Para algunos, el dejar a un lado el repertorio en latín de los pasados siglos ha sido una experiencia dolorosa, y motivo de amarga alienación. "Ahora es el tiempo de la sanación".[51] Es también el tiempo de hacer evaluaciones realistas acerca de qué sitio puede tener todavía la música del pasado en las liturgias de hoy.

51. En vísperas del Concilio pocas parroquias estaban interpretando el auténtico repertorio recomendado por San Pío x en su famoso *motu proprio* sobre la música.[52] En su lugar, la mayor parte de las parroquias generalmente usaban unas cuantas de las Misas de canto simple junto con imitaciones modernas de motetes y Misas del Renacimiento. Además, la gran música del pasado fue raramente la música de la iglesia parroquial común. Muy frecuentemente era producto de las catedrales y de las capillas de las cortes.

52. Sin embargo, el cantar y tocar la música del pasado es una manera en que los católicos permanecen en contacto con su rica herencia y la preservan. Puede encontrarse un sitio para esta música, un sitio que no choque con la función de la asamblea y las demás exigencias de los ritos. Semejante práctica ya no concibe la interpretación de "Misas" como piezas de conjunto, sino que mira más al

repertorio de motetes, antífonas e himnos que pueden armonizarse más fácilmente con la naturaleza de la liturgia renovada y con su celebración pastoral.[53]

53.   En la Misa ese sitio incluirá típicamente el tiempo durante la preparación de las ofrendas y el período después de la comunión. Un director hábil será también capaz de encontrar un repertorio coral adecuado que se use como preludio de la Misa, al final de ella, y en el Gloria. *Jubilate Deo*, la colección básica de cantos gregorianos simples, debe también ser empleada como fuente de participación de la asamblea.

MUSICA Y HERENCIA CULTURAL

54.   Al igual que la gran música litúrgica del pasado debe ser recordada, apreciada y usada, así también la rica diversidad de la herencia cultural de los muchos pueblos de nuestro país en la actualidad debe ser reconocida, patrocinada y elogiada. Los Estados Unidos de América es una nación de naciones, un país en el que las gentes hablan muchas lenguas, viven la vida de modo diverso, celebran los acontecimientos con canto y música según las costumbres de sus raíces culturales, étnicas y raciales.

55.   La música litúrgica hoy debe ser tan diversa y multicultural como los miembros de la asamblea. Los párrocos y músicos deben estimular no solamente el uso de la música tradicional de otros idiomas, sino también la composición de nueva música litúrgica apropiada para las diversas culturas. Del mismo modo las grandes dotes musicales de las comunidades hispánica, negra y otras comunidades étnicas en la Iglesia debieran enriquecer toda la Iglesia en los Estados Unidos en un diálogo de culturas.

MUSICA INSTRUMENTAL

56.   La liturgia prefiere el canto a la música instrumental. "El canto sagrado, unido a las palabras, constituye una parte necesaria o integral de la liturgia solemne".[54] Sin embargo, la contribución de los instrumentistas es también importante, tanto para acompañar el canto como al tocar por sí mismos.

57.   La legislación de la música eclesial de pasado reflejaba una cultura en la que el canto no sólo era primordial, sino que se suponía fuera sin acompañamiento (canto y polifonía). La música de hoy, como verdaderamente la cultura musical hoy, presume por lo regular que el canto sea acompañado. Esto coloca el uso de los instrumentos en una perspectiva diferente. El canto obtiene gran parte de su vitalidad del ritmo y la armonía de su acompañamiento. El acompañamiento instrumental es un gran apoyo para una asamblea en el aprendizaje de música nueva y en dar una rica sonoridad a su oración y alabanza en el culto.

58.   La música instrumental puede también ayudar a la asamblea a prepararse para el culto, a meditar sobre los misterios y a avanzar gozosamente en su transición de la liturgia a la vida. Usada de esta forma, la música instrumental debe entenderse como algo más que un adorno de los ritos del que puede prescindirse

fácilmente, o que una decoración para realzar una ceremonia. Es más bien ministerial, ayudando a la asamblea a regocijarse, a llorar, a vibrar con una voz, a ser convertida, a orar. Existe un gran repertorio de música para órgano que ha estado siempre estrechamente asociada con la liturgia. Mucha música idónea puede ser seleccionada también de los repertorios de otros instrumentos apropiados.

59. El lugar propio del silencio no debe ser descuidado, y debe resistirse la tentación de cubrir todo momento con música.[55] Hay momentos en que un interludio instrumental es capaz de llenar el vacío entre dos partes de una ceremonia y ayudar a unificar la acción litúrgica. Pero la función de la música es siempre ministerial y nunca debe degenerar en una vaga música de fondo.

MUSICA GRABADA

60. La liturgia es un complejo de signos expresados por seres humanos vivientes. La música, siendo preeminente entre esos signos, debe ser "viva". Por tanto, mientras que la música grabada pudiera ser usada con ventaja fuera de la liturgia como ayuda en la enseñanza de música nueva, como norma general, nunca debe ser usada dentro de la liturgia para reemplazar a la congregación, al coro, al organista o a otros instrumentistas.

61. Algunas excepciones a este principio deben ser señaladas, sin embargo. La música grabada puede ser usada para acompañar el canto de la comunidad durante una procesión exterior y, cuando es usada cuidadosamente, en Misas con niños.[56] Ocasionalmente pudiera ser usada como ayuda a la oración, por ejemplo, durante largos períodos de silencio en una celebración comunitaria de la reconciliación. Sin embargo, nunca puede convertirse en un substituto para el canto de la comunidad, como en el caso del salmo responsorial después de una lectura de la Escritura o durante el himno opcional de alabanza después de la comunión.

62. Una banda sonora pregrabada es algunas veces usada como una ilustración de una composición contemporánea de "música electrónica". Cuando es combinada con voces vivas y/o instrumentos, es parte integrante de la ejecución y, por tanto, es un uso legítimo de la música pregrabada.

MINISTERIO DE LA MUSICA

63. Toda la asamblea cultual ejerce el ministerio de la música. Sin embargo, algunos miembros de la comunidad son reconocidos por las dotes especiales que muestran en dirigir la alabanza y la acción de gracias musicales de las asambleas cristianas. Son los músicos pastorales, cuyo ministerio es especialmente apreciado por la Iglesia.

64. ¿Qué motiva al músico pastoral? ¿Por qué dedica tanto tiempo y esfuerzo al servicio de la Iglesia en la oración? La única respuesta puede ser que el músico eclesial es primero un discípulo y después un ministro. El músico pertenece ante

todo a la asamblea; es sobre todo un fiel que rinde culto. Como cualquier miembro de la asamblea, el músico pastoral necesita ser un creyente, necesita experimentar la conversión, necesita escuchar el Evangelio y proclamar así la alabanza de Dios. De este modo, el músico pastoral no es meramente un empleado o voluntario. Es un ministro, alguien que comparte la fe, sirve a la comunidad y expresa el amor de Dios y del prójimo por medio de la música.

65.   Se necesitan esfuerzos adicionales para formar hombres y mujeres para el ministerio de la música. Los colegios universitarios y las universidades que ofrecen cursos de estudios en música litúrgica, así como un creciente número de centros regionales y diocesanos para la formación de ministros litúrgicos, son alentados a iniciar o continuar programas que desarrollen habilidades musicales y que impartan una comprensión profunda de la liturgia de la Iglesia.

66.   Las dotes del músico deben ser reconocidas como parte valiosa del esfuerzo pastoral, y por las cuales debe efectuarse una adecuada compensación.[57] El clero y los músicos deben esforzarse por la cooperación y el respeto mutuos en el logro de sus metas comunes.

67.   Como principales líderes litúrgicos de la asamblea, los sacerdotes y diáconos deben continuar teniendo presente su propia función musical en la liturgia. Los sacerdotes deben familiarizarse más con el canto de las oraciones presidenciales de la Misa y otros ritos. También los diáconos en las admoniciones, exhortaciones y especialmente en las letanías del tercer rito penitencial y en las intercesiones generales de la Misa, tienen una función musical significativa que desempeñar en el culto.

68.   Entre los ministros de la música, el cantor ha venido a ser reconocido como poseedor de un papel crucial en el desarrollo del canto de la congregación. Además de estar certificado para dirigir el canto, debe poseer habilidad para introducir y enseñar música nueva, y para animar a la asamblea. Esto debe hacerse con sensibilidad de modo que el cantor no se inmiscuya en la oración en común o se vuelva manipulativo. Las introducciones y los anuncios deben ser breves y evitar un estilo homilético.

69.   La función del cantor es distinta a la del salmista, cuyo ministerio es el canto de los versos del salmo responsorial y del salmo de comunión. Frecuentemente las dos funciones estarán combinadas en una persona.

70.   Una comunidad no crecerá en su habilidad para apreciar o expresar su función en la liturgia musical si cada celebración es considerada como un momento distinto. Debe desarrollarse un plan a largo plazo que indique cómo será usada la música en la parroquia y cómo se aprenderá nueva música. La capacidad de la congregación nunca deberá ser mal juzgada. Algunos no pueden o no quieren cantar, por cualquier motivo que sea. La mayoría tomará parte y disfrutará del aprendizaje de nueva música si tiene líderes eficaces.

DERECHOS DE AUTOR

71.   En la última década los párrocos y los músicos se han vuelto más conscientes de las implicaciones legales y morales de los derechos de autor.[58] Como resultado, las parroquias e instituciones son ahora más sensibles a la necesidad que tienen los compositores, poetas y editores de recibir una compensación justa por su obra creadora. Los editores han cooperado al dar a conocer sus requerimientos y hacer disponible la música para su reproducción a precios razonables, un esfuerzo por el cual merecen la gratitud de la Iglesia de los Estados Unidos.

72.   Es necesario continuar una educación adicional con respecto a los derechos de autor. Al mismo tiempo, las parroquias y otras instituciones deben presupuestar anualmente suficientes fondos para la compra de la música necesaria para la adecuada celebración de la liturgia. La necesidad de hacer copias sería entonces reducida.

CONCLUSION

73.   La pasada década ha mostrado importantes signos de crecimiento. El anhelo de muchas congregaciones por hacer sus comienzos en el canto ha sido empatado por una segunda cosecha de composiciones musicales. Según pase el tiempo, vendrán nuevas generaciones a aceptar, naturalmente, lo que era enteramente nuevo y muy extraño hace solamente unos años, esto es, que todos se unan en los cantos y las oraciones de la liturgia.

74.   La Iglesia de los Estados Unidos continúa en su viaje de renovación litúrgica y crecimiento espiritual. Es la esperanza del Comité de los Obispos sobre la Liturgia que esta declaración sea un estímulo más en nuestro progreso en esa dirección. Las palabras de San Agustín nos recuerdan nuestro peregrinaje: "Debieran cantar como los caminantes—cantar pero continuar su viaje. No sean perezosos, sino que canten para hacer su viaje más agradable. Canten, pero sigan caminando".[59]

CITAS

1 Bishops' Committee on the Liturgy (BCL), *Music in Catholic Worship* (MCW) (Washington: USCC, 1972); BCL, "The Place of Music in Eucharistic Celebrations", (noviembre de 1967).

2 BCL, *Environment and Art in Catholic Worship* (Washington: USCC, 1978).

3 MCW, Introducción, sin paginación.

4 *Ibid.*, 45, 55, 63.

5 *Pontifical Romano* (PR): *Ritual de la Confirmación* (Confirmación), 23, 29.

6 *Ritual Romano* (RR): *Ritual del Bautismo de Niños* (Bautismo), 59, 60.

7 RR: *Ritual de la Iniciación Cristiana de los Adultos* (RICA), 146.

8 RR: Bautismo, 42, 52, 67.

9 PR: *Ordenación del Diácono* (Diácono), 25; *Ordenación del Sacerdote* (Sacerdote), 27; *Ordenación del Obispo* (Obispo), 35.

10 PR: *Institución de Lectores*, 7.

11 PR: Confirmación, 46.

12 PR: Sacerdote, 25.

13 *Misal Romano*, Ordenación General (OGMR), 56j.

14 RR: RICA, 214; Bautismo, 48.

15 PR: Diácono, 18; Sacerdote, 17; Obispo, 21.

16 PR: *Ritual de la Consagración de Vírgenes*, 20, 59.

17 PR: *Ritual de la Dedicación de Iglesias y de Altares* (Dedicación), 58.

18 RR: *Rito de la Penitencia*, 56.

19 RR: Bautismo, 59.

20 RR: RICA, 389; Bautismo, 223–4.

21 PR: *Cuidado Pastoral y Unción de los Enfermos*, 75b.

22 PR: Diácono, 21; Sacerdote, 22; Obispo, 26.

23 PR: Dedicación, 62.

24 RR: Bautismo, 96.

25 *Liturgia de las Horas*, Presentación, 273.

26 *Ibid.*, 276.

27 *Plegarias Eucarísticas para Misas con Niños y para Misas de Reconciliación*, 1975.

28 *Leccionario para la Misa*, Introducción (segunda edición típica, 1981), 23. "El *Aleluya* y el versículo antes del evangelio deben ser cantados, estando todos de pie, pero de manera que los cante unánimemente todo el pueblo, y no sólo el cantor o el coro que los empieza".

29 OGMR, 56i.

30 *Ibid.*, 56e.

31 *Ibid.*, 29.

32 *Ibid.*, 31.

33 RR: RICA, Rito de Admisión al Catecumenado, 74, 90. Rito de la Elección, 146. Los Exámenes, 164, 171, 178. Celebración de los sacramentos de la Iniciación, 221, 227, 231.

34 RR: Bautismo, Procesión, 42. Canto después de la homilía, 46. Procesión al lugar del bautismo, 52. Aclamación después de la profesión de fe, 59. Aclamación después del bautismo, 60. Procesión al altar, 67.

35 PR: Confirmación, 23, 29.

36 RR: RICA, 390. RR: Bautismo, 225–245. Ver también "A Letter to Composers of Liturgical Music from the Bishops' Committee on the Liturgy" en BCL Newsletter XVI (diciembre de 1980), 237–239.

37 RR: *Rito de la Penitencia*, 56. El ritual recomienda el Cántico de María (Lucas 1:46–55), el Salmo 136 u otros cantos de alabanza.

38 MCW, 30–38.

39 MCW, 26–29.

40 MCW, 39–41.

41 RR: *Ritual de la Exequias*, 23–25, especialmente 25.5.

42 *Liturgia de las Horas*, Presentación, 267–284; BCL, *Study Text VII: The Liturgy of the Hours* (Washington: USCC, 1981).

43 *Liturgia de la Horas,* Presentación, 279, 121–123.

44 *Ibid.,* 274.

45 *Ibid.,* 280.

46 *Ibid.,* 281–282.

47 *Ibid.,* 283.

48 *Ibid.,* 284.

49 *Calendario Romano,* Normas Universales sobre el Año Litúrgico y sobre el Calendario, 4; Concilio Vaticano II, Constitución sobre la Liturgia (CSL), *Sacrosanctum Concilium* (4 de diciembre de 1963), 104ss.

50 CSL, 112.

51 BCL, *A Commemorative Statement* (noviembre de 1978), en BCL *boletin informativo* XIV (diciembre de 1978), 143.

52 Pío X, Motu Proprio, *Tra Le Sollecitudini* (22 de noviembre de 1903).

53 Sagrada Congregación de Ritos, Instrucción sobre la Música en la Sagrada Liturgia, *Musicam Sacram* (5 de marzo de 1967), 53.

54 CSL, 112.

55 OGMR, 23; *Liturgia de la Horas,* Presentación, 202; Pablo VI, Exhortación Apostólica *Evangelica Testificatio* (29 de junio de 1971), 46.

56 *Notitiae* 127 (febrero de 1977), 94; Sagrada Congregación para el Culto Divino, *Directorio para Misas con Niños* (1º de noviembre de 1973), 32.

57 NCW, 77; BCL, *A Commemorative Statement* (noviembre de 1978), en BCL *Newsletter* XIV (diciembre de 1978), 143–144.

58 BCL, *Newsletter* III, 12 (diciembre de 1967), 109; *Ibid.* V, 5 (mayo de 1969), 177; *Ibid.* XVI (enero de 1980), 197; FDLC Liturgical Arts Committee, *Copyright Update: Reprint Permissions Policies of Publishers of Liturgical Music and Sacred Scripture* (Washington: FDLC, 1982).

59 San Agustín, Sermón 256, 3 (PL 38:1193).

LA AMBIENTACION Y EL ARTE
EN
EL CULTO CATOLICO

LA AMBIENTACION Y EL ARTE
EN EL CULTO CATOLICO

Jaime Lara

PREAMBULO

Una de las joyas de expresión litúrgica todavía por descubrir por la comunidad que habla español en los Estados Unidos de Norteamérica es el documento de los obispos norteamericanos titulado *La Ambientación y el Arte en el Culto Católico*, escrito en 1978. No cabe duda de que es un "tesoro escondido" porque, a pesar de haber sido traducido al español en 1986 por el Instituto de Liturgia Hispana y publicado en edición bilingüe ilustrada (Liturgy Training Publications, Chicago), *La Ambientación y el Arte en el Culto Católico* [AACC] apenas está tocando la vida cultural de las parroquias hispanas en los Estados Unidos.

ESPACIOS ANTERIORES OBSOLETOS

"Con la promulgación de la *Constitución sobre la Sagrada Liturgia* (1963) del Concilio Vaticano II", dice el renombrado liturgista Andrés Ciferni, "y con la publicación del *Misal Romano* de 1969, la mayoría de los espacios para el culto católico quedan obsoletos". Tiene razón el Padre Ciferni. Los templos construidos antes del Vaticano II fueron diseñados, en general, para una asamblea pasiva de espectadores que observaban de lejos la acción de los clérigos y de los niños acólitos en el presbiterio. Todavía hoy quedan rasgos de tal sentido pobre de liturgia, porque la mayoría de las renovaciones en nuestros templos han sido solamente cambios de mobiliario en el presbiterio. Es prueba de que todavía estamos pensando equivocadamente en el presbiterio en términos teatrales, como un escenario donde unos cuantos actúan, mientras que el resto del espacio queda inerte como siempre. Es prueba también de que hemos confundido el término "ambientación" con la pobreza de la mera "decoración."

Según el diccionario, una de las definiciones de "ambientación" es "lo requerido por un organismo para vivir y crecer". Es decir, es lo mínimo que un cuerpo necesita para desarrollarse. En términos religiosos, la ambientación litúrgica es la disposición necesaria del espacio que favorece la belleza, la armonía, la inspiración, la funcionalidad de elementos claves, y la transcendencia visual y acústica que el Cuerpo comunitario de Cristo exige para funcionar litúrgicamente y tener un sentido de autoidentidad.

DESAFIO PARA LA IGLESIA DE HOY

Con razón, el documento AACC no inicia con un discurso sobre estética, colores, materiales o decoraciones efímeras, o con la ubicación de muebles, sino con la experiencia del misterio en medio de nosotros (Núms. 12, 18), cómo lograr el clima indispensable para la hospitalidad (Núms. 11, 16), con el lenguaje requerido de símbolos y gestos (Núms. 14, 56) y sobre todo, con la importancia primordial de la asamblea creyente y activa (Núms. 27–43). En efecto, el documento de los obispos nos desafía a rediseñar nuestros recintos litúrgicos tomando como punto de partida la comunidad viva que canta, escucha, aclama, se mueve en procesión, etc., antes de pensar en mobiliario, imágenes, vitrales, velas o flores. El espacio litúrgico se define, antes que nada, como un hogar—el hogar de la Iglesia-en-oración (Núm. 28)—.

APRENDER DE LA TRADICION

Puede ser que la comunidad hispana inmigrante de este país tenga una ventaja al entender y poner en práctica las pautas del documento AACC. Muchos de nosotros hemos conocido el "templo" en nuestros pueblos y países de origen como una auténtica posesión de la comunidad, más que una propiedad del clero. Aunque en América Latina usamos bancas para sentarnos (en su origen una invención de la Reforma protestante), hemos sido más libres en la manera de disponer los asientos en el templo sin tanta rigidez, como sugiere el documento (Núms. 11, 24, 40, 53, 58–59, 68). Además, puesto que las procesiones son de tanta importancia en nuestra cultura hispana, hemos asegurado la soltura de movimiento y las entradas y salidas fáciles como requiere una liturgia participativa (Núm. 59–62). Tampoco será novedoso para el hispano leer que la comunidad litúrgica requiere espacios para organizar procesiones, o bien para congregarse antes o después de la celebración a fin de fomentar el sentido de comunidad humana y eclesial. Nuestros antepasados en tiempos coloniales construían atrios, tan comunes en América Latina, con fines semejantes; y aunque no haya atrio, la plaza pública frente al templo siempre servía para la misma función. Es refrescante saber que el documento AACC reconoce el mismo valor de jardines, atrios o vestíbulos interiores adecuados para congregar una multitud (Núms. 40, 54).

Quizás novedosa, pero no sorprendente ni chocante, será la nueva importancia dada al bautismo por inmersión y la fuente—pila bautismal que el nuevo rito requiere (Núms. 64, 76–77)—. Aunque aquí también hay precedentes hispánicos en las enormes pilas bautismales (algunas con diámetro y profundidad de más de un metro) que se encuentran en nuestros templos coloniales de la primera evangelización, donde se bautizaba a los niños desnudos. La vista de un bebé desnudo en el momento de ser bautizado no escandaliza al hispano, y la experiencia más y más frecuente del bautismo de un adulto (adecuadamente vestido para entrar a las aguas de nueva vida), es para el hispano un momento de profundo orgullo y un estímulo a la convivencia y celebración. En la construcción y el uso correcto de bautisterios con "agua viva", como para toda la renovación del recinto, es menester la consulta con profesionales en tales cosas (Núms. 47–48).

La comunidad hispana, hablando en términos generales, considera muy natural toda expresión corporal. Por eso, no nos sorprenderá el leer que la liturgia renovada requiere "gestos que son amplios y ricos tanto en el aspecto visual como en el tangible" (Núm. 56) y que "la renovación se empeña en buscar una rica interpretación de nuestros símbolos . . . hasta que podamos tener una experiencia auténtica de ellos y apreciemos su valor simbólico" (Núm. 15). Tampoco nos sorprenderá saber que el lugar apropiado para el sagrario y la devoción eucarística privada es en "una capilla específicamente diseñada y separada del recinto principal" (Núm. 78). No existe ninguna catedral latinoamericana que no haya tenido su "Capilla del Sagrario" desde el siglo XVI; es una tradición auténticamente nuestra. Por eso, decimos que para la comunidad de habla hispana en los Estados Unidos, el documento AACC será perfectamente entendible y natural en sus sugerencias y aplicaciones.

Al mismo tiempo, es importante que la comunidad hispana no compare los recintos para el culto contemporáneo con las expresiones arquitectónicas del barroco, ni trate de imitarlas. Muchos de nuestros templos en nuestros países de origen sufren de un "horror vacui" (literalmente, miedo del vacío), una preocupación sicológica de llenar, hasta el puro capricho, cada centímetro de pared y cada rinconcito como una proliferación exagerada de decoración, imágenes reduplicadas, flores, velas — muchas veces sin sentido — . Tales arreglos interiores, donde es aplicable el dicho "más es menos", tienen el efecto de disminuir los puntos focales del altar, ambón, fuente bautismal y sede de quien preside (Núms. 70–77), mientras que destacan cosas de importancia secundaria y efímera. El espíritu hispano tendrá que guardarse de caer en semejantes errores. Tampoco son nuestros recintos litúrgicos santuarios para la peregrinación o para la veneración de una imagen milagrosa. Los santuarios son una especie aparte no tratada ni prevista por el documento AACC.

El documento *La Ambientación y el Arte en el Culto Católico* afirma que no hay símbolo más importante que la asamblea de los fieles (Núm. 28). Todo se arregla para que la actividad de esta asamblea ("las palabras que dan vida, los gestos que indican vida, el sacrificio vivo, el alimento de vida", Núm. 29) revele la muerte y resurrección de Jesús dentro de ellos. Desde esta perspectiva, este documento no se ve como suplemento, en la periferia, ni marginal a la liturgia. La liturgia empieza aún antes de que la asamblea se reúna. En particular, este documento hace resaltar la necesidad de incluir a todos, de brindar hospitalidad a todo el pueblo de Dios. Al ser sensitivo a las necesidades de los que tienen limitaciones físicas/mentales, AACC quita todos los obstáculos y da la bienvenida a toda la comunidad. Este documento forma parte de la conciencia de la asamblea que se siente llamada a vivir lo que celebra.

AACC continúa contribuyendo enormemente en la preparación de la liturgia al fijarse de manera especial en dos cosas necesarias: *calidad* y *propiedad.* La *calidad* percibe la transcendencia de la creación. El misterio y la majestad de Dios se siente en todo lo que se hace. "La calidad se percibe únicamente por medio de la contemplación, apartándose de las cosas y esforzándose para realmente *verlas,* tratando de permitirles que hablen por sí mismas a quien las contempla" (Núm. 20). A través de la calidad, la asamblea honra a la creación. La asamblea está conectada con el Creador por medio de los maravillosos trabajos bien esculpidos y bien diseñados en las esculturas, la música, la danza; por medio de cualquier forma de arte que se use para crear un ambiente litúrgico en su totalidad. La *propiedad* respeta a la asamblea al ofrecer obras de arte que representan bien, tan apropiadamente como sea posible, el misterio de Dios y que inspiran reverencia y honor y ayudan a la asamblea a orar (Núm. 21). La propiedad exige armonía con nuestro mundo, con nuestra comunidad, con nosotros mismos y con nuestro Dios.

Novedosa tal vez será la importancia dada a la buena acústica para el canto y la predicación de la Palabra (Núm. 51), la ubicación del coro y los instrumentalistas (Núm. 83) y la inspiración que se recibe de una iluminación eléctrica que es variable y dramática (Núm. 50). Hasta hace poco estos elementos casi no se habían tomado en cuenta por los responsables del culto.

TOMAR EN SERIO

Queda ahora para los párrocos y sus comités de liturgia el estudiar detallada y cuidadosamente este documento tan rico en Teología y Eclesiología. Queda para las parroquias el emplear a profesionales sensibles a la fe y a nuestras mejores tradiciones para las renovaciones requeridas. En verdad, AACC no sugiere cambios externos de poca importancia; más bien, implica una conversión radical en nuestra manera de pensar, de relacionarnos unos con otros y finalmente de relacionarnos con lo sagrado en medio de la comunidad en oración.

ESQUEMA

LA AMBIENTACION Y EL ARTE
EN EL CULTO CATOLICO

INTRODUCCION

1.   La fe implica una saludable tensión entre las formas humanas de la comunicación expresiva, y el mismo Dios; a quien jamás se le podrá percibir adecuadamente por medio de nuestras facultades humanas. Dios trasciende; Dios es misterio; Dios no puede ser ni comprendido ni confinado con alguna de nuestras palabras, imágenes o categorías.

2.   Aunque nuestras palabras y formas de arte no puedan abarcar o confinar a Dios, pueden, como el mundo mismo, ser iconos, avenidas de acercamiento, figuras numinosas y medios de contacto con El, aunque sin captarle o comprenderle totalmente. El torrente, el fuego, la roca, el mar, la montaña, la nube, las situaciones políticas e instituciones de períodos diferentes fueron para Israel medios de entrar en comunicación con Dios; en ellos encontró ayuda para discernir su destino y avanzar hacia el reino de justicia y de paz. La misma fe bíblica nos asegura que Dios pacta con un pueblo a través de acontecimientos humanos y que interpela a dicho pueblo aliado a que dé sentido a tales acontecimientos.

3.   Y posteriormente en Jesús, la Palabra de Dios se hace carne: "Esto es lo que proclamamos: lo que existía desde el principio, lo que oímos, lo que con nuestros ojos vimos, lo que contemplamos y palpamos con nuestras manos — hablamos de la palabra de vida".[1]

4.   Los cristianos no han vacilado en usar cualquier género de arte humano en la celebración de la acción salvífica de Dios en Jesucristo; aunque en todo período histórico han estado influidos y a veces inhibidos por circunstancias culturales. En la resurrección del Señor, todas las cosas son renovadas. Se recuperan la integridad y la salud al quedar conquistado el reino del pecado y de la muerte. Todavía las limitaciones humanas son obvias y debemos estar conscientes de ellas. Con todo y eso, debemos alabar y dar gracias a Dios con los recursos humanos que están a nuestro alcance. A Dios no le hace falta la liturgia; pero a la gente sí, y ella tiene solamente sus propias artes y estilos de expresión para celebrar.

5.   Así como la alianza misma, las celebraciones litúrgicas de la comunidad de fe (Iglesia) incluyen a la persona en su totalidad. No son ejercicios puramente religiosos, simplemente racionales o intelectuales, sino también vivencias en las que entran en juego todas las facultades humanas: cuerpo, mente, sentidos,

imaginación, emociones, memoria. Por lo tanto, el dar atención a estos aspectos constituye una de las necesidades más urgentes de la renovación litúrgica contemporánea.

6.   Históricamente, la música ha disfrutado de una especial preeminencia entre las artes del culto público, y por eso, no hay razón valedera que justifique el negársele, hoy en día, el mismo derecho. El Comité Episcopal para la Liturgia, por lo tanto, publicó directrices (*La Música en el Culto Católico*, 1972) para estimular la debida atención a la música, ya sea instrumental o coral/vocal. Este folleto: "La Ambientación y el Arte en el Culto Católico", compañero del referido anteriormente, ofrece, por su parte, directrices para promover otras artes necesarias para una vivencia plena en el culto público. Por lo tanto, puesto que se complementan el uno al otro, los dos folletos han de usarse conjuntamente por aquellas personas que se encargan de planear y dirigir las celebraciones litúrgicas. Por tal razón, la música se excluye de los aspectos específicos a tratar en las siguientes páginas.

7.   Si sostenemos que ninguna palabra ni forma de arte humanas pueden contener o agotar el misterio del amor de Dios, sino que todas las palabras y formas de arte se pueden emplear para alabar a Dios en medio de la asamblea litúrgica, entonces buscamos el criterio para juzgar la música, la arquitectura y las otras artes en relación con el culto público.[2]

8.   La razón por la que se ofrecen normas que orienten y no pautas a seguir, está claramente enunciada por los Padres Conciliares: "La Iglesia nunca consideró como propio ningún estilo artístico, sino que, acomodándose al carácter y a las condiciones de los pueblos y a las necesidades de los diversos ritos, aceptó las formas de cada tiempo, creando en el curso de los siglos un tesoro artístico digno de ser conservado cuidadosamente. También el arte de nuestro tiempo, proveniente de todas las razas y regiones, ha de ejercerse libremente en la Iglesia, con tal que sirva a los edificios y ritos sagrados con el debido honor y reverencia; para que pueda juntar su voz a aquel admirable coro de alabanza . . .".[3]

I EL CULTO A DIOS Y SUS REQUISITOS

LITURGIA Y TRADICION

9.   La liturgia tiene un lugar especial y único en la vida de los cristianos en las iglesias locales, sus comunidades de fe. Cada iglesia se reúne con regularidad para alabar y dar gracias a Dios, para recordar y actualizar sus obras maravillosas, para orar en comunidad, para realizar y celebrar el reino de paz y justicia. A tal acción de la asamblea cristiana se le da el nombre de liturgia.

10.   Las tradiciones comunes que nacen, se desarrollan y se realizan en el seno de cada comunidad, hacen de la liturgia una vivencia de la Iglesia, la cual es local y universal a la vez. El origen, así como la estructura de sus celebraciones litúrgicas son bíblicas y eclesiales asegurando una comunión con los creyentes de todos los tiempos y lugares. Esta tradición provee el lenguaje simbólico de tal

acción, así como las estructuras y modelos perfeccionados a través de centurias de experiencia y da nueva vida a los valores antiguos, en nuestro tiempo y lugar, con nuestros nuevos conocimientos, talentos, competencias y artes. Por consiguiente, esta celebración es la de una comunidad en un tiempo y lugar dados, celebrada con lo mejor de sus recursos, talentos y artes según nuestra propia tradición.[4]

UN CLIMA HOSPITALARIO

11.   La liturgia, al igual que la oración común y la experiencia eclesial, florece en un clima hospitalario: una situación en la que los fieles se sienten a gusto, ya sea porque se conozcan o porque se presenten unos a otros; un recinto en el cual se les pueda sentar juntos, pero con facilidad para moverse y para establecer contacto visual entre sí y con los puntos centrales del rito; un recinto en el que actúen como participantes y no como simples espectadores.[5]

LA EXPERIENCIA DEL MISTERIO

12.   La experiencia del misterio, que la liturgia nos ofrece, se encuentra en su mismo carácter teocéntrico, ya que nos hace conscientes de Dios. Esto implica cierta tensión benéfica hacia las exigencias de un clima hospitalario, las cuales requieren de una orientación y ambientación que propicien la contemplación (trascender el aspecto visible de una cosa o persona, ese sentido de lo sagrado, de lo numinoso, del misterio). Simple pero atractiva, la belleza en cualquier cosa que se use o se haga en la liturgia, es una invitación muy eficaz a esta clase de experiencia. Por supuesto, uno debe estar capacitado para sentir algo especial (y nada trivial) en todo lo que se ve y escucha, se toca o se aprecia con el gusto y el olfato en la liturgia.

13.   La encarnación, el misterio pascual y el Espíritu Santo en nosotros son para la fe el acceso a lo trascendente, a lo sagrado y a lo completamente otro de Dios. Por lo tanto, una acción como la liturgia, tiene una importancia especial como medio para relacionarse con Dios o para responder a la relación que El establece con nosotros. Con esto no se quiere decir que hayamos "capturado" a Dios con nuestros símbolos. Simple y sencillamente significa que Dios nos ha amado gratuitamente de acuerdo con nuestra manera de ser, de una forma que corresponde a nuestra condición. Por eso, nuestra respuesta debe ser profunda y total, auténtica y genuina, y además poniendo en ella un esmero especial en todo cuanto usamos y hacemos en la celebración litúrgica.

LA INTERPRETACION DE SIMBOLOS

14.   Cada palabra, gesto, movimiento, objeto y oficio debe ser auténtico. Por eso, cada una de estas acciones debe proceder del entendimiento profundo que tengamos de nosotros. (Ni descuidadas, falsas o fingidas, ni pretenciosas o exageradas, etc.) Históricamente, la liturgia ha padecido una especie de minimalismo y una preocupación exagerada por la eficiencia, en parte, porque se ha dado mayor énfasis al aspecto causa y efecto del sacramento a expensas de su significación

sacramental. Al tender a reducirse y petrificarse, nuestros símbolos llegaron a ser más administrables y eficientes. Todavía "causaban", todavía eran "eficaces"; aunque con frecuencia ya habían perdido la plenitud y la riqueza de lo que significaban.

15.   La renovación se empeña, por lo tanto, en buscar una interpretación de nuestros símbolos, especialmente de aquellos que son fundamentales, tales como los del pan y el vino, el agua, el aceite, la imposición de manos, hasta que podamos tener una experiencia auténtica de ellos y apreciemos su valor simbólico.

UNA VIVENCIA DE TIPO PERSONAL-COMUNITARIO

16.   Una cultura como la nuestra, que está orientada a la eficiencia y a la producción, nos ha hecho insensibles a la función simbólica de las personas y de las cosas. También, el mismo énfasis cultural sobre el individualismo y la competencia nos ha hecho más difícil apreciar la liturgia como una vivencia de tipo *personal-comunitario.* Como consecuencia, tenemos la tendencia a identificar cualquier cosa privada e individual como algo "personal". Pero, por inferencia, se considera cualquier cosa de tipo social y comunitario como si fuera algo impersonal. Debe cambiarse, por lo tanto, este concepto erróneo si se quiere tener buena liturgia.

17.   Para identificar la liturgia como una importante vivencia religiosa de tipo *personal-comunitario,* se ha de procurar la virtud de la sencillez y el sentido comunitario en los textos litúrgicos, gestos, música, etc. Se dice fácilmente esto, pero su realización requiere un esfuerzo constante por respetar el pensamiento de la Iglesia con respecto a la sencillez y sentimientos que le son comunes, por ejemplo, no ahogando la acción con un torrente de palabras o evitando hacerla más compleja de lo necesario, cuando se manifiestan los elementos esenciales del Evangelio.

LO SACRO

18.   Un aspecto importante de la renovación actual de la Iglesia es la conciencia del reconocimiento de lo sagrado por parte de la comunidad. La ambientación y el arte han de fomentar esta conciencia. Debido a que los diferentes grupos culturales y subculturales en nuestra sociedad pueden tener estilos propios de expresión artística, no se pueden exigir estructuras sacras de tipo universal.[6]

CALIDAD Y CUALIDAD

19.   Esto no quiere decir que la liturgia no establezca normas para la arquitectura, música y otras artes. La liturgia, para ser fiel a sí misma y proteger su propia identidad, debe tener ciertas normas. Dichas normas se reducen básicamente a dos: *calidad* y *cualidad.* Sin importar el estilo o tipo, no hay arte que tenga derecho alguno a tener cabida en la celebración litúrgica, si no posee alta calidad o si no es apto para ella.[7]

20.   La *calidad* se percibe únicamente por medio de la contemplación, apartándose de las cosas y esforzándose para realmente *verlas*, tratando de permitirles que hablen por sí mismas a quien las contempla. Ciertas costumbres culturales han condicionado a la persona de hoy en día a considerar las cosas desde un punto de vista más pragmático: "¿Cuánto valen?", "¿Para qué sirven?" Por medio de la contemplación uno puede ver, en cambio, el distintivo de la mano del artista, la honestidad y el cuidado que entraron en juego al fabricar un objeto, la forma agradable, el color y la textura del mismo. Calidad, pues, significa el amor y el cuidado que se ponen en la fabricación de alguna cosa, la honestidad y la integridad en la elección de los materiales, y, por supuesto, el talento especial e indispensable del artista para lograr un conjunto armonioso, un trabajo bien realizado. Todo esto es valedero para la música, arquitectura, escultura, pintura, alfarería, construcción de mobiliario; así como también para la danza, mímica o drama— en pocas palabras, es valedero para cualquier forma de arte que se vaya a emplear en el ambiente litúrgico o en la acción misma.

21.   La *cualidad* es otro de los requisitos que la liturgia, con todo derecho, pide a cualquier forma de arte que esté al servicio de su acción. Hay dos maneras de saber si la obra de arte es adecuada: 1) tiene que ser capaz de soportar el peso del misterio mismo, el temor reverencial, la reverencia y el asombro que expresa la acción litúrgica; 2) tiene que *servir* (no interrumpir) claramente a la acción ritual, la cual tiene su propia estructura, ritmo y cadencia.

22.   El primer punto descarta cualquier cosa trivial e incoherente, cualquier cosa falsa, vulgar o de baja calidad; en fin, todo lo que sea pretencioso o superficial. Esta clase de cualidad está obviamente relacionada con la calidad; aunque implica algo más que simple calidad. Exige una especie de transparencia; de tal manera que podamos, simultáneamente, ver y percibir la obra de arte en sí y ese algo que va más allá de ella.

23.   El segundo punto (servir) se refiere a la vez al ambiente físico del culto público y a cualesquiera formas de arte que se puedan emplear como parte de la acción litúrgica (v.g. movimientos rituales, gestos, audio-visuales, etc.).

LA AMBIENTACION COMO SERVICIO

24.   Por ambientación entendemos el lugar más amplio donde se realiza la acción sagrada de la asamblea. En general, es la disposición del edificio en el vecindario, incluyendo los lugares exteriores. Más específicamente, es la condición de un lugar en particular y la manera cómo influye en la acción sagrada de una asamblea. Hay, pues, en la ambientación elementos que contribuyen a vivir una experiencia cabal, v.g., la disposición de lugares para sentarse, la colocación de centros litúrgicos destinados a la acción sagrada, decoraciones temporales, alumbrado, acústica, amplitud en el lugar, etc. La ambientación es adecuada cuando es hermosa, acogedora y cuando claramente cautiva a una asamblea de personas de quienes necesita para quedar completa. Más aún, es adecuada cuando logra que la gente se sienta unida al ver y escuchar toda la acción litúrgica, cuando ayuda a que la gente sienta que está participando y que realmente llegue a participar.

25.   Si se emplea en la liturgia alguna forma de arte, ésta debe ayudar y servir a la acción litúrgica, ya que la liturgia tiene su propia estructura, ritmo y cadencia: una reunión, que crece en intensidad, que llega a un clímax y pasa a un descenso que desemboca en la despedida. Alterna las personas con los grupos de personas, el sonido con el silencio, la charla con el cántico, el movimiento con la inmovilidad, la proclamación con la reflexión, la palabra con la acción. Ninguna forma de arte debe jamás dar la impresión de sustituir o detener el curso de la liturgia. Si al proyectar una película, por ejemplo, parece que se dijera: "Interrumpiremos la liturgia por unos momentos para que puedan tener una experiencia de esta forma de arte", ese medio sería inadecuado. Si, por el contrario, se usa una forma de arte para resaltar, favorecer e iluminar una o varias partes de la acción litúrgica e incluso toda la acción sagrada, entonces se puede decir que tal forma de arte no solamente es adecuada, sino también provechosa.

26.   Es necesario un mayor y constante esfuerzo educativo entre los creyentes para restaurar en todas las artes el respeto al talento y a la maestría; y, un deseo por el mejor uso de tales cualidades en el culto público. Esto significa que hay que atraer de nuevo al servicio de la Iglesia a profesionales cuyos lugares han sido tomados, desde hace mucho tiempo, por productores "comercializados" o por voluntarios que carecen de las cualidades apropiadas. Tanto la sensibilidad a las artes como la disposición de invertir en recursos para ellas, son las condiciones de desarrollo para que la calidad y cualidad puedan ser una realidad.

II LA IGLESIA: SUJETO DE LA ACCION LITURGICA

27.   Para hablar de las normas ambientales y artísticas en el culto católico, debemos comenzar con nosotros mismos — nosotros, que somos la Iglesia, los bautizados, los iniciados.

LA ASAMBLEA DE LOS CREYENTES

28.   Entre los símbolos que la liturgia trata, ninguno es más importante que esta asamblea de creyentes. Comúnmente se usa el nombre de iglesia al hablar del edificio en donde dichas personas se reúnen para rendir culto; pero el uso de este término puede prestarse a confusiones. En el decir de los primeros cristianos, el edificio que se utilizaba para el culto tenía el nombre de *domus ecclesiae*, la casa de la Iglesia.

LA ACCION DE LA ASAMBLEA

29.   La vivencia más intensa de lo sagrado se halla en la celebración misma y en las personas que participan en ella, es decir, en la acción de la asamblea: palabras que dan vida, gestos que indican vida, sacrificio vivo, alimento de vida. Estos elementos estaban en el corazón de las liturgias más antiguas, cuya evidencia se encuentra en los mismos planos arquitectónicos de los recintos que fueron diseñados para reuniones generales, espacios que permitían la participación activa de toda la asamblea.

30.   Debido a que la celebración litúrgica es la acción cultual de toda la Iglesia, es deseable que las personas, que representan en la congregación la diversidad de edades, sexos, grupos étnicos y culturales, participen activamente en el planeamiento y ministerio de los actos litúrgicos para la comunidad. Se habrá de buscar, respetar y utilizar para las celebraciones gente con talento para la música, la lectura en público y cualesquiera oficios o artes que se relacionen con el culto público. En la liturgia, sin embargo, los que la preparan y los ministros no son los que únicamente están activos. Es la congregación en su totalidad el componente activo. En la celebración litúrgica, pues, no hay ni audiencia, ni elementos pasivos. Este hecho por sí solo la distingue de cualquier otra asamblea pública.

31.   La celebración de la asamblea, esto es, la celebración realizada en el seno de la comunidad de fe y por toda la comunidad, es el modo normal y normativo para la celebración de cualquier sacramento o acto litúrgico. Aun cuando la dimensión comunitaria no sea patente, como en el caso de la comunión para los enfermos o para los prisioneros, el clérigo o ministro funciona dentro del contexto de toda la comunidad.

32.   La acción de la asamblea es también algo único, ya que no es simplemente una "celebración de la vida", en la que se reflejan todas las características inherentes al color, sexo, clase, etc. La liturgia, por el contrario, requiere que la comunidad de fe ponga a un lado todas esas distinciones, divisiones y clasificaciones. Al hacer esto, la liturgia celebra el reino de Dios, y así mantiene cierta tensión entre lo que es (el status quo de nuestro diario vivir) y lo que debe ser (la voluntad de Dios para la salvación de la humanidad—la liberación y la solidaridad). Este hecho único da a la liturgia el lugar central y clave en la vida cristiana cuando se le contempla desde la perspectiva de una comunidad actual. Así como la liturgia establece sus propias exigencias con relación al ambiente y a las artes, así también la asamblea hace lo propio. Cuando la asamblea se congrega en toda la variedad de sus componentes, se requiere que haya un común denominador, que nazca de nuestra propia condición humana. Aquí la comunidad busca lo mejor que la gente pueda aportar en contraste con todo aquello que sea comprometedor o poco digno. La asamblea pretende, por lo tanto, su propia expresión en un ambiente de belleza y entre acciones que tocan toda experiencia humana. Esto es de lo más básico y más noble. Es lo que la asamblea busca para expresar el corazón mismo de la liturgia de la Iglesia.

CONTEMPORANEA

33.   Los estilos actuales del arte, como sin duda también los de tiempos pretéritos, pertenecen a las expresiones litúrgicas de la asamblea. Estas últimas forman parte de nuestro patrimonio común, nuestra comunión (lo cual trasciende el tiempo y los límites geográficos). El arte actual, esto es, las obras de artistas de nuestro tiempo y lugar, es algo muy nuestro, y pertenece a nuestras celebraciones tanto como nosotros mismos. Si la liturgia fuera solamente a incluir el arte antiguo como lo único aceptable, entonces la conversión, el compromiso y

la tradición ya habrían dejado de existir. La asamblea, por lo tanto, debe estar igualmente dispuesta a buscar, patrocinar y usar las artes y los medios de comunicación de ayer y de hoy. Porque es comunicación simbólica, la liturgia depende de tradiciones pretéritas más que muchas otras actividades humanas. Porque es la acción de una asamblea actual, ha de impregnar sus estructuras básicamente tradicionales con la vitalidad de nuestros tiempos y de nuestras artes.

HERMOSA

34. Porque la asamblea se congrega en la presencia de Dios para celebrar su obra salvífica, el clima de la liturgia está impregnado de temor reverencial, misterio, admiración, respeto, acción de gracias y alabanza. Por lo tanto, no puede conformarse con alguna cosa menos que *bella* en su ambiente y en todos sus artefactos, movimientos y estímulo a los sentidos.[8] Admitiendo lo difícil que es dar una definición, se puede decir que la belleza va enlazada al sentido de lo numinoso y de lo sacro. Evidentemente, donde no se tiene un cuidado especial de esto, allí hay un ambiente básicamente hostil al misterio y al temor reverencial, un ambiente demasiado casual, si es que no descuidado, para la acción litúrgica. En un mundo dominado por la ciencia y la tecnología, la búsqueda de la liturgia en pos de la belleza es una contribución particularmente necesaria para completar y equilibrar la vida humana.

LA EXPERIENCIA HUMANA

35. Reunirse intencionalmente en la presencia de Dios es hacerlo íntegramente, en la totalidad de nuestra persona—a manera de un "sacrificio vivo". Otras actividades humanas tienden a ser más incompletas o especializadas y a reclamar una u otra faceta de nuestras vidas, talentos y papel que desempeñamos; la liturgia lo abarca todo, y, por eso, debe ser más que un simple ejercicio racional o intelectual. En toda tradición eficaz, pues, se deja sentir esta atención a la totalidad de la persona. En vista del énfasis que nuestra cultura da a la razón, es de suma importancia que la Iglesia haga hincapié en un acercamiento más íntegro a la persona humana por medio de una revalorización y desarrollo de los elementos no racionales de la celebración litúrgica: inquietud por los sentimientos de conversión, apoyo, arrepentimiento, confianza, amor, memoria, movimiento, gestos, asombro.

PECADORA

36. La Iglesia es una iglesia de pecadores, y, por eso, el hecho de que Dios perdona, acepta y ama a los pecadores, pone a la asamblea litúrgica bajo una obligación fundamental para que, en todo lo que haga, sea íntegra y humilde, sin dolo o afectación. Una vez que se hayan erradicado las prerrogativas, entonces la integridad tiene por fuerza que llevarse a la práctica en todas las palabras, gestos, movimientos, formas de arte, objetos y mobiliario para el culto público. Nada que pretenda ser lo que no es, tiene cabida en la celebración, ya sea una persona, copa, mesa o escultura.

37.   Los diferentes ministerios en tal asamblea no suponen un grado de "superioridad" o "inferioridad". En la liturgia son necesarias diferentes funciones, así como en cualquier actividad humana y social. Así pues, el reconocimiento de diferentes dones y talentos y la ordenación, institución o delegación para los diferentes servicios (sacerdote, lector, acólito, músico, ujier, etc.) facilitan el culto. Estos servicios son a la asamblea y quienes los desarrollan servidores de Dios que prestan servicios a la asamblea. Por lo tanto, aquellos que desarrollan tales ministerios son ciertamente servidores de la asamblea.

38.   La asamblea litúrgica, en la forma hasta aquí presentada, viene a ser la Iglesia, y como Iglesia está al servicio del mundo. Tiene, pues, el compromiso de ser signo, testigo e instrumento del reino de Dios. Y tal compromiso ha de reflejarse y realizarse no solamente en la vida individual de cada una de sus miembros, sino también en toda opción de la comunidad y aun en el uso del dinero, de la propiedad y de los demás recursos de ésta. Los edificios y espacios para la liturgia deben también tener el mismo valor testimonial. Por eso, para su planeamiento, habrá que incluir a representantes de las clases oprimidas y marginadas de las comunidades en donde estén ubicados dichos edificios y espacios.

III UNA CASA PARA LAS CELEBRACIONES LITURGICAS DE LA IGLESIA

39.   La congregación, su acción litúrgica, los muebles y otros objetos que necesita para tal acción litúrgica — indican todos ellos la necesidad de un espacio, un lugar, un salón o un edificio para la liturgia. Será un lugar para orar y cantar, para escuchar y hablar — un lugar para la interacción humana y para la participación activa — donde se recuerden y se celebren los misterios de Dios en la historia humana. La Iglesia, por su misma naturaleza de servidora con relación al resto de la comunidad en su área (y en todo el mundo), está llamada a considerar las necesidades más esenciales de dicha comunidad, especialmente las de los miembros carentes de recursos, los minusválidos o los que sufren, y, por lo tanto, a tomar en cuenta todo un marco de posibilidades en el aprovechamiento de sus edificios.

EXIGENCIA PRIMARIA: LA ASAMBLEA

40.   Sin embargo, en ningún caso se debe interpretar esto como falta de atención a las normas de la celebración litúrgica o despego de las exigencias primarias que la liturgia tiene que establecer para el espacio: la reunión de la comunidad de fe para la palabra y la eucaristía, para la iniciación y la reconciliación, para la oración, la alabanza y el canto en una atmósfera acogedora y apta para la participación.

41.   Tal espacio se convierte en un lugar sagrado, debido a la acción sagrada de la comunidad de fe que lo usa. Como lugar, entonces, viene a ser un punto de referencia y de orientación para los creyentes. El problema histórico de la iglesia como *lugar* al que se le diera más importancia que a la comunidad de fe, no

tiene por qué repetirse mientras los cristianos respeten la supremacía de la asamblea viva.

42.   La norma para hacer el proyecto de un espacio litúrgico, es la asamblea misma y su liturgia. El edificio o cubierta que constituye el espacio arquitectónico, viene a ser albergue o "piel" para la acción litúrgica. No tiene por qué "parecerse" a ningún otro, sea antiguo o de actualidad. Su integridad, simplicidad y belleza, su ubicación y perspectiva deben tomar en consideración el barrio, ciudad y área donde se le levante.

43.   Muchas iglesias locales se ven en la necesidad de usar recintos que fueron diseñados y construidos en un período anterior al nuestro, recintos que pueden ahora ser inadecuados para la liturgia. En la renovación de dichos recintos para el uso actual de la liturgia, no se encuentra sustituto alguno que tome totalmente el lugar de una eclesiología que sea a la vez antigua y moderna. Tampoco hay sustituto alguno de la comprensión cabal de las necesidades rituales en la vida humana y de la multiplicidad de las tradiciones litúrgicas de la Iglesia. Con tales indicaciones, toda renovación puede igualmente respetar las mejores cualidades de la estructura original y los requisitos para el culto actual.

TRABAJO DE CONJUNTO

44.   Ya sea al diseñar un nuevo recinto para la acción litúrgica o al renovar uno antiguo, son esenciales el trabajo de conjunto y la preparación de la congregación (de una manera especial de su comité para la liturgia), del clero, del arquitecto y del consultor (para la liturgia y el arte).[9] Todo arquitecto competente debe contar con la asistencia de un consultor en liturgia y arte, ya sea en las fases de discusión del proyecto (diálogo con la congregación y el clero, así como entre ellos mismos) como en todas las fases de planeamiento y construcción. En concursos recientes de proyectos de edificios para la liturgia, se ha demostrado la ventaja que tiene tal consulta.

45.   La congregación o Iglesia local, la cual actúa generalmente a través de sus delegados, es un componente básico y primario en el equipo. La labor de la congregación consiste en familiarizar al arquitecto y al consultor con la imagen que tiene de sí misma como Iglesia y el sentido que tiene de la comunidad más amplia de la que es parte. Por otro lado, es importante para la congregación y el clero que reconozcan el área de su propia incumbencia. Esto determinará también los límites de los que no pueden pasar. Es esencial para toda buena labor de conjunto el respeto a la capacidad de los demás en sus respectivos campos.

46.   Si una comunidad ha seleccionado a personas competentes y expertas, deberán éstas recibir del arquitecto y del consultor un diseño que estimule e inspire a la asamblea, a la vez que satisfaga las necesidades de ésta de la manera en que fueron descritas. Cuando hay benefactores financieros involucrados, toman estos parte en el proceso a la manera de la congregación y el clero, a condición de que se sujeten a las normas anteriores para una buena liturgia.

47. Un buen arquitecto tendrá igualmente disposición para aprender de la congregación y suficiente integridad para no permitir que el gusto o preferencia de la comunidad por un diseño lo limite en la libertad que se requiere para lograr un diseño verdaderamente creativo. El arquitecto acudirá a la congregación y al clero para una mejor comprensión del carácter y finalidad de la asamblea litúrgica. En tal conformidad, es tarea del arquitecto diseñar el proyecto para el recinto, para lo cual tendrá cuidado de usar materiales y estilos de construcción actuales, y de estar en diálogo constante con consultores que sean expertos en áreas del arte litúrgico, ritos, acústica y otros aspectos que requieren especialización.

48. El consultor en arte y liturgia es un compañero inapreciable del arquitecto; pues solamente un proyectista (arquitecto) competente, que sea versado en la tradición de la liturgia, en su forma actual, así como en el mobiliario y demás objetos que se usan, puede crear la finalidad del recinto y hacer el proyecto del lugar de una manera creativa. El sentido por la acción litúrgica es tan importante como la habilidad del proyectista para lograr un espacio y lugar que valgan la pena.

VISIBILIDAD Y AUDIBILIDAD

49. Uno de los requisitos principales para el recinto es la visibilidad de todos en la asamblea: de unos con otros en la congregación, así como también del punto central de la acción ritual.

50. La visibilidad trata más bien de la calidad de la visión y no simplemente del mecanismo en el ver. Un recinto debe producir la sensación de que lo que uno ve está cerca, es importante y personal. Para el arreglo del recinto, se deben tener en cuenta niveles de prioridad en lo que se ve, que permitan el trayecto visual de un centro a otro de la acción litúrgica. Más aún, el sentido y variedad de la luz, ya sea artificial o natural, contribuye enormemente a la mejor visión de las cosas.

51. La audibilidad de todos (congregación y ministros) es otro requisito primario. Lo ideal es un recinto donde no se requiera la amplificación de la voz. Donde se necesite un sistema de amplificación, se le debe acondicionar con conexiones múltiples para los micrófonos (por ejemplo, en el altar, ambón, silla presidencial, fuente bautismal, en el espacio inmediato frente a la congregación y en algunos puntos del lugar que ésta ocupa). Puesto que el recinto litúrgico debe ser adecuado para la palabra y el canto, se debe considerar seriamente el aspecto acústico de las divergentes exigencias de estas dos acciones. El asesoramiento de un ingeniero en acústica puede ayudar al arquitecto y al constructor a darse cuenta de las desventajas que hay en aposentos que son exclusivamente "secos" o "vivos". Así, un aposento hecho para mitigar toda clase de sonidos, está condenado a neutralizar la participación litúrgica.

52. El recinto litúrgico ha de crear una "buena sensación" en términos de escala humana, hospitalidad y afabilidad. En él no se busca impresionar y, mucho menos, dominar, sino que el objetivo claro de tal lugar es facilitar el culto público y la oración participativa de la comunidad de fe.

UNIDAD DEL RECINTO

53. Debe darse especial atención a la unidad de todo el recinto litúrgico. Antes de considerar la distinción entre los oficios en la liturgia, se ha de asegurar que el recinto mismo comunique el sentido de integridad (sentido de unidad, de totalidad) y la impresión de ser el lugar donde se congrega la comunidad de iniciados. Dentro de ese recinto hay diferentes áreas que corresponden a diversos oficios y funciones, pero la integridad en todo el recinto ha de ser completamente evidente.

54. Se recomienda la planificación para una convergencia de las vías de acceso al recinto litúrgico en una entrada o vestíbulo, o en cualquier otro lugar adecuado para reuniones antes o después de la liturgia. Dependiendo del clima, se le podría situar en las afueras del recinto. Tal espacio para reuniones puede propiciar el trato personal, la conversación, el convivio después de la liturgia y el establecimiento de la clase de sentido y sentimientos por la comunidad, lo cual es reconocido ahora como un requisito previo para una buena celebración.

IV LAS ARTES Y EL LENGUAJE CORPORAL DE LA LITURGIA

55. La celebración litúrgica, por su naturaleza pública y colectiva, y porque es expresión de toda la persona dentro de la comunidad, no solamente incluye el uso de un lenguaje y una tradición ritual comunes, sino también el uso de un lugar, mobiliario, formas de arte y símbolos, gestos, movimientos y posturas comunes. Mas, cuando uno examina la calidad de estos elementos comunes, encuentra que se requiere una sensibilidad nada común, debido a que estos elementos comunes causan visual, ambiental y corporalmente un tremendo impacto en la asamblea. En esta sección y en las subsiguientes se dará una orientación básica y algunos principios para cada uno de estos elementos. Empezaremos con el significado de la persona en el recinto: el movimiento corporal.

GESTOS PERSONALES

56. La liturgia de la Iglesia ha contado con una tradición rica en movimientos y gestos rituales. Estas acciones, de una manera sutil, pero real, contribuyen a una ambientación que puede facilitar la oración o ser causa de distracción en ella. Cuando los gestos se hacen en común ayudan a la unidad de la asamblea cultual. Los gestos que son amplios y ricos tanto en el aspecto visual como en el tangible, sirven de apoyo a todo el ritual simbólico. Cuando los gestos son efectuados por el ministro que preside, o hacen que toda la asamblea participe, logrando así una unidad mayor, o pueden causar aislamiento, si se hacen de una manera descuidada.[10]

POSTURA

57.   En una atmósfera de hospitalidad, la postura jamás será una uniformidad forzada o regularizada. Es importante que el recinto litúrgico pueda favorecer ciertas posturas comunes: sentados para toda preparación, para escuchar y para la reflexión en silencio; de pie para el evangelio, la oración solemne, la alabanza y la aclamación; de rodillas para la adoración y ritos penitenciales. Tales posturas se planearán cuidadosamente para aquellos que sufren algún impedimento físico de cualquier índole, de tal manera que puedan participar en la liturgia sin esfuerzos e incomodidades innecesarios.

58.   La atención, que se manifiesta en la postura y en el contacto visual, es otro requisito para la participación y actuación plenas en la liturgia. Es el tributo de uno a la vida de la comunidad y algo que uno debe al resto de la asamblea. Por esto, todo recinto y el arreglo de sus asientos deben estar dispuestos en forma tal que uno pueda ver los lugares de la acción ritual, y además, que esos lugares no estén a una distancia en la que el contacto visual sea imposible, ya que éste es importante en cualquier acto ministerial — cuando se lee, se predica o se dirige a la congregación en la música y en la oración. No solamente los ministros han de estar a la vista de todos los presentes, también los fieles deben tener la posibilidad de entablar contacto visual entre ellos, para darse la atención debida mientras celebran la liturgia.

PROCESIONES

59.   Porque la buena liturgia es una acción ritual, es importante que los recintos cultuales, además de permitir ver lo que se hace, dejen sitio para el movimiento.[11] Las procesiones e interpretaciones por medio del movimiento corporal (danza) pueden llegar a ser partes significativas de la celebración litúrgica, especialmente si las últimas son realizadas por personas verdaderamente competentes y en tal forma que encuadren en toda la acción litúrgica. Una procesión debe ir de un lugar a otro con un propósito (no simplemente alrededor de un mismo lugar), y debe incluir normalmente a la congregación, a veces con paradas o estaciones para oraciones, lecturas o acciones particulares. Así pues, en el proyecto del recinto y en el arreglo de los lugares para sentarse, debe tenerse en cuenta esta clase de movimiento. Debe tenerse especial esmero en la calidad, belleza y seguridad en ese movimiento. Por eso, la colocación de los asientos que impida la libertad de acción, es inadecuada.

60.   En el movimiento general del rito litúrgico, el papel de aquel que preside es crítico y central. El área desde donde se preside debe permitir a esa persona estar presente y atenta a toda la congregación, a los demás ministros y a cada parte de la acción litúrgica, aun cuando en ese momento no esté dirigiendo personalmente la acción ritual. El lugar debe permitirle a uno dirigir a los diversos ministros en sus actividades específicas y en sus funciones de agentes, así como también a la congregación en la oración común.

61.   En los casos anteriores, la audición y la visibilidad para todos en la asamblea son requisitos mínimos. La sede, el ambón y el altar deben estar construidos en tal forma que todos puedan ver y escuchar a la persona que lee o a quien preside.

SOLTURA DE MOVIMIENTOS

62.   En la acción ritual, es importante el correcto uso del mobiliario y otros objetos que tengan una función simbólica. Estos objetos siguen en importancia a la gente misma y al ambiente general del que forman parte. Son parte de un rito total, que todos los presentes debieran experimentar tan plenamente como sea posible. En consecuencia, la colocación y uso de tales objetos deben permitir que los movimientos se hagan con soltura.

5 MOBILIARIO PARA LA CELEBRACION LITURGICA

63.   Debido a que la asamblea eucarística dominical es el símbolo eclesial más fundamental, los requisitos para esa celebración determinarán la provisión de mobiliario que se hará para la liturgia. Por consiguiente, en cualquier recinto litúrgico habrá de tenerse en cuenta no solamente los requisitos generales de la asamblea, sino también la necesidad de una sensación de acercamiento al altar, ambón y sede del celebrante.

64.   La primacía de la asamblea eucarística, sin embargo, no debe frenar una vida litúrgica de mayor riqueza y variedad en la Iglesia local. Al planear la construcción, la renovación o el reacondicionamiento del mobiliario en los recintos litúrgicos, debe tenerse en cuenta el bautismo y demás sacramentos, la oración matutina y vespertina, los servicios de la palabra, las reuniones para la oración y otros eventos de la comunidad.

65.   Cuando se determina el uso multifuncional del recinto por las necesidades, ya sea de la comunidad de fe o bien de la ciudad cercana, población o área rural a las que la comunidad de fe sirve, se debe considerar la flexibilidad y movilidad aun del mobiliario esencial. Sin embargo, se debe tener gran esmero en la hechura y cuidado del mobiliario móvil para que en nada se sacrifique la dignidad, la noble y sencilla belleza propias de tales objetos. No hay razón para que un altar móvil o un ambón tengan una apariencia inconsistente, de baja calidad o desechable.

66.   Normalmente se debe acomodar el mobiliario que se usa en una celebración litúrgica de cualquier género, antes que ésta comience y dejarlo fijo durante su transcurso. No se da realce alguno a la acción ritual con el cambio de sitio de los muebles durante un rito. Por eso, un esmerado arreglo del mobiliario viene a ser parte integral en la preparación de la liturgia.

67.   La consulta con expertos, al menos con uno en liturgia y con otro en artes, no es lujo alguno, sino una necesidad para aquellos que se responsabilizan de amueblar el recinto litúrgico. Cada pieza del mobiliario tiene sus propios requisitos; pero, por lo menos, hay dos normas que se pueden aplicar a todas ellas, de hecho a cualquier objeto que, de una manera u otra, se use en la liturgia: 1) Que no se fabrique cosa alguna que parezca estar desligada de la impresión de la mano o del ingenio humanos. Que se tenga cuidado cuando se escojan artículos de producción en serie, que estos sean apropiados. La preocupación de todo artista es la dignidad y la belleza en el material que se usa, en el diseño y en la forma, en el color y la textura—preocupación que se refleja en su trabajo, en los muebles que fabrica, etc.; desafortunadamente tal cosa no sucede con los productores en masa o con los comerciantes. 2) Que haya en el conjunto de las piezas del mobiliario unidad y armonía entre sí y con la arquitectura del lugar.

BANCOS O SILLAS

68.   La hechura y disposición de los bancos o sillas para uso de la asamblea deben ser tales que intensifiquen al máximo el sentido comunitario y la participación activa.[12] La disposición no solamente debe facilitar una visión clara del que preside y de los varios puntos focales, donde se lee, se predica, se ora, se toca música o se ejecuta algún movimiento durante el rito, sino también, de los demás miembros de la congregación. Esto significa que se ha de procurar que el arreglo de asientos y muebles sea tal que la gente no se sienta apretujada, sino que se sienta estimulada a moverse con comodidad cuando sea apropiado.

69.   Además de las mismas ventajas descritas anteriormente para el acomodo de la congregación, la hechura y disposición de bancos o sillas para uso de aquellas personas que participan en el ministerio de la música instrumental o coral deben ser tales que también se vea claramente que dichas personas son parte de la asamblea.[13] Más aún, los ministros de la música han de tener facilidad para cantar y tocar de cara al resto de la asamblea y así lograr la participación de la congregación sin distraerse de la acción central de la liturgia. Esto mismo se aplica a los solistas o al director de coro.

LA SEDE

70.   La hechura y la disposición de las sillas o bancos para el ministro que preside y para las demás ministros deben ser tales que se sienta que ellos son claramente parte de una sola asamblea, aunque convenientemente situados para el ejercicio de sus respectivos oficios. De ninguna manera se debe menospreciar o subestimar la importancia de la función y del significado personal y simbólico del que preside en la celebración litúrgica, ya que este aspecto es esencial para toda buena celebración. La sede de tal persona debe estar en una posición presidencial, pero no debe sugerir superioridad o distanciamiento.[14]

71.   El trazo y la construcción del altar o mesa santa deben ser de lo más noble y hermoso que la comunidad pueda aportar.[15] Es la mesa común de la asamblea, un símbolo del Señor, junto a la cual se sitúa el ministro que preside y sobre la que se colocan el pan y el vino, los vasos sagrados y el Misal. Es santa y sagrada, por ser para la acción y la participación litúrgica de dicha asamblea, por lo tanto, nunca se debe usar esta mesa como comodín o como lugar para colocar papeles, notas, vinajeras o cualquier otro objeto. Permanece independiente y a la que uno se pueda acercar y rodear desde cualquier lado. Es de desearse, también, que los candeleros, la cruz, las flores o cualquier otra decoración en el área no estén tan cerca del altar que constituyan un impedimento para quienes quieran acercarse a esta mesa común o moverse alrededor de ella.

72.   El altar es diseñado y construido para la acción de una comunidad y para el funcionamiento de un solo sacerdote—no para los concelebrantes. La mesa sagrada, por lo tanto, no debe ser alargada, sino más bien cuadrada o ligeramente rectangular, una mesa atractiva e impresionante, digna y noble, hecha de materiales sólidos y hermosos y de proporciones rectas y simples. Pierde realce, por supuesto, su función simbólica cuando hay otros altares a la vista. Por eso, en el recinto litúrgico solamente hay cabida para uno solo.

73.   La ubicación del altar será el punto central en cualquier celebración eucarística; aunque esto no quiere decir que debe estar en el centro geométrico o en un eje central. De hecho, en muchos casos una buena solución podría ser su ubicación fuera del centro geométrico. Téngase en cuenta que el enfoque y la importancia en cualquier celebración cambian con el movimiento del rito. En la colocación y altura debe tomarse en cuenta la necesidad que todos tienen de una buena visibilidad y audibilidad.

EL AMBON

74.   El ambón o atril es una especie de púlpito desde donde se hacen las lecturas o se predica (aunque la predicación se puede hacer desde la sede o en cualquier otro lugar).[16] Para estas funciones se debe reservar un ambón principal y, por lo tanto, no lo deben usar los comentaristas, directores de coro, etc. Al igual que el altar, el ambón también ha de ser bellamente diseñado, construido con materiales finos, y simple y cuidadosamente adecuado para su función. El ambón representa la dignidad y singularidad de la Palabra de Dios y de la reflexión que se hace de dicha Palabra.

75.   El cantor, el director de coro, el comentarista o quienes den los anuncios pueden usar un atril para facilitar la visibilidad y audibilidad; pero éste debe ser completamente simple para no dar la impresión de que está en competencia o en conflicto con el ambón principal. Debe, también, estar colocado en forma tal que facilite la comunicación con los músicos y la congregación.

76.   Al hablar de símbolos y de significación sacramental, se comprende que la inmersión es la acción simbólica más completa y apropiada en el bautismo.[17] Las nuevas fuentes bautismales, por lo tanto, han de construirse de modo que permitan por lo menos la inmersión de los infantes y el derramamiento de agua sobre todo el cuerpo de un niño o de un adulto. Cuando las fuentes no están construidas de esa manera, se recomienda el uso de una portátil.

77.   El lugar para la fuente, ya sea que esté en un sitio cercano a la entrada principal del recinto litúrgico o en el centro de la congregación, ha de facilitar en pleno la participación comunitaria, especialmente en la Vigilia Pascual.[18] Si el recinto bautismal se encuentra en un lugar para reuniones o en el vestíbulo, la fuente puede tener agua viva y corriente; y además se le puede acondicionar para calentar el agua en caso de inmersión. Cuando se use una fuente portátil, debe colocarse ésta donde haya mayor visibilidad y audibilidad, pero sin sobrecargar el lugar o restar importancia al altar, al ambón y a la sede.

CAPILLA PARA LA RESERVA DE LA EUCARISTIA

78.   La *celebración* de la eucaristía es el punto culminante de la asamblea regular de cada domingo. Por consiguiente, el espacio más amplio de un templo está designado para esta *acción*. Además de la celebración de la eucaristía, la Iglesia ha tenido una costumbre muy antigua de reservar el pan eucarístico. El fin de la reserva es la administración de la comunión a los enfermos y el hacerla objeto de devoción privada. Para que esto sea más adecuado, a esta reserva se le dedicará un espacio apto para la devoción individual. Es importante disponer de un lugar o capilla específicamente diseñada y separada del recinto principal para que no haya confusión entre la celebración eucarística y la reserva.[19] Los aspectos activos y estáticos de una misma realidad no pueden requerir la misma atención humana al mismo tiempo. Por otro lado, el que se tenga la eucaristía reservada en un lugar aparte, no significa que se le haya relegado a un lugar secundario y sin importancia; al contrario, un lugar cuidadosamente diseñado y destinado para este fin, puede ayudar a que se le dé la debida atención a la reserva sacramental.

79.   Debe haber fácil acceso a este lugar viniendo del área del pórtico, del jardín o de la calle, así como del recinto principal. El carácter devocional del recinto debe crear una atmósfera de cordialidad, pero reconociendo al mismo tiempo el misterio del Señor. Debe ayudar a la meditación privada y sin distracciones. En caso de que hubiera iconografía sagrada o imágenes expuestas a la veneración, éstas no deben restar importancia al centro principal de la reserva de la eucaristía.

EL SAGRARIO

80.   El sagrario, como receptáculo para la reserva de la eucaristía, debe ser sólido e inviolable, digno y convenientemente adornado.[20] Se le puede colocar dentro de un nicho en la pared, sobre un pilar o en un monumento eucarístico. No se le debe colocar sobre un altar, ya que éste es el lugar para la acción y no para la

reserva de la eucaristía. En cada iglesia no habrá más de un sagrario. Asimismo se tendrá cerca de él una lámpara que esté ardiendo constantemente.

CAPILLA PARA LA RECONCILIACION

81.   Se puede instalar un local o locales para la reconciliación individual cerca del área bautismal (cuando ésta se encuentra a la entrada) o en algún otro lugar conveniente.[21] El mobiliario y la decoración deben ser sencillos y austeros y ofrecer al penitente la opción de presentarse frente a frente al confesor o en forma anónima, colocándose detrás de una rejilla de separación; nada que sea obviamente superfluo debe haber allí, baste una cruz sencilla, una mesa y una biblia. El fin primordial de este local es la celebración de la liturgia de la reconciliación; no es un lugar de descanso, una sala de sesiones para impartir consejos, etc. La palabra "capilla" es, por todo esto, la más apropiada para describir este recinto.

SACRISTIA

82.   La ubicación de la sacristía o local para revestirse ha de favorecer la procesión de la cruz, ciriales, leccionario y ministros, a través de la congregación y hasta el área del altar.

INSTRUMENTOS MUSICALES

83.   Debido a que a menudo el coro, los instrumentistas y el órgano funcionan conjuntamente, conviene que se les coloque a todos juntos para que el organista pueda ver, directamente o por medio de un simple espejo, a los otros cantores y la acción litúrgica.[22] A los órganos de tipo consola se les puede desprender del sistema de cañones y conectarlos por medio de conductores flexibles. Esto permite instalar consolas móviles, lo cual puede ser una ventaja, especialmente cuando el recinto litúrgico sirve también para otras funciones. Sin embargo, los órganos de una sola pieza, en los cuales la consola y el sistema de cañones forman un solo elemento, pueden ser otra alternativa, y en este caso se les puede acondicionar de modo que todo el órgano sea móvil. Los órganos diseñados para fines litúrgicos más bien que para conciertos, no necesitan ser muy grandes; no deben ser majestuosos o sobresalir visualmente. Eso sí, han de ser musicalmente superiores, y, como en el caso de todos los artefactos, el instrumento y su cubierta deben ser genuinos, hermosos y en conformidad con el ambiente. También se debe tener en cuenta un lugar apropiado para los otros instrumentos musicales que se usan en las celebraciones litúrgicas.

6 OBJETOS USADOS EN LA CELEBRACION

84.   Al igual que el mobiliario, todos los demás objetos que se usen en las celebraciones litúrgicas, han de ser diseñados o seleccionados en consulta con expertos, tanto en liturgia como en arte. No basta con que cada uno de ellos sea apropiado para su función, sino que también han de contribuir de una manera visual y sensorial a la belleza de la acción. Los dos principios citados anteriormente se han de aplicar a cualquier cosa que se use en la liturgia.

85.   Hay cierta tendencia cultural a reducir al mínimo los símbolos y gestos simbólicos y a cubrirlos con una pesada cortina de textos, palabras y comentarios. Como resultado aparecen otros dos problemas más en el uso de objetos para el culto.

86.   Uno de estos problemas es la tendencia a duplicar signos y objetos, costumbre que parecen haberse multiplicado en proporción a la disminución de los símbolos. (Aunque lo inverso es también cierto: la multiplicación de símbolos causa su propia disminución.) Cualquier símbolo requiere atención y captación humanas con una intensidad tal que, al parecer, una sobredosis le afectaría adversamente. Por ejemplo, la multiplicación de cruces en el recinto litúrgico o en la ornamentación de objetos podría disminuir, en lugar de aumentar, la atención hacia ese símbolo.

87.   Un segundo problema muy común en el uso de objetos simbólicos es la tendencia a "cubrir" símbolos primarios, pero débiles, con otros secundarios. No es raro, por ejemplo, hacer esfuerzos extensos y costosos para enriquecer y dar vida a la celebración eucarística dominical, cuando ni siquiera se da la atención debida al pan que se usa o a la participación en el cáliz. El pan y el vino son símbolos eucarísticos fundamentales, y, sin embargo, se da frecuentemente más atención a elementos periféricos. Es importante, pues, centrarse más en los símbolos principales y dejarlos expresar por sí mismos la profundidad de su significado. Esto puede significar soluciones que sean menos eficientes y pragmáticas.

LA CRUZ

88.   La cruz es un símbolo básico en cualquier celebración litúrgica cristiana. La ventaja de una cruz procesional con su respectiva base, diferente de la que está permanentemente colgada o fija a la pared, es el poderla colocar de diferentes maneras, según lo requieran la celebración y otros factores ambientales.[23] Aunque se permite colocar la cruz sobre el altar, es preferible ponerla en algún otro lugar, no solamente en las paraliturgias, sino también en las celebraciones eucarísticas, dejando el altar sólo para el pan, el vino y el Misal.

CANDELEROS Y VELAS

89.   Lo mismo se puede decir acerca de los candeleros y las velas. Cuando se les coloca en el piso pueden, de vez en cuando, arreglarse de diferente manera. El número puede variar según el tiempo litúrgico, la fiesta y la solemnidad de la celebración. Como la cruz, las velas deben estar a la vista pero sin impedir la visibilidad del altar, ambón, sede y acción.[24]

90.   El cirio pascual y su candelabro requieren dimensiones y diseño muy especiales. Ocupan un sitio central en la asamblea durante el tiempo pascual y después, cerca de la pila bautismal.[25]

91.　Cualquier libro que sea usado por el ministro oficiante en una celebración litúrgica debe ser de tamaño grande (que se note y que sea noble), de buen papel, de trazo consistente y hermoso en su tipografía y encuadernación.[26] El libro de los Evangelios o Leccionario, por supuesto, es central y se le debe tratar y portar de una manera especial. Los demás libros litúrgicos de la Iglesia, que contienen los ritos de nuestra tradición del culto público, son también dignos de un trato reverente y constituyen un elemento significativo en el ambiente litúrgico. Todos deben ser atractivos a la vista y solemnes. El uso de folletos y volantes disminuye la integración visual de toda la acción litúrgica. Esto es aplica no solamente a los libros que los ministros usan en el altar, en la sede o en la fuente bautismal, sino también a los que se usan para cualquier rito público o semipúblico.

92.　Cuando se use un libro litúrgico en un lugar que no sea el altar o el ambón, debe sostenerlo un asistente o acólito para que las manos y el cuerpo del que lee queden libres.

VESTIDURAS

93.　El uso de vestiduras rituales por parte de aquellos que tienen a su cargo el desarrollo de una acción ritual, es un símbolo propio de su oficio, así como también un componente útil y estético del rito.[27] Ese servicio es una función que requiere atención de parte de la asamblea, y que se efectúa en el área central de la acción litúrgica de la asamblea. El color, la forma de las vestiduras y su diferencia del vestido cotidiano, invitan a que se les dé la atención debida y son parte de la vivencia ritual, esencia del carácter festivo de una celebración litúrgica.[28]

94.　Cuanto más cumplan estas vestiduras con su función, ayudadas por su color, diseño y forma de corte, tanto menos necesitarán de signos, motes y símbolos que se les han venido añadiendo a través de tiempos poco propicios para ellas. La tendencia a sobreañadir símbolos, parece que trae consigo la deterioración y la disminución simbólicas ya discutidas.[29]

95.　A veces, también se pueden usar de un modo apropiado ornamentos u otros objetos en el altar o ambón, especialmente para las ocasiones festivas, mas no como "frontales" o "fachadas", sino como cubiertas decorativas que respeten la integridad y totalidad del objeto particular.[30] Para escoger el material que se usa en estas ocasiones, se debe tener en cuenta la calidad del diseño, la textura y el color.

VASOS SAGRADOS

96.　En una celebración eucarística, los vasos sagrados para el pan y el vino merecen especial atención y cuidado.[31] Del mismo modo que en otro tipo de celebraciones, aquellos objetos que son centrales en el rito, son el punto natural de atención. Cuando la asamblea eucarística es numerosa, es de desearse que no se coloquen sobre el altar las patenas y cálices adicionales que se necesitan para la comunión. Esto podría solucionarse usando una bandeja grande para el pan y un cáliz grande o un jarrón para el vino hasta el momento de la fracción del pan. A la hora de la fracción, se traen al altar cuantos cálices y patenas sean necesarios. Mientras se fracciona el pan y se coloca en suficientes patenas para su distribución, los ministros del cáliz vierten el contenido del jarrón en los cálices para la comunión. El número y el estilo de tales vasos dependerá del número de personas en la comunidad para la que están destinados. El comer y el beber pertenecen a la esencia de la plenitud simbólica de este sacramento. La comunión, pues, bajo una sola especie es un ejemplo de cómo se reducen al mínimo los símbolos primarios.

97.   Al igual que las patenas y cálices o jarrones, todos los demás vasos y utensilios que se destinan para la celebración litúrgica, han de ser de tal calidad y estilo que muestren la importancia de la acción ritual. Jarrones, crismales, lavamanos, vinajeras, hisopos, turíbulos, cestos para las colectas, etc. — todos ellos son expuestos de una manera u otra a la asamblea, y dicen bien o mal del acto en el que la asamblea participa.

IMAGENES

98.   Las imágenes en pintura o escultura, lo mismo que los tapices, las colgaduras, los estandartes y otras decoraciones permanentes o temporales, deben incluirse en el recinto litúrgico después de la debida consulta con un asesor en arte.[32] A semejanza del mobiliario y otros objetos que se emplean en el culto, todas estas cosas vienen a formar parte de la ambientación y, por eso, quedan sujetas a las normas referentes a la calidad y cualidad. Más aún, se debe tomar en cuenta si su cualidad está de acuerdo con el énfasis actual y renovado que se le ha dado a la acción de la asamblea. Si esas cosas en lugar de servir y ayudar a tal acción, le son adversas o compiten con ella, entonces quiere decir que son inapropiadas.

99.   En cualquier período de renovación litúrgica de la Iglesia, el intento por recobrar una sólida comprensión de la Iglesia, de la fe y de los ritos, implica el rechazo de ciertos ornatos que en el transcurso de la historia han llegado a ser estorbos. En muchos aspectos de la práctica religiosa, esto significa simplificar y reenfocar los símbolos primarios. En la construcción, este esfuerzo ha resultado en interiores más austeros, con menos objetos en las paredes y en las esquinas.

DECORACIONES

100. Muchos de los nuevos o renovados recintos litúrgicos, por lo tanto, se prestan a decoraciones temporales para celebraciones particulares, fiestas y para los tiempos del año litúrgico. Los estandartes y colgaduras de varias clases son populares y adecuados a la vez, siempre y cuando se respete la naturaleza de estas formas de arte. Son creaciones de formas, colores y texturas, y no cartelones a los que se les tiene que poner palabras. Su finalidad es apelar a los sentidos y por ende crear cierta atmósfera y disposición en los que los observan, en lugar de dejar impreso en sus mentes un lema o transmitirles algún mensaje verbal.

101. Aunque el arte y la decoración del recinto litúrgico sean la expresión de la cultura local, los símbolos que identifican a culturas particulares, grupos o naciones, no son adecuados como parte permanente de la ambientación litúrgica. Ciertamente se podrían usar tales símbolos en alguna ocasión particular o fiesta, pero no pueden constituirse regularmente en una parte del ambiente en el que se tiene la oración comunitaria.

102. Las flores, las plantas y los árboles decorativos —por supuesto, genuinos— son particularmente aptos para la decoración del recinto litúrgico, ya que, por naturaleza, son siempre discretos en su mensaje y nunca son de mala calidad, mal gusto o mal hechos. La decoración nunca debe obstaculizar el acercamiento al altar o el rodearlo, como tampoco algunos de los movimientos rituales o la acción misma; sin embargo, hay lugares en la mayoría de los recintos litúrgicos, donde es apropiada y da mayor realce. A todo el recinto se le ha de considerar como área para la decoración y no simplemente el presbiterio.

103. La decoración adecuada no necesita estar limitada al área del altar y no debe estarlo, ya que la unidad del recinto para la celebración y la participación activa de toda la asamblea son principios fundamentales. El aspecto negativo de esta atención a todo el recinto, pide que se haga una limpieza completa para remover todo aquello que sea superfluo y las cosas que ya no estén en uso o no van a usarse más. Tanto la belleza como la sencillez piden un cuidado especial para cada una de las partes del mobiliario, para cada objeto y para cada uno de los elementos decorativos, como también para todo el conjunto, del tal manera que no haya desorden o amontonamiento. El exceso ahoga a estos diversos objetos y elementos, no dejándolos respirar ni funcionar debidamente.

ELEMENTOS AUDIOVISUALES

104. Es todavía muy prematuro predecir el efecto de los actuales medios audiovisuales para la comunicación —películas, video, discos, cintas musicales— en el culto público de los cristianos. Se puede decir con seguridad que el edificio nuevo de una iglesia o el proyecto de renovación de otra deben estar acondicionados con pantallas y/o paredes que permitan que la proyección de películas, diapositivas y filminas pueda ser visible para toda la asamblea, procurándose también un buen sistema de sonorización para obtener una magnífica reproducción electrónica del sonido.[33]

105. Tal parece que hay un paralelismo entre los medios visuales para la comunicación modernos y la función tradicional de los vitrales. Es, pues, un serio error no poner atención a las posibilidades audiovisuales, ahora que la palabra fácilmente impresa ha perdido fuerza en los medios de comunicación popular. La técnica para la utilización de estos medios de comunicación sin que reduzcan la congregación a una simple audiencia con una actitud pasiva, solamente se adquiere por medio de la experiencia.

106. Por supuesto, nunca se deben usar tales medios para reemplazar la acción esencial de la congregación. Por lo menos hay dos maneras claras de cómo se les puede usar para dar mayor realce a la celebración y a la participación en ella: 1) se pueden usar medios visuales para crear la ambientación para la acción litúrgica, envolviendo el rito con el color y la forma apropiados; 2) los medios auditivos y visuales se pueden emplear como auxiliares en la comunicación del mensaje oportuno, uso que requiere gran delicadeza y una integración esmerada y equilibrada en la liturgia, a la que se le considera como un todo.

CONCLUSION

107. Cuando la comunidad cristiana se reúne para celebrar su fe y visión, lo hace para celebrar aquello que personalmente es más suyo, más noblemente humano y verdaderamente Iglesia. Las acciones de la asamblea dan testimonio de las obras maravillosas que Dios ha hecho; confirman una alianza tan antigua como la vida misma. ¿Puede acaso, con tal profundidad y visión de la asamblea, ser la ambientación algo menos que un medio para encontrar al Señor y hallarse uno a otro? El reto de nuestro ambiente es el reto final de Cristo: Debemos estar preparados hasta que El regrese en gloria.

CITAS

1 1 Juan 1

2 Entre los documentos oficiales conciliares y post-conciliares que tratan de estas preguntas están: La Constitución sobre la Sagrada Liturgia (CSL), capítulos 6 y 7; S. Congr. de Ritos, Instrucción para la Implementación de la Constitución sobre la Sagrada Liturgia, capítulo 6; y la Ordenación General del Misal Romano (OGMR), capítulos 5 y 6.

3 CSL, n. 123.

4 OGMR, Proemio, nn. 6–15.

5 OGMR, nn. 4, 5.

6 CSL, n. 123.

7 OGMR, n. 254.

8 OGMR, n. 253.

9 CSL, n. 126; OGMR, n. 258.

10 El Directorio para Misas con Niños (DMN) funda la importancia del desarrollo de gestos, posturas y acciones en la liturgia en la realidad de que la liturgia, por su naturaleza, es la actividad de la persona entera (vea n. 33).

11 Vea el Ritual de la Sagrada Comunión y del Culto a la Eucaristía fuera de la Misa (EFM), nn. 101–108; DMN, n. 34.

12 OGMR, n. 273.

13 OGMR, n. 274.

14 OGMR, n. 271.

15 OGMR, nn. 259–270; Apéndice a la Instrucción General para las Diócesis de los Estados Unidos, n. 263.

16 OGMR, n. 272.

17 La Iniciación Cristiana, Observaciones Generales (IC), n. 22.

18 IC, n. 25.

19 OGMR, n. 276.

20 OGMR, n. 277.

21 Rito de la Penitencia, nn. 12, 18b; *Boletín informativo* del Comité Episcopal sobre la Liturgia, 1965–1975, p. 450.

22 OGMR, nn. 274, 275; La Música en el Culto Católico, n. 38.

23 OGMR, nn. 84, 270; Apéndice, n. 270.

24 OGMR, n. 269; EFM, n. 85.

25 IC, n. 25.

26 *Boletín informativo* del Comité Episcopal sobre la Liturgia, 1965–1975, p. 417.

27 OGMR, nn. 297–310; Apéndice, n. 305–306.

28 OGMR, n. 308; Apéndice, n. 308.

29 OGMR, n. 306.

30 OGMR, n. 268.

31 OGMR, nn. 289–296.

32 CSL, n. 125; OGMR, n. 278.

33 Vea DMC, nn. 35–36.

LA INCULTURACION
DE LA LITURGIA
EN UN
AMBIENTE HISPANO

LA INCULTURACION DE LA LITURGIA EN UN AMBIENTE HISPANO

Mark R. Francis, csv

Santa Sede
La Liturgia Romana y la Inculturación (1994) (LRI)

Latinoamérica
Medellín (1968) 2–5, 12 (MED.)
Puebla (1979) 409–415, 444–459, 465, 934–951, 959–961 (PUE.)
Santo Domingo (1992) 16–18, 34–36, 39, 43–47, 51–53, 244–245, 248–249 (SD)

Estados Unidos
La Presencia Hispana 12a, 12o (1983) (PH)
Plan Pastoral Nacional para el Ministerio Hispano (1987) 93–100 (PNMH)

PREAMBULO

La última sección de esta colección de documentos presenta declaraciones oficiales de la Iglesia sobre el importante desafío de la inculturación litúrgica. La primera selección presentada aquí es el texto completo de la Instrucción Romana *La Liturgia Romana y la Inculturación*, publicada por la Congregación para el Culto Divino y la Disciplina de los Sacramentos en 1994 (LRI). Aunque este documento es útil porque indica muchos temas teológicos y litúrgicos que se deben conocer para el proceso de adaptación e inculturación de los ritos de la Iglesia, es un documento general al que le falta referencias a la realidad hispana. Hasta la fecha no hay ninguna declaración oficial específicamente hispana/latina sobre el tema de la liturgia y la cultura que haya sido publicada por la Conferencia del Episcopado Latinoamericano (CELAM) ni por los Obispos hispanos de los Estados Unidos de Norteamérica. Sin embargo, aquí y allá en los documentos del CELAM hay comentarios y recomendaciones sobre la liturgia que ayudan para la reforma litúrgica en Latinoamérica. Por esta razón, hemos entresacado pasajes pertinentes de los documentos de Medellín (1968), Puebla (1979) y Santo Domingo (1992) para ayudar a los que trabajan en comunidades hispanas a interpretar el documento romano debido a que éste es muy general y debemos aplicarlo según la cultura local. Finalmente, para aquellos entre la comunidad hispana en los Estados Unidos de Norteamérica concluimos esta sección con unas citas que tratan sobre la liturgia y la Religiosidad popular, tomadas de dos documentos aprobados por los Obispos Norteamericanos: *La Presencia Hispana* (1983) y el *Plan Pastoral Nacional para el Ministerio Hispano*, que es el resultado del III Encuentro.

LECTURA DEL DOCUMENTO ROMANO DENTRO DEL CONTEXTO HISPANO

A primera vista puede parecer que los principios y normas presentados en el documento *La Liturgia Romana y la Inculturación*, (1994), (LRI) contienen muy poco de nuevo. Esto no debe sorprender puesto que el propósito expresado de la Instrucción es comentar sobre los artículos 37–40 de la *Constitución sobre la Sagrada Liturgia* (SC) que tratan de las "Normas para adaptar la liturgia a la mentalidad y tradiciones de los pueblos". Por lo tanto, la instrucción sigue muy de cerca los principios ya enunciados por la SC, el documento fundamental del Vaticano II para la reforma litúrgica. Debe recordarse, sin embargo, que mientras que la SC fue el primer documento del Concilio que trató el complejo tema de cultura y fe, los siguientes documentos, muy especialmente el *Decreto sobre la Actividad Misionera de la Iglesia (Ad gentes)* y la *Constitución Pastoral sobre la Iglesia en el Mundo Actual (Gaudium et spes)*, ofrecen una reflexión más completa y madura del pensamiento del Concilio. Estos documentos son de mucha influencia para interpretar la "adaptación cultural" de la liturgia anunciada por el documento anterior.

Otras fuentes del Magisterio, por ejemplo las Encíclicas *Evangelii Nuntiandi* del Papa Pablo VI y *Redemptoris Missio* del Papa Juan Pablo II, contienen también importantes reflexiones sobre la interrelación entre cultura y las expresiones de fe en la liturgia. Quizás el documento más importante, que ofrece dirección para toda la implementación de la renovación litúrgica, fue la Instrucción *Comme le Prévoit* (1969). Este documento trató de los principios para la traducción de textos litúrgicos. Hace resaltar la naturaleza del culto como comunicación y adelanta el diálogo sobre la inculturación al defender el principio de una traducción dinámica más que literal de los textos latinos. Lo que es más importante es que el último artículo dice claramente que "los textos traducidos de otros idiomas evidentemente no son suficientes para la celebración de una liturgia renovada", y pide que se compongan nuevas oraciones en lenguas modernas.

Para la comunidad hispana, es importante la interpretación de LRI bajo la luz de la descripción de la cultura hispana/latina reflejada en los documentos del CELAM (Conferencia del Episcopado Latinoamericano) y en los documentos aprobados por el NCCB (*[US] National Council of Catholic Bishops, Conferencia Nacional del Episcopado Norteamericano*): la *Presencia Hispana* y el *Plan Pastoral Nacional para el Ministerio Hispano*. Los documentos del CELAM, por ejemplo, tratan la cuestión de la reforma litúrgica de una manera decididamente latinoamericana a través del método de "ver, juzgar y actuar". A fin de que la reforma litúrgica sea efectiva, es necesario evaluar la realidad en la cual celebramos. Por esta razón, los documentos de Medellín, Puebla y Santo Domingo, ofrecen una descripción de la situación socio-cultural en la que se encuentran los pueblos latinoamericanos antes de hablar sobre temas concretos como la reforma litúrgica y la renovación de la liturgia. Uno de los aspectos claves de la inculturación litúrgica dentro del contexto hispano es el fijarse cuidadosamente en la cuestión de la religiosidad popular. Estos documentos vuelven a evaluar la religiosidad popular hispana al describir su desarrollo como el resultado de la evangelización que se llevó a cabo en tiempo de la *conquista* (MED. 2). Como está profundamente enraizada entre el pueblo, también debe considerarse hoy al desarrollar modos pastorales que desean revitalizar la fe entre los latinos/hispanos.

El documento de Puebla, escrito quince años después del de Medellín, describe la religiosidad popular hispana con más detalles aún, reitera su evaluación positiva y pide una "mutua fecundación" entre la liturgia misma y las prácticas de la religiosidad popular (PUE. 465). Este documento considera de gran fruto el diálogo entre la religiosidad popular y la liturgia y lo ve como una de las maneras principales para la inculturación de la liturgia en América latina.

El documento de Santo Domingo avanza en el diálogo de la inculturación al reconocer la realidad multicultural de América latina. La eficacia de la evangelización depende de la habilidad de la Iglesia para anunciar clara y efectivamente la buena nueva de Jesucristo, y la liturgia es el lugar privilegiado donde se anuncia la buena nueva. Esta declaración es bastante explícita al pedir que se redoblen los esfuerzos para proveer una formación litúrgica continua en América latina que vaya más allá de un estudio simplista de las directivas ceremoniales de los libros litúrgicos, y que busque cambiar actitudes hacia el culto, siguiendo siempre las directivas que ofrecen los documentos litúrgicos (SD 43).

Los obispos de los Estados Unidos de Norteamérica, en la *Presencia Hispana* también se han fijado en la necesidad de fomentar la hispanización de la liturgia por medio del estudio de las costumbres del pueblo y animando a los artistas y músicos a ofrecer su contribución especial al culto de la comunidad. De una manera práctica, piden la participación hispana en los comités litúrgicos de las parroquias y de las diócesis, a fin de seguir haciendo la liturgia más atractiva para los hispanos (12a).

LA LITURGIA ROMANA Y LA INCULTURACION

A la luz de lo que se dijo anteriormente, la instrucción sobre la inculturación debe ser interpretada teniendo en cuenta los otros documentos oficiales, tanto los publicados por la Santa Sede como los producidos por la Iglesia local en América latina y en los Estados Unidos de Norteamérica. Todos estos documentos ayudan a dar el contexto para diferentes conceptos, como el de la "inculturación" (una palabra que ni existía cuando la *Constitución sobre la Sagrada Liturgia* se preparaba en los años 60). Los principios y las normas de la instrucción deben también leerse bajo la luz de la experiencia de más de treinta años tratando de implementar la renovación litúrgica, la renovación que necesariamente ha pedido la inculturación.

Entonces, ¿Cómo desarrolla este documento los principios para la adaptación cultural esquematizada en la SC 37–40 y en las enseñanzas eclesiales posteriores? Y quizás sea más importante, ¿Cómo cumple este documento la tarea de la renovación litúrgica, especialmente al hablar de la relación de la cultura con la liturgia? Estamos ahora en un momento de la renovación que ha ido más allá de la traducción y publicación de nuevos rituales y a una situación que invita a una reflexión más profunda sobre cómo se deben interpretar y usar estos libros. Esta meta podría resumirse como un llamado a transformar actitudes de tal manera que se permita a la liturgia llegar a ser la cumbre y la fuente de la vida cristiana (SC 10). Después de más de treinta años de la *Sacrosanctum Concilium*, estamos aún más conscientes de que el diálogo entre la liturgia y la cultura tiene una función indispensable para que esta transformación sea posible.

Aunque la Instrucción es muy cuidadosa en hacer ver la necesidad de la catequesis litúrgica a fin de que las "Iglesias jóvenes" profundicen su comprensión de la herencia litúrgica del Rito romano, se hace este estudio para iniciar el diálogo con la tradición litúrgica recibida a fin de "encontrar en su propia herencia cultural formas apropiadas que puedan integrarse al rito romano donde esto se considera útil y necesario" (Núm. 33). La naturaleza del diálogo dentro del proceso de inculturación se debe de resaltar aquí, puesto que está en el corazón de la definición de inculturación que se encuentra en el artículo 8 de la Instrucción, como lo desarrolló Juan Pablo II en sus encíclicas *Redemptoris Missio* (52) y *Catechesi Tradendae* (53). La inculturación no es sólo "la íntima transformación de los auténticos valores culturales por su integración en el cristianismo y el enraizamiento del cristianismo en las diversas culturas humanas", sino también la introducción de los pueblos "con sus culturas en su propia [la de la Iglesia] comunidad". Así, esta introducción de nuevos pueblos dentro del Cuerpo de Cristo *necesariamente* implica que la Iglesia en su totalidad se enriquecerá y transformará por las nuevas ideas sobre la fe y por el testimonio cristiano vivido en nuevos lugares cristianos.

Este llamado al diálogo también es consistente con muchos otros documentos hispanos, que con frecuencia usan la expresión "semillas del Verbo" al hablar de la rica herencia espiritual pre-colombina que sirve como una base importante para la mística hispana y su expresión en la religiosidad popular (MED. 5, PUE. 451, SD 17).

El énfasis que la Instrucción pone en la *finalidad* de la inculturación (Núm. 35) es su contribución principal a la constante agenda de la renovación litúrgica. Aunque el documento repite el valor de preservar la "unidad sustancial del rito romano" y pide un desarrollo litúrgico ordenado, se ve la meta de la inculturación como el principio de la reforma litúrgica enunciado en la SC 21: "Los textos y los ritos se han de ordenar de manera que expresen con mayor claridad las cosas santas que significan y, en lo posible, el pueblo cristiano pueda comprenderlas fácilmente y participar en ellas por medio de una celebración plena, activa y comunitaria". Claramente, el énfasis se hace correctamente no en los libros litúrgicos sino en la asamblea reunida en el nombre de Cristo dentro de un contexto cultural específico. Al fijarse especialmente en la función de la asamblea como central en la celebración cultual, la Instrucción continúa guiando el proceso de inculturación en la senda anunciada por el Vaticano II. Esto quiere decir que si después de una seria catequesis bíblica y litúrgica, la liturgia presentada en las ediciones *típicas* (originales) de los libros litúrgicos no es comprendida por el pueblo de una cierta cultura, o no permite que la asamblea de esa cultura participe en los ritos *con facilidad*, la Iglesia local y universal no sólo tiene la opción sino la verdadera obligación de inculturar los ritos. Esta es una reafirmación del artículo 40 de la SC, que permite adaptaciones *radicales* de la liturgia si el contexto cultural es tal que los ritos no sean inteligibles para los fieles. Aquí no es la referencia al rito lo único importante. La misma identidad de la Iglesia y la eficacia de su misión primaria de proclamar la salvación de Dios en Cristo está de por medio. Como Anscar Chupungco ha dicho muchas veces: "El rehusarse a la inculturación es equivalente a negar la universalidad de la salvación".

La Instrucción (Núm. 36) resalta que uno de los fines, después de la comprensión y participación de la asamblea, es el preservar la "unidad substancial del Rito Romano". Esta frase está tomada directamente de la SC 38. Aunque la descripción de lo que constituye la "unidad substancial" no está en la SC, la Instrucción indica que esta unidad se encuentra expresada hoy en dos clases de libros litúrgicos: en los "típicos publicados bajo la autoridad del Sumo Pontífice, y en los correspondientes libros litúrgicos aprobados por las Conferencias episcopales para sus respectivos países y confirmados por la Sede apostólica" (Núm. 36).

Es interesante que las "interpretaciones locales" debidamente aprobadas de los libros litúrgicos oficiales en latín, aunque no son iguales en muchos aspectos, se consideran como instrumentos de la unidad substancial del Rito Romano. En lugar de pedir una uniformidad inflexible, la "unidad substancial del Rito Romano" se interpreta así por este documento de una manera bastante amplia. Hay que admitir que el documento se preocupa por la modificación abusiva y sin autorización de los ritos (Núm. 37) y la yuxtaposición inapropiada de ritos cristianos con prácticas no cristianas (sincretismo) (Núm. 47). Esto no se debe interpretar necesariamente como el desanimar completamente para mirar a la religiosidad popular como una avenida para la inculturación litúrgica. El documento considera la inculturación como un proceso que procura "adecuarse a las necesidades de una determinada cultura", y dice que "lo que se intenta es que las nuevas adaptaciones formen parte también del Rito Romano" (Núm. 36). Una nota característica de las ediciones típicas de los libros litúrgicos es la flexibilidad pastoral (véase la nota 82 al pie de la página en la Instrucción). Las últimas revisiones de las ediciones típicas por grupos del mismo lenguaje y por las Conferencias Episcopales ofrece un contexto importante al hablar de la "unidad substancial". Con seguridad, esta unidad no se encuentra meramente al traducir las típicas ediciones latinas, sino al implementar con flexibilidad lo que ya está incluido en los ritos aprobados. Un ejemplo digno de mención en cuanto a esto es el rito aprobado ya por la Santa Sede para la celebración del rito romano en Zaire. En esta versión de la Liturgia Eucarística, secciones completas del rito de la Misa se cambian de lugar y se añaden nuevos ministros litúrgicos. Esta flexibilidad también es evidente en el Texto Unico del Misal Romano aprobado hace unos años. Por lo tanto, esta "unidad substancial del Rito Romano" parece consistir más en la fidelidad a una gran variedad de opciones que sugieren los libros litúrgicos debidamente aprobados. En esto, la Instrucción es fiel al espíritu del Vaticano II, yendo más allá del rubricismo rígido del período tridentino a una unidad basada en la diversidad de posibilidades litúrgicas con sensibilidad por la realidad cultural de la asamblea.

Finalmente, el documento es sensible a algunos problemas que se presentan en la inculturación dentro de un contexto multicultural. El artículo 49 anota que la relación entre la variedad de grupos étnicos en una sociedad multicultural es muy compleja y constantemente cambiante. Dirigiéndose a las Conferencias Episcopales nacionales, el artículo dice: "Respetarán las riquezas de cada cultura, y a quienes las defienden, sin ignorar ni descuidar una cultura minoritaria o que les resulte menos familiar". Sin embargo, la meta es llegar a un equilibrio "que respete los derechos de cada grupo o tribu sin llevar por esto al extremo la particularidad de las celebraciones litúrgicas" (Núm. 50). La Instrucción también habla en contra de cierta tendencia folklórica demasiado ingenua que cree que la inculturación es una forma de afirmar la identidad cultural, especialmente para fines políticos (Núm. 49). Esta es una consideración importante en muchas parroquias hispanas que se componen de diferentes pasados nacionales.

CONCLUSION

Aunque la presentación de los principios y normas en la instrucción está muy lejos de ser específica en cuanto a método o métodos, sin embargo, este documento expresa claramente que la Conferencia Episcopal de cada nación debe continuar inculturando las celebraciones litúrgicas. En Latinoamérica y dentro de las comunidades hispanas en los Estados Unidos de Norteamérica, el desafío está siempre presente. Se ha dicho que la Iglesia se tardó más de cien años para asimilar las decisiones del Concilio de Trento. Necesitamos tener paciencia al continuar por el camino de la inculturación litúrgica anunciada por el Concilio Vaticano II. Después de todo, sólo han pasado un poco más de treinta años desde que el rito romano empezó a conversar seriamente con las culturas del mundo. Este diálogo, especialmente con la Iglesia hispana en los Estados Unidos de Norteamérica, acaba de empezar.

ESQUEMA

LA LITURGIA ROMANA Y LA INCULTURACION

INSTRUCCION PARA APLICAR DEBIDAMENTE LA CONSTITUCION CONCILIAR "SACROSANCTUM CONCILIUM". DE LA CONGREGACION PARA EL CULTO DIVINO Y LA DISCIPLINA DE LOS SACRAMENTOS

INTRODUCCION

1.   Desde antiguo se ha admitido en el Rito Romano una diversidad legítima y también recientemente ha sido prevista por el Concilio Vaticano II en la constitución *Sacrosanctum Concilium*, especialmente para las misiones.[1] "La Iglesia no pretende imponer una rígida uniformidad en aquello que no afecta a la fe o al bien de toda la comunidad, ni siquiera en la Liturgia".[2] Por el contrario, habiendo reconocido en el pasado y en la actualidad diversidad de formas y de familias litúrgicas, considera que tal diversidad no perjudica su unidad sino que la enriquece.[3]

2.   En su carta apostólica *Vicesimus quintus annus*, el Papa Juan Pablo II ha señalado, como un cometido importante para la renovación litúrgica, la tarea de enraizar la Liturgia en las diversas culturas.[4] Esta tarea, prevista en las precedentes instrucciones y en los libros litúrgicos, debe proseguir, a la luz de la experiencia, asumiendo, donde sea necesario, los valores culturales "que puedan armonizarse con el verdadero y auténtico espíritu litúrgico, respetando la unidad substancial del Rito Romano expresada en los libros litúrgicos".[5]

a) Naturaleza de esta Instrucción

3.   Por mandato del Sumo Pontífice, la Congregación para el Culto Divino y la Disciplina de los Sacramentos ha preparado esta Instrucción en la que se concretan las normas para adaptar la Liturgia a la mentalidad y tradiciones de los pueblos, contenidas en los artículos 37–40 de la constitución *Sacrosanctum Concilium*, se explican de un modo más preciso ciertos principios, expresados en términos generales en estos artículos, las prescripciones son aclaradas de forma más apropiada y, por fin, se determina el orden a seguir para observarlas, de manera que se pongan en práctica únicamente según estas prescripciones. Mientras los principios teológicos concernientes a las cuestiones de fe e inculturación tienen todavía necesidad de ser profundizadas, ha parecido bien a este Dicasterio ayudar a los Obispos y las Conferencias Episcopales a considerar las adaptaciones ya previstas en los libros litúrgicos o llevarlas a la práctica según el derecho; a efectuar un examen crítico de lo que se ha podido acordar y, por fin,

si la necesidad pastoral en ciertas culturas urge una forma de adaptación litúrgica, que la constitución llama "más profunda" y que al mismo tiempo implica "mayores dificultades", a organizar según derecho su uso y práctica de una manera más apropiada.

b) Observaciones preliminares

4.   La constitución *Sacrosanctum Concilium* ha hablado de la adaptación de la Liturgia indicando algunas formas.[6] Luego el magisterio de la Iglesia ha utilizado el término "inculturación" para designar de una forma más precisa, "la encarnación del Evangelio en las culturas autóctonas y al mismo tiempo la introducción de estas culturas en la vida de la Iglesia".[7] "La inculturación" significa una íntima transformación de los auténticos valores culturales por su integración en el cristianismo y el enraizamiento del cristianismo en las diversas culturas humanas".[8]

El cambio de vocabulario se comprende también en el mismo campo de la Liturgia. El término "adaptación", tomado del lenguaje misionero, hace pensar en modificaciones sobre todo puntuales y externas.[9] La palabra "inculturación" sirve mejor para indicar un doble movimiento. "Por la inculturación, la Iglesia encarna el Evangelio en las diversas culturas y, al mismo tiempo, ella introduce los pueblos con sus culturas en su propia comunidad".[10] Por una parte, la penetración del Evangelio en un determinado medio sociocultural "fecunda como desde sus entrañas las cualidades espirituales y los propios valores de cada pueblo (. . .), los consolida, los perfecciona y los restaura en Cristo".[11] Por otra, la Iglesia asimila estos valores, en cuanto son compatibles con el Evangelio, "para profundizar mejor el mensaje de Cristo y expresarlo más perfectamente en la celebración litúrgica y en la vida de la multiforme comunidad de fieles".[12] Este doble movimiento, que se da en la tarea de la "inculturación", expresa así uno de los componentes del misterio de la Encarnación.[13]

5.   La inculturación así entendida tiene su lugar en el culto como en otros campos de la vida de la Iglesia.[14] Constituye uno de los aspectos de la inculturación del Evangelio, que exige una verdadera integración[15] en la vida de fe de cada pueblo, de los valores permanentes de una cultura más que de sus expresiones pasajeras. Debe, pues, ir unida inseparablemente a una acción más vasta, y a una pastoral concertada que mire al conjunto de la condición humana.[16]

Como todas las formas de la acción evangelizadora, esta tarea compleja y paciente exige un esfuerzo metódico y progresivo de investigación y de discernimiento.[17] La inculturación de la vida cristiana y de sus celebraciones litúrgicas, para el conjunto de un pueblo, sólo podrá ser el fruto de una maduración progresiva en la fe.[18]

6.   La presente Instrucción tiene en cuenta situaciones muy diversas. En primer lugar los países de tradición no cristiana, donde el Evangelio ha sido anunciado en la época moderna por misioneros que han llevado al mismo tiempo el Rito Romano. Resulta actualmente más claro que "al entrar en contacto con

las culturas, la Iglesia debe acoger todo lo que, en las tradiciones de los pueblos, es compatible con el Evangelio, a fin de comunicarles las riquezas de Cristo y enriquecerse ella misma con la sabiduría multiforme de las naciones de la tierra".[19]

7. Distinta es la situación de los países de antigua tradición cristiana occidental, donde la cultura ha sido impregnada a lo largo de los siglos por la fe y la liturgia expresada por el Rito Romano. Esto ha facilitado, en estos países, la aceptación de la reforma litúrgica, de manera que las medidas de adaptación previstas en los libros litúrgicos deberían ser suficientes, en su conjunto, para dar paso a las legítimas diversidades locales (cf. nn. 53–61). En algunos países, sin embargo, donde coexisten varias culturas, sobre todo a causa de los movimientos de inmigración, hay que tener en cuenta los problemas particulares que esto plantea (cf. n. 49).

8. Asimismo, hay que prestar atención a la situación de países de tradición cristiana o no, en que se ha establecido una cultura que muestra indiferencia o desinterés por la religión.[20] En estos casos de lo que hay que hablar no es de inculturación de la Liturgia, pues no se trata aquí de asumir valores religiosos preexistentes evangelizándolos, sino de insistir en la formación litúrgica[21] y de hallar los medios más aptos para llegar a la mente y al corazón.

I. EL PROCESO DE LA INCULTURACION A LO LARGO DE LA HISTORIA DE LA SALVACION

9. Las cuestiones que suscita actualmente la inculturación del Rito Romano pueden encontrar alguna aclaración en la historia de la salvación. El proceso de inculturación ya fue planteado de formas diversas.

Israel conservó a lo largo de su historia la certeza de ser el pueblo elegido por Dios, testimonio de su acción y de su amor en medio de las naciones. Tomó de los pueblos vecinos ciertas formas culturales, pero su fe en el Dios de Abraham, de Isaac y de Jacob las modificó profundamente, primeramente de sentido y muchas veces de forma, para celebrar el memorial de las maravillas de Dios en su historia incorporando estos elementos a su práctica religiosa.

El encuentro del mundo judío con la sabiduría griega dio lugar a una nueva forma de inculturación: la traducción de la Biblia al griego introdujo la palabra de Dios en un mundo que le estaba cerrado y originó, bajo la inspiración divina, un enriquecimiento de las Escrituras.

10. La Ley de Moisés, los profetas y los salmos (cf. Lucas 24:27 y 44) estaban destinados a preparar la venida del Hijo de Dios entre los hombres. El Antiguo Testamento, comprendiendo la vida y la cultura del pueblo de Israel, es historia de salvación.

Al venir a la tierra, el Hijo de Dios, "nacido de mujer, nacido bajo la ley" (Gálatas 4:4), se ha sometido a las condiciones sociales y culturales del pueblo de la Alianza con los que ha vivido y orado.[22] Al hacerse hombre ha asumido un pueblo, un país y una época, pero en virtud de la común naturaleza humana, "en cierto modo, se ha unido a todo hombre".[23] Pues "todos estamos en Cristo y la naturaleza común de la Humanidad recibe en El nueva vida. Por eso se le llama el nuevo Adán".[24]

11.   Cristo, que quiso compartir nuestra condición humana (cf. Hebreos 2:14), murió por todos, para reunir a los hijos de Dios dispersos (cf. Juan 11:52). Con su muerte hizo caer el muro de la separación entre los hombres, haciendo de Israel y de las naciones un solo pueblo. Por la fuerza de su resurrección, atrae a sí a todos los hombres y crea en sí un solo Hombre nuevo (cf. Efesios 2:14–16; Juan 12:32). En él cada uno puede llegar a ser una criatura nueva, pues un mundo nuevo ha nacido ya (cf. 2 Corintios 5:16–17). En él la tiniebla deja paso a la luz, las promesas se hacen realidad y todas las aspiraciones religiosas de la Humanidad encuentran su cumplimiento. Por el ofrecimiento de su cuerpo, hecho una vez por todas (cf. Hebreos 10:10), Cristo Jesús establece la plenitud del culto en Espíritu y en verdad es una novedad que deseaba para sus discípulos (cf. Juan 4:23–24).

12.   "En Cristo (. . .) se nos dio la plenitud del culto divino".[25] En él tenemos el Sumo Sacerdote por excelencia, tomado de entre los hombres (cf. Hebreos 5:1–5; 10:19–21), ha muerto en la carne, vivificado en el espíritu (cf. 1 Pedro 3:18). Cristo Señor, de su nuevo pueblo hizo "un reino y sacerdotes para Dios, su Padre" (cf. Apocalipsis 1:6; 5:9–10).[26] Pero antes de inaugurar con su sangre el Misterio Pascual,[27] que constituye lo esencial del culto cristiano,[28] Cristo ha querido instituir la Eucaristía, memorial de su muerte y resurrección, hasta que vuelva. Aquí se encuentra el principio de la Liturgia cristiana y el núcleo de su forma ritual.

13.   En el momento de subir al Padre, Cristo, resucitado, prometió a sus discípulos su presencia y les envió a proclamar el Evangelio a toda la creación y a hacer discípulos de todos los pueblos bautizándolos (cf. Mateo 28:19; Marcos 16:15; Hechos 1:8). El día de Pentecostés, la venida del Espíritu Santo creó la nueva comunidad entre los hombres, reuniéndolos a todos por encima de su mayor signo de división: las lenguas (cf. Hechos 2:1–11). Y las maravillas de Dios serán proclamadas a todos los hombres de toda lengua y cultura (cf. Hechos 10:44–48). Los hombres rescatados por la sangre del Cordero y unidos en una comunión fraterna (cf. Hechos 2:42) son llamados de toda tribu, lengua, pueblo y nación (cf. Apocalipsis 5:9).

14.   La fe en Cristo ofrece a todos los pueblos la posibilidad de beneficiarse de la promesa y de participar en la herencia del pueblo de la Alianza (cf. Efesios 3:6) sin renunciar a su propia cultura. Bajo el impulso del Espíritu Santo, San Pablo, después de San Pedro (cf. Hechos 10), abrió el camino de la Iglesia (cf. Gálatas 2:2–10) sin circunscribir el Evangelio a los límites de la ley mosaica, sino conservando lo que él había recibido de la tradición que procede del Señor (cf. 1 Corintios 11:23). Así, desde los primeros tiempos, la Iglesia no ha exigido a los convertidos no circuncisos "nada más allá de lo necesario", según la decisión de la asamblea apostólica de Jerusalén (Hechos 15:28).

15.   Al reunirse para la fracción del pan el primer día de la semana, que pasó a ser el día del Señor (cf. Hechos 20:7; Apocalipsis 1:10), las primeras comunidades cristianas siguieron el mandato de Jesús que, en el contexto del memorial de la Pascua judía, instituyó el memorial de su Pasión. En la continuidad de la única historia de la salvación tomaron espontáneamente formas y textos del culto judío adaptándolos previamente para expresar la novedad radical del culto cristiano.[29] Así, bajo la inspiración del Espíritu Santo, se hizo el discernimiento entre lo que podía o debía ser conservado o no de la tradición cultual judía.

16.   La expansión del Evangelio en el mundo hizo que surgieran otras formas rituales en las Iglesias que procedían de la gentilidad, formas influenciadas por otras tradiciones culturales. Y, siempre bajo la luz del Espíritu Santo, se realizó el adecuado discernimiento entre los elementos procedentes de culturas "paganas" para distinguir lo que era incompatible con el cristianismo y lo que podía ser asumido por él, en armonía con la tradición apostólica y en fidelidad al Evangelio de la salvación.

17.   La creación y el desarrollo de las formas de la celebración cristiana se han realizado gradualmente según las condiciones locales de las grandes áreas culturales en que se ha difundido el Evangelio. Así se han formado las diversas familias litúrgicas del Occidente y del Oriente cristiano. Su rico patrimonio conserva fielmente la plenitud de la tradición cristiana.[30] La Iglesia de Occidente ha tomado del patrimonio de las familias litúrgicas de Oriente algunos elementos para su Liturgia.[31] La Iglesia de Roma adoptó en su Liturgia la lengua viva del pueblo, el griego primero, después el latín y, como las demás Iglesias latinas, aceptó en su culto elementos importantes de la vida social de Occidente dándoles una significación cristiana. A lo largo de los siglos el Rito Romano ha demostrado repetidamente su capacidad de integrar textos, cantos, gestos y ritos de diversa procedencia[32] y ha sabido adaptarse a las culturas locales en países de misión,[33] aunque en algunas épocas ha prevalecido la preocupación de la uniformidad litúrgica.

18.   El Concilio Vaticano II, ya en tiempos recientes, ha recordado que la Iglesia "fomenta y asume todas las facultades, al asumirlas, las purifica, fortalece y eleva todas las capacidades y riquezas y costumbres de los pueblos en lo que tienen de bueno (. . .). Con su trabajo consigue que todo lo bueno que se encuentra sembrado en el corazón y en la mente de los hombres, y los ritos y culturas de estos pueblos, no sólo no desaparezca sino que se purifique, se eleve y perfeccione para la gloria de Dios, confusión del demonio y felicidad del hombre".[34] De este modo la Liturgia de la Iglesia no debe ser extraña a ningún país, a ningún pueblo, a ninguna persona, y al mismo tiempo que trasciende todo particularismo de raza o nación. Debe ser capaz de expresarse en toda cultura humana, conservando al mismo tiempo su identidad por la fidelidad a la tradición recibida del Señor.[35]

19.   La Liturgia, como el Evangelio, debe respetar las culturas, pero al mismo tiempo invita a purificarlas y a santificarlas.

Los judíos, al hacerse cristianos, no dejan de ser plenamente fieles al Antiguo Testamento, que condujo a Jesús, el Mesías de Israel; ellos saben que en él se ha cumplido la Alianza mosaica, siendo él el Mediador de la Alianza nueva y eterna, sellada con su sangre derramada en la cruz. Saben también que por su sacrificio único y perfecto es el Sumo Sacerdote auténtico y el Templo definitivo (cf. Hebreos 6:10). Inmediatamente quedan relativizadas prescripciones como la circuncisión (cf. Gálatas 5:1-6), el sábado (cf. Mateo 12:8 y par.)[36] y los sacrificios del templo (cf. Hebreos 10).

De manera más radical, los cristianos venidos del paganismo al adherirse a Cristo tuvieron que renunciar a los ídolos, a las mitologías, a las supersticiones (cf. Hechos 19:18-19; 1 Corintios 10:14-22; Colosenses 2:20-22; 1 Juan 5:21).

Cualquiera que sea su origen étnico y cultural, los cristianos deben reconocer en la historia de Israel la promesa, la profecía y la historia de su salvación. Reciben los libros del Antiguo Testamento lo mismo que los del Nuevo como palabra de Dios.[37] Y aceptan los signos sacramentales, que no pueden ser plenamente comprendidos sino mediante la Sagrada Escritura y dentro de la vida de la Iglesia.[38]

20.   Conciliar las renuncias exigidas por la fe en Cristo con la fidelidad a la cultura y a las tradiciones del pueblo al que pertenecen, fue el reto de los primeros cristianos, en un espíritu y por razones diferentes según los que procedían del pueblo elegido o eran originarios del paganismo. Y lo mismo será para los cristianos de todos los tiempos como lo atestiguan las palabras de San Pablo: "Nosotros predicamos a Cristo crucificado: escándalo para los judíos, necedad para los gentiles" (1 Corintios 1:23).

El discernimiento que se ha efectuado a lo largo de la historia de la Iglesia sigue siendo necesario para que, a través de la Liturgia, la obra de la salvación realizada por Cristo se perpetúe fielmente en la Iglesia por la fuerza del Espíritu, a través del espacio y del tiempo, y en las diversas culturas humanas.

II. JESUCRISTO AYER, HOY Y SIEMPRE

a) Exigencias procedentes de la naturaleza de la Liturgia

21.   Antes de iniciar cualquier proceso de inculturación es preciso tener en cuenta el espíritu y la naturaleza misma de la Liturgia. Esta "es (. . .) el lugar privilegiado del encuentro de los cristianos con Dios y con su enviado, Jesucristo" (cf. Juan 17:3).[39] Es a un mismo tiempo la acción de Cristo sacerdote y la acción de la Iglesia que es su cuerpo, pues para llevar a cabo la obra de glorificación de Dios y de santificación de los hombres, realizada a través de signos sensibles, Cristo asocia siempre consigo a la Iglesia que, por él y en el Espíritu Santo, ofrece al Padre el culto que le es debido.[40]

22.   La naturaleza de la Liturgia está íntimamente ligada a la naturaleza de la Iglesia, hasta el punto de que es sobre todo en la Liturgia donde la naturaleza de la Iglesia se manifiesta.[41] Ahora bien, la Iglesia tiene también características específicas que la distinguen de cualquier otra asamblea o comunidad.

En efecto: La Iglesia no se constituye por una decisión humana, sino que es convocada por Dios en el Espíritu Santo y responde en la fe a su llamada gratuita (ekklesia deriva de klesis "llamada"). Este carácter singular de la Iglesia se manifiesta en su reunión como pueblo sacerdotal, en primer lugar el día del Señor, en la palabra que Dios dirige a los suyos y en el ministerio del sacerdote, que por el sacramento del Orden actúa en persona de Cristo, Cabeza.[42]

Porque es católica, la Iglesia sobrepasa las barreras que separan a los hombres: por el bautismo todos se hacen hijos de Dios y forman en Jesucristo un solo pueblo "en el que no hay distinción entre judíos y gentiles, esclavos y libres, hombres y mujeres" (Gálatas 3:28). De esta manera la Iglesia está llamada a reunir a todos los hombres, hablar todas las lenguas y penetrar todas las culturas.

Finalmente la Iglesia camina en la tierra lejos del Señor (cf. 2 Corintios 5:6): Ella lleva la figura del tiempo presente en sus sacramentos y en sus instituciones, pero tiende a la bienaventurada esperanza y manifestación de Cristo Jesús (cf. Tito 2:13).[43] Y esto se traduce en el mismo objeto de su oración de petición: aun estando atenta a las necesidades de los hombres y de la sociedad (cf. 1 Timoteo 2:1–4), manifiesta que somos ciudadanos del cielo (cf. Filipenses 3:20).

23.　La Iglesia se alimenta de la palabra de Dios, consignada por escrito en los libros del Antiguo y el Nuevo Testamento y, al proclamarla en la Liturgia, la acoge como una presencia de Cristo: "Cuando se lee en la Iglesia las Sagradas Escrituras, es El quien habla".[44] En la celebración de la Liturgia, la palabra de Dios tiene suma importancia,[45] de modo que la Escritura Santa no puede ser sustituida por ningún otro texto por venerable que sea.[46] La Biblia ofrece así mismo a la Liturgia lo esencial de su lenguaje, de sus signos y de su oración especialmente en los salmos.[47]

24.　Siendo la Iglesia fruto del sacrificio de Cristo, la Liturgia es siempre la celebración del misterio pascual de Cristo, glorificación de Dios Padre y santificación del hombre por la fuerza de Espíritu Santo.[48] El culto cristiano encuentra así su expresión más fundamental cuando cada domingo, por todo el mundo, los cristianos se reúnen en torno al altar bajo la presidencia del sacerdote, para celebrar la Eucaristía: para escuchar juntos la palabra de Dios y hacer el memorial de la muerte y resurrección de Cristo, mientras esperan su gloriosa venida.[49] En torno a este núcleo central, el misterio pascual se actualiza con modalidades específicas en la celebración de cada uno de los sacramentos de la fe.

25.　Toda la vida litúrgica gira alrededor del sacrificio eucarístico en primer lugar y de los demás sacramentos confiados por Cristo a su Iglesia.[50] Ella tiene el deber de transmitirlos fielmente y con solicitud a todas las generaciones. En virtud de su autoridad pastoral, puede disponer lo que pueda resultar útil para el bien de los fieles según las circunstancias, los tiempos y los lugares.[51] Pero no tiene ningún poder para cambiar lo que es voluntad de Cristo, que es lo que constituye la parte inmutable de la Liturgia.[52] Romper el vínculo que los sacramentos tienen con Cristo que los ha instituido, o con los hechos fundacionales de la Iglesia,[53] no sería inculturarlos sino vaciarlos de su contenido.

26.   La Iglesia de Cristo se hace presente, significada en un lugar y momento determinados, por las Iglesias locales o particulares, que en la Liturgia la manifiestan en su verdadera naturaleza.[54] Por ello cada Iglesia particular debe estar en comunión con la Iglesia universal, no sólo en la doctrina de fe y en los signos sacramentales, sino también en los usos recibidos universalmente de la tradición apostólica ininterrumpida.[55] Así es con la oración cotidiana,[56] la santificación del domingo y el ritmo semanal, la Pascua y el desarrollo del misterio de Cristo a lo largo del año litúrgico,[57] la práctica de la penitencia y del ayuno,[58] los sacramentos de la iniciación cristiana, la celebración del memorial del Señor y la relación entre la liturgia de la palabra y la liturgia eucarística, el perdón de los pecados, el ministerio ordenado, el matrimonio, la unción de los enfermos.

27.   En la Liturgia, la Iglesia expresa su fe de una forma simbólica y comunitaria; esto explica la exigencia de una legislación que acompañe la organización del culto, la redacción de los textos, la ejecución de los ritos.[59] Y asimismo justifica el carácter obligatorio de esta legislación a lo largo de los siglos hasta el presente, para asegurar la ortodoxia del culto, es decir, no solamente para evitar los errores, sino para transmitir la fe en su integridad, pues la "ley de la oración" *(lex orandi)* de la Iglesia corresponde a su "ley de la fe" *(lex credendi).*[60]

Cualquiera que sea el grado de inculturación, la Liturgia no puede prescindir de alguna forma de legislación y de vigilancia permanente por parte de quienes han recibido esta responsabilidad en la Iglesia: la Sede Apostólica y, según las normas del derecho, las Conferencias Episcopales para un determinado territorio y el obispo para su diócesis.[61]

b) Condiciones previas a la inculturación de la Liturgia

28.   La tradición misionera de la Iglesia siempre ha intentado evangelizar a los hombres en su propia lengua. En ocasiones han sido los primeros misioneros de un país los que han fijado por escrito lenguas que hasta entonces habían sido solamente orales. Y justamente, es a través de la lengua materna, vehículo de la mentalidad y de la cultura, como se llega a comprender el alma de un pueblo, formar en él el espíritu cristiano y permitirle una participación más profunda en la oración de la Iglesia.[62]

Después de la primera evangelización, en las celebraciones litúrgicas es de gran utilidad para el pueblo la proclamación de la palabra de Dios en la lengua del país. La traducción de la Biblia, o al menos de los textos bíblicos utilizados en la Liturgia, es necesariamente el comienzo del proceso de inculturación litúrgica.[63]

Para que la recepción de la Palabra de Dios sea precisa y fructuosa, "hay que fomentar aquel amor suave y vivo hacia la Sagrada Escritura que atestigua la venerable tradición de los ritos tanto orientales como los occidentales".[64] Así la inculturación de la Liturgia supone ante todo una apropiación de la Sagrada Escritura por parte de la misma cultura.[65]

29.   La diversidad de situaciones eclesiales tiene también su importancia para determinar el grado necesario de inculturación litúrgica. Es muy distinta la situación de países evangelizados desde hace siglos y en los que la fe cristiana continúa estando presente en la cultura, y la de aquéllos en los que la evangelización es más reciente o no ha penetrado profundamente en las realidades culturales.[66] También es diferente la situación de una Iglesia en donde los cristianos son una minoría respecto del resto de la población. Más compleja es la situación de los países en los que da un pluralismo cultural y lingüístico. Será preciso hacer una cuidadosa evaluación de la situación para encontrar el camino adecuado y lograr soluciones satisfactorias.

30.   Para preparar una inculturación de los ritos, las Conferencias Episcopales deberán contar con personas expertas tanto en la tradición litúrgica del Rito Romano como en el conocimiento de los valores culturales locales. Hay que hacer estudios previos de carácter histórico, antropológico, exegético y teológico. Además, hay que confrontarlos con la experiencia pastoral del clero local, especialmente el autóctono.[67] El criterio de los "sabios" del país, cuya sabiduría se ha iluminado con la luz del Evangelio, será también muy valioso. Asimismo la inculturación tendrá que satisfacer las exigencias de la cultura tradicional, aun teniendo en cuenta las poblaciones de cultura urbana e industrial.[68]

c) Responsabilidad de la Conferencia Episcopal

31.   Tratándose de culturas locales, se explica por qué la constitución *Sacrosanctum Concilium* pide sobre este punto la intervención "de las competentes asambleas territoriales de obispos legítimamente constituidas".[69] A este respecto, las Conferencias Episcopales deben considerar "con atención y prudencia los elementos que pueden tomarse de las tradiciones y genio de cada pueblo para incorporarlos oportunamente al culto divino".[70] Se podrá algunas veces admitir "todo aquello que en las costumbres de los pueblos no esté indisolublemente vinculado a supersticiones y errores (. . .), con tal que se pueda armonizar con el verdadero y auténtico espíritu litúrgico".[71]

32.   A las Conferencias Episcopales corresponde juzgar si la introducción en la Liturgia, según el procedimiento que se indicará más adelante (cf. nn. 62 y 65 – 69), de elementos tomados de las costumbres sociales o religiosas, vivas aún en la cultura de los pueblos, puede enriquecer la comprensión de las acciones litúrgicas sin provocar repercusiones desfavorables para la fe y la piedad de los fieles. Y en todo caso, velarán para que los fieles no vean en la introducción de estos elementos la vuelta a una situación anterior a la evangelización (cf. n. 47).

Y siempre que se consideren necesarios ciertos cambios en los ritos o en los textos, es importante adaptarlos primero al clero y después a los fieles de manera que se evite el peligro de perturbarlos sin una razón proporcionada (cf. nn. 46 y 69).

III. PRINCIPIOS Y NORMAS PRACTICAS PARA LA INCULTURACION DEL RITO ROMANO

33.   Las Iglesias particulares, sobre todo en las Iglesias jóvenes, ahondando en el patrimonio litúrgico recibido de la Iglesia romana que les dio origen, serán capaces de encontrar formas apropiadas de su patrimonio cultural, según la utilidad o la necesidad, para integrarlas en el Rito Romano.

Una formación litúrgica, tanto de los fieles como del clero, tal como lo exige la constitución *Sacrosanctum Concilium*,[72] debería permitir que se comprenda el sentido de los textos y de los ritos que se contienen en los libros litúrgicos actuales, y de este modo evitar los cambios o las supresiones en lo que procede de la tradición del Rito Romano.

a) Principios generales

34.   En el estudio y en la realización de la inculturación del Rito Romano se ha de tener en cuenta: 1) la finalidad propia de la inculturación; 2) la unidad substancial del Rito Romano; 3) la autoridad competente.

35.   La finalidad que debe guiar una inculturación del Rito Romano es la misma que el Concilio Vaticano II ha puesto como fundamento de la restauración general de la Liturgia: "ordenar los textos y los ritos de manera que expresen con mayor claridad las cosas santas que significan y, en lo posible, el pueblo cristiano pueda comprenderlas fácilmente y participar en ellas por medio de una celebración plena, activa y comunitaria".[73]

Es importante asimismo, que los ritos "sean adaptados a la capacidad de los fieles y, en general, no deben tener necesidad de muchas explicaciones",[74] teniendo en cuenta siempre la naturaleza de la misma Liturgia, el carácter bíblico y tradicional de su estructura y de su forma de expresión, tal como se ha indicado más arriba (nn. 21–27).

36.   El proceso de inculturación se hará conservando la unidad substancial del Rito Romano.[75] Esta unidad se encuentra expresada actualmente en los libros litúrgicos típicos publicados bajo la autoridad del Sumo Pontífice, y en los correspondientes libros litúrgicos aprobados por las Conferencias Episcopales para sus respectivos países y confirmados por la Sede Apostólica.[76] El estudio de la inculturación no debe pretender la formación de nuevas familias de ritos; al adecuarse a las necesidades de una determinada cultura lo que se intenta es que las nuevas adaptaciones formen parte también del Rito Romano.[77]

37.   Las adaptaciones del Rito Romano, también en el campo de la inculturación, dependen únicamente de la autoridad de la Iglesia. Autoridad que reside en la Sede Apostólica, la ejerce por medio de la Congregación para el Culto Divino y la Disciplina de los Sacramentos,[78] y, en los límites fijados por el derecho, en las Conferencias Episcopales,[79] y el obispo diocesano.[80] "Nadie, aunque sea sacerdote, añada, quite o cambie cosa alguna por iniciativa propia en la Liturgia".[81] La

inculturación, por tanto, no está dejada a la iniciativa personal de los celebrantes, o a la iniciativa colectiva de la asamblea.[82]

Asimismo, las concesiones hechas a una región determinada no pueden ser extendidas a otras regiones sin la autorización requerida, aunque una Conferencia Episcopal considere que tiene razones suficientes para adoptarlas en su propio país.

b) Lo que puede ser adaptado

38. En el análisis de una acción litúrgica en vista de su inculturación, es preciso considerar también el valor tradicional de los elementos de esa acción, en particular su origen bíblico o patrístico (cf. nn. 21–26) porque no basta distinguir entre lo que puede cambiar y lo que es inmutable.

39. El lenguaje, principal medio de comunicación entre los hombres, en las celebraciones litúrgicas tiene por objeto anunciar a los fieles la buena nueva de la salvación[83] y expresar la oración de la Iglesia al Señor. También debe manifestar, con la verdad de la fe, la grandeza y la santidad de los ministerios celebrados.

Habrá que examinar, por tanto, atentamente qué elementos del lenguaje del pueblo será conveniente introducir en las celebraciones litúrgicas y, en particular, si será oportuno o contraindicado emplear expresiones provenientes de religiones no cristianas. Asimismo será importante tener en cuenta los diversos géneros literarios empleados en la Liturgia: textos bíblicos proclamados, oraciones presidenciales, salmodia, aclamaciones, respuestas, responsorios, himnos, oración letánica.

40. La música y el canto, que expresan el alma de un pueblo, tienen un lugar privilegiado en la Liturgia. Se debe, pues, fomentar el canto, en primer lugar, de los textos litúrgicos, para que las voces de los fieles puedan hacerse oír en las mismas acciones litúrgicas.[84] "Como en ciertas regiones, principalmente en las misiones, hay pueblos con tradición musical propia que tiene mucha importancia en su vida religiosa y social, dése a esta música la debida estima y el lugar correspondiente no sólo al fomentar su sentido religioso, sino también al acomodar el culto a su idiosincrasia".[85]

Se tendrá en cuenta que un texto cantado se memoriza mejor que un texto leído, lo que exige mayor esmero en cuidar la inspiración bíblica y litúrgica, y también la calidad literaria de los textos de los cantos.

En el culto divino se podrán admitir las formas musicales, las melodías, los instrumentos de música "siempre que sean aptos o puedan adaptarse al uso sagrado, convengan a la dignidad del templo y contribuyan realmente a la edificación de los fieles".[86]

41. Siendo la Liturgia una acción, los gestos y actitudes tienen una especial importancia. Entre estos, los que pertenecen a los ritos esenciales de los sacramentos, necesarios para su validez, deben ser conservados como han sido aprobados y determinados por sólo la autoridad suprema de la Iglesia.[87]

Los gestos y actitudes del sacerdote celebrante deben expresar su función propia: preside la asamblea en la persona de Cristo.[88]

Los gestos y actitudes de la asamblea, en cuanto signos de comunidad y de unidad, favorecen la participación activa expresando y desarrollando al mismo tiempo la unanimidad de todos los participantes.[89] Se deberán elegir, en la cultura del país, los gestos y actitudes corporales que expresen la situación del hombre ante Dios, dándoles una significación cristiana, en correspondencia, si es posible, con los gestos y actitudes de origen bíblico.

42.   En algunos pueblos el canto se acompaña espontáneamente con batir de manos, balanceos rítmicos, o movimientos de danza de los participantes. Tales formas de expresión corporal pueden tener lugar en las acciones litúrgicas de esos pueblos a condición de que sean siempre la expresión de una verdadera y común oración de adoración, de alabanza, de ofrenda o de súplica y no un simple espectáculo.

43.   La celebración litúrgica se enriquece por la aportación del arte, que ayuda a los fieles a celebrar, a encontrarse con Dios, a orar. Por tanto, también el arte debe tener libertad para expresarse en las Iglesias de todos los pueblos y naciones, siempre que contribuya a la belleza de los edificios y de los ritos litúrgicos con el respeto y el honor que les son debidos[90] y que sea verdaderamente significativo en la vida y la tradición del pueblo. Lo mismo se ha de decir por lo que respecta a la forma, disposición y decoración del altar,[91] al lugar de la proclamación de la palabra de Dios[92] y del bautismo[93] al mobiliario, a los vasos, a las vestiduras y a los colores litúrgicos.[94] Se dará preferencia a las materias, formas y colores familiares en el país.

44.   La constitución *Sacrosanctum Concilium* ha mantenido firmemente la práctica constante de la Iglesia de proponer a la veneración de los fieles imágenes de Cristo, de la Virgen María y de los Santos,[95] pues "el honor dado a la imagen pasa a la persona".[96] En cada cultura los creyentes deben ser ayudados en su oración y su vida espiritual por las obras artísticas que intentan expresar el misterio según el genio del pueblo.

45.   Junto a las celebraciones litúrgicas, y en relación con ellas, las diversas Iglesias particulares tienen sus propias expresiones de piedad popular. Introducidas a veces por los misioneros en el momento de la primera evangelización, se desenvuelven con frecuencia según las costumbres locales.

La introducción de prácticas de devoción en las celebraciones litúrgicas no puede admitirse como una forma de inculturación "porque, por su naturaleza (la Liturgia) está por encima de ellas".[97]

Corresponde al ordinario de lugar[98] organizar tales manifestaciones de piedad, fomentarlas en su papel de ayuda para la vida y la fe de los cristianos, y purificarlas cuando sea necesario, pues siempre tienen necesidad de ser evangelizadas.[99] El ordinario debe cuidar también de que no suplanten a las celebraciones litúrgicas ni se mezclen con ellas.[100]

c) La prudencia necesaria

46. "No se introduzcan innovaciones si no lo exige una utilidad verdadera y cierta de la Iglesia, y sólo después de haber tenido la precaución de que las nuevas formas se desarrollen, por decirlo así, orgánicamente, a partir de las ya existentes".[101] Esta norma, dada por la constitución *Sacrosanctum Concilium* con vistas a la reforma de la Liturgia, se aplica también, guardada la debida proporción, a la inculturación del Rito Romano. En este terreno, la pedagogía y el tiempo son necesarios para evitar los fenómenos de rechazo o de crispación de las formas anteriores.

47. Siendo la Liturgia una expresión de la fe y de la vida cristiana, hay que vigilar que su inculturación no sea ni dé la impresión del sincretismo religioso. Ello podría suceder si los lugares, los objetos del culto, los vestidos litúrgicos, los gestos y las actitudes dan a entender que, en las celebraciones cristianas, ciertos ritos conserven el mismo significado que antes de la evangelización. Aún sería peor el sincretismo religioso si se pretendiera reemplazar las lecturas y cantos bíblicos (cf. n. 23) o las oraciones por textos tomados de otras religiones, aun teniendo estos un valor religioso y moral innegable.[102]

48. La admisión de ritos o gestos habituales en los rituales de la iniciación cristiana, del matrimonio y de las exequias es una etapa de la inculturación ya indicada en la constitución *Sacrosanctum Concilium*.[103] En ellos la verdad del rito cristiano y la expresión de la fe pueden resultar fácilmente oscurecidos a los ojos de los fieles. La recepción de los usos tradicionales debe ir acompañada de una purificación y, donde sea preciso, incluso de una ruptura. Lo mismo se ha de decir, por ejemplo, de una eventual cristianización de fiestas paganas o de lugares sagrados, de la atribución al sacerdote de signos de autoridad reservados al jefe en la sociedad, o de la veneración de los antepasados. Es preciso evitar cualquier ambigüedad en todos los casos. Con mayor razón la Liturgia cristiana no puede en absoluto acoger ritos de magia, de superstición, de espiritismo, de venganza o que tengan connotaciones sexuales.

49. En algunos países coexisten distintas culturas que a veces se compenetran hasta formar una cultura nueva y otras veces tienden a diferenciarse más y aún a oponerse mutuamente para afirmar mejor su propia identidad. Puede suceder también que algunas costumbres no tengan más que un interés folklórico. Las Conferencias Episcopales examinarán con atención la situación concreta en cada caso; respetarán las riquezas de cada cultura, y a quienes la defienden, sin ignorar ni descuidar una cultura minoritaria o que les resulte menos familiar; calcularán también los riesgos de las comunidades cristianas de cerrarse entre sí o de utilización de la inculturación litúrgica con fines políticos. En los países de cultura consuetudinaria, de usos tradicionales, se tendrán en cuenta los diversos grados de modernización de los pueblos.

50. A veces son varias las lenguas de un país, de modo que cada una sólo se habla por un grupo restringido de personas o en una tribu. En tales casos habrá que encontrar el equilibrio que respete los derechos de cada grupo o tribu sin llevar

por esto al extremo la particularidad de las celebraciones litúrgicas. A veces habrá que atender a una posible evolución del país hacia una lengua principal.

51.   Para promover la inculturación litúrgica en un ámbito cultural más vasto que un país, se necesita que las Conferencias Episcopales interesadas se pongan de acuerdo y decidan en común las disposiciones que se han de tomar para que "en cuanto sea posible, evítense también las diferencias notables de ritos entre territorios contiguos".[104]

IV. EL AMBITO DE LAS ADAPTACIONES EN EL RITO ROMANO

52.   La constitución *Sacrosanctum Concilium* tenía presente una inculturación del Rito Romano al decretar las normas para adaptar la Liturgia a la mentalidad y tradiciones de los pueblos, al prever medidas de adaptación en los mismos libros litúrgicos (cf. nn. 53 – 61), y al permitir en ciertos casos, especialmente en los países de misión, adaptaciones más profundas (cf. nn. 63 – 64).

a) Adaptaciones previstas en los libros litúrgicos

53.   La primera medida de inculturación y la más notable es la traducción de los textos litúrgicos a la lengua del pueblo.[105] Las traducciones y, en su caso, la revisión de las mismas se harán las indicaciones dadas a este respecto por la Sede Apostólica.[106] Atendiendo cuidadosamente a los diversos géneros literarios y al contenido de los textos de la edición típica latina, la traducción deberá ser comprensible para los participantes (cf. n. 39), ser apropiada para la proclamación y para el canto así como para las respuestas y las aclamaciones de la asamblea.

Aunque todos los pueblos, aun los más sencillos, tienen una lengua religiosa capaz de expresar la oración, el lenguaje litúrgico tiene sus características propias: está impregnado profundamente de la Biblia; algunas palabras del latín corriente *(memoria, sacramentum)* han tomado otro sentido para expresar la fe cristiana; hay palabras del lenguaje cristiano que pueden transmitirse de una lengua a otra, como ya ha sucedido en el pasado: *ecclesia, evangelium, baptisma, eucharistia.*

Además, los traductores deben tener en cuenta la relación del texto con la acción litúrgica, las exigencias de la comunicación oral y las características literarias de la lengua viva del pueblo. Estas características que se exigen a las traducciones litúrgicas deben darse también en las composiciones nuevas, en los casos previstos.

54.   Para la celebración eucarística, el Misal Romano, "aun dejando lugar a las variaciones y adaptaciones legítimas según la prescripción del Concilio Vaticano II", debe quedar "como un instrumento para testimoniar y conformar la mutua unidad"[107] del Rito Romano en la diversidad de lenguas. La ordenación general del Misal Romano prevé que "las Conferencias Episcopales, según la constitución *Sacrosanctum Concilium*, podrán establecer para su territorio las normas que mejor tengan en cuenta las tradiciones y el modo de ser de los pueblos, regiones y comunidades diversas".[108] Esto es válido especialmente para los

gestos y las actitudes de los fieles,[109] los gestos de veneración al altar y al libro de los Evangelios,[110] los textos de los cantos de entrada,[111] del ofertorio[112] y de comunión,[113] el rito de la paz,[114] las condiciones para la comunión del cáliz,[115] la materia del altar y del mobiliario litúrgico,[116] la materia y la forma de los vasos sagrados,[117] las vestiduras litúrgicas.[118] Las Conferencias Episcopales pueden determinar también la manera de distribuir la comunión.[119]

55.   Para los demás sacramentos y sacramentales, la edición típica latina de cada ritual indica las adaptaciones que pueden hacer las Conferencias Episcopales[120] o el obispo en determinados casos.[121] Estas adaptaciones pueden afectar a los textos, los gestos y a veces incluso en la organización del rito. Cuando la edición típica ofrece varias fórmulas a elegir, las Conferencias Episcopales pueden proponer otras fórmulas semejantes.

56.   Para el Rito de iniciación cristiana, corresponde a las Conferencias Episcopales "examinar con esmero y prudencia lo que puede aceptarse de las tradiciones y de la índole de cada pueblo"[122] y, "en las misiones, además de los elementos de iniciación contenidos en la tradición cristiana pueden admitirse también aquellos que se encuentran en uso en cada pueblo, en cuanto pueden acomodarse al rito cristiano".[123] Hay que advertir, sin embargo, que el término "iniciación" no tiene el mismo sentido ni designa la misma realidad cuando se trata de ritos de iniciación social en algunos pueblos, que cuando se trata del itinerario de la iniciación cristiana, que conduce por los ritos del catecumenado a la incorporación a Cristo en la Iglesia por medio de los sacramentos del Bautismo, de la Confirmación y de la Eucaristía.

57.   El ritual del matrimonio es, en muchos lugares, el que requiere una mayor adaptación para no resultar extraño a las costumbres sociales. Para realizar la adaptación a las costumbres del lugar y de los pueblos, cada Conferencia Episcopal tiene la facultad de establecer un rito propio del matrimonio, adaptado a las costumbres locales, quedando a salvo siempre la norma que exige, por parte del ministro ordenado o del laico asistente,[124] pedir y recibir el consentimiento de los contrayentes, y dar la bendición nupcial.[125] Este rito propio, evidentemente, deberá significar claramente el sentido cristiano del matrimonio así como la gracia del sacramento, y subrayar los deberes de los esposos.[126]

58.   Las exequias han sido siempre rodeadas en todos los pueblos de ritos especiales, a veces, de gran valor expresivo. Para responder a las situaciones de los diversos países, el ritual romano propone varias formas para las exequias.[127] Corresponde a las Conferencias Episcopales escoger la que se adapte mejor a las costumbres locales.[128] Conservando lo que hay de bueno en las tradiciones familiares y en las costumbres locales, las Conferencias cuidarán de que las exequias manifiesten la fe pascual y den testimonio del verdadero espíritu evangélico.[129] Con este espíritu los rituales de exequias pueden adoptar costumbres de diversas culturas y así responder mejor a las situaciones y a las tradiciones de cada región.[130]

59.   Las bendiciones de personas, de lugares o de cosas, que están más relacionadas con la vida, las actividades y las preocupaciones de los fieles, ofrecen también
posibilidades de adaptación, de conservación de costumbres locales y de admisión
de usos populares.[131] Las Conferencias Episcopales utilizarán las disposiciones
dadas atendiendo a las necesidades del país.

60.   Por lo que respecta a la organización del tiempo litúrgico, cada Iglesia particular y cada familia religiosa añaden a las celebraciones de la Iglesia universal,
con la aprobación de la Sede Apostólica, las que les son propias.[132] Las Conferencias Episcopales pueden también, con la previa aprobación de la Sede Apostólica, suprimir el precepto de algunas fiestas o trasladarlas al domingo.[133] A ellas
corresponde también determinar las fechas y la manera de celebrar las rogativas
y las cuatro témporas.[134]

61.   La Liturgia de las Horas, que tiene por objeto celebrar las alabanzas de Dios
y santificar por medio de la oración la jornada y toda la actividad humana, ofrece
a las Conferencias Episcopales posibilidades de adaptación en la segunda lectura
del Oficio de Lectura, los himnos y las preces, así como en las antífonas marianas finales.[135]

PROCEDIMIENTO A SEGUIR EN LAS ADAPTACIONES PREVISTAS
EN LOS LIBROS LITURGICOS

62.   Cuando la Conferencia Episcopal prepara la edición propia de los libros litúrgicos, se pronunciará sobre la traducción y las adaptaciones previstas, según el
Derecho.[136] Las actas de la Conferencia, con el resultado de la votación, se envia-
rán, firmadas por el Presidente y el Secretario de la Conferencia, a la Congregación
para el Culto Divino y la Disciplina de los Sacramentos, junto con dos ejemplares
completos del proyecto aprobado.

Además:

a) Se expondrán de forma resumida pero precisa las razones por las cuales
se ha introducido cada modificación.

b) Se indicará igualmente qué partes se han tomado de otros libros litúrgicos ya aprobados y cuáles son de nueva composición.

Una vez obtenido el reconocimiento de la Sede Apostólica, según la norma
establecida,[137] la Conferencia Episcopal dará el decreto de promulgación e indicará la fecha de su entrada en vigor.

b) La adaptación prevista por el artículo 40 de la constitución
Sacrosanctum Concilium

63.   A pesar de las medidas de adaptación previstas ya en los libros litúrgicos,
puede suceder "que en ciertos lugares y circunstancias, urja una adaptación
más profunda de la Liturgia, lo que implica mayores dificultades".[138] No se trata
en tales casos de adaptación dentro del marco previsto en las Instituciones generales y Praenotanda de los libros litúrgicos.

Esto supone que una Conferencia Episcopal ha empleado ante todo los recursos ofrecidos por los libros litúrgicos, ha evaluado el funcionamiento de las adaptaciones ya realizadas y ha procedido, donde se ha precisado, a su revisión, antes de tomar la iniciativa de una adaptación más profunda.

La utilidad o la necesidad de una tal adaptación puede manifestarse respecto a alguno de los puntos enumerados anteriormente (cf. nn. 53–61) sin que afecte a los demás. Adaptaciones de esta especie no intentan una transformación del Rito Romano, sino que se sitúan dentro del mismo.

64.   En este caso, uno o varios obispos pueden exponer las dificultades, que subsisten para la participación de los fieles, a sus hermanos en el Episcopado de su Conferencia, y examinar con ellos la oportunidad de introducir adaptaciones más profundas si es que el bien de las almas lo exige verdaderamente.[139]

Después corresponde a la Conferencia Episcopal proponer a la Sede Apostólica, según el procedimiento establecido más abajo, las modificaciones que desea adoptar.[140]

La Congregación para el Culto Divino y la Disciplina de los Sacramentos se declara dispuesta a acoger las proposiciones de las Conferencias Episcopales, a examinarlas teniendo en cuenta el bien de las Iglesias locales interesadas, y el bien común de toda la Iglesia, y a acompañar el proceso de inculturación en donde sea útil o necesario, según los principios expuestos en esta Instrucción (cf. nn. 33–51), con un espíritu de colaboración confiada y de responsabilidad compartida.

PROCEDIMIENTO A SEGUIR PARA LA APLICACION DEL ARTICULO 40
DE LA CONSTITUCION *SACROSANCTUM CONCILIUM*

65.   La Conferencia Episcopal examinará lo que debe ser modificado en las celebraciones litúrgicas en razón de las tradiciones y de la mentalidad del pueblo. Confiará el estudio a la Comisión nacional o regional de Liturgia, la cual cuidará de pedir la colaboración de personas expertas para examinar los diversos aspectos de los elementos de la cultura local y de su eventual inserción en las celebraciones litúrgicas. A veces resultará oportuno pedir también consejo a exponentes de las religiones no cristianas sobre el valor cultural o civil de tal o cual elemento (cf. nn. 30–32).

Este examen previo se hará en colaboración, si el caso lo requiere, con las Conferencias Episcopales de los países limítrofes o de los que tienen la misma cultura (cf. n. 51).

66.   La Conferencia Episcopal expondrá el proyecto a la Congregación, antes de cualquier iniciativa de experimentación. La presentación del proyecto debe comprender una descripción de las innovaciones propuestas, las razones de su admisión, los criterios seguidos, los lugares y tiempos en que se desea hacer, llegado el caso, el experimento previo y la indicación de los grupos que han de hacerlo, finalmente las actas de la deliberación y de la votación de la Conferencia sobre este asunto.

Después de un examen del proyecto, hecho de común acuerdo entre la Conferencia Episcopal y la Congregación, esta última dará a la Conferencia Episcopal la facultad de permitir, si se presenta el caso, la experimentación durante un tiempo limitado.[141]

67.   La Conferencia Episcopal cuidará del buen desarrollo de la experimentación,[142] haciéndose ayudar normalmente por la Comisión nacional o regional de Liturgia. La Conferencia cuidará también de no permitir que la experimentación se prolongue más allá de los límites permitidos en lugares y tiempos, informará a pastores y pueblo de su carácter provisional y limitado, y cuidará de no dar al experimento una publicidad que podría influir ya en la vida litúrgica del país. Al terminar el período de experimentación, la Conferencia Episcopal juzgará si el proyecto corresponde con la utilidad buscada o si debe ser corregido en algunos puntos, y comunicará su deliberación a la Congregación junto con el dossier de la experimentación.

68.   Una vez terminado el dossier, la Congregación podrá dar por decreto su consentimiento, con eventuales observaciones, para que las modificaciones pedidas sean admitidas en el territorio que depende de la Conferencia Episcopal.

69.   A los fieles, tanto laicos como clero, se les informará debidamente de los cambios y se les preparará para su aplicación en las celebraciones. La puesta en práctica de las decisiones deberá hacerse según lo exijan las circunstancias estableciendo, si es oportuno, un período de transición (cf. n. 46).

CONCLUSION

70.   Con la presente Instrucción, la Congregación para el Culto Divino y la Disciplina de los Sacramentos presenta a las Conferencias Episcopales las normas prácticas que deben regir el trabajo de inculturación litúrgica previsto por el Concilio Vaticano II para responder a las necesidades pastorales de los pueblos de diversas culturas y lo inserta en una pastoral de conjunto para inculturar el Evangelio en la diversidad de realidades humanas. Confía que cada Iglesia particular, sobre todo en las Iglesias jóvenes, pueda experimentar que la diversidad en algunos elementos de las celebraciones litúrgicas es fuente de enriquecimiento, respetando siempre la unidad substancial del Rito Romano, la unidad de toda la Iglesia y la integridad de la fe que ha sido transmitida a los santos de una vez para siempre (cf. Judas 3).

La presente Instrucción ha estado preparada por la Congregación para el Culto Divino y la Disciplina de los Sacramentos por mandato de Su Santidad, el Papa Juan Pablo II, que la ha aprobado y ha ordenado su publicación.

Congregación para el Culto Divino y la Disciplina de los Sacramentos, 25 de enero de 1994.

Antonio M., Card. *Javierre Ortas*, prefecto; *Geraldo M. Agnelo*, Arzobispo, secretario.

EPISCOPADO LATINOAMERICANO
CONFERENCIAS GENERALES

DOCUMENTOS PASTORALES
MEDELLIN
PUEBLA
SANTO DOMINGO

EXTRACTOS DEL DOCUMENTO DE MEDELLIN (1968)
EVANGELIZACION Y CRECIMIENTO DE LA FE

6. PASTORAL POPULAR

I. SITUACION

2.   La expresión de la religiosidad popular es fruto de una evangelización realizada desde el tiempo de la Conquista, con características especiales. Es una religiosidad de votos y promesas, de peregrinaciones y de un sinnúmero de devociones, basada en la recepción de los sacramentos, especialmente del bautismo y de la primera comunión, recepción que tiene más bien repercusiones sociales que un verdadero influjo en el ejercicio de la vida cristiana.

Se advierte en la expresión de la religiosidad popular una enorme reserva de virtudes auténticamente cristianas, especialmente en orden a la caridad, aun cuando muestre deficiencias su conducta moral. Su participación en la vida cultural oficial es casi nula y su adhesión a la organización de la Iglesia es muy escasa.

Esta religiosidad, más bien de tipo cósmico, en la que Dios es respuesta a todas las incógnitas y necesidades del hombre, puede entrar en crisis, y de hecho ya ha comenzado a entrar, con el conocimiento científico del mundo que nos rodea.

3.   Esta religiosidad pone a la Iglesia ante el dilema de continuar siendo la Iglesia universal o de convertirse en secta, al no incorporar vitalmente a sí, a aquellos hombres que se expresan con ese tipo de religiosidad. Por ser Iglesia, y no secta, deberá ofrecer su mensaje de salvación a todos los hombres, corriendo quizás el riesgo de que no todos lo acepten del mismo modo y en la misma intensidad.

Los grados de pertenencia en toda sociedad humana son diversos; las lealtades, el sentido de solidaridad, no se expresan siempre del mismo modo. En efecto, los distintos grupos de personas captan de modo diverso los objetivos de la organización y responden de distintas maneras a los valores y normas que el grupo profesa.

Por otra parte, la sociedad contemporánea manifiesta una tendencia aparentemente contradictoria; una inclinación a las expresiones masivas en el comportamiento humano y simultáneamente, como una reacción, una tendencia hacia las pequeñas comunidades donde pueden realizarse como personas.

Desde el punto de vista de la vivencia religiosa, sabemos que no todos los hombres aceptan y viven el mensaje religioso de la misma manera. Aun a nivel personal un mismo hombre experimenta etapas distintas en su respuesta a Dios, y, a nivel social, no todos manifiestan su religiosidad ni su fe de un modo unívoco. El pueblo necesita expresar su fe de un modo simple, emocional, colectivo.

4.   Al enjuiciar la religiosidad popular, no podemos partir de una interpretación cultural occidentalizada, propia de las clases media y alta urbanas, sino del significado que esa religiosidad tiene en el contexto de la sub-cultura de los grupos rurales y urbanos marginados.

Sus expresiones pueden estar deformadas y mezcladas en cierta medida con un patrimonio religioso ancestral donde la tradición ejerce un poder casi tiránico; tienen el peligro de ser fácilmente influidas por prácticas mágicas y supersticiones que revelan un carácter más bien utilitario y un cierto temor a lo divino, que necesitan de la intercesión de seres más próximos al hombre y de expresiones más plásticas y concretas. Esas manifestaciones religiosas pueden ser, sin embargo, balbuceos de una auténtica religiosidad, expresada con los elementos culturales de que se dispone.

En el fenómeno religioso existen motivaciones distintas que, por ser humanas, son mixtas, y pueden responder a deseos de seguridad, contingencia, importancia y simultáneamente a necesidad de adoración, gratitud hacia el Ser Supremo. Motivaciones que se plasman y expresan en símbolos diversos. La fe llega al hombre envuelta siempre en un lenguaje cultural y por eso en la religiosidad natural pueden encontrarse gérmenes de un llamado de Dios.

En su camino hacia Dios, el hombre contemporáneo se encuentra en diversas situaciones. Esto reclama de la Iglesia, por una parte, una adaptación de su mensaje y, por lo tanto, diversos modos de expresión en la presentación del mismo. Por otra, exige a cada hombre, en la medida de lo posible, una aceptación más personal y comunitaria del mensaje de la revelación.

II. PRINCIPIOS TEOLOGICOS

5.   Una pastoral popular se puede basar en los criterios teológicos que a continuación se enuncian.

La fe, y por consiguiente la Iglesia, se siembran y crecen en la religiosidad culturalmente diversificada de los pueblos. Esta fe, aunque imperfecta, puede hallarse aun en los niveles culturales más bajos.

Corresponde precisamente a la tarea evangelizadora de la Iglesia descubrir en esa religiosidad la "secreta presencia de Dios",[1] "el destello de verdad que ilumina a todos",[2] la luz del Verbo, presente ya antes de la encarnación o de la predicación apostólica, y hacer fructificar esa simiente.

Sin romper la caña quebrada y sin extinguir la mecha humeante,[3] la Iglesia acepta con gozo y respeto, purifica e incorpora al orden de la fe, los diversos "elementos religiosos y humanos"[4] que se encuentran ocultos en esa religiosidad como "semillas del Verbo",[5] y que constituyen o pueden constituir una "preparación evangélica".[6]

III. RECOMENDACIONES PASTORALES

12. Que se impregnen las manifestaciones populares como romerías, peregrinaciones, devociones diversas, de la palabra evangélica. Que se revisen muchas de las devociones a los santos para que no sean tomados sólo como intercesores, sino también como modelos de vida de imitación de Cristo. Que las devociones y los sacramentales no lleven al hombre a una aceptación semifatalista, sino que lo eduquen para ser co-creador y gestor con Dios de su destino.

EXTRACTOS DEL DOCUMENTO DE PUEBLA (1979)

LA EVANGELIZACION EN EL PRESENTE Y EN EL FUTURO DE AMERICA LATINA

2. EVANGELIZACION DE LA CULTURA

TIPOS DE CULTURA Y ETAPAS DEL PROCESO CULTURAL

409. América Latina tiene su origen en el encuentro de la raza hispano-lusitana con las culturas precolombinas y las africanas. El mestizaje racial y cultural ha marcado fundamentalmente este proceso y su dinámica indica que lo seguirá marcando en el futuro.

410. Este hecho no puede hacernos desconocer la persistencia de diversas culturas indígenas o afroamericanas en estado puro y la existencia de grupos con diversos grados de integración nacional.

411. Posteriormente, durante los dos últimos siglos, afluyen nuevas corrientes inmigratorias, sobre todo en el Cono Sur, las cuales aportan modalidades propias, integrándose básicamente al sedimento cultural preyacente.

412. En la primera época, del siglo XVI al XVIII, se echan las bases de la cultura latinoamericana y de su real sustrato católico. Su evangelización fue suficientemente profunda para que la fe pasara a ser constitutiva de su ser y de su identidad, otorgándole la unidad espiritual que subsiste pese a la ulterior división en diversas naciones, y a verse afectada por desgarramientos en el nivel económico, político y social.

413. Esta cultura, impregnada de fe y con frecuencia sin una conveniente catequesis, se manifiesta en las actitudes propias de la religión de nuestro pueblo, penetradas de un hondo sentido de la trascendencia y, a la vez, de la cercanía de Dios. Se traduce en una sabiduría popular con rasgos contemplativos, que orienta el modo peculiar como nuestros hombres viven su relación con la naturaleza y con los demás hombres; en un sentido del trabajo y de las fiestas, de la solidaridad, de la amistad y el parentesco. También en el sentimiento de su propia dignidad, que no ven disminuida por su vida pobre y sencilla.

414. Es una cultura que, conservada de un modo más vivo y articulador de toda la existencia en los sectores pobres, está sellada particularmente por el corazón y su intuición. Se expresa, no tanto en las categorías y organización mental características de las ciencias, cuanto en la plasmación artística, en la piedad hecha vida y en los espacios de convivencia solidaria.

415. Esta cultura, la mestiza primero y luego, paulatinamente, la de los diversos enclaves indígenas y afroamericanos, comienza desde el siglo XVIII, a sufrir el impacto del advenimiento de la civilización urbano-industrial, dominada por lo físico-matemático y por la mentalidad de eficiencia.

3. EVANGELIZACION Y RELIGIOSIDAD POPULAR

3.1. NOCION Y AFIRMACIONES FUNDAMENTALES

444. Por religión del pueblo, religiosidad popular o piedad popular (Cfr. EN 48), entendemos el conjunto de hondas creencias selladas por Dios, de las actitudes básicas que de esas convicciones derivan y las expresiones que las manifiestan. Se trata de la forma o de la existencia cultural que la religión adopta en un pueblo determinado. La religión del pueblo latinoamericano, en su forma cultural más característica, es expresión de la fe católica. Es un catolicismo popular.

445. Con deficiencias y a pesar del pecado siempre presente, la fe de la Iglesia ha sellado el alma de América Latina (Cfr. Juan Pablo II, Zapopan, 2), marcando su identidad histórica esencial y constituyéndose en la matriz cultural del continente, de la cual nacieron los nuevos pueblos.

446. El Evangelio encarnado en nuestros pueblos los congrega en una originalidad histórica cultural que llamamos América Latina. Esa identidad se simboliza muy luminosamente en el rostro mestizo de María de Guadalupe que se yergue al inicio de la Evangelización.

447. Esta religión del pueblo es vivida preferentemente por los "pobres y sencillos" (EN 48), pero abarca todos los sectores sociales y es, a veces, uno de los pocos vínculos que reúne a los hombres en nuestras naciones políticamente tan divididas. Eso sí, debe sostenerse que esa unidad contiene diversidades múltiples según los grupos sociales, étnicos e, incluso, las generaciones.

448. La religiosidad del pueblo, en su núcleo, es un acervo de valores que responden con sabiduría cristiana a los grandes interrogantes de la existencia. La sapiencia popular católica tiene una capacidad de síntesis vital; así conlleva creadoramente lo divino y lo humano; Cristo y María, espíritu y cuerpo; comunión e institución; persona y comunidad; fe y patria, inteligencia y afecto. Esa sabiduría es un humanismo cristiano que afirma radicalmente la dignidad de toda persona como Hijo de Dios, establece una fraternidad fundamental, enseña a encontrar la naturaleza y a comprender el trabajo y proporciona las razones para la alegría y el humor, aun en medio de una vida muy dura. Esa sabiduría es también para el pueblo un principio de discernimiento, un instinto evangélico por el que capta espontáneamente cuándo se sirve en la Iglesia al Evangelio y cuándo se le vacía y asfixia con otros intereses (Juan Pablo II, Discurso inaugural III, 6. A.A.S. LXXI, p. 203).

449. Porque esta realidad cultural abarca sectores sociales, muy amplios la religión del pueblo tiene la capacidad de congregar multitudes. Por eso, en el ámbito de la piedad popular la Iglesia cumple con su imperativo de universalidad. En efecto, "sabiendo que el mensaje no está reservado a un pequeño grupo de iniciados, de privilegiados o elegidos sino que está destinado a todos" (EN 57), la Iglesia logra esa amplitud de convocación de las muchedumbres en los santuarios y las fiestas religiosas. Allí el mensaje evangélico tiene oportunidad, no siempre aprovechada pastoralmente, de llegar "al corazón de las masas" *(Ibid.).*

450. La religiosidad popular no solamente es objeto de evangelización sino que, en cuanto contiene encarnada la Palabra de Dios, es una forma activa con la cual el pueblo se evangeliza continuamente a sí mismo.

451. Esta piedad popular católica, en América Latina no ha llegado a impregnar adecuadamente o aún no ha logrado la evangelización en algunos grupos culturales autóctonos o de origen africano, que por su parte poseen riquísimos valores y guardan "semillas del Verbo" en espera de la Palabra viva.

452. La religiosidad popular si bien sella la cultura de América Latina, no se ha expresado suficientemente en la organización de nuestras sociedades y estados. Por ello deja un espacio para lo que S.S. Juan Pablo II ha vuelto a denominar "estructuras de pecado" (Homilía Zapopan, 3. A.A.S. LXXI, p. 230). Así la brecha entre ricos y pobres, la situación de amenaza que viven los más débiles, las injusticias, las postergaciones y sometimientos indignos que sufren, contradicen radicalmente los valores de dignidad personal y de hermandad solidaria. Valores estos que el pueblo latinoamericano lleva en su corazón como imperativos recibidos del Evangelio. De ahí que la religiosidad del pueblo latinoamericano se convierta muchas veces en un clamor por una verdadera liberación. Esta es una exigencia aún no satisfecha. Por su parte el pueblo movido por esta religiosidad, crea o utiliza dentro de sí, en su convivencia más estrecha, algunos espacios para ejercer la fraternidad, por ejemplo: el barrio, la aldea, el sindicato, el deporte. Y entre tanto, no desespera, aguarda confiadamente y con astucia los momentos oportunos para avanzar en su liberación tan ansiada.

453. Por falta de atención de los agentes de pastoral y por otros factores complejos, la religión del pueblo muestra en ciertos casos signos de desgaste y deformación: aparecen sustitutos aberrantes y sincretismos regresivos. Además, se ciernen en algunas partes sobre ella serias y extrañas amenazas que se presentan exacerbando la fantasía con tonos apocalípticos.

3.2. DESCRIPCION DE LA RELIGIOSIDAD POPULAR

454. Como elementos positivos de la piedad popular se pueden señalar: la presencia trinitaria que se percibe en devociones y en iconografías, el sentido de la providencia de Dios Padre; Cristo, celebrado en su misterio de Encarnación (Navidad: el Niño), en su Crucifixión, en la Eucaristía y en la devoción al Sagrado Corazón; amor a María: Ella y "sus misterios pertenecen a la identidad propia

de estos pueblos y caracterizan su piedad popular" (Juan Pablo II, Homilía Zapopan, 2. A.A.S. LXXI, p. 228), venerada como Madre Inmaculada de Dios y de los hombres, como Reina de nuestros distintos países y del continente entero; los santos, como protectores; los difuntos; la conciencia de dignidad personal y de fraternidad solidaria; la conciencia de pecado y de necesidad de expiación; la capacidad de expresar la fe en un lenguaje total que supera los racionalismos (canto, imágenes, gesto, color, danza); la fe situada en el tiempo (fiestas) y en lugares (santuarios y templos); la sensibilidad hacia la peregrinación como símbolo de la existencia humana y cristiana; el respeto filial a los pastores como representantes de Dios; la capacidad de celebrar la fe en forma expresiva y comunitaria; la integración honda de los sacramentos y de los sacramentales en la vida personal y social; el afecto cálido por la persona del Santo Padre; la capacidad de sufrimiento y heroísmo para sobrellevar las pruebas y confesar la fe; el valor de la oración; la aceptación de los demás.

455. La religión popular latinoamericana sufre, desde hace tiempo, por el divorcio entre élites y pueblos. Eso significa que le falta educación, catequesis y dinamismo, debido a la carencia de una adecuada pastoral.

456. Los aspectos negativos son de origen diverso. De tipo ancestral: superstición, magia, fatalismo, idolatría del poder, fetichismo y ritualismo. Por deformación de la catequesis: arcaísmo estático, falta de información e ignorancia, reinterpretación sincretista, reduccionismo de la fe a un mero contrato en la relación con Dios. Amenazas: secularismo difundido por los medios de comunicación social; consumismo; sectas; religiones orientales y agnósticas; manipulaciones ideológicas, económicas, sociales y políticas; mesianismos políticos secularizados; desarraigo y proletarización urbana a consecuencia del cambio cultural. Podemos afirmar que muchos de estos fenómenos son verdaderos obstáculos para la Evangelización.

3.3. EVANGELIZACION DE LA RELIGIOSIDAD POPULAR; PROCESO, ACTITUDES Y CRITERIOS

457. Como toda la Iglesia, la religión del pueblo debe ser evangelizada siempre de nuevo. En América Latina, después de casi quinientos años de la predicación del Evangelio y del bautismo generalizado de sus habitantes, esta evangelización ha de apelar a la "memoria cristiana de nuestros pueblos". Será una labor de pedagogía pastoral, en la que el catolicismo popular sea asumido, purificado, completado y dinamizado por el Evangelio. Esto implica en la práctica, reanudar un diálogo pedagógico, a partir de los últimos eslabones que los evangelizadores de antaño dejaron en el corazón de nuestro pueblo. Para ello se requiere conocer los símbolos, el lenguaje silencioso, no verbal, del pueblo, con el fin de lograr, en un diálogo vital, comunicar la Buena Nueva mediante un proceso de reinformación catequética.

458. Los agentes de la evangelización, con la luz del Espíritu Santo y llenos de "caridad pastoral", sabrán desarrollar la "pedagogía de la evangelización" (EN 48). Esto exige, antes que todo, amor y cercanía al pueblo, ser prudentes y firmes, constantes y audaces para educar esa preciosa fe, algunas veces tan debilitada.

459. Las formas concretas y los procesos pastorales deberán evaluarse según esos criterios característicos del Evangelio vivido en la Iglesia: todo debe hacer a los bautizados más hijos en el Hijo, más hermanos en la Iglesia, más responsablemente misioneros para extender el reino. En esa dirección ha de madurar la religión del pueblo.

3.4. TAREAS Y DESAFIOS

465. e) Favorecer la mutua fecundación entre Liturgia y piedad popular que pueda encauzar con lucidez y prudencia los anhelos de oración y vitalidad carismática que hoy se comprueba en nuestros países. Por otra parte, la religión del pueblo, con su gran riqueza simbólica y expresiva, puede proporcionar a la liturgia un dinamismo creador. Este, debidamente discernido, puede servir para encarnar más y mejor la oración universal de la Iglesia en nuestra cultura.

CAPITULO III

MEDIOS PARA LA COMUNION Y PARTICIPACION

1. LITURGIA, ORACION PARTICULAR, PIEDAD POPULAR

1.1. SITUACION

a) Liturgia

896. En general, la renovación litúrgica en América Latina está dando resultados positivos porque se va encontrando de nuevo la real ubicación de la Liturgia en la misión evangelizadora de la Iglesia, por la mayor comprensión y participación de los fieles favorecida por los Nuevos libros litúrgicos y por la difusión de la Catequesis presacramental.

897. Esto ha sido animado por los documentos de la Sede Apostólica y de las Conferencias Episcopales, así como por encuentros a diversos niveles, latinoamericano, regional, nacional, etc.

898. El idioma común, la riqueza cultural y la piedad popular han facilitado esta renovación.

899. Se siente la necesidad de adaptar la Liturgia a las diversas culturas y a la situación de nuestro pueblo joven, pobre y sencillo (Cfr. SC 37–40).

900. La falta de ministros, la población dispersa y la situación geográfica del continente han hecho tomar mayor conciencia de la utilidad de las celebraciones de la Palabra y de la importancia de servirse de los medios de comunicación social (radio y televisión) para llegar a todos.

901. Sin embargo, comprobamos que no se ha dado todavía a la pastoral litúrgica la prioridad que le corresponde dentro de la pastoral de conjunto, siendo aún muy perjudicial la oposición que se da en algunos sectores, entre Evangelización y

Sacramentalización. Falta profundizar la formación litúrgica del clero; se nota una marcada ausencia de catequesis litúrgica destinada a los fieles.

902. La participación en la liturgia no incide adecuadamente el compromiso social de los cristianos. La instrumentalización, que a veces se hace de la misma, desfigura su valor evangelizador.

903. Ha sido también perjudicial la falta de observancia de las normas litúrgicas y de su espíritu pastoral, con abusos que causan desorientación y división entre los fieles.

b) Oración particular

904. La religiosidad popular del hombre latinoamericano posee rica herencia de oración enraizada en culturas autóctonas y evangelizada después por las formas de piedad cristiana de misioneros e inmigrantes.

905. Consideramos como un tesoro la costumbre existente desde antiguo, de congregarse para orar en festividades y ocasiones especiales. Recientemente la oración se ha visto enriquecida por el movimiento bíblico, por nuevos métodos de oración contemplativa y por el movimiento de grupos de oración.

906. Muchas comunidades cristianas que carecen de ministro ordenado, acompañan y celebran sus acontecimientos y fiestas con reuniones de oración y canto que al mismo tiempo evangelizan a la comunidad y le proporcionan fuerza evangelizadora.

907. La oración familiar ha sido, en vastas zonas, el único culto existente; de hecho, ha conservado la unidad y la fe de la familia y del pueblo.

908. La invasión de la televisión y la radio en los hogares pone en peligro las prácticas piadosas en el seno de la familia.

909. Aun cuando muchas veces la oración surge por necesidades meramente personales y se expresa en fórmulas tradicionales no asimiladas, no puede desconocerse que la vocación del cristiano debe llevarlo al compromiso moral, social y evangelizador.

c) Piedad popular

910. En el conjunto del pueblo católico latinoamericano aparece, a todos los niveles y con formas bastante variadas, una piedad popular que los Obispos no podemos pasar por alto y que necesita ser estudiada con criterios teológicos y pastorales para descubrir su potencial evangelizador.

911. América Latina está insuficientemente evangelizada. La gran parte del pueblo expresa su fe prevalentemente en la piedad popular.

912. Las manifestaciones de piedad popular son muy diversas, de carácter comunitario e individual; entre ellas se encuentra: el culto a Cristo paciente y muerto,

la devoción al Sagrado Corazón, diversas devociones a la Santísima Virgen María, el culto a los santos y a los difuntos, las procesiones, los novenarios, las fiestas patronales, las peregrinaciones a santuarios, los sacramentales, las promesas, etc.

913. La piedad popular presenta aspectos positivos como: sentido de lo sagrado y trascendente; disponibilidad a la Palabra de Dios; marcada piedad mariana; capacidad para rezar; sentido de amistad, caridad y unión familiar; capacidad de sufrir y reparar; resignación cristiana en situaciones irremediables; desprendimiento de lo material.

914. Pero también presenta aspectos negativos: falta de sentido de pertenencia a la Iglesia; desvinculación entre fe y vida; el hecho de que no conduce a la recepción de los sacramentos; valoración exagerada del culto a los santos con detrimento del conocimiento de Jesucristo y su misterio; idea deformada de Dios; concepto utilitario de ciertas formas de piedad; inclinación, en algunos lugares, al sincretismo religioso; infiltración del espiritismo y en algunos casos, de prácticas religiosas del Oriente.

915. Con mucha frecuencia se han suprimido formas de piedad popular sin razones valederas o sin sustituirlas por algo mejor.

1.2. CRITERIOS DOCTRINALES Y PASTORALES

a) Liturgia

916. Es necesario que toda esta renovación esté orientada por una auténtica teología litúrgica. En ella, es importante la teología de los Sacramentos. Esto contribuirá a la superación de una mentalidad neo-ritualista.

917. El Padre por Cristo en el Espíritu santifica a la Iglesia y por ella, al mundo y a su vez, mundo e Iglesia por Cristo en el Espíritu, dan gloria al Padre.

918. La liturgia, como acción de Cristo y de la Iglesia, es el ejercicio del sacerdocio de Jesucristo (Cfr. SC 7); es cumbre y fuente de la vida eclesial (Cfr. SC 10). Es encuentro con Dios y los hermanos; banquete y sacrificio realizado en la Eucaristía, fiesta de comunión eclesial, en la cual el Señor Jesús, por su misterio pascual, asume y libera al Pueblo de Dios y por él a toda la humanidad cuya historia es convertida en historia salvífica para reconciliar a los hombres entre sí y con Dios. La liturgia es también fuerza en el peregrinar, a fin de llevar a cabo, mediante el compromiso transformador de la vida, la realización plena del Reino, según el plan de Dios.

919. En la Iglesia particular, "el Obispo debe ser considerado como el gran sacerdote de su grey; de él deriva y depende, en cierto modo, la vida en Cristo de sus fieles" (SC 41).

920. El hombre es un ser sacramental; a nivel religioso expresa sus relaciones con Dios en un conjunto de signos y símbolos; Dios, igualmente, los utiliza cuando se comunica con los hombres. Toda la creación es, en cierto modo, sacramento de Dios porque nos lo revela (Cfr. Romanos 1:19).

921. Cristo "es imagen de Dios invisible" (Colosenses 1:15). Como tal, es el sacramento primordial y radical del Padre: "El que me ha visto a mí, ha visto al Padre" (Juan 14:9).

922. La Iglesia es a su vez, sacramento de Cristo (Cfr. LG 1) para comunicar a los hombres la vida nueva. Los siete sacramentos de la Iglesia concretan y actualizan para las distintas situaciones de la vida, esta realidad sacramental.

923. Por eso no basta recibirlos en forma pasiva, sino vitalmente insertados en la comunión eclesial. Por los sacramentos Cristo continúa, mediante la acción de la Iglesia, encontrándose con los hombres y salvándolos.

La celebración Eucarística, centro de la sacramentalidad de la Iglesia y la más plena presencia de Cristo en la humanidad, es centro y culmen de toda la vida sacramental (Cfr. SC 10).

924. La renovación litúrgica ha de estar orientada por criterios pastorales fundados en la naturaleza misma de la liturgia y de su función evangelizadora.

925. La reforma y la renovación litúrgica fomentan la participación que conduce a la comunión. La participación plena, consciente y activa en la Liturgia es fuente primaria y necesaria del espíritu verdaderamente cristiano (Cfr. SC 14). Por esto las consideraciones pastorales, atendidas siempre la observancia de las normas litúrgicas, deben superar el simple rubricismo.

926. Los signos, importantes en toda acción litúrgica, deben ser empleados en forma viva y digna, supuesta una adecuada catequesis. Las adaptaciones previstas en la "Sacrosanctum Concilium" y en las normas pastorales posteriores son indispensables para lograr un rito acomodado a nuestras necesidades, especialmente a las del pueblo sencillo, teniendo en cuenta sus legítimas expresiones culturales.

927. Ninguna actividad pastoral puede realizarse sin referencia a la liturgia. Las celebraciones litúrgicas suponen iniciación en la fe mediante el anuncio evangelizador, la catequesis y la predicación bíblica; esta es la razón de ser de los cursos y encuentros presacramentales.

928. Toda celebración debe tener, a su vez, una proyección evangelizadora y catequética adaptada a las distintas asambleas de fieles, pequeños grupos, niños, grupos populares, etc.

929. Las celebraciones de la Palabra, con la lectura de la Sagrada Escritura abundante, variada y bien escogida (Cfr. SC 35, 4), son de gran provecho para la comunidad, principalmente donde no hay presbíteros y sobre todo para la realización del culto dominical.

930. La homilía, como parte de la liturgia, es ocasión privilegiada para exponer el misterio de Cristo en el aquí y ahora de la comunidad, partiendo de los textos sagrados, relacionándolos con el sacramento y aplicándolos a la vida concreta. Su preparación debe ser esmerada y su duración proporcionada a las otras partes de la celebración.

931. El que preside la celebración es el animador de la comunidad y por su actuación favorece la participación de los fieles; de ahí la importancia de una digna y adecuada forma de celebrar.

b) La oración particular

932. El ejemplo de Cristo orante: el Señor Jesús, que pasó por la tierra haciendo el bien y anunciando la Palabra, dedicó, por el impulso del Espíritu, muchas horas a la oración, hablando al Padre con filial confianza e intimidad incomparable y dando ejemplo a sus discípulos, a los cuales expresamente enseñó a orar. El cristiano, movido por el Espíritu Santo, hará de la oración motivo de su vida diaria y de su trabajo; la oración crea en él actitud de alabanza y agradecimiento al Señor, le aumenta la fe, lo conforta en la esperanza activa, lo conduce a entregarse a los hermanos y a ser fiel en la tarea apostólica, lo capacita para formar comunidad. La Iglesia que ora en sus miembros se une a la oración de Cristo.

933. La oración en familia: la familia cristiana, evangelizada y evangelizadora, debe seguir el ejemplo de Cristo orante. Así, su oración manifiesta y sostiene la vida de la Iglesia doméstica en donde se acoge el germen del Evangelio que crece para capacitar a todos los miembros como apóstoles y a hacer de la familia un núcleo de evangelización.

934. La liturgia no agota toda la actividad de la Iglesia. Se recomiendan los ejercicios piadosos del pueblo cristiano con tal de que vayan de acuerdo con las normas y leyes de la Iglesia, en cierto modo deriven de la liturgia y a ella conduzcan (Cfr. sc 13). El misterio de Cristo es uno y en su riqueza tiene manifestaciones y modos diversos de llegar a los hombres. Gracias a la rica herencia religiosa y por la urgencia de las circunstancias de tiempo y lugar, las comunidades cristianas se hacen evangelizadoras al vivir la oración.

c) Piedad popular

935. La piedad popular conduce al amor de Dios y de los hombres y ayuda a las personas y a los pueblos a tomar conciencia de su responsabilidad en la realización de su propio destino (Cfr. GS 18). La auténtica piedad popular basada en la Palabra de Dios, contiene valores evangelizadores que ayudan a profundizar la fe del pueblo.

936. La expresión de la piedad popular debe respetar los elementos culturales nativos (Cfr. Relig. Popular, 444ss.).

937. Para que constituya un elemento eficaz de evangelización la piedad popular necesita de una constante purificación y clarificación y llevar no sólo a la pertenencia a la Iglesia, sino también a la vivencia cristiana y al compromiso con los hermanos.

1.3. CONCLUSIONES

a) Liturgia

938. Dar a la liturgia su verdadera dimensión de cumbre y fuente de la actividad de la Iglesia (SC 10).

939. Celebrar la fe en la Liturgia como encuentro con Dios y con los hermanos, como fiesta de comunión eclesial, como fortalecimiento en nuestro peregrinar y como compromiso de nuestra vida cristiana. Dar especial importancia a la liturgia dominical.

940. Revalorizar la fuerza de los "signos" y su teología.

Celebrar le fe en la Liturgia con expresiones culturales, según una sana creatividad. Promover adaptaciones adecuadas, de manera particular a los grupos étnicos y al pueblo sencillo (grupos populares); pero con el cuidado de que la Liturgia no sea instrumentalizada para fines ajenos a su naturaleza, se guarden fielmente las normas de la Santa Sede y se eviten las arbitrariedades en las celebraciones litúrgicas.

941. Estudiar la función catequética y evangelizadora de la Liturgia.

942. Promover la formación de los agentes de pastoral litúrgica con una auténtica teología que lleve a su compromiso vital.

943. Procurar ofrecer a los Presidentes de las celebraciones litúrgicas las condiciones aptas para mejorar su función y llegar a la comunicación viva con la asamblea; poner especial esmero en la preparación de la homilía que tiene tan gran valor evangelizador.

944. Fomentar las celebraciones de la Palabra, dirigidas por diáconos, o laicos (varones o mujeres).

945. Preparar y realizar con esmero la liturgia de los sacramentos, la de las grandes festividades y la que se realiza en los santuarios.

946. Aprovechar, como ocasión propicia de evangelización, la celebración de la Palabra en los funerales y en los actos de piedad popular.

947. Promover la música sacra, como servicio eminente, que responda a la índole de nuestros pueblos.

948. Respetar el patrimonio artístico religioso y fomentar la creatividad artística adecuada a las nuevas formas litúrgicas.

949. Incrementar las celebraciones transmitidas por radio y televisión, teniendo en cuenta la naturaleza de la Liturgia y la índole de los respectivos medios de comunicación utilizados.

950. Fomentar los encuentros preparatorios para la celebración de los Sacramentos.

951. Aprovechar las posibilidades que ofrecen los nuevos rituales de los Sacramentos. Los sacerdotes de dedicarán de manera especial a administrar el Sacramento de la Reconciliación.

c) Piedad popular

959. Traten los agentes de pastoral de recuperar los valores evangelizadores de la piedad popular en sus diversas manifestaciones personales y masivas.

960. Se empleará la piedad popular como punto de partida para lograr que la fe del pueblo alcance madurez y profundidad, por lo cual dicha piedad popular se basará en la Palabra de Dios y en el sentido de pertenencia a la Iglesia.

961. No se prive al pueblo de sus expresiones de piedad popular. En lo que haya que cambiar procédase gradualmente y previa catequesis para llegar a algo mejor.

EXTRACTOS DEL DOCUMENTO
DE SANTO DOMINGO (1992)

NUEVA EVANGELIZACION, PROMOCION HUMANA, CULTURA CRISTIANA

2. A los 500 años de la primera evangelización

16.   "En los pueblos de América, Dios se ha escogido un nuevo pueblo, (. . .) lo ha hecho partícipe de su Espíritu. Mediante la Evangelización y la fe en Cristo, Dios ha renovado su alianza con América Latina" (Juan Pablo II, Discurso inaugural, 3).

El año 1492 fue clave en este proceso de predicación de la Buena Nueva. En efecto, "lo que la Iglesia celebra en esta conmemoración no son acontecimientos históricos más o menos discutibles, sino una realidad espléndida y permanente que no se puede infravalorar: la llegada de la fe, la proclamación y difusión del Mensaje evangélico en el continente [americano]. Y lo celebra en el sentido más profundo y teológico del término: como se celebra a Jesucristo, Señor de la historia y de los destinos de la humanidad" (Juan Pablo II, Alocución dominical, 5.1.92, 2).

17.   La presencia creadora, providente y salvadora de Dios acompañaba ya la vida de estos pueblos. Las "semillas del Verbo", presentes en el hondo sentido religioso de las culturas precolombinas, esperaban el fecundo rocío del Espíritu. Tales culturas ofrecían en su base, junto a otros aspectos necesitados de purificación, aspectos positivos como la apertura a la acción de Dios, el sentido de la gratitud por los frutos de la tierra, el carácter sagrado de la vida humana y la valoración de la familia, el sentido de solidaridad y la corresponsabilidad en el trabajo común, la importancia de lo cultual, la creencia en una vida ultraterrena y tantos otros valores que enriquecen el alma latinoamericana (cf. Juan Pablo II, Mensaje a los indígenas, 12.10.92, 1). Esta religiosidad natural predisponía a los indígenas americanos a una más pronta recepción del Evangelio, aunque hubo evangelizadores que no siempre estuvieron en condiciones de reconocer esos valores.

18.   Como consecuencia, el encuentro del catolicismo ibérico y las culturas americanas dio lugar a un proceso peculiar de mestizaje, que si bien tuvo aspectos conflictivos, pone de relieve las raíces católicas así como la singular identidad del continente. Dicho proceso de mestizaje, también perceptible en múltiples formas de religiosidad popular y de arte mestizo, es conjunción de lo perenne cristiano con lo propio de América, y desde la primera hora se extendió a lo largo y ancho del continente.

La historia nos muestra "que se llevó a cabo una válida, fecunda y admirable obra evangelizadora y que, mediante ella, se abrió camino de tal modo en América la verdad sobre Dios y sobre el hombre que, de hecho, la Evangelización misma constituye una especie de tribunal de acusación para los responsables de aquellos abusos [de colonizadores a veces sin escrúpulos]" (Juan Pablo II, Discurso inaugural, 4).

LA NUEVA EVANGELIZACION

Celebración litúrgica

34.   La Iglesia santa encuentra el sentido último de su convocación en la vida de oración, alabanza y acción de gracias que cielo y tierra dirigen a Dios por "sus obras grandes y maravillosas" (Apocalipsis 15:3s; cf. 7:9–17). Esta es la razón por la cual la liturgia "es la cumbre a la cual tiende la actividad de la Iglesia y, al mismo tiempo, la fuente de donde mana toda su fuerza" (SC 10). Pero la liturgia es acción del Cristo total, Cabeza y miembros, y, como tal, debe expresar el sentido más profundo de su oblación al Padre: obedecer, haciendo de toda su vida la revelación del amor del Padre por los hombres. Así como la celebración de la Ultima Cena está esencialmente unida a la vida y al sacrificio de Cristo en la cruz y lo hace cotidianamente presente por la salvación de todos los hombres, así también, los que alaban a Dios reunidos en torno al Cordero son los que muestran en sus vidas los signos testimoniales de la entrega de Jesús (cf. Apocalipsis 7:13s). Por eso, el culto cristiano debe expresar la doble vertiente de la obediencia al Padre (glorificación) y de la caridad con los hermanos (redención), pues la gloria de Dios es que el hombre viva. Con lo cual lejos de alienar a los hombres los libera y los hace hermanos.

35.   El servicio litúrgico así cumplido en la Iglesia tiene por sí mismo un valor evangelizador que la Nueva Evangelización debe situar en un lugar muy destacado. En la liturgia se hace presente hoy Cristo Salvador. La Liturgia es anuncio y realización de los hechos salvíficos (cf. SC 6) que nos llegan a tocar sacramentalmente; por eso, convoca, celebra y envía. Es ejercicio de la fe, útil tanto para el de fe robusta como para el de fe débil, e incluso para el no creyente (cf. 1 Corintios 14:24–25). Sostiene el compromiso con la Promoción Humana, en cuanto orienta a los creyentes a tomar su responsabilidad en la construcción del Reino, "para que se ponga de manifiesto que los fieles cristianos, sin ser de este mundo, son la luz del mundo" (SC 9). La celebración no puede ser algo separado o paralelo a la vida (cf. 1 Pedro 1:15). Por último, es especialmente por la liturgia como el Evangelio penetra en el corazón mismo de las culturas. Toda la ceremonia litúrgica de cada sacramento tiene también un valor pedagógico; el lenguaje de los signos es el mejor vehículo para que "el mensaje de Cristo penetre en las conciencias de las personas y (desde ahí) se proyecte en el 'ethos' de un pueblo, en sus actitudes vitales, en sus instituciones y en todas sus estructuras" (Juan Pablo II, Discurso inaugural, 20; cf. Juan Pablo II, Discurso a los intelectuales, Medellín, 5.7.86, 2). Por esto, las formas de la celebración litúrgica deben ser aptas para expresar el misterio que se celebra y a la vez claras e inteligibles para los hombres y mujeres (cf. Juan Pablo II, Discurso a la UNESCO, 2.6.80, 6).

Religiosidad popular

36.   La religiosidad popular es una expresión privilegiada de la inculturación de la fe. No se trata sólo de expresiones religiosas sino también de valores, criterios, conductas y actitudes que nacen del dogma católico y constituyen la sabiduría de nuestro pueblo, formando su matriz cultural. Esta celebración de la fe, tan importante en la vida de la Iglesia de América Latina y el Caribe, está presente en nuestra preocupación pastoral. Las palabras de Pablo VI (cf. EN 48), recibidas y desarrolladas por la Conferencia de Puebla en propuestas claras, son aún hoy válidas (cf. DP 444ss.). Es necesario que reafirmemos nuestro propósito de continuar los esfuerzos por comprender cada vez mejor y acompañar con actitudes pastorales las maneras de sentir y vivir, comprender y expresar el misterio de Dios y de Cristo por parte de nuestros pueblos, para que purificadas de sus posibles limitaciones y desviaciones lleguen a encontrar su lugar propio en nuestras Iglesias locales y en su acción pastoral.

Desafíos pastorales:

39.   Entre nuestros mismos católicos el desconocimiento de la verdad sobre Jesucristo y de las verdades fundamentales de la fe es un hecho muy frecuente y, en algunos casos, esa ignorancia va unida a una pérdida del sentido del pecado. Frecuentemente la religiosidad popular, a pesar de sus inmensos valores, no está purificada de elementos ajenos a la auténtica fe cristiana ni lleva siempre a la adhesión personal a Cristo muerto y resucitado.

43.   Respecto a la liturgia queda aún mucho por hacer en cuanto a asimilar en nuestras celebraciones la renovación litúrgica impulsada por el Concilio Vaticano II, y en cuanto a ayudar a los fieles a hacer de la celebración eucarística la expresión de su compromiso personal y comunitario con el Señor. No se ha logrado aún plena conciencia de lo que significa la centralidad de la liturgia como fuente y culmen de la vida eclesial, se pierde en muchos el sentido del "día del Señor" y de la exigencia eucarística que conlleva, persiste la poca participación de la comunidad cristiana y aparecen quienes intentan apropiarse de la liturgia sin consideración de su verdadero sentido eclesial. Se ha descuidado la seria y permanente formación litúrgica según las instrucciones y documentos del Magisterio, en todos los niveles (cf. Carta apostólica "Vicesimus quintus annus", 4). No se atiende todavía al proceso de una sana inculturación de la liturgia; esto hace que las celebraciones sean aún, para muchos, algo ritualista y privado que no los hace conscientes de la presencia transformadora de Cristo y de su Espíritu ni se traduce en un compromiso solidario para la transformación del mundo.

44.   La consecuencia de todo esto es una falta de coherencia entre la fe y la vida en muchos católicos, incluidos, a veces, nosotros mismos o algunos de nuestros agentes pastorales. La falta de formación doctrinal y de profundidad en la vida de la fe hace de muchos católicos presa fácil del secularismo, el hedonismo y el consumismo que invaden la cultura moderna y, en todo caso, los hace incapaces de evangelizarla.

45.   La Nueva Evangelización exige una renovada espiritualidad que, iluminada por la fe que se proclama, anime, con la sabiduría de Dios, la auténtica promoción humana y sea el fermento de una cultura cristiana. Pensamos que es preciso continuar y acentuar la formación doctrinal y espiritual de los fieles cristianos, y en primer lugar del clero, religiosos y religiosas, catequistas y agentes pastorales, destacando claramente la primacía de la gracia de Dios que salva por Jesucristo en la Iglesia, por medio de la caridad vivida y a través de la eficacia de los sacramentos.

46.   Es preciso anunciar de tal manera a Jesús que el encuentro con El lleve al reconocimiento del pecado en la propia vida y a la conversión, en una experiencia profunda de la gracia del Espíritu recibida en el bautismo y la confirmación. Esto supone una revaloración del sacramento de la penitencia, cuya pastoral debería prolongarse en dirección espiritual de quienes muestran la madurez suficiente para aprovecharla.

47.   Debemos procurar que todos los miembros del pueblo de Dios asuman la dimensión contemplativa de su consagración bautismal y "aprendan a orar" imitando el ejemplo de Jesucristo (cf. Lucas 11:1), de manera que la oración esté siempre integrada con la misión apostólica en la comunidad cristiana y en el mundo. Frente a muchos—también cristianos — que buscan en prácticas ajenas al cristianismo respuestas a sus ansias de vida interior, debemos saber ofrecer la rica doctrina y la larga experiencia que tiene la Iglesia.

51.   Nuestras Iglesias locales, que se expresan plenamente en la liturgia y en primer lugar en la Eucaristía, deben promover una seria y permanente formación litúrgica del pueblo de Dios en todos sus niveles, a fin de que pueda vivir la liturgia espiritual, consciente y activamente. Esta formación deberá tener en cuenta la presencia viva de Cristo en la celebración, su valor pascual y festivo, el papel activo que le cabe a la Asamblea y su dinamismo misionero. Una preocupación especial debe ser la de promover y dar una seria formación a quienes estén encargados de dirigir la oración y la celebración de la Palabra en ausencia del sacerdote. Nos parece, en fin, que es urgente darle al domingo, a los tiempos litúrgicos y a la celebración de la Liturgia de las Horas todo su sentido y su fuerza evangelizadora.

52.   La celebración comunitaria debe ayudar a integrar en Cristo y su misterio los acontecimientos de la propia vida, debe hacer crecer en la fraternidad y la solidaridad, debe atraer a todos.

53.   Hemos de promover una liturgia que en total fidelidad al espíritu que el Concilio Vaticano II quiso recuperar en toda su pureza busque, dentro de las normas dadas por la Iglesia, la adopción de las formas, signos y acciones propias de las culturas de América Latina y el Caribe. En esta tarea se deberá poner una

especial atención a la valorización de la piedad popular, que encuentra su expresión especialmente en la devoción a la Santísima Virgen, las peregrinaciones a los santuarios y en las fiestas religiosas iluminadas por la Palabra de Dios. Si los pastores no nos empeñamos a fondo en acompañar las expresiones de nuestra religiosidad popular purificándolas y abriéndolas a nuevas situaciones, el secularismo se impondrá más fuertemente en nuestro pueblo latinoamericano y será más difícil la inculturación del Evangelio.

LA CULTURA CRISTIANA

Desafíos pastorales

244. América Latina y el Caribe configuran un continente multiétnico y pluricultural. En él conviven en general pueblos aborígenes, afroamericanos, mestizos y descendientes de europeos y asiáticos, cada cual con su propia cultura que los sitúa en su respectiva identidad social, de acuerdo con la cosmovisión de cada pueblo, pero buscan su unidad desde la identidad católica.

245. Los pueblos indígenas de hoy cultivan valores humanos de gran significación y en palabras de Juan Pablo II tienen la "persuasión de que el mal se identifica con la muerte y el bien con la vida" (Juan Pablo, Mensaje a los indígenas, 2). Estos valores y convicciones son fruto de "las semillas del Verbo" que estaban ya presentes y obraban en sus antepasados para que fueran descubriendo la presencia del Creador en todas sus criaturas: el sol, la luna, la madre tierra, etc. (cf. ib.).

La Iglesia, al encontrarse con estos pueblos nativos, trató desde el principio de acompañarlos en la lucha por su propia sobrevivencia, enseñándoles el camino de Cristo Salvador, desde la injusta situación de pueblos vencidos, invadidos y tratados como esclavos. En la primera evangelización, junto a enormes sufrimientos, hubo grandes aciertos e intuiciones pastorales valiosas, cuyos frutos perduran hasta nuestros días.

Líneas pastorales: Evangelización inculturada

248. Después de haber pedido perdón con el Papa a nuestros hermanos indígenas y afroamericanos "ante la infinita santidad de Dios por todo lo que (. . .) ha estado marcado por el pecado, la injusticia y la violencia" (Audiencia general, miércoles 21 de octubre de 1992, 3), queremos desarrollar una evangelización inculturada:

1. Para con nuestros hermanos indígenas:

— Ofrecer el evangelio de Jesús con el testimonio de una actitud humilde, comprensiva y profética, valorando su palabra a través de un diálogo respetuoso, franco y fraterno y esforzarnos por conocer sus propias lenguas.

— Crecer en el conocimiento crítico de sus culturas para apreciarlas a la luz del Evangelio.

— Promover una inculturación de la liturgia, acogiendo con aprecio sus símbolos, ritos y expresiones religiosas compatibles con el claro sentido de la fe, manteniendo el valor de los símbolos universales y en armonía con la disciplina general de la Iglesia.

—Acompañar su reflexión teológica, respetando sus formulaciones culturales que les ayudan a dar razón de su fe y esperanza.

—Crecer en el conocimiento de su cosmovisión, que hace de la globalidad Dios, hombre y mundo, una unidad que impregna todas las relaciones humanas, espirituales y trascendentes.

—Promover en los pueblos indígenas sus valores culturales autóctonos mediante una inculturación de la Iglesia para lograr una mayor realización del Reino.

249. *2. Para con nuestros hermanos afroamericanos:*

Conscientes del problema de marginación y racismo que pesa sobre la población negra, la Iglesia, en su misión evangelizadora, quiere participar de sus sufrimientos y acompañarlos en sus legítimas aspiraciones en busca de una vida más justa y digna para todos (cf. ib.).

—Por lo mismo, la Iglesia en América Latina y el Caribe quiere apoyar a los pueblos afroamericanos en la defensa de su identidad y en el reconocimiento de sus propios valores; como también ayudarlos a mantener vivos sus usos y costumbres compatibles con la doctrina cristiana (cf. Mensaje a los afroamericanos, 3).

—Del mismo modo nos comprometemos a dedicar especial atención a la causa de las comunidades afroamericanas en el campo pastoral, favoreciendo la manifestación de las expresiones religiosas propias de sus culturas (cf. ib.).

250. *3. Desarrollar la conciencia del mestizaje,* no sólo racial sino cultural, que caracteriza a grandes mayorías en muchos de nuestros pueblos, pues está vinculado con la inculturación del Evangelio.

EXTRACTOS DE LOS DOCUMENTOS
DE LOS ESTADOS UNIDOS DE NORTEAMERICA

LA PRESENCIA HISPANA (1994)
III. IMPLICACIONES PASTORALES URGENTES

POSIBILIDADES CREATIVAS

12.   Por consiguiente, invitamos a todos nuestros sacerdotes, diáconos, religiosos y laicos a que consideren las siguientes oportunidades creativas:

a. Liturgia

Nuestra Iglesia, que es universal, "respeta y fomenta las cualidades y dones espirituales de las diversas razas y pueblos" en su vida litúrgica (SC, 37). Al aplicar esto a la presencia hispana, se necesitan tomar medidas para celebrar el culto en español o en forma bilingüe, según las tradiciones y costumbres del pueblo al que se sirve. Esto nos debe llevar a estudiar mejor las formas de oración de los hispanos. Es alentador ver que los católicos hispanos, artistas y músicos, ya están haciendo aportaciones a la liturgia en nuestro país.

Es esencial la presencia de liturgistas hispanos en las comisiones parroquiales y diocesanas. Deben hacerse todos los esfuerzos posibles para que esta presencia llegue a ser una realidad.

Como para muchos católicos hispanos el hogar ha sido una verdadera "Iglesia doméstica", éste se ha convertido tradicionalmente para ellos en el centro de la fe y del culto. Por consiguiente, se debe valorar y alentar la celebración de las fiestas tradicionales y las ocasiones especiales en el hogar.

La selección del arte litúrgico, gestos y música, junto con un espíritu de hospitalidad, pueden convertir nuestras iglesias y altares en hogares espirituales y crear en nuestras comunidades un ambiente que invite a la fiesta familiar.

o. Catolicismo popular

La espiritualidad hispana es un ejemplo de la profundidad con que el cristianismo puede penetrar las raíces de una cultura. En el transcurso de casi 500 años en América, los hispanos han aprendido a expresar su fe en oraciones y tradiciones que iniciaron, alentaron y desarrollaron los misioneros y que pasaron más tarde de una generación a otra.

Pablo VI reconoció el valor intrínseco del catolicismo popular. Aunque advirtió sobre los posibles excesos de la religiosidad popular, enumeró no obstante algunos valores que, a menudo, tienen estas formas de oración. Señaló que la piedad popular, si está bien orientada manifiesta sed de Dios, estimula la generosidad de las personas y les infunde un espíritu de sacrificio. Puede llevar a una conciencia clara de los atributos de Dios, como son su paternidad, su providencia y su presencia cariñosa y constante (EN, 48).

La espiritualidad hispana resalta la importancia de la humanidad de Jesús, especialmente cuando aparece débil y doliente, como en el pesebre y en su pasión y muerte. Esta espiritualidad está relacionada con todo lo que es simbólico en el catolicismo: los ritos, las estatuas e imágenes, los lugares santos y los gestos. Es igualmente una espiritualidad de firmes devociones. La Santísima Virgen María, especialmente bajo títulos patronales como Nuestra Señora de Guadalupe (México), Nuestra Señora de la Divina Providencia (Puerto Rico), Nuestra Señora de la Caridad del Cobre (Cuba), ocupa un lugar privilegiado en la piedad popular hispana.

Se necesita un diálogo más amplio entre la práctica popular y la oficial, de lo contrario la primera podría desprenderse de la orientación del Evangelio y la última podría perder la participación activa de los más sencillos y pobres entre los fieles (Medellín, 3). Una vida eclesial que vibre con un profundo sentido de lo trascendente, como existe en el catolicismo popular hispano, puede ser también un testigo admirable para los miembros más secularizados de nuestra sociedad.

EXTRACTOS DEL PLAN PASTORAL NACIONAL PARA EL MINISTERIO HISPANO (1987)

VIII. ESPIRITUALIDAD Y MISTICA

93.   Este plan pastoral es una reflexión a la luz del Evangelio de la espiritualidad del pueblo hispano. Es una manifestación y respuesta de fe.

Cuando consideramos esta espiritualidad, vemos que uno de sus aspectos más importantes es el sentido de la presencia de Dios que sirve de estímulo para vivir los compromisos diarios.

En este sentido el Dios transcendente está presente en los eventos y vidas de los humanos. Hasta podemos hablar de Dios como miembro de la familia, con quien uno conversa y a quien acudimos, no sólo en momentos de oración fervorosa sino también en el vivir diario. Así, Dios nunca nos falta. El es Emanuel, Dios-con-nosotros.

94.   Los hispanos encuentran a Dios en brazos de la Virgen María. Es por eso que María, la Madre de Dios, toda bondad, compasión, protección, inspiración, modelo . . . está en el corazón de la espiritualidad hispana.

Los santos, nuestros hermanos y hermanas que ya han completado su vida en el seguimiento de Jesús, son ejemplos e instrumentos de la revelación de la bondad de Dios por medio de su intercesión y ayuda.

Todo esto hace que la espiritualidad de los hispanos sea un hogar de relaciones vivas, una familia, una comunidad que se manifiesta y concretiza más en la vida diaria que en la teoría.

95.   La espiritualidad de los hispanos tiene como una de sus fuentes las "semillas del Verbo" de las culturas pre-hispánicas, que consideraban la relación con los dioses y la naturaleza como parte integral de la vida. En algunos casos, los misioneros adoptaron estas costumbres y actitudes; las enriquecieron e iluminaron para que encarnaran la Palabra Divina de la Sagrada Escritura y de la fe cristiana y les dieron vida en el arte y el drama religioso. Todo esto creó devociones populares que preservan y alimentan la espiritualidad del pueblo. Al mismo tiempo, los principios cristianos se expresan diariamente en actitudes y acciones que revelan los valores divinos en la experiencia del pueblo hispano. Esta espiritualidad se ha mantenido viva en el hogar y es una tradición profunda en la familia.

96.   La espiritualidad de los hispanos, una realidad viva a lo largo de su peregrinaje, se manifiesta en muchas formas. A veces es en forma de oración, novenas, canciones y gestos sagrados. Se manifiesta también en las relaciones personales

y la hospitalidad. Otras veces, se muestra como tolerancia, paciencia, fortaleza y esperanza en medio del sufrimiento y las dificultades. Esta espiritualidad también inspira la lucha por la libertad, la justicia y la paz. Con frecuencia se manifiesta en compromiso y perdón como también en celebración, danzas, imágenes y símbolos sagrados. Altarcitos, imágenes y velas en la casa son sacramentales de la presencia de Dios. Las pastorelas, las *posadas*, los *nacimientos*, el *vía crucis*, las *peregrinaciones*, las procesiones y las bendiciones que ofrecen las madres, los padres y los abuelos son manifestaciones de esta espiritualidad y fe profunda.

97.   A través de los siglos, estas devociones se han desviado o empobrecido por falta de una catequesis clara y enriquecedora. Este plan pastoral con su énfasis evangelizador, comunitario y formativo puede ser ocasión de evangelización para estas devociones populares y un aliciente para enriquecer las celebraciones litúrgicas con expresiones culturales de fe. Este plan trata de libertar al Espíritu que vive en las reuniones del pueblo.

98.   El proceso del III Encuentro fue un paso más hacia el desarrollo y crecimiento de esta espiritualidad. Muchos participantes parecen haber cambiado de una espiritualidad personal y de familia a una espiritualidad comunitaria y eclesial; de reconocer la injusticia individual y hacia la familia a reconocer la injusticia hacia el pueblo. Este crecimiento también se vio en su experiencia de ser Iglesia, en su familiaridad con los documentos eclesiales en su participación activa en liturgias y oraciones.

99.   La celebración eucarística tiene un lugar especial para este pueblo que celebra la vida y la muerte con gran intensidad y significado. La liturgia y los sacramentos ofrecen a este pueblo con gran sentido religioso los elementos de comunidad, la certeza de la gracia, la realidad del Misterio Pascual en la muerte y resurrección del Señor en su pueblo. Esto es verdaderamente lo que ocurre en la celebración de la Eucaristía, fuente de nuestra unidad. Existen muchas posibilidades de enriquecer las celebraciones sacramentales con originalidad y gozo. Estos momentos sacramentales manifiestan la espiritualidad y la mística que brotan de la vocación cristiana y de su identidad hispana.

100. En una reunión alrededor de una simple y común mesa, Jesús dijo a sus discípulos "hagan esto en conmemoración mía". Fue en esta reunión de amigos que Jesús reveló su misión, su vida, su oración más íntima y luego les pidió que hicieran lo mismo en su memoria. Les ordenó que hicieran en su vida todo lo que él había hecho, y por lo que él iba a dar su vida. Esta costumbre de compartir la mesa ha servido de alimento a los hispanos en su historia. Al igual que los discípulos de Jesús, ellos reservan un sitio para él en su mesa.

CITAS

1. Cf. Conc. Ecum. Vat. II, constitución *Sacrosanctum Concilium*, n. 38; también n. 40, 3.

2. *Ibid.*, n. 37.

3. Cf. Conc. Ecum. Vat. II, decreto *Orientalium Ecclesiarum*, n. 2; constitución *Sacrosanctum Concilium*, nn. 3 y 4; Catecismo de la Iglesia católica, nn. 1200–1206, en particular nn. 1204–1206.

4. Cf. Juan Pablo II, carta apostólica *Vicesimus quintus annus* (4 de diciembre de 1988), n. 16: A.A.S. 81 (1989), 912.

5. *Ibid.*

6. Cf. Conc. Ecum. Vat. II, constitución *Sacrosanctum Concilium*, nn. 37–40.

7. Juan Pablo II, carta encíclica *Slavorum Apostoli* (2 de junio de 1985), n. 21: A.A.S. 77 (1985), 802–803; cf. Discurso a la Asamblea Plenaria del Consejo Pontificio para la Cultura (17 de enero de 1987), n. 5: A.A.S. 79 (1987), 1204–1205.

8. Juan Pablo II, carta encíclica *Redemptoris missio* (7 de diciembre de 1990), n. 52; A.A.S. 83 (1991), 300.

9. Cf. *ibid.* y Sínodo de Obispos, informe final *Exeunte cetu secundo* (7 de diciembre de 1985), D 4.

10. Juan Pablo II, carta encíclica *Redemptoris missio* (7 de diciembre de 1990), n. 52: A.A.S. 83 (1991), 300.

11. Conc. Ecum. Vat. II, constitución pastoral *Gaudium et spes*, n. 58.

12. *Ibid.*

13. Cf. Juan Pablo II, exhortación apostólica *Catechesi tradendae* (16 de octubre de 1979), n. 53: A.A.S. 71 (1979), 1319–1321.

14. Cf. *Codex Canonum Ecclesiarum Orientalium*, can. 584 § 2: "Evangelizatio gentim ita fiat, ut servata integritate fidei et morum Evangelium se in cultura singulorum populorum exprimere possit, in catechesi scilicet, in ritibus propriis liturgicis, in arte sacra, in iure particulari ac demum in tota vita ecclesiali".

15. Cf. Juan Pablo II, exhortación apostólica *Catechesi tradendae* (16 de octubre de 1979), n. 53: A.A.S. 71 (1979), 1320: " . . . de la evangelización en general, podemos decir que está llamada a llevar la fuerza del Evangelio al corazón de la cultura y de las culturas. (. . .) Sólo así se podrá proponer a tales culturas el conocimiento del misterio oculto y ayudarles a hacer surgir de su propia tradición viva expresiones originales de vida, de celebración y de pensamiento cristianos".

16. Cf. Juan Pablo II, carta encíclica *Redemptoris missio* (7 de diciembre de 1990), n. 52: A.A.S. 83 (1991), 300: "La inculturación es un camino lento que acompaña toda la vida misionera y requiere la aportación de los diversos colaboradores de la misión *ad gentes*, la de las comunidades cristianas a medida que se desarrollan". Discurso a la Asamblea Plenaria del Consejo Pontificio para la Cultura (17 de enero de 1987): A.A.S. 79 (1987), 1205: "Reafirmo con insistencia la necesidad de movilizar a toda la Iglesia en un esfuerzo creativo, por una evangelización renovadora de las personas y de las culturas. Porque solamente con este esfuerzo la Iglesia estará en condición de llevar la esperanza de Cristo al seno de las culturas y de las mentalidades actuales".

17. Cf. Pontificia Comisión Bíblica, *Foi et culture a la lumière de la Bible*, 1981; Comisión Teológica Internacional, Documento sobre la fe y la inculturación *Commissio Theologica* (3–8 de octubre de 1988).

18. Cf. Juan Pablo II, Discurso a los obispos del Zaire (12 de abril de 1983), n. 5: A.A.S. 75 (1983), 620: "¿Cómo una fe verdaderamente madura, profunda y convincente, no llegará a expresarse en un lenguaje, en una catequesis, en una reflexión teológica, en una oración, en una Liturgia, en un arte, en instituciones que correspondan verdaderamente al alma africana de vuestros compatriotas? Aquí se encuentra la

clave del problema importante y complejo que vosotros me habéis planteado a propósito de la Liturgia para evocar hoy solamente esto. Un progreso satisfactorio en este campo podrá ser fruto de una maduración progresiva en la fe, integrante el discernimiento espiritual, la iluminación teológica, el sentido de la Iglesia universal, en una larga concertación".

19. Juan Pablo II, Discurso a la Asamblea Plenaria del Consejo Pontificio para la Cultura (17 de enero de 1987), n. 5: A.A.S. 79 (1987), 1204.

20. Cf. *ibid.*: A.A.S. 79 (1987), 1205; también carta apostólica *Vicesimus quintus annus* (4 de diciembre de 1988), n. 17: A.A.S. 81 (1989), 913–914.

21. Cf. Conc. Ecum. Vat. II, constitución *Sacrosanctum Concilium*, nn. 19 y 35, 3.

22. Cf. Conc. Ecum. Vat. II, decreto *Ad gentes*, n. 10.

23. Conc. Ecum. Vat. II, constitución pastoral *Gaudium et spes*, n. 22.

24. S. Cirilo de Alejandría, *In Ioannem*, 1, 14: PG 73, 162C.

25. Conc. Ecum. Vat. II, constitución *Sacrosanctum Concilium*, n. 5.

26. Cf. Conc. Ecum. Vat. II, constitución dogmática *Lumen gentium*, n. 10.

27. Cf. *Missale romanum, Feria VI in Passione Domini 5: oratio prima:* " . . . per suum cruorem instituit paschale mysterium".

28. Cf. Pablo VI, carta apostólica *Mysterii paschalis* (14 de febrero de 1969): A.A.S. 61 (1969), 222–226.

29. Cf. Catecismo de la Iglesia católica, n. 1096.

30. Cf. *ibid.*, nn. 1200–1203.

31. Cf. Conc. Ecum. Vat. II, decreto *Unitatis redintegratio*, nn. 14–15.

32. Textos: cf. las fuentes de las oraciones, de los prefacios y de las plegarias eucarísticas del Misal Romano. — Cantos: por ejemplo las antífonas del 1 de enero, del Bautismo del Señor, del 8 de septiembre, los improperios del Viernes Santo, los himnos de la Liturgia de las Horas. — Gestos: por ejemplo la aspersión, la incensación, la genuflexión, las manos juntas. — Ritos: por ejemplo la procesión de ramos, la adoración de la Cruz en el Viernes Santo, las rogativas.

33. Cf. en el pasado S. Gregorio Magno, *Epistula ad Mellitum:* Reg. XI 59: CCL 140A, 961–962; Juan VIII, Bula *Industriae tuae* (26 junio 880): PL 126, 904: Sgda. Congregación de Propaganda Fide, instrucción a los vicarios apostólicos de China y de Indochina (1654): *Collectanea S. C. de Propaganda Fide*, I, 1, Roma, 1907, n. 135; Instrucción *Plane compertum* (8 de diciembre de 1939): A.A.S. 32 (1940), 24–26.

34. Conc. Ecum. Vat. II, constitución dogmática *Lumen gentium*, n. 13 y n. 17.

35. Cf. Juan Pablo II, exhortación apostólica *Catechesi tradendae* (16 de octubre de 1979), nn. 52–53: A.A.S. 71 (1979), 1319–1321; carta encíclica *Redemptoris missio* (7 de diciembre de 1990), nn. 53–54: A.A.S. 83 (1991), 300–302; Catecismo de la Iglesia católica, nn. 1204–1206.

36. Cf. también S. Ignacio de Antioquía *Epistula ad Magnesios*, 9: Funk 1, 199: "Los que se habían criado en el antiguo orden de cosas vinieron a la novedad de esperanza, no guardando ya el sábado, sino viviendo según el domingo".

37. Cf. Conc. Ecum. Vat. II, constitución dogmática *Dei Verbum*, nn. 14–16; *Ordo Lectionum Missae*, editio typica altera, Praenotanda, n. 5: "La Iglesia anuncia el único e idéntico misterio de Cristo cuando, en la celebración litúrgica, proclama el Antiguo y el Nuevo Testamento. En efecto, en el Antiguo Testamento está latente el Nuevo, y en el Nuevo Testamento se hace patente el Antiguo. Cristo es el centro y plenitud de toda la Escritura, y también de toda celebración litúrgica"; Catecismo de la Iglesia católica, nn. 120–123, 128–130, 1093–1095.

38. Cf. Catecismo de la Iglesia católica, nn. 1093–1096.

39. Juan Pablo II carta apostólica *Vicesimus quintus annus* (4 de diciembre de 1988), n. 7: A.A.S. 81 (1989), 903–904.

40. Cf. Conc. Ecum. Vat. II, constitución *Sacrosanctum Concilium*, nn. 5–7.

41. Cf. *ibid.*, n. 2; Juan Pablo II, carta apostólica *Vicesimus quintus annus* (4 de diciembre de 1988), n. 9: A.A.S. 81 (1989), 905–906.

42. Conc. Ecum. Vat. II, decreto *Presbyterorum ordinis*, n. 2.

43. Cf. Conc. Ecum. Vat. II, constitución dogmática *Lumen gentium*, n. 48; constitución *Sacrosanctum Concilium*, nn. 2 y 8.

44. Cf. Conc. Ecum. Vat. II, constitución *Sacrosanctum Concilium*, n. 7.

45. Cf. *ibid.*, n. 24.

46. Cf. *Ordo Lectionum Missae*, editio typica altera, Praenotanda, n. 12: "No está permitido que, en celebración de la misa, las lecturas bíblicas, junto con los cánticos tomados de la Sagrada Escritura, sean suprimidas, mermadas ni, lo que sería más grave, substituidas por otras lecturas no bíblicas. En efecto desde la Palabra de Dios escrita, todavía 'Dios habla a su pueblo' (*Sacrosanctum Concilium*, n. 33) y, con el uso continuado de la Sagrada Escritura, el pueblo de Dios, hecho dócil al Espíritu Santo por la luz de la fe, podrá dar, con su vida y costumbres, testimonio de Cristo ante todo el mundo".

47. Cf. Catecismo de la Iglesia católica, nn. 2585–2589.

48. Cf. Conc. Ecum. Vat. II, constitución *Sacrosanctum Concilium*, n. 7.

49. Cf. *ibid.*, nn. 6, 47, 56, 102, 106; *Missale Romanum*, institutio generalis, nn. 1, 7, 8.

50. Cf. Conc. Ecum. Vat. II, constitución *Sacrosanctum Concilium*, n. 6.

51. Cf. Conc. Ecum. de Trento, Sesión 21, cap. 2: *DSchönm*, 1728; Conc. Ecum. Vat. II, constitución *Sacrosanctum Concilium*, nn. 48 ss.; 62 ss.

52. Cf. Conc. Ecum. Vat. II, constitución *Sacrosanctum Concilium*, n. 21.

53. Cf. Sgda. Congregación para la Doctrina de la Fe, Declaración *Inter insigniores* (15 de octubre de 1976): A.A.S. 69 (1977), 107–108.

54. Cf. Conc. Ecum. Vat. II, constitución dogmática *Lumen gentium*, n. 28; n. 26.

55. Cf. S. Ireneo, *Adversus haereses*, III, 2, 1–3; 3, 1–2: *Sources Chrétiennes*, 211, 24–31, S. Agustín, *Epistola ad Ianuarium*, 54, I: PL 33, 200: "Las tradiciones no testimoniadas por la Escritura que guardamos y son observadas en todo el mundo, se deben considerar como recomendadas o establecidas o por los mismos Apóstoles o de los concilios, cuya autoridad es muy útil para

la Iglesia . . . "; Juan Pablo II, carta encíclica, *Redemptoris missio* (7 de diciembre de 1990), nn. 53–54: A.A.S. 83 (1991), 300–302; Congregación para la Doctrina de la Fe, carta a los obispos de la Iglesia católica sobre algunos aspectos de la Iglesia entendida como comunión *Communionis notio* (28 de mayo de 1992), nn. 7–10: A.A.S. 85 (1993), 842–844.

56. Cf. Conc. Ecum. Vat. II, constitución *Sacrosanctum Concilium*, n. 83.

57. Cf. *ibid.*, nn. 102, 106 y Apéndice.

58. Cf. Pablo VI, constitución apostólica *Paenitemini* (17 de febrero de 1966): A.A.S. 58 (1966), 177–198.

59. Cf. Conc. Ecum. Vat. II, constitución *Sacrosanctum Concilium*, nn. 22; 26; 28; 40, 3 y 128. *Codex Iuris Canonici*, can. 2 y en otros lugares.

60. Cf. *Missale Romanum*, Institutio generalis, Proemium, n. 2; Pablo VI, Discurso al Consejo para la aplicación de la Constitución litúrgica, del 13 de octubre de 1966: A.A.S. 58 (1966), 1146; del 14 de octubre de 1968: A.A.S. 60 (1968), 734.

61. Cf. Conc. Ecum. Vat. II, constitución *Sacrosanctum Concilium*, nn. 22; 36 §§ 3–4; 40, 1 y 2; 44–46; *Codex Iuris Canonici*, can. 447 ss. y 838.

62. Cf. Juan Pablo II, carta encíclica *Redemptoris missio* (7 de diciembre de 1990), n. 53: A.A.S. 83 (1991), 300–302.

63. Cf. Conc. Ecum. Vat. II, constitución *Sacrosanctum Concilium*, nn. 35 y 36 §§ 2–3; *Codex Iuris Canonici*, can. 825 § 1.

64. Conc. Ecum. Vat. II, constitución *Sacrosanctum Concilium*, n. 24.

65. Cf. *ibid.*, Juan Pablo II, exhortación apostólica *Catechesi tradendae* (16 de octubre de 1979), n. 55: A.A.S. 71 (1979), 1322–1323.

66. Por esto en la constitución *Sacrosanctum Concilium* se subraya en los nn. 38 y 40: "sobre todo en misiones".

67. Cf. Conc. Ecum. Vat. II, decreto *Ad gentes*, nn. 16 y 17.

68. Cf. *ibid.*, n. 19.

69. Cf. Conc. Ecum. Vat. II, constitución *Sacrosanctum Concilium*, n. 22 § 2; cf. *ibid.*, nn. 39 y 40, 1 y 2; *Codex Iuris Canonici*, cann. 447–448 ss.

70. Cf. Conc. Ecum. Vat. II, constitución *Sacrosanctum Concilium*, n. 40.

71. *Ibid.*, n. 37.

72. Cf. *ibid.*, nn. 14–19.

73. Cf. *ibid.*, n. 21.

74. Cf. *ibid.*, n. 34.

75. Cf. *ibid.*, nn. 37–40.

76. Cf. Juan Pablo II, carta apostólica *Vicesimus quintus annus* (4 de diciembre de 1988), n. 16: A.A.S. 81 (1989), 912.

77. Cf. Juan Pablo II, Discurso a la Asamblea Plenaria de la Congregación para el Culto Divino y la Disciplina de los Sacramentos (26 de enero de 1991), n. 3: A.A.S. 83 (1991), 940: "El sentido de tal indicación no es proponer a las Iglesias particulares el inicio de un nuevo trabajo después de la aplicación de la reforma litúrgica y que consistiría en la adaptación o la inculturación. Ni siquiera se debe entender la inculturación como creación de ritos alternativos (. . .). Se trata, por tanto, de colaborar para que al rito romano, manteniendo su propia indentidad, pueda recibir las oportunas adaptaciones".

78. Cf. Conc. Ecum. Vat. II, constitución *Sacrosanctum Concilium*, n. 22 § 1; *Codex Iuris Canonici*, can. 838 §§ 1 y 2; Juan Pablo II, constitución apostólica *Pastor bonus* (28 de junio de 1988), nn. 62; 64 § 3: A.A.S. 80 (1988), 876–877; carta apostólica *Vicesimus quintus annus* (4 de diciembre de 1988), n. 19: A.A.S. 81 (1989), 914–915.

79. Cf. Conc. Ecum. Vat. II, constitución *Sacrosanctum Concilium*, n. 22 § 2 y *Codex Iuris Canonici*, cann. 447 ss. y 838, §§ 1 y 3; Juan Pablo II, carta apostólica *Vicesimus quintus annus* (4 de diciembre de 1988), n. 20: A.A.S. 81 (1989), 916.

80. Cf. Conc. Ecum. Vat. II, constitución *Sacrosanctum Concilium*, n. 22 § 1 y *Codex Iuris Canonici*, can. 838, §§ 1 y 4; Juan Pablo II, carta apostólica *Vicesimus quintus annus* (4 de diciembre de 1988), n. 21: A.A.S. 81 (1989), 916–917.

81. Conc. Ecum. Vat. II, constitución *Sacrosanctum Concilium*, n. 22 § 3.

82. La situación es diversa cuando los libros litúrgicos, editados después de la constitución litúrgica del Conc. Ecum. Vat. II, prevén en los Prenotandos y las rúbricas cambios y posibilidades de elección dejados al juicio pastoral del que preside, cuando se dice por ejemplo: "es oportuno", "con estas o semejantes palabras", "se puede", "o . . . o", "es conveniente", "habitualmente", "se escoja la forma más adaptada". El presidente al escoger una de las posibilidades debe buscar sobre todo el bien de la asamblea, teniendo en cuenta su formación espiritual y la mentalidad de los participantes más que las preferencias personales o lo más fácil. Para las celebraciones de grupos particulares existen ciertas posibilidades de elección. Es necesaria la prudencia y el discernimiento para evitar la división de la Iglesia local en "pequeñas iglesias", o "capillitas" cerradas en sí mismas.

83. Cf. *Codex Iuris Canonici*, cann. 762–772, en particular 769.

84. Cf. Conc. Ecum. Vat. II, constitución *Sacrosanctum Concilium*, n. 118; también n. 54: Dando "la conveniente importancia a la lengua nacional" en los cantos, "es conveniente que los fieles sepan recitar o cantar a una, también en latín, algunas de las partes del Ordinario de la Misa" que les corresponde, principalmente el Padrenuestro; cf. *Missale romanum*, Institutio generalis, n. 19.

85. Cf. Conc. Ecum. Vat. II, constitución *Sacrosanctum Concilium*, n. 119.

86. *Ibid.*, n. 120.

87. Cf. *Codex Iuris Canonici*, can. 841.

88. Cf. Conc. Ecum. Vat. II, constitución *Sacrosanctum Concilium*, n. 33; *Codex Iuris Canonici*, can. 899 § 2.

89. Cf. Conc. Ecum. Vat. II, constitución *Sacrosanctum Concilium*, n. 30.

90. Cf. *ibid.*, nn. 123–124; *Codex Iuris Canonici*, can. 1216.

91. Cf. *Missale romanum*, Institutio generalis, nn. 259–270; *Codex Iuris Canonici*, cann. 1235–1239, en particular 1236.

92. Cf. *Missale romanum*, Institutio generalis, n. 272.

93. Cf. *De Benedictionibus*, Ordo benedictionis Basptiserii seu Fontis baptismalis, nn. 832–837.

94. Cf. Missale romanum, Institutio generalis, nn. 287–310.

95. Cf. Conc. Ecum. Vat. II, constitución *Sacrosanctum Concilium*, n. 125; constitución dogmática *Lumen gentium*, n. 67; *Codex Iuris Canonici*, can. 1188.

96. Conc. Ecum. de Nicea II: *DSchönm*, 601; cf. S. Basilio, *De Spiritu Sancto*, XVIII, 45: PG 32, 149C; *Sources Chrétiennes* 17, 194.

97. Cf. Conc. Ecum. Vat. II, constitución *Sacrosanctum Concilium*, n. 13.

98. Cf. *Codex Iuris Canonici*, can. 839 § 2.

99. Juan Pablo II, carta apostólica *Vicesimus quintus annus* (4 de diciembre de 1988), n. 18: A.A.S. 81 (1989), 914.

100. Cf. *ibid.*

101. Conc. Ecum. Vat. II, constitución *Sacrosanctum Concilium*, n. 23.

102. Estos textos pueden ser utilizados provechosamente en las homilías, porque es aquí en donde se muestra más fácilmente "la convergencia entre la sabiduría divina revelada y el noble pensamiento humano, que por distintos caminos busca la verdad": Juan Pablo II, carta apostólica *Dominicae cenae* (24 de febrero de 1980), n. 10: A.A.S. 72 (1980), 137.

103. Cf. nn. 65, 77, 81; *Ordo initiationis christianae adultorum*, Praenotanda, nn. 30–31, 79–81, 88–89; *Ordo celebrandi Matrimonium*, editio typica altera, Praenotanda, nn. 41–44; *Ordo exsequiarum*, Praenotanda, nn. 21–22.

104. Conc. Ecum. Vat. II, constitución *Sacrosanctum Concilium*, n. 23.

105. Cf. Conc. Ecum. Vat. II, constitución *Sacrosanctum Concilium*, nn. 36 §§ 2, 3 y 4; 54; 63.

106. Cf. Juan Pablo II, carta apostólica *Vicesimus quintus annus* (4 de diciembre de 1988), n. 20: A.A.S. 81 (1989), 916.

107. Pablo VI, constitución apostólica *Missale romanum* (3 de abril de 1969): A.A.S. 61 (1969), 221.

108. *Missale romanum*, Institutio generalis, n. 6; cf. también *Ordo Lectionum Missae*, editio typica altera, Praenotanda, nn. 111–118.

109. Cf. *Missale romanum*, Institutio generalis, n. 22.

110. Cf. *ibid.*, n. 232.

111. Cf. *ibid.*, n. 26.

112. Cf. *ibid.*, n. 50.

113. Cf. *ibid.*, n. 56 l.

114. Cf. *ibid.*, n. 56 b.

115. Cf. *ibid.*, n. 242.

116. Cf. *ibid.*, nn. 263 y 288.

117. Cf. *ibid.*, n. 290.

118. Cf. *ibid.*, nn. 304, 305, 308.

119. Cf. *De sacra communione et de cultu mysterii eucharistici extra Missam*, Praenotanda, n. 21.

120. Cf. *Ordo initiationis christianae adultorum*, Praenotanda generalia, nn. 30–33; Praenotanda, nn. 12, 20, 47, 64–65; Ordo, n. 312; Appendix, n. 12; *Ordo Baptismi parvulorum*, Praenotanda, nn. 8, 23–25; *Ordo Confirmationis*, Praenotanda, nn. 11–12, 16–17; *De sacra communione et de cultu mysterii eurumque pastoralis curae*, Praenotanda, n. 12; *Ordo paenitentiae*, Praenotanda, nn. 35b, 38; *Ordo Unctionis infirmorum eurumque pastoralis curae*, Praenotanda, nn. 38–39; *Ordo celebrandi matrimonium*, editio typica altera, Praenotanda, nn. 39–44; *De ordinatione Episcopi, presbyterorum et diaconorum*, editio typica altera, Praenotanda, n. 11; *De Benedictionibus*, Praenotanda generalia, n. 39.

121. Cf. *Ordo initiationis christianae adultorum*, Praenotanda, n. 66; *Ordo Baptismi parvulorum*, Praenotanda, n. 26; *Ordo Paenitentiae*, Praenotanda, n. 39; *Ordo celebrandi matrimonium*, editio typica altera, Praenotanda, n. 36.

122. *Ordo initiationis christianae adultorum*, *Ordo Baptismi parvulorum*, Praenotanda generalia, 30, 2.

123. *Ibid.*, n. 31; cf. Conc. Ecum. Vat. II, constitución *Sacrosanctum Concilium*, n. 65.

124. Cf. *Codex Iuris Canonici*, cann. 1108 y 112.

125. Cf. Conc. Ecum. Vat. II, constitución *Sacrosanctum Concilium*, n. 77; *Ordo celebrandi matrimonium*, editio typica altera, Praenotanda, n. 42.

126. Cf. Conc. Ecum. Vat. II, constitución *Sacrosanctum Concilium*, n. 77.

127. Cf. *Ordo exsequiarum*, Praenotanda, n. 4.

128. Cf. *ibid.*, nn. 9 y 21, 1–3.

129. Cf. *ibid.*, n. 2.

130. Cf. Conc. Ecum. Vat. II, constitución *Sacrosanctum Concilium*, n. 81.

131. Cf. *ibid.*, n. 79; *De Benedictionibus*, Praenotanda generalia, n. 39; *Ordo Professionis religiosae*, Praenotanda, nn. 12–15.

132. Cf. *Normae universales de Anno liturgico et de Calendario*, nn. 49, 55; Sgda. Congregación para el Culto Divino, instrucción *Calendaria particularia* (24 de junio de 1970): A.A.S. 62 (1970), 651–663.

133. Cf. *Codex Iuris Canonici*, can. 1246 § 2.

134. Cf. *Normae universales de Anno liturgico et de Calendario*, n. 46.

135. Cf. *Liturgia Horarum*, Institutio generalis, nn. 92, 162, 178, 184.

136. Cf. *Codex Iuris Canonici*, can. 455 § 2 y can. 838 3; esto vale para una nueva edición; Juan Pablo II, carta apostólica *Vicesimus quintus annus* (4 de diciembre de 1988), n. 20: A.A.S. 81 (1989), 916.

137. Cf. *Codex Iuris Canonici*, can. 838 § 3.

138. Cf. Conc. Ecum. Vat. II, constitución *Sacrosanctum Concilium*, n. 40.

139. Cf. Sgda. Congregación para los obispos, Directorio para el ministerio pastoral de los obispos, *Ecclesiae imago* (22 de febrero de 1973), n. 84.

140. Cf. Conc. Ecum. Vat. II, constitución *Sacrosanctum Concilium*, n. 40, 1.

141. Cf. *ibid.*, n. 40, 2.

142. Cf. *ibid.*

1. Conc. Vat. II, Decr. *Ad gentes*, 9.

2. Conc. Vat. II, Decl. *Nostra aetate*, 2.

3. Cf. Mateo 12:20.

4. Conc. Vat. II, Const. past. *Gaudium et spes*, 92.

5. Conc. Vat. II, Decr. *Ad gentes*, 11.

6. Conc. Vat. II, Const. dogm. *Lumen gentium*, 16.

SOBRE LOS COORDINADORES

MARK R. FRANCIS, csv, presbítero de la Congregación de los Clérigos de San Viator. Trabajó en Bogotá, Colombia, durante tres años. Posee un doctorado en Sagrada Liturgia otorgado por el Pontificio Instituto Litúrgico de San Anselmo, en Roma. Actualmente es Profesor de Liturgia en la Unión Católica Teológica (Catholic Theological Union), en Chicago, Illinois y miembro del concejo general de su congregación.

ARTURO J. PEREZ-RODRIGUEZ, sacerdote diocesano perteneciente a la Arquidiócesis de Chicago. Autor y conferencista sobre temas de Liturgia y Espiritualidad hispana, reconocido en los Estados Unidos de Norteamérica.

SOBRE LOS AUTORES

JUAN ALFARO, párroco de Santa Rosa de Lima, de la diócesis de San Antonio, Tx., y Profesor de Sagrada Escritura en el Centro Cultural México Americano (Mexican American Cultural Center), y en la Universidad del Verbo Encarnado (University of Incarnate Word), San Antonio, Texas.

RAUL GOMEZ, sds, presbítero de la Sociedad del Divino Salvador (Salvatorianos), actual Presidente del Instituto de Liturgia Hispana, Washington, D.C. y Director del Instituto de Estudios Hispanos en la Escuela de Teología Sagrado Corazón (Sacred Heart School of Theology), Hales Corners, Wisconsin.

SALLY T. GOMEZ-KELLEY, esposa y madre de dos jóvenes, oriunda de Puerto Rico. Actualmente es Directora del programa de educación teológica en la Escuela Oblata de Teología, en San Antonio, Texas.

ROSA MARIA ICAZA, ccvi, es una Hermana de la Caridad del Verbo Encarnado. Profesora en el Centro Cultural México Americano (Mexican American Cultural Center). Miembro del Instituto de Liturgia Hispana y del Subcomité para la Liturgia en español del Comité Episcopal de Liturgia de los Estados Unidos de Norteamérica.

JAIME LARA, sacerdote diocesano de Brooklyn, New York. Actualmente es Profesor visitante de Liturgia y Arte sacro en la Escuela de Divinidad de la Universidad de Yale (Yale University Divinity School), New Haven, Connecticut. Fue Vicepresidente del Instituto de Liturgia Hispana.

JUAN J. SOSA, sacerdote diocesano y Director Ejecutivo de la Oficina del Culto y de la Vida Espiritual de la Arquidiócesis de Miami, Florida. Es párroco de Santa Catalina de Siena, en Kendall, Florida.

INDICE TEMATICO

lecturas, LMIn 97–98
véase también, MIERCOLES DE
CENIZA, BAUTISMO,
CATECUMENADO,
INICIACION, DOMINGO DE RAMOS,

CULTURAS DE LOS PUEBLOS
adaptación, CSL 37–40
asumida por Jesús, LRI 10–11
diferentes estilos de expresión artística,
AACC 18, 101
elementos de iniciación, CSL 65
identificación de símbolos, AACC 101
música, CSL 118–119; IGMR 19; MLH
54–55
participa en Cristo sin renunciar a ella,
LRI 14
y la tendencia a minimizar los símbolos,
AACC 85–87
y el énfasis en la razón, AACC 35
y la experiencia personal–comunal,
AACC 16

DALMATICA
MR 300

DANZA
AACC 59

DECORACION DE LOS TEMPLOS
cualidades, colocación, AACC 100–103
estandartes, AACC 98, 100
flores, AACC 102
imágenes, CSL 125; IGMR 27; AACC 98
Misas con niños, DMC 29
revisión de los estatutos, CSL 128
simplicidad noble, IGMR 280

DE PIE
IGMR 21; AACC 52

DERECHOS DE AUTOR
MCC 78, MLH 71–72

DEVOCIONES
CSL 13
introducción en la liturgia, LRI 45
necesitan de una catequesis, PH 97
papel de las Conferencias Episcopales, LRI
59–60

DIAS DE AGONIA
NUACL 45–47

DIAS DE LA SEMANA
NUACL 16

DIOCESIS
calendario particular, NUACL
celebrar el aniversario de la dedicación de
la Catedral, NUACL 52

comisiones para la Liturgia, la Música y el
Arte, CSL 44–46
vida litúrgica, CSL 41–42

DIRECTOR DE LA LITURGIA
IGMR 69

DIVERSIDAD
como fuente de enriquecimiento, LRI 56

DOMINGO
calendario civil, CSL 131
día del Señor, LRI 15
Pascua semanal, NUACL 1,4
precedencia, CSL 106; NUACL 6–7
primer día santo, CSL 106, NUACL 4
y los ritos de magia, LRI 48

DOMINICAL, MISA
canto, IGMR 77
elección de la Misa, IGMR 315
homilía obligatoria, CSL 52
intercesiones generales, CSL 53
Misa parroquial, CSL 42; IGMR 75
obligación, CSL 106
párrocos, CSL 56
participación, CSL 49

DOMINGO DE RAMOS
NUACL 30–31

DOMINGO DE LA PASION
NUACL 30–31

DONES
véase PREPARACION DE LOS DONES

DOXOLOGIA DE LA ORACION EUCARISTICA
IGMR 55

EDUCACION RELIGIOSA DE LOS NIÑOS
DMC 8–15

EUCARISTIA
acción de Cristo, IGMR 1
acción de la Iglesia, IGMR 2
acción de gracias, CSL 6
centro de la sacramentalidad de la Iglesia,
PUE. 923
centro de la vida litúrgica, LRI 25
institución de, LRI 12
naturaleza, CSL 47
presencia de Cristo, CSL 6
revisión y celebración, CSL 48–56
valores humanos, DMC 9–11
véase también, MISAS,
CELEBRACIONES LITURGICAS
y la Palabra de Dios, LMIn 10
y niños, DMC 8–15

cantos ordinarios, MCC 64–69
capacitación en los seminarios, CSL 115
comisión diocesana, CSL 46
compositores, CSL 121; MCC 50–51;
76–78
derechos de autor, MCC 78; MLH 70–71
en la Misa, 50–74; MLH 16–21
estilos aprobados, CSL 116; MLH 49–53
evaluación musical, MCC 26–29
evaluación litúrgica, MCC 30–38
evaluación pastoral, MCC 39–41
forma preeminente del arte, CSL 112;
AACC 6
forma de la canción, MLH 11
función de la canción, MLH 9–10
grabada, MLH 60–62
herencia cultural, MLH 54–55
importancia de cantar, IGMR 19
instrumental, MLH 56–59
lenguaje e idiomas musicales, MLH
14–15
letanías, MCC 74; MLH 34–35
Liturgia de las Horas, MLH 34–35
lugar del canto, MLH 8
ministerio, MLH 63–70
Misas con niños, DMC 30–32
música religiosa del pueblo, CSL 118
papel en la celebración litúrgica, MCC
23–41
parte integral de la liturgia, CSL 112
planeación pastoral, MCC 10–21; MLH
12
principios generales, MLH 6–15
propósito, CSL 112–114
ritos de sepultura, MCC 83; MLH 30–33
ritos de iniciación, MCC 80, 82; MLH
22–26
sacralidad, CSL 112
servicios de penitencia, MCC 81; MLH 27
solemnidad progresiva, MLH 13
unción de los enfermos, MCC 81
unión con el rito, CSL 112

MUSICOS
capacitación, MLH 63–70
compositores, CSL 121; MCC 50–51,
70–78
instrumentalistas, AACC 83; MCC 37–
38
retos, MCC 76
salario, MCC 77

NAVIDAD
colores de vestiduras, IGMR 308
descripción, NUACL 32–38
lecturas, LMIn 95–96

NUEVA EVANGELIZACION
exigencias de, SD 45–47
líneas pastorales, SD 248–249

OBISPO
adaptaciones después de los, DMC 5
dirige todas las celebraciones de la
Eucaristía, IGMR 59
reglamenta la liturgia, CSL 22
regula la celebración, IGMR 155
y las manifestaciones de piedad, LRI 45,
46
y la liturgia diocesana, CSL 41–42

OBJETOS SAGRADOS
adaptación, CSL 128
descripción, CSL 122–128; IGMR 253–
280, 287–288; AACC 63–83
diseño y cuidado, AACC 65
preservación, CSL 126
unidad y armonía, AACC 67
uso de todas las artes, IGMR 287

OFERTORIO
véase PREPARACION DE LOS DONES

OFERTORIO, CANTO DE
acompaña el rito, IGMR 17; MCC 71
función, MCC 71
himno métrico no es necesariamente
apropiado, MLH 19
omitido si no se canta, IGMR 50
tiempo, IGMR 100

OFICIO DIVINO
véase LITURGIA DE LAS HORAS

ORACION
en familia, PUE. 933–934
en comunidad con los niños, DMC 27
Liturgia de las Horas, CSL 83–101
necesidad de, CSL 12
y los gestos personales, AACC 56
y la formación litúrgica de los niños,
DMC 10

ORACION DESPUES DE LA COMUNION
IGMR 56, 122, 230

ORACIONES PRESIDENCIALES
adaptaciones en las Misas con niños,
DMC 50–52
elección, IGMR 323
naturaleza, IGMR 10–13
sigue el calendario de la Iglesia local,
IGMR 314
véase también ORACIONES
INDIVIDUALES

antivalores y amenazas, PUE. 456, 914, 915

bases y pertenencia, PUE. 961

características y virtudes, MED. 2; P 449

concepto, PUE. 444, 448

desafíos pastorales de, SD 13, 39 y 53; PUE. 415–455, 459, 465, 941–951

expresión privilegiada de la inculturación de la fe, SD 36

factor de unidad, PUE. 447

manifestaciones, PUE. 912

necesidades, PUE. 457, 901, 936, 937, 940

secreta presencia de Dios, MED. 5

valoración justa, MED. 4

valores, PUE. 454, 913, 935; SD 17; PH 12

y oración, PUE. 904–909

y la Iglesia Universal, MED. 3, 5

RENOVACION DE LOS VOTOS
CSL 80

RITOS
igualdad y dignidad, CSL 3–4

necesidad de revisión, CSL 21, 62

simplificación, CSL 34, 50

RITO DE CONCLUSION
concelebración, IGMR 207–208

elementos, IGMR 57

Misa sin los fieles, IGMR 231

Misa con los fieles, IGMR 123–126

Misas con niños, DMC 54

música, MCC 49

RITOS INTRODUCTORIOS
carácter, MCC 44

concelebración, IGMR 161–163

elementos, IGMR 24

Misa con los fieles, IGMR 82–88

Misa sin los fieles, IGMR 212–216

Misas con niños, DMC 40

RITO ROMANO
capacidad de integrar textos, LRI 17

elementos que pueden ser adaptados, LRI 38–40

finalidad de inculturarlo, LRI 35

principios generales de inculturación, LRI 34, 36, 37, 52, 53

y el Misal Romano, LRI 53

RESERVACION DE LA EUCARISTIA
capilla a parte, IGMR 276–277; AACC 80

tabernáculo, IGMR 277; AACC 80

REVERENCIA
cabeza, IGMR 234

cuerpo, IGMR 84, 234

ROGATIVOS, DIAS
NUACL 45–47

ROMANO, RITUAL
CSL 63

SACERDOCIO
Cristo, CSL 5–8

fieles, MR Intro 5

ministerial, IGMR Intro 4–5

SACERDOTE
capacitación, CSL 14–18

habla en nombre de todos los fieles, IGMR 54

papel en las Misas con niños, DMC 23

papel en la Misa, IGMR 10–13

papel en la música, MCC 21–22; MLH 67

preside a los fieles en el nombre de Cristo, IGMR 60

representa a Cristo, IGMR 48

véase también PARROCOS, PREDICADORES

SACRAMENTALES
naturaleza y propósito, CSL 60–63

necesidad de aceptarlos, LRI 19

repaso, CSL 79

véase también CELEBRACIONES LITURGICAS

SACRAMENTARIO
cerca de la sede del sacerdote, IGMR 80

llevado al altar, IGMR 100

SACRAMENTOS
el diseño del espacio litúrgico debe acomodarse a la celebración, AACC 64

fuera de la Eucaristía, CSL 59–78

insertados en la comunión eclesial, PUE. 923

lenguaje vernacular, CSL 36, 63

misterio pascual, IGMR 236

música, MCC 79–83; MLH 22–33

presencia de Cristo, CSL 7

propósito, CSL 59

se prefiere la celebración comunitaria, CSL 27

SACRISTIA
localización, AACC 82

preparativos para la Misa con los fieles, IGMR 81

SAGRADA ESCRITURA
estudio, CSL 90

ha incrementado el uso, CSL 35, 31

Misas con niños, DMC 43–46

presencia de Cristo, CSL 7

primacía en la liturgia, CSL 24; LMIn
1–10
profesores, CSL 16
y la homilía, CSL 35, 53
véase también LECCIONARIO PARA LA
MISA

SALMOS
después de la comunión, MCC 72
Liturgia de las Horas, CSL 90–91; MLH
34–43
Misas con niños, DMC 48
Salmista, MLH 69

SALMO RESPONSORIAL
elección, LMIn 89
Misas con niños, DMC 46
música, MCC 63
parte integral de la Liturgia de la Palabra,
IGMR 36
respuesta a la primera lectura, MCC 63
rito independiente, IGMR 17
se debe cantar, LMIn 20–22
significado, LMIn 19

SALUDOS EN LA MISA
Misa sin los fieles, IGMR 1601, 1603
Misa con los fieles, IGMR 86
ritos de introducción, IGMR 28

SANTO, SANTO, SANTO
aclamación, IGMR 55
concelebración, IGMR 168
Misa con los fieles, IGMR 108
Misas con niños, DMC 31
música, MCC 56
rito independiente, IGMR 17

SANTOS
días festivos y fechas de defunción,
NUACL 56
ejemplos e instrumentos de la revelación,
PH 94
gráfica de los días litúrgicos, NUACL 59
solemnidades, fiestas y memorias,
NUACL 8–15
veneración, CSL 8, 111; LRI 44
y la religiosidad popular, PUE. 444
y el calendario, NUALC 49–61

SANTUARIO
IGMR 258

SECUENCIAS
IGMR 40

SEDE PARA QUIEN PRESIDE LA CELEBRACION
diseño, colocación, significado, IGMR
271; AACC 70

SEMILLAS DEL VERBO
en las culturas precolombinas, SD 17, 245
fuente de espiritualidad hispana, PH 95

SEMINARIOS
y la liturgia, CSL 15–17
y la música sacra, CSL 115
y el arte sacro, CSL 129

SENTARSE
IGMR 21, AACC 57

SEÑOR TEN PIEDAD
Misa con los fieles, IGMR 30, 87
Misa sin los fieles, IGMR 215
música, MCC 65; MLH 21

SEPULTURA DE LOS DIFUNTOS
Misas, IGMR 335–341
música, MCC 83; MLH 30–33
revisión de los ritos, CSL 81–82

SERMON
véase HOMILIA

SCHOLA CANTORUM
el director también dirige al pueblo,
IGMR 64
función, IGMR 63
localización, IGMR 274
véase también, CANTANTE, CORO,
MUSICOS

SIGNO DE LA PAZ
concelebración, IGMR 194
liturgia, CSL 7; IGMR 5; MCC 4–9
Misa con los fieles, CSL 59

SIGNOS SACRAMENTALES
comprensión de los fieles, CSL 59
duplicación, AACC 86
liturgia, CSL 7; IGMR 5; MCC 4–9

SILENCIO
después de las lecturas, IGMR 23
después de la comunión, IGMR 56, 121
forma de participación, CSL 30
Misas con niños, DMC 37
significado de estos momentos, IGMR 23
y la música, MLH 59

SILLAS PARA LOS FIELES
IGMR 273; AACC 68–70

SIMBOLOS
apertura a, AACC 15
compensar por una primaria débil, AACC
87
deben ser entendidos por la asamblea,
CSL 59; IGMR 5; MCC 7–8
duplicados y minimizados, AACC 85–89